개정판

한국의 근대적 민족국가 건설과 6·25전쟁

- 쟁점과 과제

개정판

한국의 근대적 민족국가 건설과 6·25전쟁

– 쟁점과 과제

허만호 지음

경북대학교출판부

지은이 | 허만호(許萬鎬)

약력
연세대학교 정치외교학과 졸업(1981)
프랑스 파리 I 대학 정치학 석사(1983)
프랑스 파리 사회과학고등연구원(E.H.E.S.S., Ecole des Hautes Etudes en Sciences Sociales) 정치사회학 박사(1988)
한국국방연구원 군비통제연구센타 선임연구원(1991~1994)
프랑스 국제인권연맹연합(FIDH, Fédération Internationale des Ligues des Droits de l'Homme) 초빙연구원(2003~2004)
사단법인 아시아인권센터 소장(2006~2011)
동아시아국제정치학회장(2009)
한국전쟁학회장(2009~2010)
국무총리 소속 6·25전쟁납북피해진상규명및납북피해자명예회복위원회 위원(2010~2014)

(현) 경북대학교 정치외교학과 교수
(현) 동북아역사재단 자문위원
(현) 국가보훈처 독립유공자 서훈공적심사위원

대통령 공로장 수령(2011)
경북대학교 학술상 수상(2012)

주요 논저
『Талд Ургах Солонго』(공저, 도서출판 그린, 2012)
『북한의 인권, 인민의 천국에서 벌어지는 인권 유린』(살림, 2012)
『휴전체제의 전환과 전시(戰時) 민간인 납북자』(앤드, 2010)
『북한의 개혁·개방과 인권 - 후기 공산사회에서의 정치변동과 사회통제에 대한 비교론적 접근』(명인문화사, 2008)
MISERY AND TERROR: Systematic Violations of Economic, Social and Cultural Rights in North Korea(FIDH, France, 2003)
「今も續く 北朝鮮の 韓國軍捕虜抑留」(Institute of World Studies, Takushoku University, Tokyo, 『海外事情』, Vol. 50, No. 3, 2002)
Encyclopedia of the Korean War(공저, ABC-CLIO, Oxford, 2000)
La Corée, le peuple et ses valeurs culturelles: d'hier à aujourd'hui(공저, Les presses de l'Université de Montréal, Québec, 2000).

이메일 주소: mhheo@knu.ac.kr

[개정판]
한국의 근대적 민족국가 건설과 6·25전쟁 - 쟁점과 과제

찍은 날 2015년 12월 14일 | **펴낸 날** 2015년 12월 17일
지은이 허만호 | **펴낸이** 손동철 | **펴낸 곳** 경북대학교출판부
출판등록 1973년 10월 10일 ㉺97호
주소 대구광역시 북구 대학로 80 | **전화** 053-950-6741~3 | **팩스** 053-953-4692
이메일 press@knu.ac.kr | **홈페이지** http://knupress.com
ISBN 978-89-7180-431-5 93340

정가는 뒤표지에 있습니다.
파본은 바꾸어 드립니다.

머리말

지난 김대중·노무현 정부에서는 남북한 관계 개선이라는 미명하에 한국 현대사에서 북한과의 갈등 관계, 특히 6·25전쟁에 대해서는 언론 보도나 연구 활동이 극히 제한되어 왔다. 그 한 사례로, 한국방송공사(KBS)에서 2000년 6월에 6·25전쟁 발발 50주년 기념 다큐멘터리를 여러 달에 걸쳐 제작해 놓고도 방영하지 못한 경우도 있다. 그 후 6·25전쟁은 한국 언론에서 거의 사라져 버렸다.

그에 비해 미국, 영국, 프랑스 등 국제 학계에서는 그간 많은 연구 성과들이 도출되었다. 특히, 미국에서는 『6·25전쟁 백과사전(*Encyclopedia of the Korean War*)』을 2000년에 출간한 데 이어 개정판을 준비하고 있다.

본 저서는 이런 국내외에서의 학술적 간극을 좁히고, 그간의 국제적 연구 성과들을 국내에 알리는 데 일조하고자 한다.

6·25전쟁에 대해서는 이미 1970년대에 3000편 이상의 논문, 저서, 문학작품이 국내외에서 나왔을 정도로 많은 연구와 창작물들이 있다. 특히, 한국에서는 1980년대 민주화운동의 와중에서 시대적 여건과 미국 공문서의 비밀 해제에 힘입어 해방공간과 6·25전쟁에 대해 기존의 반공 이념을 극복한 연구 성과들이 많이 집적되었다. 그런데 1990년대에 구소련의 관련 문서들을 활용할 수 있게 되었을 때에는 중요한 연구 업적들이 산출된 것은 사실이나 1980년대에 비해 연구가 활성화되지는 못했다. 2000년대에 와서는 국내의 연구 업적들이 극단적으로 줄었다. 그런데 문제는 역사교육이 빈약한 우리 신세대에게 역사 인식이 왜곡되어 있는 교사들이 지난 10여 년간 교육 현장에서 6·25전쟁을 망각의 대상으로 치부하거나, 아니면 편향된 시각으로 사실을 왜곡·호도해 왔다는 것이다. 참다운 다원적 민주주의의 구현과 미완성의 통일된 민족국가 건설을 위해서는 이를 서둘러 시정해야 된다.

본 저서는 필자가 지난 20년 이상 연구·강의해 오던 내용을 기초로 하고 있다. 본 서의 제4장과 제5장은 『한국정치학회보』, 『한국정치외교사학회논총』 등 학회지에 발표하여 전문 학자들의 평가를 받은 논문들을 보완·재구성하였다. 그리고 제6장~제8장은 성곡학술문화재단, 국방부 군사편찬연구소, 한국전쟁납북사건자료원의 연구비로 수행했던 연구보고서의 일부를 발췌하여 수정·보완하였다. 따라서 이 부분의 주요 내용도 원문에 대한 결과 보고를 통해 검증을 받은 셈이다.

그런데 본 저서를 준비하며 필자는 공부가 너무 일천함을 새삼 느끼게 되었다. 본 서에서 거론되는 '역사적 사실들'에 대해 그동안 학계에서 시기별, 사안별로 연구들이 현저히 진전되었음에도 저자의 역량이 부족하여 이를 충분히 담아내지 못했다. 본 서의 개정판을 내면서 미흡한 부분은 일부 보완하였으나 아직도 부족한 부분들이 있다. 이를 계속 보완해 갈 것을 독자들에게 약속하며 개정판을 내놓는다.

2015년 12월

청도 시우당(柿友堂) 서재에서

저자 허만호

목 차

제1장

서론: 6·25전쟁과 한국 정치사 접근 방법

/// 제1장 ///

서론: 6·25전쟁과 한국 정치사 접근 방법

6·25전쟁[1]의 기원을 정치학 분야에서 분석한 대부분의 연구들은 주로 정책 결정자, 통치체, 동서 관계 등에 주안점을 두어 왔다. 6·25전쟁의 국제전적 성격을 규명하기 위해서는 유용한 작업이었다. 그러나 이런 연구들은 이 분쟁의 또 다른 한 면인 내전적 속성을 충분히 규명하지 못했고, 분쟁 발생 배경으로 작용했던 사회·경제적 여러 요소들과 이 분쟁 간의 연관성에 주의를 충분히 기울이지 못했다.

한반도에서의 분단 구조 설정과 6·25전쟁의 기원에 대해 다음 두 가지 시각에서 재조명할 필요가 있다.

첫째, 미국과 중국의 지리 전략, 소련의 혁명 전략이 어떻게 한국 사회에 도입되었고, 그 과정에서 한국의 지배 엘리트 집단들은 이러한 주변세계의 서로 다른 목적들을 자기들의 이해타산(利害打算)에 부합시켜 어떻게 한민족의 통일성을 파괴하고 분단 체제를 구축하였는가?

둘째, 이에 대해 다분히 저항적 성격을 띠고 한민족의 통일성을 추구했던 세력들은 어떤 정치·사회적 맥락에서 생성되어 어떤 정치적·전략적 선택을 하였는가?

이런 시각에 따라 분단 체제의 구축 과정에서 촉매제 역할을 했던 사회·경제적 모순들과 민족 통일성을 회복하기 위한 운동들, 특히 6·25전쟁의 여러 속성들 중에서 내전적 속성을 규명하는 데 필히 연구되어야 할 남한에서의 대중 폭동과 게릴라 운동의 발생 배경 및 6·25전쟁과 이 운동들의 연관성을 규명하고자 한다.

---

1 1950년 6월 25일에 북한 정규군의 전면 남침으로 시작되어 1953년 7월 27일에 휴전협정 체결로 중단된 한국에서의 무력 분규를 지칭하는 명칭은 '6·25전쟁', '6·25사변', '6·25동란', '6·25전란', '한국동란', 'The Korean War(한국전쟁)', '朝鮮戰爭(조선전쟁)', '抗美援朝戰爭(항미원조전쟁)', '김일성의 난(亂)' 등 실로 다양하다. 그런데 본 연구에서는 2000년에 한국정치학회에서 논의하여 채택한 '6·25전쟁'이라는 명칭을 사용한다.

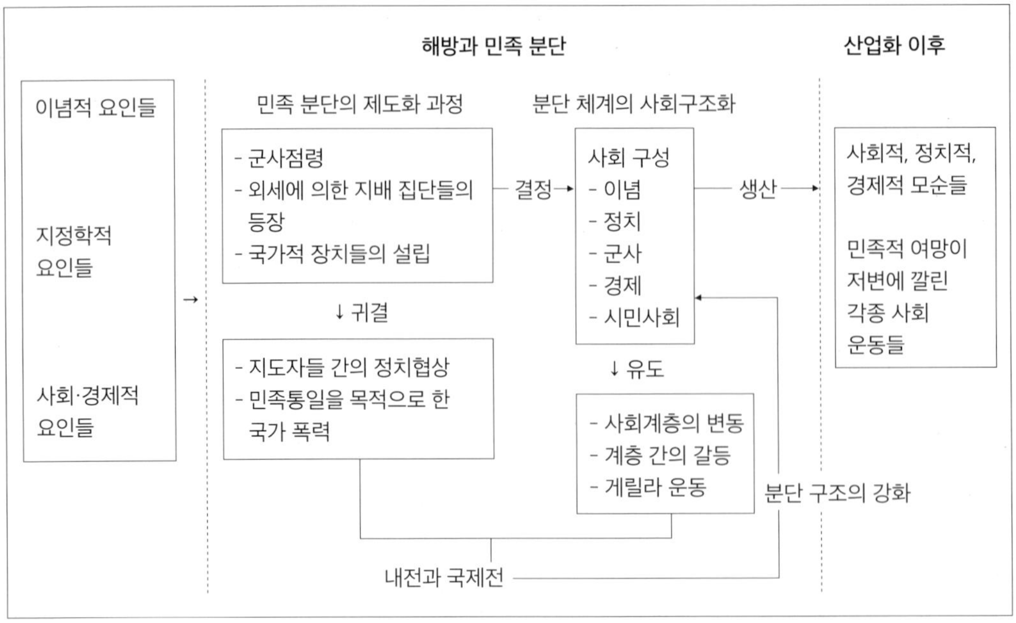

〈그림 1-1〉 민족분단과 그 결과

6·25전쟁을 비롯하여 어떤 역사적 사건이나 사회현상을 설명하는 데 그 구성원들의 행위에 중점을 둘 것인가, 행위자들의 역할을 초래한 구조에 중점을 둘 것인가는 성격과 책임 규명, 해결책 제시에 중요한 차이를 가져올 수 있다. 그리고 행위자들의 의식을 강조하는 자의적 해석이나, 사회적 제 현상들과 행위자들의 행태는 사회구조의 산물이라고 보는 구조주의적 해석은 모두 부분적 설명에 그치거나 책임 회피를 초래할 수 있다. 그래서 M. 메를르(Marcel Merle)나 R. 아롱(Raymond Aron) 등은 요소들(factors)과 행위자들(actors) 모두를 연구 변수로 활용하고 있다.[2] A. 뚜렌느(Alain Touraine)는, 사회운동은 행위자들에 의해 방향이 결정되며, 새로운 상황 속에서 운동의 방향이 그들이 원하는 대로 진전되도록 지식인들이 개입하여 도와주어야 한다고 주장하며 양자 간의 유동적 연계를 강조하고 있다.[3] M. 도브리(Michel Dobry)는, 사회운동이 어떤 요인들에서 출발하지만 정치전략가들(politico-stratèges)

---

2 Marcel Merle, *Sociologie des relations internationales*, 2e édition (Paris: Dalloz, 1981); Raymond Aron, "Qu'est-ce qu'une théorie des relations internationales", *Revue Française de Science Politique*, Vol. XⅦ, 1967; Raymond Aron, *Paix et guerre entre les nations* (Paris: Calmann-Lévy, 1984).

3 Alain Touraine, *Le retour de l'acteur, Essai de sociologie* (France: Fayard, 1984).

은 그 운동이 전개되는 과정에서 이 요인들을 자신들의 전략에 따라 끊임없이 변혁시키므로 그 운동을 발생시켰던 요인들은 그 운동이 일정 기간 진행된 뒤에는 더 이상 같은 성질의 요인들로 남아 있지 않는다는 점을 강조해 왔다.[4] 그 연장선에서 M. 도브리는 C. 클라우제비츠(Carl von Clausewitz)의 "전쟁은 정치의 연속이다."라는 말에 대하여 전쟁을 발생시켰던 요인들이 정치적 행위에 의해 제거 내지 변혁될 수 있고, 전쟁 과정에서 새로운 요인들이 발생하여 새로운 정치를 창출할 수 있다는 점을 지적하면서 전쟁과 정치의 연속성을 부정하였다.

분단 체제의 정립 과정에서 통일을 추구했던 정치전략가들이 사회·경제적 제 문제들을 정치화하는 과정에서 생성되었던 크고 작은 많은 분규들이 발전하여 국가적 장치가 전면적으로 개입된 6·25전쟁으로 발전된 것을 감안할 때, 우리는 구성 요인들과 행위자들의 역할 양자 모두를 분석의 대상으로 삼아야 될 것이다.

정치학은 역사학과 불가분의 관계에 있다. 정치 이론은 역사적 사실에 기초해야 된다. 그런데 1960~1970년대에 미국의 행태주의와 경험과학이 한국학계에 도입되면서 역사적 접근이 경시되어 왔다. 물론 이런 경향에 대해 단순히 행태주의의 도입에서만 그 원인을 찾을 수는 없다. 과거 한국 정치에 대한 연구에서 '역사적 접근'이 '사건사(histoire événementielle)', 즉 사건과 사실 규명에 치중하여 사회과학적 분석과 이론화 작업이 부족했던 것에 대한 반작용도 '역사적 접근'을 경시하게 만든 중요한 요인이라 할 수 있다.

이런 가운데 1970년대 중반부터 "한국 정치학의 자주성", 즉 정체성(identity)의 문제가 제기되었다. 문익승 교수는 한국 정치학의 '자아 준거성'을 제창하며 한국적 가치 정향에 준거해서 한국식으로 인식되고 설정된 문제에 대해 한국적인 해결을 추구하고 방향을 정립해야 된다고 주장했다. 즉, 한국에서 논의되고 있는 서구 사회과학의 몰역사성, 몰주체성, 비총체성을 극복하고 한국의 역사와 전통에 대한 연구를 진작해야 된다는 것이다.[5]

그런데 한국의 정치사학자들은 자신들의 연구를 일반사 연구에 의존하여 수행하면서 연구 대상의 불명확성과 문제 영역 설정의 어려움을 보였다. 따라서 "역사적 사실들을 어느 정도 정치적 사실화할 수 있느냐?"라는 문제의식을 갖게 했다.

정치사를 보는 시각도 다양하다. 첫째, 정치사를 "정치에 역점을 둔 역사"로 보고, 주어진

---

4 Michel Dobry, *Sociologie des crises politiques* (Paris: Presses de la Fondation Nationale des Sciences Politiques, 1992).

5 문익승, 「한국정치학의 정립문제」, 『한국정치학회보』 제13집, 1979.

사회의 내면을 주요 연구 대상으로 삼는 시각이 있다. 이런 시각의 정치사 연구는 정치사상이나 외교사는 대상에서 제외시키는 경향이 있다. 이런 시각의 소유자들은 권력 관계를 본질로 생각하고 있다.[6]

둘째, 민족사학적 정치사가 있다. 즉, 일반 사가들이 제시하는 문제들을 정치사와 관련시켜 민족의 특수성과 보편성을 파악해 주체적인 민족 사관을 정립하고자 하는 관점이다. 대표적인 예로 신채호의 "역사는 아(我)와 비아(非我)의 투쟁 기록"이라는 관점이나, 조지훈의 "민족사는 민족의식 발달사"라는 관점을 들 수 있다.[7]

이런 관점들은, 한국의 근대적 정체(modern polity) 형성기의 "민족운동이 국외 항쟁 중심에서 국내 항쟁 중심으로, 개인 활동 중심에서 집단 운동 중심으로, 자가 노선 중심에서 민족 노선 중심으로 전환되어야 한다."라는 주장을 낳았다. 그리고 "민족운동사는 대(對)이민족 투쟁사이며 민족의식 발달사"라는 주장과 "민족 항쟁사는 민족의 형성을 전제 조건으로 하고, 민족의식의 자각을 핵심으로 해야 된다."라는 주장도 제기하게 했다.

셋째, 마르크스(Marx)·엥겔스(Engels)의 유물·변증법으로 한국의 정치사를 해석한 연구들이 있다. 그 대표적 예로 백남운의 『조선봉건사회경제사(상)』를 꼽을 수 있다. 그런데 이런 유물·변증법적 해석은 일제하에서 시도되다가 해방 정국에서 꽃을 피웠으나 분단 체제하에서는 일정한 단절기를 맞기도 했다. 이 마르크스·엥겔스주의적 역사 해석은 남한에서 반공 정책에 의해 탄압을 받았을 뿐만 아니라, 북한에서도 김일성에 대한 개인숭배 정책이 역사 왜곡을 강요하여 설 자리를 얻지 못했다. 1980년대 한국의 민주화 및 사회변혁 운동의 맥락에서 사회구성체(social formation) 논쟁으로 마르크스·엥겔스주의가 다시 활기를 찾는 듯했으나 정치사 연구에 주목할 만한 학문적 업적을 이루지는 못했다.

넷째, 한국의 정치사를 정치발전의 맥락에서 전통성과 근대성 간의 변증법적 상호작용 과정으로 보고 연구해야 된다는 관점이 있다. 김운태 교수는, "이 분석 방법이 한국 정치 체제의 전개에 대한 발전 지향의 규범적 가치와 그 체제의 변화와 안정에 직간접적으로 영향을 미치는 제 요인 간의 관계에 대한 실증적 분석을 포함한다."라고 주장한다.[8]

그런데 대부분의 한국 정치사 연구는 민족사학적 시각과 정치권력사적 시각에 사회경제

---

6 조찬래, 「한국정치사연구의 현황과 문제점」, 김계수 외 지음, 『한국정치연구의 대상과 방법』, 한울아카데미, 1993, 31쪽.
7 위의 책, 32쪽.
8 김운태, 「한국정치학연구의 발전과 현황」, 『한국정치학회보』 제21집 제2호, 1987, 18쪽.

사적 시각과 정치변동론적 시각이 가미되어 있다. 특히, 정치권력사적 시각이 대두되는 이유에 대해 이정식 교수는 다음 세 가지를 든다.

첫째, 정치적 사실로서 제도의 형성 과정이 구체적이었기 때문에 사실(史實)로서 선택이 용이했을 뿐만 아니라, 한국의 정치 상황에 관한 한 민족주의 형성 과정에서 그 특정 제도가 정치적 가치를 전적으로 지니고 있었기 때문이다.

둘째, 사실로서의 역사적인 개체는 권력적인 요인뿐이었고, 중요한 변화는 그 권력만이 인과적 의의를 지니고 있었기 때문이다.

셋째, 애국적 국수주의의 경향이 있는 민족사학적 시각에서 실증사학의 입장을 가진 제도사학으로 변화되어 간 것은 정치사회의 변동 속에서 과거의 제도를 실증적으로 분석하고 인간 부재의 역사학을 극복하려는 노력이다.[9]

김운태 교수는 한국 정치사가 민족사학적 연구를 도입해서 실증주의적 방법으로 접근해야 되며, 정치발전론적 시각에서 정치체계의 동태적 분석을 부가해야 체계화가 가능하다고 주장했다. 즉, '한국의 정치'라는 역사적인 개별성과 독자성을 감안하고 존중하면서 민족적인 입장에 서서, 정치체계의 발전이라는 관점에서 실증을 통하여 얻어진 정치적 사실들을 중심으로 이론적인 체계화를 추구해야 된다는 것이다.

이상의 논의들에서 강조하는 바와 같이 한국 정치사 연구에서 역사적인 독자성과 개별성을 추구하는 것은 '정치학의 한국화', '자아 준거적 정치학의 정립'을 지향하는 것이다. 그러나 역사적인 독자성과 개별성은 보편성과 불변 지수 도출이 전제되어야 이론화가 가능하고 학문으로 성립될 수 있을 것이다.

이런 측면에서 한국 정치사 연구는 정치가 정치·사회의 변혁을 주도할 수 있는 독립변수의 역할을 수행한다는 사실을 확인시켜 줄 수 있어야 된다. 그리고 이러한 변혁이 국가 또는 지배 엘리트와 일반 민중에 의해서 주도되기 때문에 정치사를 권력사적 측면과 민족사적 측면에서 정치발전을 고려하는 종합적인 분석을 수행할 수 있는 방향으로 전개되어야 한다.[10]

9 조찬래, 앞의 책, 33쪽.
10 위의 책, 34쪽.

제2장

외세의 제국주의적 침탈과 한민족의 각성

/// 제2장 ///

외세의 제국주의적 침탈과 한민족의 각성

서구 자본주의의 발달은 제국주의적 성격을 띤 팽창주의적 민족주의를 낳았고, 이는 한민족에게 비서구형의 자기방어적 민족주의를 갖게 했다. 그 과정에서 한민족은 서구 제국주의를 간접적·직접적으로 접촉하게 된다.

먼저, 간접적인 접촉으로 천주학(天主學)의 유입과 주변 국가들에 대한 서구 열강들의 침략을 들 수 있다. 아편전쟁(1839~1842)과 그에 따른 청나라의 개국(1842년 난징조약), 영국·프랑스 연합군의 베이징 함락(1860), 일본의 개항(1854)과 메이지유신(1868) 등 중국과 일본에 대한 서구 열강들의 침략과 그에 따른 변화는 당시 조선의 세계관에 큰 충격을 주는 대사건들이었다.

이런 간접적 경험에 의한 조선인들의 위기의식은 무력 침공을 앞세운 서구 열강들의 조선에 대한 개국과 통상 요구로 더욱 증폭되었다.

영국 상선 로드 암허스트(Lord Amherst)호가 1832년 6월에 충청도 앞바다에 20여 일간 정박하며 통상조약 체결을 요구해 온 것을 필두로 하여 이양선(異樣船)의 출몰이 계속되었다. 1845년 6월에는 영국 군함 사마랑(Samarang)호가 제주도와 남해안 일대를 측량한 후 가축을 약탈하여 돌아갔다. 그리고 1846년 6월에는 프랑스 동양함대 사령관 세실(Jean-Baptist Thomas Cécil) 소장이 군함 3척을 이끌고 충청도 홍주(洪州) 앞바다에 와서 1839년 기해박해 때 조선정부가 프랑스인 신부 3명을 살해한 것에 항의하는 시위를 하고 돌아갔다. 이외에도 프랑스, 미국, 러시아의 군함 혹은 상선들과 국적 불명의 배들이 나타나 침략 위협을 하거나 인명을 살상하는 일이 거의 매해 발생하였다.[1]

이런 가운데 조선과 미국 간에 최초의 직접적인 접촉이 동래부사(東萊府使)를 통해 이루어진다. 미국의 한 상선이 동래부사에게 조선 조정에 통상 요구를 전해 달라고 하자 동래부사는 “양국 간에 말과 바람이 닿지 않을 정도로 거리가 멀고, 소통(communication)이 되지 않을 정도로 서로 다르니 통상은 불가능하다(風馬不及 和氣不通 通商不可).”라며 거절한다.

제너럴셔먼호 사건이 1866년 7월에 발생하였고, 병인사옥(丙寅邪獄)을 구실로 같은 해 10월에 프랑스 함대가 강화도에 침입한 병인양요(丙寅洋擾)나, 1871년 4월(양력 6월)에 군함 5척과 1200여 명의 군인으로 구성된 미군 함대가 강화도에 침입하여 미국 군함 3척이 격파된 신미양요(辛未洋擾)와 같은 소규모의 전쟁도 치르게 되었다.

그런데 이와 같은 통상 거부 정책을 고수할 수 있었던 것은 대원군의 강력한 지도력이 있었고, ‘척사양이(斥邪洋夷)’ 사상(doctrine)이 당시 조선 사회에 공감대를 형성하고 있었기 때문이다. 그러나 대원군이 하야(1873년)하고 고종의 친정(親政)이 실시되면서 고종의 외척 민(閔)씨 정권이 들어선 후 대외 정책은 급변하게 되었다.

마침내 운요호 사건이 1875년 8월(양력 10월)에 발생하고, 그 결과로 1876년 2월에 병자수호조약(丙子守護條約)을 체결하게 되자, 이를 저지하기 위해 최익현은 「지부복궐척화의소(持斧伏闕斥和議疏)」를 올린다.[2]

> **지부복궐척화의소(持斧伏闕斥和議疏)**
>
> [첫째] …… 강화(講和)가 우리의 약점을 보이는 데에서 나온 것이라면 이는 주도권이 그들에게 있는 것으로서 그들이 도리어 우리를 제어할 것이니 …… 우리의 물건은 한정이 있는데 저들의 요구는 끝이 없어서 한번이라도 맞추어주지 못하게 되면 사나운 노기(怒

---

1 신용하, 「서세와 체제에 대한 동학의 대응」, 한국정신문화연구원, 『韓國의 社會와 文化』 제19집(조선 후기의 근대적 사회의식), 1992, 8~9쪽.

2 「지부복궐척화의소(持斧伏闕斥和議疏)」는 “도끼를 들고 궁궐 앞에 꿇어 엎드려 개항에 반대한다.” 즉, “개항을 하시려거든 이 도끼로 제 머리를 치십시오.”라는 의미를 담고 있다. 이 상소로 최익현은 죽임을 당하지는 않았지만 흑산도로 유배되었다.http://cafe.daum.net/realist100/DVRh/36?docid=1AyOc|DVRh|36|20081015184833&q=%F2%A5%DD%A8%DC%D1%CF%F4%F4%AE%FB%FA%EB%F9%E1%C2&srchid=CCB1AyOc|DVRh|36|20081015184833(검색일: 2010년 10월 10일). 최익현은 23세에 과거에 급제하여 성균관 전적, 사헌부 지평, 사헌부 장령, 승정부 부승지 등의 벼슬 생활을 하면서 당대의 현실을 비판하는 많은 상소문을 올렸다. 1873에 최익현은 흥선 대원군의 경복궁 중건을 위한 당백전(當百錢) 발행과 서원(書院) 철폐 등을 비판하는 상소를 올렸다가 대신을 비롯한 관리들과 성균관 유생들의 극렬한 비난을 받았다. 당시 친정(親政)을 생각하고 있던 고종은 최익현의 이 상소를 받아들이고 그를 호조참판에 임명했다. 최익현은 그해 11월 다시 상소하여 앞서의 상소 내용을 부연 설명하면서 만동묘의 철폐를 비롯한 대원군의 실정을 통박하고, 하야를 요구했다. 이를 계기로 10년간 집권해 온 대원군이 물러나고 고종이 친정을 하게 되었다. 그러나 상소문의 문구 가운데 지나치게 과격한 내용이 있어 삼사(三司)를 비롯한 대신들의 탄핵으로 국문(鞫問)을 받고 제주도에 위리안치(圍籬安置)되었다가 1875년 2월에 풀려났다. http://blog.daum.net/joachim51/15953564(검색일: 2010년 10월 10일) 그러나 근신상태에서는 상소를 올릴 수 없었던 것이 당시의 관례임을 고려하면 ‘지부복궐척화의소(持斧伏闕斥和議疏)’라는 극단적인 상소문 제목을 설정한 것은 사안의 위급성에 대한 최익현의 인식을 보여 주는 것이다.

氣)가 뒤따르며 침해·약탈하며 유린하여 …… 멸망[할 것입니다] ……

[둘째] …… 적(賊)들의 욕심내는 바가 물화(物貨)를 교역하는 데 있는데, 저들의 물화는 거개가 지나치게 [음탕하고] 사치하고 기이스러운 노리개로서 손에서 생산되어 한이 없는 것이요, 우리의 물화는 거개가 백성들의 생명이 달린 것으로 땅에서 나는 것으로 한이 있는 것이니, 한이 있는 진액(津液)과 고유(膏腴)로 백성들의 생명이 달린 것으로서 한없이 사치하고 기괴한 노리개 따위, 마음을 좀 먹고 풍속을 해치는 것과 바꾸되 해마다 반드시 거만(巨萬)으로써 헤아리게 되면 수년 후에는 …… 멸망[할 것입니다].

[셋째] 저들이 비록 왜인(倭人)이라고 하나 실은 양적(洋賊)입니다. …… 사학(邪學)의 서책(書冊)과 천주의 초상이 교역하는 속에 포함되어 들어와 …… 장차 집집마다 사학(邪學)을 하고 사람마다 사학(邪學)을 하게 되어 아들이 그 아비를 아비로 여기지 않고 신하가 그 인군을 인군으로 여기지 않게 되어 의상(衣裳)은 시궁창에 빠지고 인류는 변하여 금수(禽獸)가 될 것[입니다] ……

[넷째] …… 그들이 육지로 내려와 서로 왕래하고 …… 집을 짓고 살려고 할 것인데 거절할 말이 없고 …… 내버려 두면 재물이나 비단과 부녀(婦女)들의 약탈(掠奪)을 오직 하고 싶은 대로 할 것[입니다] ……

[다섯째] 이 말[講和]을 주창하는 사람들이 걸핏하면 병자호란(丙子胡亂) 때의 남한산성 일을 끌어다가 말하기를, "병자년의 강화 뒤에 피차가 서로 좋게 지내어 삼천리 강토가 오늘에 이르도록 반석 같은 안정을 보존하였으니, 오늘날 그들과의 화호(和好)가 어찌 유독 그렇지 않겠는가?"라고 합니다. …… 이는 아동의 소견과 다름없[습니다].

…… 병자년의 강화(講和)는 의리의 해침이 큰 것이어서, 의상(衣裳)을 차린 사람은 …… 다소나마 중국의 패주(覇主)들을 모방하여 인의(仁義)에 근사한 것을 가장하였으니, 이는 이적(夷狄)들도 사람(人)이라 곧 도리(道理)가 어떠함은 물을 것도 없고 능히 소(小)로써 대(大)를 섬기기[以小事大]만 하면 피차가 서로 사이가 좋아[지게 됩니다] …… [그러나] 저 적도(賊徒)로 말하자면, 한갓 재화와 색(色)만 알고 다시 조금도 사람의 도리라고는 없으니 이는 금수(禽獸)일 뿐입니다. 사람과 금수가 화호(和好)하여 같이 떼 지어 있으면서 근심과 염려가 없기를 보장한다는 것은 신(臣)은 그 무슨 말인지 알 수 없[습니다] ……

현시점에서 보면 최익현의 이 상소문에는 자인종 중심주의(ethno-centrism)적 편견도 엿보이지만 근대화 과정에서 한국 사회가 결과적으로 경험하게 된 많은 문제들을 예고했고, 종속이론의 '부등가교환체계' 개념과 같은 정치경제론적 근거도 제시하고 있어 합리적인 비판이었다고 평가할 수 있다.

1. 위정척사(衛正斥邪)

위정척사 사상은 어양론(禦洋論)으로 총칭되는데, 이는 김평묵이 논술한 상소문의 제목이기도 하다. 19세기 후반 한민족의 대(對)서양 의식을 특징지을 수 있는 하나의 사상 주류이며, 척사(斥邪) 사상의 중심 개념이다.

화서(華西) 이항로(李恒老)의 전수척화론(戰守斥和論), 의려책(義旅策) 등 적극 척화설과 노사(蘆沙) 기정진(奇正鎭)의 유리일원론(唯理一元論)에 기초한 통교금절론(通交禁絶論) 등 소극 척화설, 중암(重菴) 김평묵(金平默)의 '양사힐융(養士詰戎)'론, '반경식사(反經息邪)'론 등을 대표적 주장들로 들 수 있다.

1) 화서 이항로의 적극 척화설

전수척화론은 시대 상황의 반영이라 할 수 있다. 1866년 9월에 프랑스 함대의 침공이 있은 후, 조정(朝廷)은 사태 수습을 위해 재야 유림(儒林)이었던 이항로를 같은 달에 동부승지(同副承旨)에 제수(除授)하였는데, 10월에 이항로는 이를 사직하고 다음과 같은 상소를 올렸다.

> …… 이제 국론(國論)이 교·전(交·戰) 양설(兩說)로 나누어지고 있는데, 양적(洋賊)을 공격(攻擊)해야 한다는 주장(主張)은 국변인(國邊人, 우리 측)의 설(說)이요, 양적(洋賊)과 화교(和交)해야 한다는 주장(主張)은 적변인(賊邊人)의 설(說)이다. 이들처럼 [공격, 攻擊]하면 방내(邦內)가 의상지구(衣裳之舊)를 보전(保全)할 수 있고, 저들같이 [화교, 和交]하면 인류(人類)가 금수지역(禽獸之域)에 빠지고 만다. 이것은 큰 갈림길이다. …… 그 국변지론(國邊之論)을 주장(主張)하는 사람도 또한 양설(兩說)이 있으니 그 하나는 전수지론(戰守之論)이요, 다른 하나는 거빈지설(去豳之說), 즉 천도피란(遷都避亂)이다. 생각건대 전수(戰守)는 상경(常經)이요, 거빈(去豳)은 달권(達權)이다. 상경(常經)은 모든 사람이 지킬 수 있지만 달권(達權)은 성인(聖人)이 아니고서는 불가능(不可能)하다. 그러니 태왕(太王)과 같은 덕(德)이 있으면 그것[달권, 達權]은 가능하지만, 태왕(太王)과 같은

덕(德)이 없으면 귀시지응(歸市之應)이 나타날 수 없다. 백성(百姓)은 한번 흩어지면 다시 합하기 어렵고, 대세(大勢)는 한번 가버리면 다시 오지 않는다. …… 전하(殿下)가 사변(事變)을 당(當)하였다 할 경우 차라리 상경(常經)을 지킬 것이지 거연(遽然)히 성인지사(聖人之事)로서 자황(自況)하여서는 안 된다. 전하(殿下)가 이제 전수(戰守)의 태도를 취하여 그 뜻을 견정(堅定)하고 비록 만부(萬夫)가 저요(沮撓)한다 해도 조금도 동요(動搖)하지 않는다면 암롱파벽(暗聾跛躄)들까지도 원기백배(元氣百倍)할 것이니, …… 전하(殿下)는 이제 빨리 애통(哀痛)한 교령(敎令)을 내려 치구(致寇)의 이유(理由)를 스스로 송변(訟辯)하고 선후(善後)의 의지(意志)를 명시(明示)한다면 …… 거기서부터 민정(民情)을 고발(鼓發)시킬 실마리를 얻게 될 것이다. ……[3]

이와 같은 상황 인식에 따라 이항로는 첫째, 대신들을 경신(敬信)하여 체통을 존중하고, 둘째, 삼사(三司, 사헌부·사간원·홍문관)의 밖에까지 언로(言路)를 넓게 열고[4], 셋째, 장수를 뽑아 무비(武備)를 닦고, 넷째, 용인(用人)에는 적극적으로 인망(人望) 있는 사람을 쓸 것을 대안으로 제시했다.

더 나아가 이항로는 민병(民兵) 모집에 관한 '의려책(義旅策)'도 제안했다. 즉, 조선 8도에서 인망 있는 사람을 모으고, 이들을 '소사(召使)'로 호칭하며, 권위와 존경, 총애를 주며, 관군을 도와 적을 물리치고, 적을 물리친 후에 사교를 종식케 해야 된다는 것이다.

그러면서 이항로는 양물배척론(洋物排斥論)의 이론적 근거로 기기음교(奇技淫巧), 일계세계(日計歲計), 생생자용왕래무상(生生自用往來無常)을 제시했다.

기기음교(奇技淫巧)는 조선 사회에서의 서구 자본주의 팽창의 성격을 지적한 것인데, 공업 사치품의 유입으로 민심을 해치고 경제를 피폐시킬 자본주의 팽창의 속성을 일갈(一喝)한 것이다. 이런 인식은 본말(本末) 사상에 기초한 것으로 주나라 무왕이 구이팔만(九夷八蠻)과 통교하게 되었을 때 이물원물(異物遠物)을 경계로 했던 예를 근거로 한 것이다.

---

3 달권(達權): 그때그때 형편에 따라 일을 알맞게 잘 처리함. 저요(沮撓): 가로막다. 저지하다. 암롱파벽(暗聾跛躄): 앞을 보지 못하거나, 소리를 듣지 못하거나, 다리가 불편하거나, 일어서지 못하는 사람들, 즉 장애인들. 자황(自況): 남을 자기와 비교하다. 『華西先生文集』, 卷三, 疏劄, 辭同副承旨兼陳所懷疏 (丙寅 陰 9월 13일), 최창규, 『근대 한국정치사상사』, 일조각, 1991, 51~52쪽에서 재인용.

4 사헌부(司憲府), 사간원(司諫院), 홍문관(弘文館)을 일컬어 삼사(三司)라고 하는데, 사헌부는 감찰·탄핵·정치언론 부분을 담당하고, 사간원은 국왕에 대한 간쟁과 정치 일반에 대한 언론을 담당하여 양사(兩司)라고도 한다. 이에 비하여 홍문관은 궁중의 서적과 문헌을 관장하고, 왕과 신하들이 함께 하는 학술 토론을 주관하는 경연관으로 왕의 학문적, 정치적 고문의 역할을 한다.

일계세계(日計歲計)는 생산 방법과 양의 차이에서 오는 교역의 불리함을 지적한 것으로, 손으로 하루에 만드는 공산품과 땅에서 1년에 걸쳐 생산하는 농산품을 교역할 경우 우리가 불리함을 지적한 것이다.

생생자용왕래무상(生生自用往來無常)은 서구 자본주의자들의 강압적이고 팽창주의적인 태도를 지적한 것으로, 우세한 산업력을 가진 서구 자본주의자들이 자기들의 개별적인 이익만을 위해 그 산업력을 활용하여 통상을 요구하는 것이기 때문에 의미가 없다는 주장이다.

이와 같이 이항로의 척화론은 투철한 경제 의식이 중심을 이루고 있다.

2) 노사 기정진의 소극 척화설

기정진은 사상적으로 이항로와 일맥상통(一脈相通)한다. 그들 간에 의도적인 연계나 교류가 없었음에도 맥이 서로 닿아 있었던 것은 당시 시대 상황에 대한 그들의 인식이 주리론(主理論)에 기초하고 있었기 때문인 것으로 보인다.

기정진의 척화설을 소극 척화설로 규정하는 근거는 그의 통교금절론에 있다. 병인년(1866년, 고종 3년) 음력 8월 '양호창궐(洋胡猖獗)'의 소식을 들은 기정진은 부호군(副護軍)의 직책으로 '척사소(斥邪疏)'를 올렸다. 그는 이 상소에서 양호창궐의 원인이 서양오랑캐들의 조선에 대한 흑심에 있기 때문에 신부 살해 사건 해결로 끝나지 않을 것이므로 그에 대처할 응변지도(應變之圖)를 철저히 해야 된다고 주장하였다.

기정진은 병인양요와 같은 프랑스 군대의 조선 상륙을 일회성 난동으로 보지 않고, '해구동래지조(海寇東來之兆)', 즉 서양 세력의 침략으로 보았으며, 당시 조선이 직면한 위기의 성격을 서양 세력의 무한한 팽창 욕망에서 비롯된 것으로 파악하였다.

기정진은 조선이 통교를 하게 될 경우에 입게 될 손실들을 여러 영역에 걸쳐 지적하였다. 먼저, 정치적 손실로 "우리 국가를 부용(附庸)으로 만들 것"이라며 조선의 주권 상실 가능성을 지적하였다. 둘째, 경제적 손실로 "우리의 산해(山海)를 저들의 보고(寶庫)로 삼으려는 것"이라며 경제적 자원의 약탈을 지적하였다. 셋째, 문화적 손실로 "우리의 의관을 저들의 노복으로 만들려는 것"이라며 문화적 예속 가능성을 지적하였다. 넷째, 사회적 손실로 "우리의 부녀자들을 어랍(魚蠟)하려는 것"이라며 사회적 풍습 파괴와 범죄 발생 가능성을 지적하였다. 다섯째, 정신적 손실로 "우리의 생령(生靈)을 금수로 만들려는 것"이라며 민족적·정신적 몰락을 우려하였다.

이런 서구의 침탈에 맞서기 위한 대응책으로 기정진은 '응변지도(應變之圖)'를 제시했다.

이 응변지도에서 기정진은, "국가에는 먼저 일정한 정책이 있고, 그 정책에 따라 군신이 상서(相誓)하는 마음이 있어야 만인의 정신심술(精神心術)이 귀일(歸一)할 수 있어 공(功)을 이룰 수 있기 때문에 무엇보다 먼저 조정의 정책이 빨리 책립되어야 한다."라고 주장하였다.

기정진은 구체적인 정책 대안으로 양물금단론(洋物禁斷論)을 제안하며 이미 반입된 양물은 수거 후 태우고, 반입하는 사람은 중률(重律)로 시형(施刑)해야 된다고 주장했다. 그는, 당시 조선이 처한 위기 상황이 서양의 우세한 물리적(物理的) 세력을 바탕으로 밀려오는 '기(氣)의 현상'이기도 하지만, 더 근본적인 원인은 기세(氣勢) 그 자체가 아니고 저들의 기세에 스스로 흘러 들어가는 '우리의 타락된 태도'에 있다고 보았다. 이와 같은 기정진의 인식은 반구제기(反求諸己), 즉 모든 원인을 자기에게서 구하려는 성리학의 본말(本末) 사상에 그 토대를 두고 있는 것이다.

기정진의 이런 인식은 기능론적인 생각으로, 침략 세력으로부터 자기를 분리시켜 정체성(identity)을 지키려는 주장이라고 볼 수 있다. 그리고 현실적으로 우세한 제국주의 세력에 대항하기 위해서는 그 우세한 객관적인 상황에 직접 대결하기보다는 자기 안으로부터의 저항력을 축적하려는 본원적인 방법이 불가피하다고 본 것이라고 평가할 수 있다.

기정진은 또한 우리의 정당성을 떳떳하게 천명하자는 '선수사령(先修辭令)'도 주장하였다. 즉, 그의 주장에 의하면 외국인을 대하는 조선인의 태도는 공명정대(公明正大)했다는 것이다. 교통(交通) 거절의 원인이 우리에게 있는 것이 아니라 저들에게 있는데, 서양인들은 고지(告知)도 없이 변형잠입(變形潛入)하여 정세를 염탐하고, 도적 무리들을 이끌려는 죄과를 저질렀으며, 사교(邪教)까지 퍼트려 미풍양속을 해쳤으므로 서양인은 죄인이라는 사실을 천명할 것을 주장하였다.

아울러 기정진은 유격전(게릴라 전쟁)과 '국민 전쟁'을 주장한 '심지형 연병구인학(審地形鍊兵救人學)'도 피력하였다. 심지형(審地形), 즉 지형을 잘 연구하여 거험요격(據險邀擊), 즉 험한 지역에 머물면서 유격전을 펴야 되고, 연병(鍊兵), 즉 문벌과 문치에 의한 허실한 군적을 탈피하고 무술을 습득해서 민중 일체의 민방(民防) 제도를 갖추어야 되고, 구인(救人)을 하는 데 있어 조사군민(朝士軍民)들의 투서(投書)를 서면 격식에 관계없이 언서(諺書)까지 받아들여 숨은 인재를 발굴해야 된다고 주장하였다.

내수외양론(內修外壤論)에서 기정진은 결인심(結人心)이라는 개념을 통해 국민적 합의(national consensus)의 중요성을 강조하였다. 그는 "인심이 단결하면(結人心) 일려(一旅, 500명의 병사)로 하(夏)나라를 충분히 흥하게 할 수 있었고, 필마(匹馬, 한 필의 말. 아주 소수의 말 탄 장수)로도 당나라를 번창시킬 수 있었지만, 인심이 이산되면 주중(舟中)이 모두 적국이 되고, 바퀴 밑이 모두 오랑캐가 된다(人心不離則一旅足以興夏 匹馬可以昌唐 人心離散則 舟中皆敵國 轂下皆胡越).”라고까지 하였다.[5] 결인심(結人心)이 이렇게 중요함에도 불구하고, 국왕이 좌우폐신(左右嬖臣), 궁방척신(宮房戚臣), 교령아첨인(巧令阿諂人), 즉 소수의 주변 사람들의 마음만 받아들이기 때문에 1인(人)의 마음은 결속시키되, 천만 인의 마음은 흩어지게 하고 있다는 것이다. 따라서 국왕 자신이 천만인(千萬人) 대동지심(大同之心)을 실천해야 된다고 주장하였다.[6]

기정진의 내수론(內修論)은 ‘임술의책(壬戌擬策)’을 통해 더욱 구체적인 정책론으로 발전하였다.

당시의 조선 사회 상황에 대한 기정진의 인식에서 지배계급의 피지배계급에 대한 착취에서 비롯되는 계급 모순과 공권력의 사유화에서 비롯되는 신가부장제(neo-patrimonial system)에 대한 지적을 발견할 수 있다. 물론 기정진이 지적한 계급 모순은 유산층과 무산층 간의 모순이 아니라 공권력의 사유화에서 오는 정치적 지배/피지배 계급 간의 모순을 말하는 것이다.

당시 조선 사회의 이런 모습에 대해 기정진은 다음과 같이 극명하게 표현하였다.

> 군국(郡國)을 맡은 자(수령, 守令) 일경(一境)을 온통 계축(雞豚)의 권(圈)으로 삼고, 방악(方岳)을 맡은 자(방백, 方伯) 일로(一路)로서 어랍지장(魚蠟之場)을 삼으며, 경사(京司)의 경납(經納)이 범월(犯越)을 떡 먹 듯하고, 서민의 파산을 거리낌 없이 시켜, 오늘날 빈부가 함께 비동(沸動)하고, 산해가 함께 탕갈(蕩竭)하고 있다.[7]

기정진은 “전일(前日)의 빈전(貧錢)은 전정(田政), 군정(軍政) 때문에 세금으로 바쳐 민산(民産)이 구멍이 났지만, 오늘의 빈전은 아무 명색(名色)도 없이 약탈을 공행(公行)하기 때문에 그것은 외구가 쳐들어와 약탈해 가는 것이나 똑같다.”라고 주장하였다. 그리고 기정진은, 전일(前日)의 빈전(貧錢)은 백성이 비록 피해를 당하지만 국가 재정과 연관되어 세사(世事)

---

5 奇正鎭, “丙寅疏”, 『蘆沙集』, 卷三 疏.
6 奇正鎭, “丙寅疏”, 應辯之策 第六條, 최창규, 『근대 한국정치사상사』, 일조각, 1991, 90~91쪽.
7 奇正鎭, “壬戌擬策”, 최창규, 위의 책, 92쪽에서 재인용.

에는 크게 해가 되지 않았는데, 지금의 빈전에서는 개인에게 약탈되어 빈전의 결과가 모두 개인의 사리(私利)로 돌아가기 때문에 더욱 심각하다고 진단하였다.[8]

기정진은 군적의 중요성을 강조하고, 사회적 불평등과 경제적 불공평성을 지적하며 양민(養民)이란 관점에서 삼정(三政)의 문제를 근본적으로 재검토할 것을 주장하였다.

> 군적(軍籍)이란 무사(武事)를 강구하고, 불우(不虞)에 대비하는 것이기 때문에 양민(養民)의 중요한 내용이다. 군(軍)에는 반드시 적(籍)이 있기 마련인데, 불행히도 그것을 수포(收布)제도로 바꾸어 왔기 때문에 지금의 군적은 군적이 아니라 일부평준서(一部平準書)에 불과하다.[9]

기정진은 "군적에 한번 들어가면 사족(士族)으로 취급하지 않아 왔을 뿐만 아니라 오늘날 군(軍)에게 군의 의무와 함께 재산상의 의무까지 겸비시키고 있으니 군적(軍籍)의 허(虛)는 말할 것도 없다."라며 정약용의 『목민심서(牧民心書)』 내용까지 동원하여 군적 문제의 사회·경제적 불평등성을 지적하였다.

이런 관점에서 기정진은 임술민란(壬戌民亂)[10]의 원인을 "농민이 먹을 것을 잃고 우는 소

---

8 최창규, 위의 책, 92쪽.

9 奇正鎭, "壬戌擬策", 최창규, 위의 책, 93쪽에서 재인용.

10 '임술민란'에 대한 보다 심도 있는 연구는 다음을 참조하시오. 오영교, 『조선후기 사회사 연구』, 혜안, 2005, 제3부 '19세기 사회변동의 전개'. 1862년(철종 13년) 2월 4일에 진주와 인접한 단성현에서 시작된 이 농민항쟁은 경상도, 전라도, 충청도를 중심으로 하여 경기도, 황해도, 함경도의 일부 지방까지 포함한 전국 70여 개 읍에서 일어났으며, 진주민란(晋州民亂)이라 부르기도 한다.
이 농민항쟁은 조선 사회의 중세적 모습이 해체되던 시기에 사회 모순이 전면적으로 확산되면서 발생하였다. 이 시기에 농업 생산력과 상품화폐 경제가 발달함에 따라 농민층이 급속히 분해되었는데, 자영 농민층의 몰락이 심화되고, 지주 대 소빈농(小貧農) 및 자작인(自作人) 간의 경제적 이해 대립이 첨예화된 것이다.
그뿐만 아니라 '삼정의 문란'이라 일컫는 조세의 폐단도 심각하였다. 조세 문제는 농민들이 민란을 일으키면서 제기한 문제에 잘 나타나 있다. 농민들은 각종 조세가 토지에 집중 부과되는 수취 방식의 변화[都結化]와 화폐납이 일반화되는 추세 속에서 높은 결가(結價)가 부과되는 폐단, 수령과 관속이 축낸 환곡, 즉 이포(吏逋)를 농민에게 전가하는 행위와 장부상으로만 지급된 허액(虛額) 등과 같은 환곡을 둘러싼 폐단, 신분제 변동과 피역(避役)으로 인해 역을 부담하는 농민의 수가 적어짐으로써 생긴 백골징포(白骨徵布), 황구첨정(黃口簽丁)과 같은 군역세의 폐단을 제기하였다.
이 외에 지주, 부민(富民)의 고리대와 지방 관청이 재정 확보의 수단으로 실시했던 식리(植利)의 폐단도 지적하였다. 특히, 삼정 가운데 환곡을 둘러싸고 여러 가지 형태로 행해진 수탈은 민란의 중요한 계기가 되었다. 이러한 제반 조세 문제는 납부 체계의 방만성, 수령과 관속의 부정행위에서 비롯되었다.
사회 변화에 맞추어 제반 제도를 개혁하지 못하고 구질서만 붙들고 농민들을 괴롭히는 지배층에 맞서 농민들은 19세기에 들어 끊임없이 저항하였다. 많이 사용한 저항 방법은 관에 연명으로 호소하는 등소(等訴)였다. 등소로써 폐단이 시정되지 않으면 농민들은 전면 봉기를 계획하였다. 이러한 저항의 연장선에서 이른바 임술민란이 전라도 38개 지역, 경상도 19개 지역, 충청도 11개 지역, 기타 3개 지역에서 일어났다. 농민들을 조직하고 봉기를 주도한 사람들은 몰락 양반, 농촌 지식인, 재지(在地) 명망가 등이었다.

리"라고 규정하기까지 했다.

이에 대한 대책으로 기정진은 유신론(維新論)을 제시하였는데, 유신의 전제로 군신 간의 '일체상연(一体相聯)'과 백성의 경제적인 자족(自足)을 제시하며 국정의 일대 개혁을 주장하였다.

먼저, 조세와 군포를 사족(士族)에게만 면제시키는 것을 타파할 것을 주장하며, 재정(財政)과 관련하여서는 "유용한 것을 무용한 데 돌리면 빈(貧)하고, 무용한 것을 유용한 데 돌리면 족(足)하다."라고 주장하였다. 그리고 무용으로 돌아가는 재정상의 폐단을 여러 각도에서 지적하였다.

첫째, 전제(田制)상의 문제로, 전토(田土)는 생민(生民)의 기본적인 재산이고, 공전(公田)은 국가의 재산이다. 그런데 세도가의 사적인 토지 겸병의 폐가 심하여 국세는 10분의 1이고, 겸병하는 집에서 태반을 걷어가고 있어서 겸병하는 집의 창고가 국가 창고보다 풍부하다.

둘째, 군포의 문제도 대동소이(大同小異)하다. 즉, "국가를 경영하는 데 사용하는[國家經用] 이(利)는 계산을 하지만[有算], 장부를 관리하는 자의 주머니로 들어가는 백성들의 고혈은 무궁하다."

셋째, 서원의 유생들이 자행하고 있는 재산상의 어탈(漁奪) 문제도 심각하다.

넷째, 부의 편중이 심각하므로 재산상의 공평한 분배를 실시해야 된다.

다섯째, 과거제도는 향시(鄕試) 없이 중앙에서 일제히 실시하여 재화 낭비를 줄이고, 관직 일변도의 동기 지향은 비난받아야 된다.[11]

주도자들은 조세 수취를 둘러싼 모든 일들을 논의하고 일정한 공론을 형성하는 향촌 지배층 중심으로 운영되던 향회(鄕會)를 이용하여 농민들을 모으고 투쟁 방향을 논의하였다. 향회가 농민들의 의사를 대변하지 못할 경우, 농민들은 민회(民會), 이회(里會), 도회(都會) 등과 같은 스스로의 모임을 만들었다. 대회를 열기 위해 주도자들이 마을 일을 주관하는 면임(面任), 동임(洞任)에게 통문을 보내면 면임, 동임들은 농민을 모아 대회에 참여하였다. 그러나 이 조직들은 군현 단위 조직이었으므로 군현을 넘어서는 항쟁은 할 수 없는 한계를 안고 있었다. 대회에 참여한 농민들은 집단이라는 열기에 고무되어 보통은 읍내로 몰려가 평소 농민들을 괴롭히던 이서들을 구타하고 각종 문서를 불태우고 관아와 부민의 집을 부수었다. 심지어 익산민란의 경우와 같이 수령을 묶어 군현 경계 밖에다 버리기도 하였다.
농민들은 응징에만 머무르지 않고 중앙에서 파견된 안핵사, 선무사, 암행어사에게 직접 정소함으로써 구체적으로 자신들의 요구를 관철시키고자 하였다. 조선 정부는 농민들의 요구에 따라 널리 삼정책을 모집하고 삼정이정청(三政釐整廳)을 설치하여 이정책을 만들기 시작하였다. 수령에 대해서는 사전에 민란을 막지 못하였다는 책임을 물어 경상우병사 백낙신(白樂莘)과 진주 목사 홍병원(洪秉元)을 처벌하고 전라감사 김시연(金始淵)의 관직을 삭탈하는 등 민란이 일어난 지역의 수령을 파직하였다. 민란 주도자들은 효수하였으며 적극 가담자는 극률로 처벌하였다. 임술민란에서 농민들은 중세적인 조세제도를 철폐 또는 시정할 것을 요구하였으며, 수령, 관속에 대한 공격과 읍권 장악을 통해 무너져 가는 중세적인 통치 질서를 부정하였던 것이다.
http://100.naver.com/100.nhn?docid=130540(검색일: 2009년 8월 17일).

11 奇正鎭, 『壬戌擬策』, 최창규, 앞의 책, 94~95쪽.

이와 같은 기정진의 주장들은, 국정의 중심 가치를 재정이라는 경제적 측면에 집중하여 공공 재정의 강화와 백성들 간의 공정한 재화 분배를 주장하였고, 민중적 기반에 입각하여 자신이 속해 있는 선비 계층부터 과감히 분석·비판하였다는 측면에서 긍정적으로 평가될 수 있다. 그러나 개혁론이 정치 개혁보다 종사 보전이란 체제 유지 기능과 연결되어 있고, 국부(國富) 그 자체를 증가시키기 위한 적극적인 생산이 아니라 일정한 국부를 의의 있게 활용하는 효용론을 피력하였다는 점에서 보수성을 띠고 있다고 평가할 수 있다.[12]

3) 중암 김평묵의 양사힐융론(養士詰戎論)과 반경식사론(反經息邪論)

위정척사론을 어양론(禦洋論)으로 달리 지칭하기도 하는데, 어양론은 김평묵의 상소문 제목이기도 하다. 그러나 1860년대 김평묵의 사상적 저술에는 『어양론(禦洋論)』 외에 『삼강문답(三江問答)』, 『척양대의(斥洋大意)』, 『양사힐융론(養士詰戎論)』, 『반경식사론(反經息邪論)』, 『대곡문답(大谷問答)』, 『해상필어(海上筆語)』, 『경장문답(更長問答)』, 『해상록(海上錄)』, 『노강수록(鷺江隨錄)』 등이 있다. 이 저술들을 통해 김평묵은 척양(斥洋), 자존(自存) 의식을 이론적으로 심화시켰다.

김평묵은 서양 세력에 대한 방어책으로 조선조의 상징적 가치 주체인 사림(士林)을 배양하고, 서양이라는 도전 세력에 물리적으로 대응하기 위하여 무비(武備, armament)를 강화해야 된다고 주장하였다.

김평묵은 서양을 완전히 하나의 침략 세력으로 규정하고, 그 침략을 조선 중기의 병자호란이나 정묘호란과 같은 청의 침략보다 더 심각한 위기로 인식하였다. 물론 이와 같은 그의 위기 의식은 근본적으로 중국을 중심으로 하는 전통적인 동양 세계관의 붕괴에서 비롯된 것이다.

『반경식사론(反經息邪論)』에서 김평묵은 서양 세력의 침투로 초래된 다양한 병폐들에 대해 다음과 같이 성격 규정을 하며 비판하였다.

첫째, 서호(西胡)에는 칠극삼서(七克三誓)의 교(教)가 있는데, 오늘의 선비 된 자 모두가 그 종지(宗旨)에 혹(惑)하고 있다며 종교적인 측면을 비판하였다.

둘째, 기기음교(奇技淫巧)의 꾀임이 있는데, 온 천하는 그것을 열락(悅樂)해 마지않는다며 이기(利器)와 기술 문명을 문화적인 측면에서 비판하였다.

셋째, 교(交)와 이(利)를 겸애(兼愛)하고 남녀가 무별(無別)한데, 천하(天下)의 유수·기민

---

12 최창규, 위의 책, 94~95쪽.

(游手·飢民)과 탕자·일녀(蕩子·佚女)들은 미연(靡然)히 그것을 따르고 있다며 경제적·사회적 측면에서 비판하였는데, 이는 교역(팽창)과 영리(자국 이익)를 통한 자본주의적 팽창을 지적한 것이다.

넷째, 지존(至尊)께 불배(不拜)하고 상하(上下)가 무별(無別)한데, 천하의 정지안분(定志安分)치 못한 사람들은 거기에 힘입어 조세번식(助勢繁殖)해가고 있다며 사회적 질서 문란을 비판하였다.[13]

김평묵은 『반경식사론』에서 서양의 침입에 직면하여 조선인들이 취하고 있던 태도에 대해 민족경제와 사회적 정체성이라는 측면에서 다음과 같이 비판하였다.

> 포백(布帛)이 본국에서 산출되는 양은 부족하지 않건마는, 반드시 양직을 무역하여 중가(重價)를 허비하고서도 아깝게 여기지 않으며, 의약농포(醫藥農圃)가 본국에서 생산되는 것이 부족하지 않건마는, 서양 것이라면 그저 애모흠선(愛慕歆羨)하여 구해 들이고 있다. 또한 배우는 바가 반드시 야소교(耶蘇敎)가 아니었건만, 거리낌 없이 그것을 일용(日用)하여 자기도 모르게 그것과 한편을 이루고 있다.[14]

그런데 이와 같은 김평묵의 비판을 통해 1860년대에 이미 조선의 상당히 많은 사림들이 서양의 기예(技藝)의 우수성에 대해서 긍정적으로 평가하고 있었다는 것을 알 수 있다. 즉, 1880년대 사림들의 채서사상(採西思想) 가운데 동도서기(東道西器), 즉 온건수용론의 기반이 이미 이 시기에 형성되어 있었던 것을 알 수 있다.

김평묵은 대응책으로 이물(異物) 배격, 토산품 애용과 같은 경제적 자존책을 제시하며 이물의 사용과 유통을 금지시키라고 주장하였다. 아울러 재정적 대응책으로 제민항산(制民恒産), 군사적 대응책으로 선힐융병(繕詰戎兵)을 각각 주창(主唱)하였다.[15]

이상과 같이 어양론(禦洋論)으로 대변되는 '위정척사론'의 의의에 대해 다음과 같이 정리할 수 있다.

첫째, 전통 왕조 질서의 모순이 심각해 가던 19세기 중반에 조선의 지식인이나 일반인들에

---

13 『重菴集』, 卷之三十五, 第十五策「反經息邪」, 최창규, 위의 책, 106쪽.
14 『重菴集』, 卷之三十五, 上記「反經息邪」, 최창규, 위의 책, 106쪽.
15 최창규, 위의 책, 108쪽.

게 그 태도가 복고적이든, 현상 타파적이든 상황을 타개하려는 유신(innovation) 의지가 성숙되고 있었다.

둘째, 외세의 침탈은 한민족의 자존(自存)과 민족적 정체성(identity)에 대한 도전이었다는 점에서 이에 대항하려 했던 조선인들의 의식적 반응은 단순히 배타적 수기(守己)만이 아니고 민족적 자주를 확보하려는 민족 의식의 형성 과정으로 평가될 수 있다.

셋째, 근대사를 논할 때 '근대성(modernity)'의 주요 논거가 개별 민족과 민족국가(nation-state)에 대한 정치적 의식 형성이라는 측면에서, 1860년대에 그러한 한민족의 민족적 가치에 대한 의식화 과정은 바로 한국사의 '근대(modern)' 설정에 중요한 논거가 된다.[16]

2. 개화자강(開化自强)

개화사상의 시대적 폭은 20년을 넘지 못한다. 그러나 실학·동학·의병운동 간에 근대사상적인 맥을 이어준다. 개화사상은 한국 근대정치이념의 최초 모습이라 평할 수 있다. 그러나 개화사상에 대해서는 위정척사론과는 달리 우리 자신의 편견에 의해 잘못된 인식을 갖고 있다.

신복룡 교수는 개화사상과 운동의 태동과 부침을 네 시기로 구분하여 접근하고 있다.

제1기(1874년~1881년 4월)는 요람기로, 김옥균 등이 박규수의 문하를 출입했던 시기부터 일본에 조선의 신사유람단을 파견했던 1881년 4월까지다. 이 시기에 개화파 청년들이 실학과 맥락을 잇는 한편, 청나라와 일본 등으로부터 유입된 서적들을 통하여 세계의 문물에 눈을 뜨기 시작하였다.

제2기(1881년 4월~1884년 10월)는 활동기로, 김홍집의 개화 정책에 따라 박정양, 홍영식 등 2명의 신사(紳士) 단원과 유길준, 윤치호, 이상재 등이 일본을 방문하여 세계의 문명을 직접 목격한 때부터 갑신정변이 실패로 돌아가기 전까지다. 이 시기는 사상적 수용기이면서 동시에 행동으로 표출했던 시기라고 할 수 있다.

제3기(1884년 10월~1894년 7월)는 잠복기로, 갑신정변의 실패로 주역들이 피살되거나 해외에 망명했던 시기다. 이 시기에 개화파 인사들은 구미 사상을 섭취하고, 기회를 기다리며 칩거하고 있었다.

---

16 위의 책, 135~136쪽.

제4기(1894년 7월~1898년 11월)는 재기 및 쇠퇴기로, 갑오경장과 더불어 개화파 주역들이 사면되어 제2차 김홍집 내각에 참여하고, 독립협회를 통해 민권운동을 전개했던 시기부터 독립협회가 해산되었던 시기까지다.

이와 같이 개화운동과 개화사상은 그 성쇠(盛衰)가 반비례의 궤적을 그어 왔다.

개화사상은 단일 사상 체계에서 나온 것이 아니라 여러 요소가 복합적으로 작용하여 형성되었다. 시간적으로는 조선조 중엽부터 말기까지 온갖 사상을 수용하였고, 공간적으로는 구미, 중국, 일본으로부터 깊은 영향을 받았다.

1) 개화사상의 형성

(1) 실학사상의 전승

실학사상은 두 가지 경로를 통해 개화사상에 전승되었다.

첫째 경로는, 말기의 실학자들이 실학 탐구 과정에서 개화사상에 눈을 뜨고 스스로 개화사상가로 변신한 경우다. 그 대표적 사례가 해학(海鶴) 이기(李沂)로, 실학자였던 그는 동학과 제휴하여 민씨 일족 타도를 주장하기도 하고, 양지위원(量地委員)으로 토지 측량을 하기도 했다. 이기는 훗날 도쿄에 건너가 일본의 대한 침략 야욕을 규탄하기도 했다.

이기는 중농 사상을 갖고 있었고 전제 개혁을 주장하였으며, 민권(民權)과 국제(國制)에 대해 일가견을 피력하였다. 특히, 이기는 민권 문제와 관련하여 관권의 불법적인 가압(加壓)에 대한 저항 의식을 소유하고 있었다.

> 다행히 요즈음에 이르러 서양의 민권의 논의(論議)가 소소(稍稍)히 일어나고 있다. 정부에서는 부득이 불법적으로 백성에게 압력을 가하고 백성들은 이에 납득하지 않음으로써 불법이 관리에 의하여 이루어지는 것이 오늘의 현실이다. (지금과 같은 시대에) 국민들에게 법(法)을 가르치지 않는다는 것은 곧 어리석게 만드는 일일 뿐이다.[17]

이와 같이 이기는 관권의 불법적인 가압에 대한 저항 의식을 노골적으로 드러냈을 뿐만 아니라 국제(國制)에 대해서도 다음과 같이 자신의 견해를 피력하였다.

---

17 李沂, 「海鶴遺書」, 국사편찬위원회, 1971, 160쪽, 신복룡, 『한말 개화사상 연구』, 평민사, 1987, 17쪽에서 재인용.

> 오늘날 무릇 천하에 국가라고 부르는 자는 많다. 그 정체(政體)는 크게 세 가지로 나눌 수 있는데 첫째는 공화(共和)요, 둘째는 입헌(立憲)이요, 셋째는 전제(專制)이다. 동양에서는 비록 이런 용어를 들어보지 못했으나 그 역사를 살펴본다면 당우(唐虞)[18] 이상은 공화정치요, 3대(三代)는 입헌정치(立憲政治)요, 진한(秦漢) 이하는 전제정치(專制政治)였다. 이 세 가지 정체(政體) 중에서는 공화(共和)보다 좋은 것이 없고 전제(專制)보다 나쁜 것이 없다. 성인(聖人)이 다시 태어난다면 그는 반드시 그 처(處)하는 바가 있을 것이다. 그윽이 생각건대 천하(天下)는 천하의 천하요, 한 사람의 천하가 아니라는 것이 곧 인생살이이다. …… 그런즉 입헌정치가 오히려 가(可)히 채택할 만하다.[19]

물론 당우(唐虞) 이상을 공화정치의 사례로 꼽아 제일 좋은 정치제도라고 한 것이나, 하·은·주 3대를 입헌정치 체제로 규정하며 채택할 만한 제도라고 한 것은 사회과학적 지식이 부족했던 당시에 이기가 보인 오해다. 그러나 세 가지 정치 체제의 존재를 인식하고 있었으며, "천하는 천하의 천하요, 한 사람의 천하가 아니라는 것이 곧 인생살이이다."라고 주장한 것은 주권재민(主權在民) 사상을 천명한 것이다.

실학사상이 개화사상에 전승된 둘째 경로는, 후기 실학자들이 개화파에게 사상적 영향을 직접 준 것이다. 그 대표적인 사례로 연암 박지원의 손자이며 우의정에 봉직했던 박규수는 『연암집』으로 김옥균, 서광범, 박영효·박영교 형제(박규수 친족) 등 개화파 청년들에게 강의를 했다.

박규수는 재임 당시 제너럴셔먼(General Sherman)호의 공격에 맞서 배를 불태운 적이 있다. 그는 청국의 속박을 단호히 배격하고, 자주적 입장을 견지하고 있었다. 그는 "개국즉매국(開國則賣國)"과 같은 완고한 쇄국정책에는 동조하지 않았고, 부국강병책을 주장하였다.

또한, 개화파 인사들도 실학의 종지(宗旨)인 이용후생(利用厚生)을 몸소 실천하고자 했다. 그래서 김옥균은 박영효의 힘을 빌려 치도국(治道局)을 설치하고 치도의 필요성을 역설하였다. 김옥균은, 정치하는 사람이 먼저 해야 할 일은 ① 인재를 잘 쓰는 일 ② 재정을 절약하는 일 ③ 사치를 억제하는 일 ④ 해금제(海禁制)를 털어버리고 이웃과 선린을 맺는 일인데,

---

18 중국 고대의 임금인 도당씨(陶唐氏) 요(堯)와 유우씨(有虞氏) 순(舜)을 아울러 이르는 말. 중국 역사에서 이상적인 태평시대로 꼽힌다. http://krdic.naver.com/ detail.nhn?docid=8959400(검색일: 2009년 8월 21일).

19 李沂, 앞의 책, 20~21쪽, 신복룡, 『한말 개화사상 연구』, 앞의 책, 17쪽.

이 중 하나라도 빠져서는 안 된다고 주장했다. 그리고 김옥균은 각국이 긴요하게 추구하는 정책으로 ① 보건 ② 농정 ③ 도로 개설을 제시했다.

(2) 청나라[淸國]의 영향

한국의 개화사상에 청나라는 두 가지 방향으로 영향을 주었다.

먼저, 능동적 수용의 측면으로 역관 오경석, 중인 출신 유대치 등이 중국에 소개된 서구의 지식을 조선에 전파하였다. 그들은 개화를 위해 우선 양반 자제들에게 새 지식을 불어넣음으로써 혁신의 기운을 조성해야 한다고 생각했다. 그래서 박규수 문하의 청년 재사(才士)들에게 『해국도지(海國圖志)』, 『영환지략(瀛環志略)』 등을 강론하였다.

청나라의 개명 사상에는 양무론(洋務論), 변법론(變法論), 혁명론(革命論)이 있는데, 한국의 개화에는 양무론이 가장 영향을 많이 주었다. 특히, 혁명론은 개화운동 초기에 조선 사회에 적용하기에는 너무 과격했고, 후기(1890년대)에는 개화운동이 일본과 구미 여러 나라의 영향을 받고 있었기 때문에 뿌리를 내리지 못했다.

조선의 개화운동에 청나라의 영향이 피동적으로 수용된 측면이 있다. 이는 주로 영선사나 청나라 정치인들에 의해 이루어졌다.

개화운동 초기에 개화파 인사들은 "태서통교(泰西通交)", "연미책(聯美策)" 등이 마음에 있어도 거론하거나 주장할 수 없었기 때문에 중국을 통한 우회 노선을 취할 수밖에 없었다. 그래서 영선사 김윤식(金允植)이 1881년 11월에 톈진에 파견될 때 파견 목적을 "학도(學徒) 영도"라고 밝혔으나 이는 명목상의 목적이었고, 실제 목적은 한·미 수교의 길을 트기 위한 것이었다.

조선보다 앞서 서구 문물을 접한 청나라의 영향을 받아 조선 조야(朝野)의 지식인들이 서구 문물에 눈을 뜨게 되면서 '어양론'을 버리고 개화 의식을 갖게 되었다. 이런 가운데 황쭌셴(黃遵憲)의 『조선책략』은 조선의 지식인들에게 공감을 불러일으킬 수 있었다.[20] 즉, 김홍집이 1876년에 수신사(修信使)로 일본에 갔을 때 일본주재 청국공사관 참찬관(參贊官) 황쭌셴이

---

20 『조선책략』은 황쭌셴(黃遵憲)이 1880년경에 저술한 외교 방략서로, 원명은 『사의조선책략(私擬朝鮮策略)』이다. 이 책은 김홍집이 수신사로 일본에 갔을 때 가져와서 고종에게 바쳤다. 이 책은 조선의 보수적인 유생들에게 '영남 만인소 사건'과 같은 심각한 반발을 유발하기도 했으나 개화를 주장하는 새로운 세력들에게는 당시의 국제 정세를 알려주는 지표가 되었다. 또한, 청의 주선으로 조선이 미국과 수교를 맺는 데에도 『조선책략』의 영향이 컸다고 한다. http://ko.wikipedia.org/wiki/%EC%A1%B0%EC%84%A0%EC%B1%85% EB%9E%B5(검색일: 2010년 9월 22일).

다음과 같이 건의하였다.

> 조선의 국토는 실로 아시아의 요충에 위치하고 있어서 사람의 마음으로 하여금 다툼을 일으키게 하는 형상이다. 조선이 위태로우면 중동(中東, 중국의 동부지역)의 정세 또한 위험할 것이다. 러시아가 만약 영토를 탐낸다면 그것은 반드시 조선으로부터 비롯될 것이다. …… 그러므로 오늘날 조선이 시급히 처리해야 할 일은 러시아를 막는 일이다. 그렇다면 러시아를 막을 수 있는 방법은 무엇인가. 첫째로 친중국(親中國)하고, 둘째는 결일본(結日本)하고, 셋째는 연미국(聯美國)함으로써 스스로 자강(自强)을 도모(圖謀)하는 것이다. …… 나의 이 방책(方策)을 힘써 행하는 것이 상책(上策)일 것이다.
> [朝鮮一土 實居亞細亞要衝 爲形勝之所必爭 朝鮮危則中東之勢日函 俄欲略地 必自朝鮮始矣 …… 然則策朝鮮今日之急務 莫急於防俄 防俄之策如之何 曰親中國 結日本 聯美國 以圖自强而己 …… 擧吾策 …… 力行之策之上者也]

황쭌셴의 『조선책략』에 대해 1880년 9월 8일에 영의정 이최응(李最應)이 올린 상소에는 다음과 같이 기술되어 있다.

> 신이 본즉, 그의 제조논변(諸條論辨)이 우리 심산(心算)에 상부하니 한번 읽고 그대로 두기는 아까운가 합니다.[21]

『승정원일기』 1882년 8월 23일 자에도 지석영이 "이제 엎드려 생각건대 『조선책략(朝鮮策略)』 …… 등과 같은 책은 모두가 충분히 어리석은 백성들을 깨우칠 만하니 이들을 명료히 이해하도록 만드는 것이 지금으로서 할 일입니다."라고 건의한 것으로 기술되어 있다.

이와 같이 황쭌셴의 『조선책략』이 당시 조선의 지식인 사회에 상당한 공감을 불러일으켰던 것은 이미 청나라의 영향을 받아 조선의 지식인들이 개화 의식을 갖고 있었기 때문이다.

이와 같이 조선의 개화사상 형성에 중국의 영향이 컸지만 비(非)중국적 사상인 개화사상은 점차 탈(脫)중화사상으로 변모되어 갔다.

---

21 文一平, 『韓米五十年史: 湖岩全集(1)』, 조광사, 1945, 22쪽, 신복룡, 『한말 개화사상 연구』, 앞의 책, 24쪽에서 재인용.

(3) 일본의 영향

김기수(金綺秀)가 1876년에 수신사로 일본에 파견되었을 때 ① 군제(軍制) 중에서 훌륭한 것을 주찰(周察)하여 본받는 것 ② 기계 문명을 관찰하여 따르는 것 ③ 그들의 풍습을 살펴보고 취할 만한 것은 취하는 것을 도일(渡日) 목적이라고 밝혔다.[22]

일본으로부터 받은 개화 전기(前期)의 사상적 영향은 일본을 비공식적으로 왕래했던 이동인(李東仁)에 의해 심화되었다. 동래 범어사(梵魚寺)의 승려였던 이동인은 일본공사 하나부사 요시모토(花房義質) 일행의 통역이었던 부산 본원사(本願寺) 별원의 승려 풍현철(楓玄哲)에게서 일본 불교를 배우고 일본 사회에 대해 알기 위해서 1879년 가을에 일본에 밀항하였다.[23] 그러면서 이동인은 일본의 개화에 많은 관심을 갖게 되었다. 그런 이동인이 불교에 조예가 깊었던 유대치의 소개로 자신의 일본에 대한 지식을 김옥균 등에게 전하였다.

김옥균은 1880년에 이동인을 일본에 파견하여 일본의 정세를 면밀히 알아 오도록 한 뒤에 개화파의 주역들이 일본을 직접 방문하였다. 그들은 일본과 세계의 움직임을 직접 목격하고 개화의 원동력이 물질의 개발뿐만 아니라 정신의 개발과 신지식의 보급에 있음을 절감하였다.

이 개화파의 주역들이 일본을 방문했을 때 영향을 받은 사람은 후일 게이오대학이 된 게이오의숙(慶應義塾)의 창설자 후쿠자와 유키치(福澤諭吉)였다. 그는 1860년에 미국에 유학하며 자유주의 사상에 심취했다. 후쿠자와는 『서양사정(西洋事情)』, 『학문을 권함(學問のすすめ)』, 『문명론의 개략(文明論の概略)』 등을 저술하여 자유, 평등, 독립을 주장하였다. 그는 동도서기론(東道西器論)과 같이 서양 문명을 지엽적인 것으로 생각하는 것에 반대하며 서양 문명을 적극 수용하고, 의식·사상을 근본적으로 개혁할 것을 주장하였다. 그러나 그의 사상은 입헌군주주의, 계몽전제주의의 범주를 넘지 못했다.[24]

개화파의 주역들은 이런 후쿠자와의 영향을 많이 받았다. 그래서 박영효는 「한성순보(漢城旬報)」를 발행했고, 유길준은 『서유견문(西遊見聞)』을 집필하였는데, 발행 시기나 내용에 있어 「한성순보」는 후쿠자와가 발행했던 「시사신보(時事新報)」를, 『서유견문』은 후쿠자와가

---

22 金綺秀, 『修信使日記』 卷1, 修信使記錄, 국사편찬위원회, 1971, 119쪽, 신복룡, 『한말 개화사상 연구』, 앞의 책, 25쪽.

23 이광린(李光麟), 『개화당연구』, 1973, 「개화승 이동인(李東仁)」 참조; 재일 유학생(在日留學生) 민족운동 (I) [명치 100년사 총서(明治百年史叢書) 중의 「조선 민족주의」 편], 1088쪽, "구한말의 일본 유학생", http://e-gonghun.mpva.go.kr/portal/web/book/book_xml_view_detail.jsp? his_code=PV_DJ&book_code= A013&item_code=011.000.000.000&keyword(검색일: 2010년 9월 21일).

24 신복룡, 『한말 개화사상 연구』, 앞의 책, 26쪽.

쓴 『서양사정(西洋事情)』을 각각 본뜬 것이었다.[25]

이날의 영향에 대해 박영효는 훗날 자신의 회고담에서 다음과 같이 기술하였다.

> 차시(此時, 1881) 일본(日本)은 명치유신(明治維新)의 대개혁(大改革)을 단행하든 시(時)라 상하(上下)가 결속하야 내치외교(內治外交)에 국운(國運)은 날로 융성하여 가는 판이었다. 두유삼삭(逗留三朔)에 차성황(此盛況)을 본 우리 일행(一行)은 선망천만(羨望千萬)이라 '우리나라는 언제나'하는 초급(焦急)한 마음이 이러나는 동시에 개혁의 웅심(雄心)을 참으랴 하야도 참을 수가 업섯다. 나의 일평생을 지배하는 기본관념은 정(正)히 이 때[때]에 밧은 충동에서 나온 것이니 타일(他日)에 개혁의 헛(虛ㅅ)된 희생만 되고 만 것은 이 충동의 소사(所使)이요 5백년종사(五百年宗祀)에 천고의 유한(遺恨)을 품게 하엿슴도 모두 이 때에 뿌린 씨로써이다. 회고하건대 일본(日本)은 흑선래(黑船來)에 경기(驚起)하야 즉시 명치(明治)의 대개혁(大改革)을 단행한 지 15년이엇거늘 우리 조선(朝鮮)은 병인양요(丙寅洋擾) 이후 17년에 오히려 쇄국주의(鎖國主義)의 혼몽(昏)중에서 대원군(大院君)과 민비(閔妃)의 쟁탈로 이 국운(國運)의 위급존망지추(危急存亡之秋)를 일어버리고 말앗다. …… 이 때가 오히려 만시지탄(晩時之歎)이 잇다 하나 능히 상하일치(上下一致)하야 개국진취(開國進取)의 보무(步武)를 멈치지 안엇던들 종사지운(宗祀之運)을 오히려 아즉 구제할 수 잇섯는 것이었다. 그리하여 우리의 일행(一行)은 귀국 총총히 곳 동지(同志)를 규합하야 국정개혁(國政改革)을 도모하기로 맹약(盟約)하얏다.[26]

개화파 인사들은 메이지유신 이후의 일본의 비약적 발전에 깊은 감명을 받고 자신들을 사이고 다카모리(西鄕隆盛), 오쿠보 도시미치(大久保利通), 구로다 기요다카(黑田淸隆) 등 메이지 공신들의 행적과 부분적으로 접맥시켰다. 그 영향으로 개화파 인사들은 "역사를 움직이는 동력은 우민(愚民)이 아니라 지식인이다."라고 생각하여 갑신정변을 도모하였던 것이다.[27]

---

25 任展慧는 『서유견문(西遊見聞)』의 전체 71항목 중에서 26항목은 후쿠자와 유키치(福澤諭吉)가 쓴 『서양사정(西洋事情)』을 번역한 것이라고 주장한다. 이한섭 편저, 『서유견문(전문)』, 도서출판 박이정, 2000, '서유견문 해설' 참조.

26 박영효, 『甲申政變』, 純宗實紀(新民 제14호), 신민사, 1926, 40~41쪽, 신복룡, 『한말 개화사상 연구』, 앞의 책, 26~27쪽에서 재인용.

27 신복룡, 『한말 개화사상 연구』, 앞의 책, 27쪽.

(4) 서구 문물의 수용

개화파 인사들이 방일(訪日)을 통해 깨닫게 된 것은 일본에 대한 서구의 영향, 즉 메이지 유신의 원동력이 서양의 앞선 문명을 적절히 수용·소화한 데 있다는 사실이었다. 따라서 화이(洋夷) 개념이 시대착오임을 인식하게 되었다.

이런 인식은 유길준의 『서유견문』에 다음과 같이 기술되어 있다.

> 일본(日本)의 사물(事物)의 진상을 살펴보니 그 제도나 법규가 서양(西洋)의 그것을 모방한 것이 십(十)중 팔구(八九)였다. …… 일본(日本)은 서양제국(西洋諸國)과 조약을 맺고는 국교(國交)가 친밀해짐에 따라서 시대적인 변화를 예측하고 그들의 장점을 취하여 여러 제도를 답습함으로써 30년 동안에 이와 같은 부강(富强)을 이룩할 수가 있었다. 그런 점으로 미루어 볼 때 붉은 모발(毛髮)과 푸른 눈을 가진 서양(西洋) 사람들 가운데는 재주나 견식에 뛰어난 자가 있는 모양이어서 내가 옛날에 생각했던 바와 같이 순전한 야만적(野蠻的)에 머무르지 않는 자들이 분명하다.[28]

그 결과로 마침내 1882년에 한·미수호통상조약이 체결될 수 있었던 것이다. 그리고 한·미수호통상조약을 계기로 해서 서구 문물이 급속도로 전래되었다. 이때 김옥균 등 개화파 인사들은 비공식적인 모임을 통해 미국인들과 접촉을 가졌다.

그런데 서구 문물에 대한 인식의 획기적 전환점은 특명전권공사(特命全權公使) 민영익(閔泳翊)과 홍영식, 서광범, 유길준, 변수(邊燧)의 미국 파견이었다.

민영익 특명전권공사 일행은 1883년 6월부터 11월까지 미국 워싱턴에 체류한 뒤에 1883년 11월부터 1884년 4월까지 파리, 런던, 로마, 카이로, 아테네, 인도, 실론, 싱가포르, 홍콩, 나고야 등을 경유하여 귀국하였다.

이때의 심정을 민영익은 회고담에서 "나는 어둠 속에서 태어나서 밝은 빛을 보고 이제 다시 어둠 속으로 돌아왔다. 나는 지금 어찌할 바를 알 수 없지만 곧 알게 되기를 바란다."라고 적었다.[29] 또한, 홍영식은 "그곳은 너무도 찬란하여 어리둥절했다."라고 표현할 정도로 경이

---

28 兪吉濬, 『西遊見聞』, 東京: 交詢社, 1895, 서문(西遊見聞序) 1~2쪽에서 신복룡 교수가 발췌 번역. 신복룡, 『한말 개화사상 연구』, 앞의 책, 28쪽.

29 G. M. McCune & J. A. Harrison (ed.), *Korean-American Relations*, Vol. Ⅰ (Berkeley and Los Angeles: University of California Press, 1951), Introduction, p. 7, 신복룡, 『한말 개화사상 연구』, 앞의 책, 28~29쪽.

롭게 생각했다.[30]

그런데 이들이 놀랍게 생각했던 내용은 물질문명만이 아니었다. 한·미수호통상조약 교섭 당시 김윤식이 왕에게 보고한 내용 중에 "美國又無貪求要挾之意 是以欲成此擧(締約을 의미함)也"[31]라는 부분이 있는데, 이는 미국의 내치·외교가 화평과 대등으로써 한다는 민주 의식을 간파한 것이다. 그리고 초대 주미공사로 미국에 파견되었다가 귀국한 박정양이 1889년 7월 24일에 고종에게 보고하는 자리에서 고종이 "주해국시(駐該國時) 대통령 접대지절(大統領接待之節)이 과연 어떠하더냐(果何如)?"라고 묻자, 박정양은 "만국 교섭의 통례에 대소강약(大小 强弱)으로 대우를 달리하는 것이 아니요, 전혀 화평(和平)과 대등(對等)으로서 하옵디다(其接待之節 與各國一倒 極其和洽)."라고 답한 것으로 보아 주권 평등 의식도 간파한 것을 알 수 있다.[32]

당시 개화파 인사들이 미국으로부터 배우고자 했던 것은 교육, 기독교, 헌정(憲政)이었다. 다음은 박영효가 미국인 선교사에게 한 말이다.

> 미국인들은 우리를 위하여 훌륭한 일을 얼마든지 할 수 있습니다. 당신들은 지리적으로 조선과 너무 멀리 떨어져 있기 때문에 이곳에서 어떤 탐욕을 부리리라고 생각되지는 않습니다. 우리에게 필요한 것은 교육과 기독교입니다. …… 그 다음에야 우리는 헌정(憲政)을 이룰 수 있을 것이며 먼 훗날 아마 미국과 같은 자유롭고도 개명된 국가가 될 수 있을 것입니다.[33]

당시 고종도 이에 수긍하여 미국공사를 불러 미국이 외부(外部, Foreign Affairs Office)의 고문을 조선에 파견해 주면 2품의 벼슬을 주고, 젊은이들을 가르칠 미국인 교사를 파견해 주면 월봉 125달러와 600달러의 여비를 부담하겠다고 제안하고, 농업 기술자도 파견해 달라고 요청하였다.[34]

---

30 "Report of E. G. C. Foulk (Dec. 4-7, 1884)", *ibid.*, p. 106, 신복룡, 『한말 개화사상 연구』, 앞의 책, 29쪽.

31 金允植, 『續陰晴史(下): 부록』, 국사편찬위원회, 1971, 30쪽, 신복룡, 『한말 개화사상 연구』, 앞의 책 29쪽.

32 『고종실록』 1889년 7월 24일 조, 신복룡, 『한말 개화사상 연구』, 앞의 책 29쪽.

33 F. A. McKenzie, *The Tragedy of Korea* (New York: E. P. Dutton Co., 1908), pp. 54-55; 신복룡 역주, 『대한제국의 비극』, 평민사, 1985, 63쪽.

34 "Despatch from L. H. Foote to the Secretary of State (Oct. 19, 1883, No. 32), (Sept. 10, 1884, No. 109)", G. M. McCune & J. A. Harrison (ed.), *Korean-American Relations*, Vol. I (Berkeley and Los Angeles: University of California Press, 1951), p. 53, p. 55, 신복룡, 『한말 개화사상 연구』, 앞의 책, 30쪽.

(5) 불교의 영향

불교가 개화운동에 미친 영향은 컸다. 먼저, 인적 네트워크를 형성하는 데 불교가 중요한 기여를 했다. 박영효는 후일 이광수와의 면담에서 갑신정변을 회고하며 "김옥균과 먼저 사귀게 된 것은 김옥균이 불교를 좋아했고, 그와 불교 이야기를 나누는 것이 재미있어서 친하게 되었다."라고 진술했다.[35] 또 다른 기여는 승려가 당시의 진보적 지식인들에게 신지식을 소개함으로써, 그들로 하여금 새 역사 형성에 참여하여 길잡이가 되도록 했다. 앞에 소개한 바와 같이 이동인이 초기 개화운동에서 선도적인 역할을 했던 것이 그 예다. 그리고 불교 사상가들이 직접 개화사상의 형성에 영향을 끼치기도 했다. 독실한 불교 신자이자, 백의정승(白衣政丞)이라 불리었던 유대치와, 김옥균과 함께 일본에 가서 도쿄에서 죽은 탁정식(卓挺埴)[법명: 각지(覺地), 속명: 정식(鼎植), 자(字): 몽성(夢聖)] 등이 대표적 인물들이다. 이들은 불교의 호국(護國)·애민(愛民) 사상을 개화사상으로 승화시킨 것으로 평가할 수 있다.

2) 민권(民權) 사상

개화파의 민권 사상은 치자와 피치자 간의 권력 관계에서 위민 사상과 같은 전통적인 가치관에서 벗어나 피치자의 주체적 권리 의식을 담고 있다는 측면에서 근대성의 상징으로 자리매김할 수 있다. 따라서 평등, 자유, 재산 보호, 법치주의 등의 관점에서 개화파의 민권 사상에 접근할 수 있을 것이다.

(1) 계급 타파와 평등권

한국의 전통 사회는 여느 전통 사회와 마찬가지로 신분 질서가 엄격했고, 폐쇄적인 계급사회였다. 유교적 이념과 정치 체제는 조선 사회에 더욱 엄격한 신분 질서를 강요하였다. 이런 신분 사회에서 개화파가 민권을 주장했던 동기이자 해결하고자 했던 우선적인 과제는 양반의 억압과 수탈로부터 '민중의 삶'을 지켜내는 일이었다. 그래서 갑신정변 시 14개조의 혁정방안(革政方案) 중, 제2조에서 "문벌을 폐지하고, 제도적으로 인민에게 평등한 권리를 주어야 되며, 사람으로 관직을 택해야지 관직으로 사람을 택하는 일, 즉 위인설관(爲人設官)은 없어야 된다(閉止門閥 以制人民平等之權 以人擇官 勿以官擇人事)."라고 천명하였다.

또한 갑신정변이 실패한 후에 김옥균은 망명지 일본에서 고종에게 다음과 같이 상소하였다.

---

35 이광수, 「박영효 씨를 만난 이야기」, 이광수전집(17), 삼중당, 1962, 401쪽, 신복룡, 『한말 개화사상 연구』, 앞의 책, 31쪽.

우리나라가 중고(中古) 이전에 국운이 융성할 때는 일체의 기계·물산이 동양 삼국에 넘쳤는데 지금 모두 폐절에 속하여 다시 흔적도 없음은 다른 까닭이 아니옵고 양반의 발호·전횡에 인하여 그렇게 되었나이다. …… 방금 세계가 상업을 주로 하여 서로 산업의 다(多)를 다툴 때에 당하여 양반을 없애 그 폐원(弊源)을 삼진(芟盡)할 일을 하지 아니하면 국가의 패망을 기대할 뿐이오니 전하께서 행여 이를 맹성(猛省)하사 무식·무능 수구완루(守舊頑陋)의 대신(大臣) 보국(輔國)을 쫓아내어 문벌을 폐하고 인재를 뽑아 중앙집권의 기초를 확정하여 인민의 신용을 받고, 널리 학교를 열어 인재를 개발하고, 외국의 종교를 유입하여 교화를 도움과 같음도 또한 한 방편일까 하나이다.[36]

박영효도 상소문에서 "신이 아직 말씀드릴 것이 몇 가지 있는데 가히 인민으로 하여금 통의(通義)[37]를 얻게 하는 것으로서는 첫째가 반상(班常)과 중서(中庶)의 등급을 없애는 것입니다(臣謂尙有數事 可使人民 得其通義者 …… 一曰廢止班常 中庶之等級也)."라며 계급타파를 주장하였다.[38]

갑오경장 시 23개조의 개혁 요목 중에서 주권 조항, 관제 조항, 폐정 개혁 조항은 각각 2조항인데 비해 인권에 대한 조항은 17개 조항에 이르고 있다. 특히 제3조는 "문벌, 양반, 상민 등의 계급을 타파하여 귀천에 불구하고 인재를 선용할 것"을 규정하며 신분 철폐와 평등권 및 참여의 문제에 있어 혁신적인 제안을 하고 있다. 아울러 제9조는 "공사 노비의 법전을 혁파하고, 인신 판매를 금할 것"을 규정하여 '노예 해방'과 '인신매매 금지'라는 인권사(人權史)의 이정표를 제공하고 있다.

그 후 개화파는 독립협회를 중심 무대로 삼으면서 사민평등(四民平等)을 더욱 강력히 내세웠고, 「독립신문」 창간호(1896년 4월 7일) 사설에 다음과 같이 기고하였다.

우리는 상하 귀천을 달니 딕 (대)접 아니ᄒᆞ고 모도 죠션 사름으로만 알고 죠션만 위ᄒᆞ며 공평이 인민의게 말ᄒᆞᆯ터인듸 우리가 셔울 백셩만 위ᄒᆞᆯ게 아니라 죠션 전국 인민을 위ᄒᆞ

---

36 古筠紀念會, 『金玉均傳 (上)』 (東京: 慶應出版社), 124~125쪽, 신복룡, 『한말 개화사상 연구』, 앞의 책, 36~37쪽에서 재인용.

37 통의(通義): 세간에 널리 통하는 이의(理義), 즉 도리와 정의. 이희승 편저, 『국어대사전』, 민중서림, 1994, 3047쪽, 4029쪽.

38 朴泳孝, 「內政改革에 關한 建白書 八個條」, 『韓國史資料選集(Ⅴ)』, 一潮閣, 1975, 66쪽.

여 무슴 일이든지 대언ᄒᆞ야 주랴 홈 …… [이 신문을] 모도 언문으로 쓰기는 남녀 샹하 귀천이 모도 보게 홈이요.

당시 개화파 인사들은 남녀평등의 주요 내용을 여성을 남성의 압제와 무지로부터 해방시키고, 축첩제도를 폐지시키는 것으로 천명하였다.

세상에 불샹ᄒᆞᆫ 인싱(생)은 죠션 녀편네니 우리가 오ᄂᆞᆯ날 이 불샹ᄒᆞᆫ 녀편네들을 위ᄒᆞ야 죠션 인민에게 말ᄒᆞ노라. 녀편네가 사나희보다 조곰도 나진 인성이 아닌대 사나희들이 쳔대ᄒᆞᄂᆞᆫ 거슨 다름이 아니라 다만 ᄌᆞ긔 팔심만 밋고 압제ᄒᆞ랴ᄂᆞᆫ 거시니 엇지 야만에셔 다름이 잇ᄉᆞ리요. …… 죠션 녀편네들이 약ᄒᆞᆫ 고로 ᄌᆞ유한권이 업서졋고 대접 밧기를 옥에 갓친 죄인 ᄀᆞᆺ치 하나 그 사나희들의 무리ᄒᆞᆫ 죄샹을 생각ᄒᆞ면 매우 천하고 쾌씸ᄒᆞ더라.[39]

그러나 당시 일부 개화파 인사들의 평등관은 관념론적 평등주의였다는 것을 알 수 있다. 윤기진은 "챵ᄌᆞ속에 냥반ᄆᆞᆫ 들어안져 명분을 조하ᄒᆞᄂᆞᆫ" 양반 근성을 뽑아 버리자고 역설하였다. 그러나 갑신정변 실패 후 박영효가 일본을 거쳐 샌프란시스코에서 거주하면서 고생을 견디다 못해 일본으로 돌아가면서 서재필에게 보낸 편지에서 "미국 사람들은 양반을 몰라본다. 양반이 아무리 하더라도 노동을 할 수는 없다. 일본서는 내가 양반인 것을 알아주므로 설마 천역(賤役)은 아니하게 될 것이다."라고 기술하였다.[40]

(2) 자유사상

유길준은 그의 저서 『서유견문』에서 '자유'에 대해 "국가의 제반 법률을 삼가 받들고 정직한 도리를 스스로 굳게 지니는 한편, 자기가 마땅히 해야 할 사회적인 직분을 수행하는 데 있어서는 다른 사람을 방해하지도 말 것이며, 또 다른 사람의 방해도 받지 않으면서 자기가 하고 싶은 일을 자유롭게 하는 권리(國家의 法律을 敬奉ᄒᆞ고 정직ᄒᆞᆫ 道理로 自持ᄒᆞ야 自己의 當行ᄒᆞᆯ 人世職分으로 他人을 妨害ᄒᆞ지도 勿ᄒᆞ며 他人의 妨害도 勿受ᄒᆞ고 其所欲爲ᄂᆞᆫ 自由ᄒᆞᄂᆞᆫ 權利며 ……)"라고 정의하였다.[41]

---

39 「독립신문」, 1896년 4월 21일.
40 金道泰, 『徐載弼博士自敍傳』, 乙酉文化社, 1972, 176~177쪽.
41 이한섭 편저, 앞의 책, 129쪽(원문: 109쪽).

다시 그는 자유의 내용을 ① 생명의 자유와 통의(通義) ② 재산의 자유와 통의 ③ 영업의 자유와 통의 ④ 집회의 자유와 통의 ⑤ 종교의 자유와 통의 ⑥ 언론의 자유와 통의 ⑦ 명예의 통의라고 구체적으로 들었다.

유길준은 통의(通義)에 대해 "인민의 권리는 자유와 통의(通義)를 위(謂)홈"이라고 하면서, '통의'란 "정직(正直)흔 도리(道理)로 기궁(其躬, 그 몸)을 칙(飭, 삼가)흔 연후(然後)에 보유(保有)ᄒᆞ는 천수(天授)홀 권리(權利)"를 뜻한다고 설명하였다.[42] 그런데 사전적 설명으로는 통의가 "세상에서 널리 통하는 정의와 도리"라고 하므로 '모두가 인정할 수 있는 올바른 권리'를 의미하는 것으로 이해할 수 있을 것이다.

인민의 기본권이 자유권, 수익권, 참정권이라 할 때 이와 같은 유길준의 사상은 참정권, 수익권을 명시하지 않았다는 의미에서 서구의 계몽주의 사상에 충실한 것이라고 신복룡 교수는 평가하나,[43] "영업의 자유와 통의"는 수익권을 의미하는 것으로 해석할 수 있다.

3) 정치 의식과 정치 체제

(1) 참정 의식과 의회주의

갑오경장이 1894년에 단행되면서 서재필이 1896년에 귀국하였다. 서재필은 중추원(中樞院) 고문으로 있으며 그해 4월에 「독립신문」을 창간하였다. 이어서 그는 자유와 민권운동을 더욱 구체적으로 추진하기 위해 독립협회를 창립하였다.

이때 서재필은 다음과 같이 그 취지를 밝혔다.

> 신문만으로는 대중에게 자유주의·민족주의 개혁사상을 고취하기가 곤란할 듯하여 …… 정치적 당파를 하나 조직하여 여러 사람의 힘으로 그 사상을 널리 전파시켜야겠다고, 독립신문을 창간한지 7·8 삭(朔) 후 …… 독립협회를 창설하였다.[44]

이렇게 설립된 독립협회는 1898년 3월에 종로 네거리에서 만민공동회(萬民共同會)를 소집하여 정부의 비정(秕政)을 규탄하고, 서구의 신사조(新思潮)를 강론하는가 하면, 토론을 통해 얻은 결론을 상소 형식으로 정부에 건의하기도 했다.

---

42 위의 책, 133쪽(원문: 113쪽).
43 신복룡, 『한말 개화사상 연구』, 앞의 책, 39~40쪽.
44 金道泰, 앞의 책, 247~248쪽.

이런 독립협회의 활동에 대해 일본 사학자들은 "종로 마아찌(鐘路町)는 독립당의 상설 의사당과 같고 야회 연단은 제국의사당과 같이 포효를 계속하였다."라고 기술하기도 했다.[45] 이와 같이 독립협회가 개화파 인사들의 내부적 응집체였다면, 만민공동회는 그들의 외부적 발산체였다. 만민공동회는 총 31회의 토론회를 개최하였으며, 「독립신문」은 여론 형성에 큰 영향력을 미쳤다.

만민공동회는 1898년 후반기에 절정을 이루었다. 1898년 10월 28일에는 시국에 관한 6개조의 결의(resolution)를 정부에 건의하였다.

一. 外國人에게 依附치 말고 官民이 同心合力하야 專制皇權을 鞏固케 할 事.

一. 礦山·鐵道·煤炭과 森林 及 借款·借兵과 政府與外國條約事를 若非 各部大臣과 中樞院議長이 合同着啣捺印(합동착함날인) 則不得施行할 事.

一. 全國財政은 無論모세하고 度支部로 句管하되 他府部와 私會社는 無得干涉하고 豫算과 決算을 人民의게 공포할 事.

一. 自今爲始하야 凡于重大한 犯罪를 另行公判하되 被告가 到底 說明하야 究竟 自服後에 施行할 事.

一. 勅任官은 大皇帝陛下ᄭᅴ(께)옵셔 諮詢政府하야 從其過半數하야 任命하실 事.

一. 實踐章程할 事.[46]

이상 6개조의 결의 중에서 제1조만 주권에 관한 것이고, 나머지 5개조는 왕정 내지 정부의 권한을 제한하는 것이다.

그런데 개화에 대한 독립협회와 만민공동회의 공헌은 단지 자유를 부르짖거나 민권을 외친 데 그치지 않고 자유와 민권을 항구적인 제도로 정착시키고자 한 데 있다. 그리고 독립협회와 만민공동회가 개화사(開化史)에 끼친 가장 큰 영향은 참정 의식 고양과 의회주의라고 할 수 있다.

그 이전에도 만인소(萬人疏) 같은 제한적인 민의 수렴제도는 있었으나 유생(儒生)이 아닌 일반 대중의 사회참여 의식을 환기시킬 만한 대규모적인 것은 아니었다. 이런 측면에서 개화

---

45 菊池謙讓·田丙武, 『近代朝鮮裏面史』, 東亞拓殖公論社, 1936, 341쪽, 신복룡, 『한말 개화사상 연구』, 앞의 책, 54쪽.

46 尹致昊, 「獨立協會의 始終」, 『純宗實紀 (新民 第14號)』, 서울: 新民社, 1926, 60쪽. 신복룡, 『한말 개화사상 연구』, 앞의 책, 54쪽에서 재인용.

파 운동이 민중의 자각을 촉진하고 참정 의식을 드높인 것은 개화사에서 중요한 부분을 차지하는 것이다.

아울러 개화파의 의회주의와 의회 개설 운동은 한민족의 근대적 정체(modern polity) 형성에 골간을 제공한 것으로 평가할 수 있다.

의회원(議會院) 개설에 관해 1898년 4월 9일 자 「독립신문」은 다음과 같이 보도하였다.

> 도라간 일요일은 오후에 독립협회 회원들이 독립관에 모혀 의회원을 셜립ᄒᆞᄂᆞᆫ 것이 정치샹에 뎨일 긴요ᄒᆞ다ᄂᆞᆫ 문제를 가지고 토론을 ᄒᆞᄂᆞᆫᄃᆡ 정치샹에 유죠ᄒᆞᆫ 말이 만히 잇더라.

개화운동 초기에는 어느 누구도 '의회'를 거론하지 못했으나, 독립협회의 토론회에서 의회가 거론되었다는 것은 개화파 인사들이 구미 체류 중에 의회 제도를 직접 목격했거나 문헌을 통해 의회정치에 대한 식견을 갖추었기 때문으로 짐작된다.

후기 개화파 인사들은 선진국의 선례에 따라 민선 의회원을 구성하여 민의를 대변하고, 내각은 중론에 따라 행정을 처리하고, 송사(訟事)는 재판소에서 전담하는 정부 체제를 구상했다.

개화파의 의회 개설 운동에 대해 보수파는 처음에 폐지된 대련제도(臺練制度)를 되살려서 언로(言路)를 열고자 했다가, 의회 개설 요구가 거세게 일자 중추원(中樞院)을 개편함으로써 의회론(議會論)을 무용화하려 했다. 당시 중추원은 매관매직(賣官賣職)한 무능 관리의 대기처였다. 그런데 1895년 2월 25일에 반포된 중추원 관제(官制)는, 중추원이 내각의 부속기관으로 내각의 자문 사항을 심사·의정하는 외에 약간의 의회 기능까지도 수행하게 했다.

그러자 독립협회 회원들은 통상회(通常會)를 열어 만민공동회의 회원들이 중추원에 참여하기로 결정하였다. 마침내 1898년 11월에 중추원의 전체 50석 중에서 17석을 개화파 인사들이 차지하고, 윤치호는 부의장에 당선되는 등 영향력을 행사할 수 있게 되었다.[47]

황국협회의 집단 테러와 조정(朝廷)에 의한 독립협회 해산으로 의회 개설 운동은 더 이상 발전하지 못했으나 '의회(議會)'에 대한 민중의 정치적 각성과 뒷날 국민주권을 받아들일 수 있는 토대를 마련하였다. 상하이 대한민국임시정부 임시헌법의 총강 제2조에 "大韓民國의 主權은 大韓人民 전체에 在함", 임시헌법 제1조에 "대한민국은 민주공화제로함" 등이 규정된 것은 그 결실이라 할 수 있다.

---

47 鄭喬, 『大韓季年史 (上)』, 國史編纂委員會, 서울, 1971, 361~362쪽. 신복룡, 『한말 개화사상 연구』, 앞의 책, 57쪽에서 재인용.

(2) 정치 체제론

유길준은 『서유견문』에서 국가에 대해 "일단의 국민들이 일정한 토지를 점거하여 살되, 언어·법률·정치·습속 등을 같이하며 또 같은 임금과 정부를 섬김으로써 이해관계와 치란(治亂) 여부를 같이하는 것이다(夫 國은 一族 人民이 一幅 大地를 據有ᄒᆞ야 其 言語와 法律과 政治와 習俗과 歷史가 同ᄒᆞ고 又 同一ᄒᆞᆫ 帝王과 政府를 服事ᄒᆞ야 利害와 治亂을 共受ᄒᆞᄂᆞᆫ者니 ……)."라고 기술하였다.[48] 즉, 유길준은 군주국가관을 견지하고 있었다.

독립협회 창설의 주역이며, 가장 진보적 민권론자였던 서재필 역시 "군쥬국에셔ᄂᆞᆫ 군권이 잇어야 ᄒᆞᄂᆞᆫ 고로 죠션도 대군쥬 폐하ᄭᅴ(께) 권세를 모도 잡으셔야 나라히 잘되야 갈 터이다."라며 군주국가를 전제로 하여 견해를 피력하였다.[49]

이와 같이 개화파 인사들은 국체(國體)의 면에서는 군국(君國)주의의 영역을 벗어나지 못했으나, 정체(政體), 즉 정치권력의 행사 방법에서는 입헌정치를 주장하며 군주의 권력 제한을 요구했다.

갑신정변 때 공포한 정령(政令) 14개조(條) 중에서 "대신과 참찬은 매일 합문(閤門) 안의 의정소(議政所)에 모여 회의한 다음 완전히 결정하고서야 행정령으로 공포한다."라는 조항이나, 만민공동회의 6개조 결의 중에서 "칙임관(勅任官)은 대황제폐하(大皇帝陛下)ᄭᅴ읍셔 자순정부(諮詢政府)하야 종기과반수(從其過半數)하야 임명(任命)하실 사(事)"라는 조항 등은 군주권의 제한을 추구한 것이다.

개화파 인사들이 군주국가를 전제로 한 것은 박영효의 고백처럼 "미국과 같이 자유롭고도 계명(啓明)된 헌정(憲政)"을 선망하면서도 겉으로는 군주(君主)정치를 표방하지 않을 수 없었던 당시 여건의 반영이라 하겠다. 특히, 유길준은 국민들의 지식 수준을 중요한 요인으로 들고 있다. 정부의 종류에 관하여 유길준은 ① 군주의 천단(擅斷: 제멋대로 결단함)하는 정체 ② 군주의 명령하는 정체(압제 정체) ③ 귀족의 주장하는 정체 ④ 군민(君民: 임금과 백성)의 공치(共治)하는 정체(입헌 정체) ⑤ 국인(國人)의 공화(共和)하는 정체(합중 정체)로 나누고 이 중 군민공치(君民共治)를 이론상 "최량의 것"이라고 하였다. 그러나 당시 조선 사회의 실정을 의식하여 유보적인 입장을 다음과 같이 피력하였다.

---

48 이한섭 편저, 앞의 책, 323쪽(원문: 303쪽).

49 「독립신문」, 1896년 9월 8일 자.

人民의 知識이 不足ᄒᆞᆫ 國은 猝然히 其 人民에게 國政 參涉ᄒᆞᄂᆞᆫ 權을 許容홈이 不可ᄒᆞᆫ 者라. 萬若 不學ᄒᆞᆫ 人民이 學問의 先修홈은 無ᄒᆞ고 他邦의 善美ᄒᆞᆫ 政體ᄅᆞᆯ 欲效ᄒᆞ면(욕심내어 본받으면) 國中에 大亂의 萌(싹 맹)을 播(씨 뿌릴 파)홈인 故로 當路ᄒᆞᆫ 君子ᄂᆞᆫ 其 人民을 教育ᄒᆞ야 國政 參與ᄒᆞᄂᆞᆫ 知識이 有ᄒᆞᆫ 然後에 此 政體ᄅᆞᆯ 議論홈이 始可ᄒᆞ니 此 政體가 有ᄒᆞᆫ 연후에 其 國의 開化ᄒᆞ기ᄅᆞᆯ 冀(바랄 기)圖홀디라.[50]

한국의 정치적 근대화에 개화파가 기여한 바를 다음과 같이 정리할 수 있을 것이다.

첫째, 개화파는 민중의 의식화에 크게 기여했다. 즉, 서구 여러 나라들의 경우 근대 정치의 성립이 제3신분의 자아 발견에서 비롯되었다면, 한국에서는 이에 필요한 근대 의식이 개화사상으로부터 비롯되었다.

전통적 봉건 지배 체제하에 매몰되어 자아를 상실한 채, 복종의 숙명 속에 살아온 민중은 개화사상을 통해 지난날에 대한 비판을 할 수 있었고, 서구의 계몽사조를 매체로 하여 비로소 자기의 모습을 새롭게 인식할 수 있었다. 즉, 민중은 양반이나 관원의 예속적 존재가 아니라 각자가 스스로의 운명의 주체임을 자각하게 되었다.

그 결과 정치적·사회적 변화를 능동적·구체적으로 수용하려는 움직임을 보이기 시작하였다.

둘째, 한국의 토착 사상을 근대적 면모로 탈바꿈하여 계승·발전시켰다. 즉, 조선왕조 중엽의 지배적 사상이었던 실학이 개화를 고리로 하여 현대에 이어질 수 있었다.

일제의 침탈에 맞선 동학의 호국운동(護國運動)이 대규모의 민중운동으로 전개되고, 의병운동이 유생(儒生)들의 조직으로부터 국민적 조직으로 확대된 것은 개화파가 고양한 민중의 사회 참여 의식에 힘입은 바가 크다.

셋째, 봉건적 구질서를 무너뜨리고 계급 타파, 자유 민권의 신장, 자주독립의 기치를 드높였다. 그래서 갑오경장(甲午更張)이라는 정치·사회 제도상의 대개혁이 정책으로 만들어질 수 있었던 것이다. 그 구체적 결실로, 우정국의 설치와 우편제도의 실시, 신식 농업 기술의 도입, 군사 고문·영어 교사·기술자의 초빙, 치도국(治道局)을 통한 전국 토목공사의 실시, 박문국(博文局, 「한성순보」 발행)을 통한 언론 창달과 신식 교육 소개, 개신교의 포교 등을 꼽을 수 있다.

---

50 이한섭 편저, 앞의 책, 172쪽(원문: 152쪽).

3. 동학농민운동

비교적 최근까지 동학농민운동에 대해 "동학란(東學亂)"이라 부르는 것이 일반적이었다. 조선왕조 통치 집단의 입장과 관점을 계승하여 그렇게 부르는 경우도 있었지만, 박헌영과 같은 좌익 운동가들까지도 그와 같은 명칭을 사용하였다. 지난 100여 년간 동학농민운동에 대한 연구와 명칭 및 성격 부여를 정리하면 〈표 2-1〉과 같다.

특히, 신용하 교수는, 동학농민운동이 형태상으로는 "농민전쟁"이지만, 역사적·사회적 성격에서는 "농민혁명운동"이라고 주장한다. 신 교수는 "운동"을 붙이는 이유에 대해 이 운동이 완전히 성공하여 집권을 하지 못하고 운동으로 그쳤기 때문이라는 것이다.[51] 그리고 신 교수는, 동학이 농민전쟁에 '사상·이념'과 '조직'을 공급하여 동학과 농민전쟁이 결합했다고 해석하는 '결합설'을 주장하고 있다.

〈표 2-1〉 동학연구의 주요 경향들[52]

시대구분	1894~1919	1920~1945	1945~1970	1980년대	1990년대
연구자	황현 박은식	오지영 김상기	전석담 이청원 오길보	신복룡 김영작 노태구	한국역사 연구회(안병욱) 신용하 한국정치외교사학회(신복룡)
호칭	동비(東匪)·동적(東賊)의 난/ 동학당의 난	혁신운동·혁명/ 동학비(東學匪)(변)란	농민전쟁/ 갑오농민전쟁 동학혁명	갑오농민혁명/ 동학농민전쟁	1989년 농민전쟁/ 농민혁명운동/ 갑오동학농민혁명(일부 학자들 유보적임)
성격 부여	사교·혹세무민(惑世誣民)·좌도혹정(左道惑正)/ 무장개혁운동	동학 결합설/ 유사종교운동(동학란)	동학 단절설/ 종교적 외피론	근대로의 역사 이행/ 저항민족주의 표출	동학 결합설/ 반봉건(反封建)·반제국주의적 혁명운동(일부 학자들 유보적임)

1) 동학의 탄생 배경과 정치사상

동학이 탄생된 데에는 조선의 신분 질서에 불만을 가졌던 서자(庶子) 출신 창시자 최제우의 개인적 동기도 중요하게 작용했다.[53] 그러나 그 기저에는 서구 열강의 동양 침략에 대응하

---

51 신용하, 『동학과 갑오농민전쟁연구』, 일조각, 1993, 368쪽.

52 1980년대까지는 박종성, 「갑오농민봉기의 혁명성 연구 - 회고와 성찰: 호칭과 관련하여」, 한국정치외교사학회 편, 『갑오동학농민혁명의 쟁점』, 집문당, 1994, 332쪽을 재구성. 1990년대는 다음을 참조하였다. 한국역사연구회, 『1894년 농민전쟁연구 1-농민전쟁의 사회경제적 배경-』, 역사비평사, 1991; 신용하, 앞의 책, 1993.

53 최제우의 출생과 득도(得道) 과정에 대해서는 다음을 참조하시오. 신용하, 앞의 논문, 3~16쪽.

고 조선왕조 사회가 붕괴되면서 도탄에 빠진 민생을 구제해야 하는 절박한 시대적 요청이 있었기 때문이다.

최제우의 사상 체계에서는 우주와 만물(萬物)이 지기(至氣)로 만들어져 있다. 원래 신유학의 이기론(理氣論)에서는 기(氣)가 형이하(形而下)의 형체가 있는 만물을 가리키는 것이다. 그러나 최제우는 "기(氣)의 궁극(窮極)"에 이르는 지기(至氣)에서는 그것이 비어 있는 영(靈)으로서 미묘하고 아득하면서도, 모든 사물에 간섭하고, 모든 사물을 지배하는 것인데, 형체도 없고 볼 수도 없는 만상이 갈리기 이전의 "순수한 원래의 한 기(渾之一氣)"라고 설명하였다. 최제우의 이러한 인식은 천인합일(天人合一) 사상의 토대가 된다.[54]

최시형이 설명하는 최제우의 천인합일론은 다음과 같다.

> 인(人)은 본래 천(天)의 성(性)을 가진 자라, 신(身)의 누(累)를 거(去)하고 아(我)의 천(天)을 복(復)하면 인(人)이 편시(便是) 천(天)이오 천(天)이 편시(便是) 인(人)이라 하니 차시(此是) 천인합일(天人合一)의 지(旨)오.[55]
>
> 아(我)의 일기(一氣)가 우주의 원기(元氣)와 일맥상통(一脈相通)이며 아(我)의 일심(一心)의 조화소사(造化所使)와 일가활용(一家活用)이니 그러므로 천(天)은 즉 아(我)며 아(我)는 즉 천(天)이라 하노라[56]
>
> 마음을 떠나 천주(天主)를 생각할 수 없고 사람을 떠나 하늘을 생각할 수 없나니, 그러므로써 사람을 떠나 하늘을 공경하는 것은 꽃을 따버리고 실과(實果)를 바람과 같다.[57]

이와 같은 천인합일론에서 두 가지 의미를 찾을 수 있다. 그 하나는, 신용하 교수의 주장처럼, 기존의 동양 사상에 존재했던 천인합일론이 하늘에 더 큰 비중을 두었는 데 비해 최제우의 천인합일론은 인간중심주의에 강조점을 두어 시천주(侍天主) 사상, 즉 "모든 사람들이 하느님(한울님)을 마음에 모신 사람이 될 수 있다."라는 사고 체계로까지 발전할 수 있게 되었다는 것이다.

---

54 신용하, 앞의 논문, 26~27쪽.

55 吳知泳 著, 李章熙 校註, 『東學史』, 博英社, 1982(원 저서는 1940년에 서울 영창서관에서 출판), 75쪽, 신용하, 앞의 논문, 28쪽에서 재인용.

56 위의 책, 42~43쪽, 신용하, 앞의 논문, 28쪽에서 재인용.

57 위의 책, 64쪽, 신용하, 앞의 논문, 28쪽에서 재인용.

동시에 이 천인합일론에서 서양의 인본주의(humanism)와 근대성(modernity)을 읽을 수 있다. 즉, 인간의 존재와 의식 및 행동에 최고의 가치와 합리성을 부여하여 인간이 주어진 특정 사회의 주체로 역사 변동을 추구할 수 있다는 가능성을 열어 준 것이다. 이 천인합일론은 사람이 하느님을 마음과 몸에 모시고 있다는 시천주(侍天主) 사상과, 그렇기 때문에 신분의 귀천과 남녀노소에 관계없이 인간은 평등하다는 평등사상을 낳게 했다. 특히, 여성도 남성과 똑같이 하느님을 모시고 있고, "하느님을 낳는 하느님"이기 때문에 존귀하기 이를 데 없다는 남녀평등관과 시대에 앞선 페미니즘을 주장하였다.

동학에서 인간이 역사 변동의 주체가 될 수 있다는 사고는 후천개벽(後天開闢) 사상으로 발전하였다.

최제우는 인류 역사를 2단계로 나누어 "선천(先天)"과 "후천(後天)"으로 구분하고, 모두 "개벽(開闢)"으로 시작된다고 보았다. "선천개벽"으로 인류사회 혹은 우주가 최초로 열리고, 5만 년 동안 지속되었는데, 최제우는 이 선천 기간을 세 시기로 구분하였다.

제1시기는 원시미개(原始未開) 시대로, 우부우민(愚夫愚民)이 비와 이슬을 고루 내려 주시는 하나님의 은혜와 이치를 모르고 그저 스스로 화(化)하여 되는 줄만 알았던 시기다. 제2시기는 융성기(隆盛期)로, 오제(五帝) 이후 공자 등 성인이 나서 해와 달과 별과 하늘과 땅이 돌고 도는 이치를 글로 써서 책을 만들어 천도(天道)의 떳떳한 이치를 정립했던 시기이다. 제3시기는 쇠망기(衰亡期)로, 온 세상 사람들이 각기 딴 마음을 가져 천리(天理)에 순(順)하지 않고 천명(天命)을 돌아보지 아니하는 쇠(衰)하는 말세의 시기다.[58]

그런데 최제우는 선천의 쇠망기에 온 세상이 분란하고, 민심이 효박(淆薄: 어지럽고 경박함)하며, 괴질이 만연하고, 도덕이 타락한 것이 극에 달하여 세상 사람들이 어디로 향해야 할지 알지 못하게 되면, 선천의 시대는 끝나고 후천개벽(後天開闢)이 이루어져서 새로운 5만 년의 후천세계가 전개된다고 하였다.[59]

최제우는 선천의 성쇠와 후천개벽이 천운(天運)과 시운(時運)에 따라 불가피한 것으로 주장하였는데, 이는 조선왕조에 대한 부정과 새로운 세상의 도래를 의미하는 것으로 혁명성을 띠는 것이다.

---

58 『東經大全』, 「布德文」, 신용하, 앞의 논문, 39쪽에서 재인용.
59 신용하, 앞의 논문, 39쪽.

2) 갑오농민전쟁(甲午農民戰爭)의 혁명성

갑오동학농민운동은 운동의 형태면에서 보면 농민군을 편성하여 전투와 전쟁을 해서 목적을 달성하려 했기 때문에 '농민전쟁'의 양상을 띠었다. 그러나 그 역사적 성격을 보면, 중세 봉건적 구체제(앙시앙 레짐)를 해체하고 신체제를 수립하려고 한 "농민혁명운동"의 성격을 갖고 있다는 것이 신용하 교수의 해석이다.[60] 그런데 한국역사연구회가 갑오농민전쟁 100주년을 기념하여 발간한 연구논문집에서는 혁명성을 더욱 강조하고 있다. 주요 논거는 봉건체제의 파탄과 농민층의 몰락, 제국주의 침탈과 상품화폐경제의 변동, 신분계급 구성의 변동과 변혁 주체의 성장 등을 제시하고 있다.[61]

갑오농민전쟁의 혁명운동적 성격은 1차 봉기 때부터 명료하게 나타났다. 1894년 음력 3월 22일에 무장(茂長)에서 봉기했던 4000명의 동학농민군이 고부(古阜)를 점령한 후 음력 3월 25일경에 고부 백산(白山)에 집결하였을 때 약 7000명으로 증가되어 있었다. 이때에 농민군은 강령(綱領)에 해당하는 '4대명의(四大名義)'를 공포하였는데, 그 속에 혁명 의지가 보이는 목표들이 제시되어 있었다.

① 사람을 죽이지 않고 물건을 파괴하지 않는다(不殺人 不殺物).

② 충과 효를 모두 온전히 하여 세상을 구하고 백성을 편안케 한다(忠孝雙全 濟世安民).

③ 일본 오랑캐를 몰아내어 없애고 왕의 정치를 깨끗이 한다(逐滅倭夷 澄淸聖道).

④ 군대를 몰고 서울로 들어가서 권세가와 귀족을 모두 없앤다(驅兵入京 盡滅權貴).

이 '4대명의'의 제3항은 개항 후부터 당시까지 국내에 침투해 있던 일본 제국주의 침략 세력을 몰아내려는 반제국주의적 민족 투쟁을 선언한 것이다. 그리고 제4항은 구체제의 핵심 세력을 모두 타도하겠다는 반봉건적 혁명 목표를 선언한 것이다.

그뿐만 아니라 동학농민군이 백산(白山)에서 1894년 음력 3월 27일경에 호남 일대와 전국에 발송하여 백성들의 호응과 궐기를 촉구한 격문(檄文)은 그들의 봉기가 나라와 백성들을 위한 반제(反帝)·반봉건(反封建)적 농민 혁명을 추구한 것임을 명확히 하고 있다.[62]

60 신용하, 앞의 책, 369쪽.
61 한국역사연구회, 앞의 책.
62 신용하, 앞의 책, 370쪽.

우리가 의(義)를 들어 여기에 이르렀음은 그 본의가 결단코 다른 데 있지 아니하고 창생(蒼生)을 도탄 가운데서 건지고 국가를 반석 위에 두자 함이다. 안으로는 탐학한 관리의 머리를 베고 밖으로는 횡포한 강적의 무리를 구축하자 함이다. 양반과 부호의 앞에 고통을 받는 민중들과 방백과 수령의 밑에서 굴욕을 받는 소리(小吏)들은 우리와 같이 원한이 깊은 자라. 조금도 주저치 말고 이 시각으로 일어서라. 만일 이 기회를 잃으면 후회하여도 미치지 못하리라.

갑오년 정월 일

호남 창의 대장소(湖南倡義大將所)

백산(白山)에서[63]

이 격문을 통해, 농민군의 봉기 목적이 백성들[蒼生]을 도탄에서 건지고 국가를 반석 위에 두려는 데 있다는 것을 알 수 있다. 이를 위해 국내적으로는 탐학한 관리들의 머리를 베고, 국제적으로는 강한 외적, 즉 제국주의 세력을 쫓아내려 했던 것으로 봐서 반제·반봉건 혁명운동을 추구했던 것을 확인할 수 있다.

동학농민군은 1894년 음력 3월 20일에 처음 봉기해서 음력 4월 27일에 전주를 점령하여 입성할 때까지 고부(古阜)·태인(泰仁)·부안(扶安)·정읍(井邑)·흥덕(興德)·무장(茂長)·고창(高敞)·금구(金溝)·완평(院坪)·영광(靈光)·함평(咸平)·무안(務安)·장흥(長興)·장성(長城) 등 무려 20여 개의 군(郡)과 현(縣)을 점령하였다. 이때 동학농민군은 혁명군을 편성하여 구체제의 행정 질서를 근본적으로 부정하고 읍폐민막(邑弊民瘼: 읍이 폐지되고 백성들이 흩어짐)에 대한 교정 사업을 단행하였다. 신용하 교수는, 이것이 혁명운동의 모든 조건을 갖추었기 때문에 동학농민군이 양반 관료들이 지배했던 구체제(舊體制)의 통치 질서를 전면적으로 부정하고 반대하는 반봉건 농민혁명운동을 전개했던 것을 명백히 증명하는 것이라고 주장한다.[64]

전술한 바와 같이, '4대명의(四大名義)'는 동학농민군의 봉기 목적이 반제국주의와 반봉건주의 모두에 있음을 밝히고 있다. 그러나 앞에 소개한 격문은 양자 중에서 반봉건적 성격을 더 강하게 띠고 있다. 그래서 신용하 교수는, 1894년의 제1차 농민전쟁이 반제국주의적 성

---

63 吳知泳 著, 李章熙 校註, 앞의 책, 136쪽.

64 신용하, 앞의 책, 371쪽.

격보다는 반봉건적 성격을 선행시킨 "농민혁명운동의 역사적 성격"을 가진 것이라고 주장한다.[65] 이런 측면은, 청나라 군대와 일본군이 갑오농민전쟁 '진압'을 구실로 조선에 출병하자, 동학농민군이 두 나라의 군대를 철수시키기 위해 1894년 음력 5월 8일(양력 6월 11일)에 전주화약(全州和約)을 맺고, 자진 해산(自進解散)하는 외양을 갖추면서 나주·남원·운봉 등을 제외한 전라도 53개 군·현(郡·縣)의 대부분에서 '집강소(執綱所)'를 설치하여 '농민통치'를 실시한 데에서 분명히 드러난다.[66] 즉, 외래 침략 세력에 무력으로 맞서기보다 내부적으로 구체제(앙시앙 레짐)를 불식하고 새로운 질서를 수립하는 데 주안점을 두었던 것이다.

기존의 많은 연구들은, 집강소의 통치 내용이 구체제의 기본적 제도를 해체하고 농민들이 원하는 신체제를 추구하는 것이어서 가히 혁명적이라고 평가한다. 그러나 집강과 집강소 자체는 이미 조선의 향촌 사회에 존재해 있었고, 동학농민군의 집강은 기존의 집강이 해오던 일을 했을 것이라는 주장도 있다. 예를 들어, 노용필 교수는 고부민란을 직접 목격한 일본인 하이게이세이(巴溪生)의 일기를 통해 그 같이 주장하고 있다.[67]

> 3명(전봉준, 정익서, 김도삼) 다같이 젊어서부터 친구로서, 사건(고부민란)을 일으킨 시초부터 대소의 일이 모두 이 3명의 수중에 속하였다. 그렇지만 그들은 책임을 자신에게만 한하지 않고 각각 마을의 동장(洞長)·집강(執綱)들에게도 모두 다 같이 책임을 지게 하였다. 그러므로 일조(一朝)에 일을 실패할지라도 18개 구면(區面)의 동장·집강이 곧 같은 책임을 지게 되므로, 백성 등도 함부로 퇴산(退散)하거나 혹은 혐염(嫌厭)을 생기게 할 수가 없어 단결도 한층 견고한 듯하였다.[68]

자진 해산을 통해 청·일 양국 군대의 철수를 기대했던 동학농민들의 기대와는 달리, 양국군은 청일전쟁을 일으키고, 특히 일본군은 조선의 궁궐을 침범하여 왕궁시위대를 무장해제하고 내정간섭을 하며 정권을 농단하였다. 이에 집강소 통치를 하며 무장을 강화했던 동학농민군은 1894년 음력 9월 13일(양력 10월 11일)에 전봉준의 지휘하에 다시 봉기하여 제2차 농민전쟁에 돌입하였다.

---

65 위의 책, 371쪽.
66 吳知泳 著, 李章熙 校註, 앞의 책, 150~154쪽.
67 노용필, 『'동학사'와 집강소 연구』, 국학자료원, 2001, 162쪽.
68 巴溪生, 「全羅道古阜民擾」, 『駐韓日本公使館記錄』 1, 國史編纂委員會, 1986, 56쪽.

한반도에 침입한 일본군을 실력으로 몰아내고자 했던 동학농민군의 제2차 농민전쟁은 반봉건적 성격도 띠고 있지만 반제국주의적·반침략적 성격을 선행시킨 조선 농민들의 민족혁명운동이었다.

3) 집강소 통치

집강소의 통치 내용은 이때 실시한 12개 조항의 폐정개혁 요강을 통해 알 수 있다. 그런데 현재까지 알려진 동학농민군의 폐정개혁 내용은 이보다 더 다양하다. 이영호 교수는 다음과 같은 이유들을 들며 보완적 연구의 필요성을 제기한다. 먼저, 이 교수는 이 12개 조항의 폐정개혁 요강이 『동학사(東學史)』의 저자인 오지영(吳知泳)의 회고 과정에서 부활하였고, 그나마도 『동학사』의 1940년 간행본(刊行本)과 1924년에 작성된 초고본(草稿本)에 각각 수록된 12개 조항의 폐정개혁 요강 중에서 3개 조항이 다르다는 점을 들어 용어 해석이나 총괄적 이해에 유보적인 입장을 취한다. 특히, 동학농민군은 필요에 따라 격문과 폐정개혁 안을 제시했기 때문에 그들이 추구했던 바를 총체적으로 이해하기 위해서는 『대한계년사』의 4개조 명의(名義)와 13개조, 『한국통사』의 6개조, 『주한일본공사관기록』의 9개조, 『전봉준판결문』의 27개조 중 14개조, 『속음청사(續陰晴史)』의 14개조 및 추가 조항, 그리고 격문과 상소문 등을 대조하여 폐정개혁 안을 복원해야 된다고 이영호 교수는 주장한다.[69] 이 책에서는 이런 문제의식을 갖고 『동학사』의 1940년 간행본(刊行本)과 1924년 초고본에 각각 수록된 폐정개혁 요강 12개조를 모두 소개한다.

오지영의 『동학사』 초고본에 수록된 폐정개혁 요강 12개조

① 인명(人命)을 남살(濫殺)한 자는 버힐 사.

② 탐관오리는 거근(祛根)할 사.

③ 횡포한 부호배(富豪輩)를 엄징할 사.

④ 유림(儒林)과 양반배(兩班輩)의 소굴을 토멸(討滅)할 사.

⑤ 잔민(殘民) 등의 군안(軍案)은 불지를 사.

⑥ 종 문서(文書)는 불지를 사.

---

69 이영호, 「1894년 농민전쟁의 사회경제적 배경과 변혁주체의 성장」, 한국역사연구회, 『1894년 농민전쟁연구 1 -농민전쟁의 사회경제적 배경-』, 앞의 책, 20~21쪽.

⑦ 백정(白丁)의 머리에 패랭이를 벗기고 갓을 씨울 사.

⑧ 무명잡세(無名雜稅) 등은 혁파(革罷)할 사.

⑨ 공사채(公社債)를 물론하고 과거의 것은 일병(一幷) 물시(勿施)할 사.

⑩ 외적(外賊)과 연락(連絡)하는 자는 버힐 사.

⑪ 토지(土地)는 평균분작(平均分作)으로 할 사.

⑫ 농군(農軍)의 두레법(法)은 장려할 사.[70]

오지영의 『동학사』 간행본에 수록된 12개조의 폐정개혁 요강

① 도인(道人)과 정부(政府) 사이에는 숙혐(宿嫌: 오랜 혐오)을 탕척(蕩滌)하고 서정(庶政)을 협력할 사.

② 탐관오리는 그 죄목을 사득(査得)하여 일일이 엄징(嚴懲)할 사.

③ 횡포한 부호배(富豪輩)는 엄징할 사.

④ 불량한 유림(儒林)과 양반배(兩班輩)는 징습(懲習)할 사.

⑤ 노비문서(奴婢文書)를 소거(燒祛)할 사.

⑥ 칠반천인(七班賤人)의 대우는 개선하고 백정(白丁) 두상(頭上)에 평양립은 탈거할 사.

⑦ 청춘과부(靑春寡婦)는 개가(改嫁)를 허할 사.

⑧ 무명잡세(無名雜稅)는 일병(一幷) 물시(勿施)할 사.

⑨ 관리(官吏) 채용은 지벌(地閥)을 타파하고 인재(人材)를 등용할 사.

⑩ 왜(倭)와 간통(奸通)한 자는 엄징할 사.

⑪ 공사채(公社債)를 물론하고 이왕의 것은 일병(一幷) 물시(勿施)할 사.

⑫ 토지(土地)는 평균(平均)으로 분작(分作)케 할 사.

위 두 본의 폐정개혁 요강 12개조 중에서 초고본에는 있었으나 간행본에서 빠진 것은 제1조 "인명을 남살한 자는 버힐 사", 제5조 "잔민 등의 군안은 불지를 사", 제12조 "농군의 두레법은 장려할 사"이다. 반면에 초고본에는 없는데 간행본에 수록되어 있는 것은 제1조 "도인과 정부 사이에는 숙혐을 탕척하고 서정을 협력할 사", 제7조 "청춘과부는 개가를 허할 사", 제9조 "관리 채용은 지벌을 타파하고 인재를 등용할 사"이다.

70 『草稿本 東學史』 제3책, 43~44쪽. 신용하, 앞의 책, 374~375쪽에서 재인용.

아울러 초고본과 간행본에서 내용이 동일한 조항들 중에는 초고본의 표현이 좀 더 강경한 것을 발견할 수 있다. 예를 들어, 양반들에 대한 신분 투쟁과 관련하여 초고본에서는 "유림과 양반배의 소굴을 토멸할 사"로 표현하였지만, 간행본에서는 "불량한 유림과 양반배는 징습할 사"라고 '불량한'이라는 한정적 형용사를 붙이고 '토멸' 대신에 '징습'이라는 완화된 표현을 썼다.

그런데 이와 같이 초고본과 간행본 간에 차이가 있는 것에 대해 신용하 교수는, 초고본이 집강소 설립 초기의 폐정개혁 요강을 수록한 것이고, 간행본은 6월 15일 남원대회 이후에 동학농민군 총대장 전봉준과 사태 수습을 위해 정부에서 파견된 전라관찰사 김학진(金鶴鎭) 사이에 "관민상화지책(官民相和之策)"이 합의·채택된 이후의 집강소 폐정개혁 요강을 수록했기 때문이라고 추정한다. 신 교수는, 그 근거로 간행본의 폐정개혁 요강 제1조에 초고본에는 없었던 "도인과 정부 사이에는 숙혐을 탕척하고 서정을 협력할 사"를 넣어 '관민상화(官民相和)'를 강조하고 있다는 점을 제시하고 있다.[71]

이와 같은 『동학사』 양 본의 차이에도 불구하고 사회적 신분제도의 타파에 관한 조항들이 초고본 3개조, 간행본 5개조로 압도적 다수를 차지하고 있다. 그리고 집강소 통치를 통해 신분 해방운동을 전개하며 신분제를 실력으로 폐지해 버렸다. 구체제의 골간이 바로 사회신분제도라는 측면에서 이를 혁명적으로 타파했던 집강소 통치는 한국의 역사 변동에서 근대성(modernity)을 찾을 수 있게 한다.

아울러 집강소의 농민 통치에서 근대성을 찾을 수 있는 또 다른 한 측면은 봉건적 지주제도의 폐지를 내용으로 한 토지개혁을 추구했다는 사실이다. 이와 관련하여 초고본 폐정개혁 요강 제12조에 기술된 "농군(農軍)의 두레법(法)은 장려할 사"라는 조항과 간행본 제12조에 기술된 "토지(土地)는 평균(平均)으로 분작(分作)케 할 사"라는 조항을 통해 어떤 형태의 토지개혁을 추구했는지 추정할 수 있다.

그런데 신용하 교수는 이 토지개혁 안(案)에 다산 정약용의 『경세유표(經世遺表)』가 큰 영향을 주었을 것이라고 추정한다. 신 교수는 그 근거로 『강진읍지(康津邑誌)』의 「명승초의전(名僧草衣傳)」을 인용하고 있다.

다산(茶山)이 유배로부터 고향에 돌아가기 직전에 『경세유표(經世遺表)』를 밀실에서 저

71 신용하, 앞의 책, 375쪽.

작하여 그의 문하생인 이청(李晴)과 친한 승려인 초의에게 맡겨서 비밀리에 보관하여 전포(傳佈)하도록 의뢰하였다. 그러나 전문(全文)은 도중에 유실되고, …… 그 일부는 그 후 강진(康津)의 윤세현(尹世顯)·전병태(全炳泰)·강운백(姜雲伯) 등과 해남(海南)의 주정호(朱挺浩)·김도일(金道一) 등을 통하여 갑오(甲午)년에 기병(起兵)한 전녹두(全綠豆, 전봉준)·김개남(金介男) 일파의 수중에 들어가서 그들이 이용하였다. 전쟁 후 정다산(丁茶山)의 비결(秘訣)이 녹두(綠豆) 일파의 비적(匪賊)을 선동했다고 하여, 정다산의 유배지 부근의 양가(良家)와 고성사, 백련사, 대둔사(大芚寺) 등을 수색한 일까지 있다.[72]

이 「명승초의전」에 따르면, 정약용의 『경세유표』가 전봉준·김개남 등 동학농민군 지도자들의 수중에 들어가서 동학농민들을 선동하는 데 이용되었다는 것이다. 그런데 이 『경세유표』에서 제시된 토지개혁 안은 '정전제(井田制)'이다. 즉, 우물 정(井)자와 같은 전체 9구역의 토지와 8가족이 한 단위가 되어 8구역의 사유지를 각 가족이 경작하고, 나머지 한 구역은 세금을 내기 위해 '두레'로 공동 경작하자는 것이다. 이런 취지에서 초고본 폐정개혁 요강에서는, "농군(農軍)의 두레법(法)은 장려할 사"라고 기술하였고, 간행본에서는 "토지(土地)는 평균(平均)으로 분작(分作)케 할 사"라고 기술하였던 것으로 추정된다.

정전제(井田制)에 기초한 토지개혁 사업은 실행하는 데 1~2년 이상이 걸리는데 동학농민들의 집강소 통치 기간이 수개월에 그쳐서 추구만 되었지 실천되지는 못하였다.

4) 정치 체제와 사회계층 구조

동학농민군이 추구했던 정치 체제에 대해서는 자료가 충분하지 않아 판단하기가 쉽지 않다. 그러나 신용하 교수는 제1차 농민전쟁 봉기 때 제시되었던 동학농민군의 4대명의(四大名義) 중의 하나로 "일본오랑캐를 몰아내어 없애고 왕의 정치[聖道]를 깨끗이 한다(逐滅倭夷澄淸聖道)."라는 강령이나, 각종 문헌에 국왕에 대한 '충(忠)'의 기록은 있어도 국왕을 부정하는 기록은 없는 것으로 보아 '군주제(君主制)' 자체를 폐지하려는 의식은 없었던 것으로 판단한다.[73]

동학농민군이 서울에 입성하지 못했으므로 중앙정부의 조직과 관련하여 구체적인 것은

---

72 위의 책, 379쪽에서 재인용.
73 위의 책, 381쪽.

알 수 없다. 그러나 집강소 조직에 의사원(議事員)이 있었다는 사실에 주목할 필요가 있다. 오지영은 『동학사』 간행본에서 집강소에 "의사원 약간 인을 두었으며"라고 기술하였으며, 초고본 『동학사』에서는 "행정에 있어서는 집강(執綱)이 주무(主務)로 십수인(十數人)의 의원이 잇서 협의체로 조직이 되었었고"라고 기술하고 있어 집강이 전제·독재하지 못하도록 정책을 집행하는 데 협의·견제하는 의사기관(議事機關)이 있었음을 알 수 있다.

이와 관련된 실제적 모습으로, 선무사(宣撫使)로 파견된 어윤중(魚允中)이 보은취회(報恩聚會)에서 동학농민들이 탐관오리의 축출을 요구하자 이에 응답하여 "그대들의 이 회(會)가 무기를 전혀 들지 않았으니 곧 민회(民會)라 할 수 있다. 각국 역시 민회가 있어서 조정의 정령(政令)이 백성과 나라에 불편한 것이 있으면 회의하여 결정한다고 일찍이 들었다. 이로부터 일에 접근하면 어찌 그대들을 비류(匪類)로 조치하겠는가."[74]라고 말했다.

전봉준도 체포되어 일제 경찰의 취조를 받을 때, 동학농민군을 이끌고 서울에 입성하여 일본군을 몰아내고 간악한 관리를 쫓아낸 다음에는 "국사(國事)를 들어 한 사람의 세력가(勢力家)에게 맡기는 것은 크게 폐해(弊害)가 있는 것을 알기 때문에 몇 사람의 명사(名士)에게 협합(協合)해서 합의법(合議法)에 의해 정치를 담당하게 할 생각이었다."라고 진술하였다.[75]

이런 자료들로 보면, 동학농민군이 추구했던 정치 체제는 입헌군주제(立憲君主制)로 짐작된다. 즉, 군주제는 유지하면서 의회와 같은 의사기관과 의원을 두어 정부의 정령(政令)을 사전·사후에 의논하는 합의정치를 추구했던 것으로 보인다.

그런데 과연 조선의 농민들이 이런 근대적 정치 체제를 추구했을 만큼 의식이 깨어 있었는지, 그리고 그 체제를 운용할 만큼 역량이 있었는지 의문을 가질 수 있다. 이에 대해 신용하 교수는 서양 사회와 구별되는 조선 사회의 계층구조상의 특성과 동학농민군과 개화파 간의 '구조적 결합' 관계로 답을 제시하고 있다.

프랑스 대혁명 이전의 18세기 서유럽 사회는 기본적으로 그 신분·계급구조가 귀족[士]·부르주아[商·工]·농민(및 노동자)의 서열 구조를 형성하고 있었다. 즉, '사상공농(士商工農)'의 구조로서, 부르주아[商·工]는 귀족의 바로 아래에서 사회·경제적으로나 정치적으로 성숙해 있었던 반면에, 대부분 문맹(文盲)이고 무지(無知)하였던 농민들은 정치적으로나 사회·경제

---

74 『聚語』「宣撫使再次狀啓 魚允中兼帶」, 『東學亂記錄』 上卷, 123쪽, 신용하, 앞의 책, 382쪽에서 재인용.
75 「東京朝日新聞」, 1895년(明治 28) 3월 6일 자, 「東學首領と合意政治」, 姜昌一, 「甲午農民戰爭 자료발굴: 全琫準會見記 및 取調記錄」, 『사회와 사상』, 창간호, 1988년 9월 호 참조.

적으로 매우 미성숙한 상태에 있었다. 그러나 19세기 조선왕조 사회의 농민층은 다수가 빈곤했지만 사회적으로는 대부분이 양인(良人) 신분이었다.[76] 그리고 이 시기에는 전국적으로 서당(書堂)이 농촌 사회에 널리 보급되어 농민층의 교육 수준이 현저히 상승되었고, 농촌 지식인이 많이 분포되어 그만큼 농민층의 정치·사회적 비판 의식도 깨어 있었다는 것이다. 따라서 "농민층은 혁명운동을 전개할 수 없는 미성숙한 계층이고 오직 부르주아 계층만이 혁명운동을 할 수 있었다."라고 주장하는 것은 한국 근대사의 특수성을 간과하고 서양 역사에 도식적으로 추종하는 것이라고 신용하 교수는 주장한다.[77]

그 연장선에서 신용하 교수는, 만일 그들이 서울에 들어와 정권을 장악하는 데 성공했더라면 당시 국내에서 선진적 지식을 가장 많이 갖고 있던 개화파의 자문을 얻어가면서 사회 발전의 시대적 대세에 따라 입헌군주제의 방향으로 나아가게 되었을 것이라고 추정한다.[78] 그리고 동학농민들의 아래로부터의 혁명과 개화파의 위로부터의 개혁이 결합하여 역사적 변혁으로서의 사회신분제 폐지가 실현된 것이었는데, 이는 양 주체세력 간의 친화력에 의거한 결합이 아니라 동일한 목표를 추구했기 때문에 가능했던 구조적 결합이었다는 것이 신용하 교수의 주장이다.

실제로 갑오농민전쟁에 의하여 혁명운동이 아래로부터 구체제를 붕괴시켜 주지 않았다면 당시 개화파의 취약한 힘으로는 구체제를 붕괴시킬 수 없었으며, 집권할 기회조차도 없었을 것이다. 동학농민군의 집강소가 설치되기 시작했던 1894년 5월 8일 이후 동학농민군이 양반 신분제도를 혁명적으로 폐지하고 노비 문서를 불사르며 노비 신분과 천민 신분의 해방을 단행하자, 6월 23일에 집권한 개화파는 이를 흡수해서 6월 28일부터 군국기무처(軍國機務處)에서 사회신분제를 폐지하는 법령을 제정·공포하였다. 그러나 1894년 12월에 우금치 전투에서 동학농민군이 패전한 이후 전국 도처에서 양반 유생(儒生)들이 반혁명군을 편성하여 동학농민군의 잔여 세력을 색출하고 탄압하면서 사회신분제의 부활을 추구하자, 갑오경장 개화파는 한편으로 이를 억제하면서 동시에 다른 한편으로 사회신분제 폐지의 후속 조치를 현저

---

76 신용하, 앞의 책, 386~387쪽. 이에 대해서는 실증적인 연구가 필요하다. 신용하 교수는 18세기 유럽의 농민들이 "문맹(文盲)과 무지(無知)가 지배하는 농노 상태에 있었다."라고 주장하지만, 서유럽의 농민들 간에 차이가 있었고, 프랑스 농민들의 경우, 대부분 문맹(文盲)이고 무지(無知)하였다고만 할 수는 없다. 그리고 "19세기 조선왕조 사회의 농민층은 대부분이 양인(良人) 신분이었다."라는 주장도 실증적 엄밀성이 요구된다. 임진왜란 후 사회적 신분 질서가 와해되면서 양인층이 얇아져서 야기된 사회·경제적 문제들을 지적한 연구들도 많이 있다.

77 愼鏞廈, 「甲午農民戰爭의 主體勢力과 社會身分」, 『韓國史硏究』 제50·51 합집, 1985 참조.

78 신용하, 앞의 책, 383쪽.

히 완화하여 속도를 늦추었다. 동학농민군을 마지막 단계에서 궤멸시키는 데 큰 공을 세운 양반 신분층의 영향력과 발언권이 현저히 강화되었음에도 불구하고 신분제 복원이라는 '봉건적 반동'이 성공하지 못한 것은 개화파가 집권하여 위에서 버티고 이를 눌렀기 때문이다.[79]

반봉건·반제국주의적 혁명을 추구했던 동학농민운동은 많은 희생자를 냈다. 특히, 제2차 농민전쟁에서 무려 30만 명의 동학교도들과 농민들이 목숨을 잃었으니, 지금 남북한 인구의 5분의 1에 지나지 않았을 당시에 그 희생이 얼마나 컸는지 짐작할 수 있다. 그러나 그 운동은 한국의 '근대화'라는 관점에서 많은 의의를 가지고 있다. 그중에서 특히 강조해야 할 의의는, 사회적 신분제도를 폐지하는 데 결정적인 역할을 하였고, 근대화의 절반 과제인 구체제의 붕괴에 성공하였다는 것이다. 그리고 국민들의 정치적·사회적 각성을 크게 촉진시켰으며, 집강소 통치를 통해 근대적 정체(modern polity)가 수립될 수 있는 여지를 마련했다는 면에서 동학농민혁명운동은 외형적으로는 실패하였지만 그 역사적 성과가 크다. 아울러 동학농민운동은 그 후 일본 제국주의의 침략에 맞서 항일 의병운동과 독립 투쟁에 저력(底力)을 제공하였다.

79 위의 책, 389~390쪽.

제3장

일제 식민 통치하의 한국 공산주의운동: 민족 해방 전략을 중심으로

/// 제3장 ///

일제 식민 통치하의 한국 공산주의운동: 민족 해방 전략을 중심으로

초기 한국 공산주의운동은 해외에서 독립운동의 일환으로 시작되었다. 신규식이 1917년에 상하이에서 조선사회당을 설립한 것이 최초의 좌익 정치단체 결성으로 알려져 있다. 이 단체의 설립 목적은 스톡홀름 세계 사회주의자 대회에 제출할 독립청원서 작성이었다. 그러나 이 대회가 취소되자 조선사회당도 해산되었다.

한국인들의 초기 해외 공산주의운동의 또 다른 흔적으로 러시아 볼셰비키 혁명에 많은 한국인들이 참여했는데, 해방 후에 장안파 공산당을 설립한 이영(李英)도 그중 한 사람이다.

또한, 1918년 12월에 개최된 페트로그라드 세계대회에도 한국 대표가 한 명 참석한 것으로 알려져 있다. 아울러 이 시기에 소련의 여러 중소 도시에 소련 공산당의 지부 형식으로 공산당, 사회당이 한국인들에 의해 설립되었다.

이와 같이 해외에서 한국인들의 공산주의운동이 가능했던 것은 이 시기에 많은 한국인들이 정치·경제적 이유로 이 지역들에 이주해 있었기 때문이다. 즉, 일제가 1910년에 조선을 강제로 합병한 후에 한국인들의 만주와 연해주 이주는 가속화되었는데, 1918년에는 약 20만 명의 한국인들이 이 지역들에서 거주하고 있었던 것으로 추정된다. 이와 같이 짧은 기간에 많은 한국인들이 이주하게 된 것은 일제가 "토지조사사업"을 통해 그들의 삶의 터전을 빼앗았기 때문이다. 즉, 일제는 1907~1918년에 토지조사사업을 실시하면서 국유지란 명목으로 637만 정보의 전답(田畓)과 주인이 없다는 핑계로 7만 6700정보의 전답을 강탈하였다. 당시 국유지는 조선의 전체 토지 면적의 32%, 산림의 40%를 차지하고 있었다. 이렇게 일제의 "강요"로 이주하게 된 한국인들은 현지에서 일제에 대한 저항운동의 토대를 형성하였다.

일제가 조선의 외교권을 박탈하고 군대를 강제로 해산하자 1907년에 전국에서 의병들이 일어나 "13도 창의군"을 조직하여 1908년 1월에 서울진공작전을 감행하였다. 이 작전이 실패하면서 많은 군인들이 만주와 연해주로 이주해 갔다.[1] 이들은 현지에서 일제에 대한 무력 저항운동을 조직·지도할 수 있었다.

1. 해외에서의 공산주의운동

이동휘는 1918년 6월 26일에 하바롭스크에서 한인사회당을 설립하였다. 당시 이동휘의 입장은 전면 전쟁을 통해 일본 제국주의 세력을 실력으로 조선으로부터 물러나게 해야 된다는 것이었다. 그래서 레닌정부에 지원을 요청하게 되었다. 그런데 신생 볼셰비키 정부 역시 일본을 견제할 필요가 있어 1918~1920년에 한국인과 소련정부 간의 협정을 체결하였다.[2]

그러나 해외에서 공산주의운동을 전개했던 한국인들은 의병 출신자들과 이주민 2세들로 구성되어 있어서 처음부터 대립의 여지가 있었다.

이동휘는 블라디보스토크(Vladivostok)에서 한인사회당을 고려공산당으로 개칭하며 재정비하였다. 1919년 4월에는 당 본부도 블라디보스토크에 두고 박진순을 제3차 코민테른(Comintern)에 파견하여 지원금을 받아오게 하였다.

다른 한편으로 1918년 1월 22일에 이르쿠츠크에서 소련공산당 한인지부 설립 움직임이 있었다. 그 결실로 남만총(서대숙 교수는 남만춘으로 기술), 김철훈, 오하묵, 박승만, 윤협 및 조훈 등이 1919년 9월 5일에 당파를 조직하여 "전로(全露)한인공산당"으로 명명하였다. 이들을 흔히 "이르쿠츠크파 한인공산주의자들"이라 부른다. 그런데 박진순이 코민테른의 지원금 40만 루블을 갖고 이르쿠츠크에 1919년 9월 10일에 도착하자 당시 코민테른 극동서기국 의장이었던 슈미아츠키(Boris Z. Shumiatsky)의 지지를 받고 있던 김철훈이 새로 설립된 공산당의 의장으로서 그 자금을 요구했다. 서대숙 교수는 『한국공산주의 운동사 연구』에서 "김철훈이 그 자금을 얻는 데 실패했고, 그래서 김철훈은 이동휘파를 맹비난하면서 양 파벌 간 논

---

1 서울진공작전은 일제의 조선 침략에 맞서 1907년 이후 전국 각지에서 일어났던 항일 의병들이 1908년 1월에 서울로 진격하여 일제를 몰아내고자 했던 연합작전이다. 1907년 12월에 경기도 양주에 집결했던 의병 1만여 명 중 3000여 명은 해산된 군인들로 소총으로 무장하고 있었다. 『국사사전』, http://blog.naver.com/seoulb?Redirect=Log&logNo=60020955448(검색일: 2009년 9월 9일).

2 Dae-sook Suh, *Documents of Korean Communism 1918-48* (New Jersey: Princeton Univ. Press, 1970), p. 6; Robert A. Scalapino & Chong-sig Lee, "The Origins of the Korean Communist Movement (Ⅰ)", *The Journal of Asian Studies*, Vol. XX, No. 1, 1960, p. 10.

쟁의 화근이 되었다."라고 주장하면서도 "슈미아츠키가 김철훈 집단에 할당된 자금만 사용하라는 지령을 내렸다."라고 기술하고 있어 일정액의 지원금이 이르쿠츠크파 공산주의자들에게 건너가서 "전로(全露)한인공산당대회"를 개최하는 데 쓰였던 것으로 보인다.[3]

볼셰비키 정부는 1918~1919년에 한인 망명객들의 항일 무장투쟁을 지원하였다. 그 지원으로 이동휘, 문창범, 황병길 등은 만주, 시베리아, 연해주에서 한국인들을 무장시키고 조직화하는 한편, 육군사관학교를 설립하였다.

코민테른 2차 회의(1920년 7월 19일~8월 7일) 이후 레닌(Lenin)은 상하이 소재 대한민국 임시정부(이하 상하이 임시정부)에 지원비로 200만 루블을 지불하도록 결재하였다. 지원금 수령(受領)을 위해 비공식 특사로 파견되었던 한형권은 1차분으로 60만 루블을 받아 그중 20만 루블은 모스크바 은행에 예치해 두고 40만 루블을 갖고 상하이로 돌아오고 있었다. 그런데 상하이 임시정부가 지원금 수령을 위해 특사 일행을 보내기로 했음에도 불구하고 이동휘는 몰래 한형권을 보냈던 것이다. 이동휘는 한형권이 수령해온 40만 루블도 상하이 임시정부에 내놓게 하지 않고 자신의 비서이며 심복이었던 김립을 보내 중간에서 받아오게 했다. 그런데 김립은 그 돈을 유용하여 북간도에 땅을 사고 광둥(廣東) 여자를 첩으로 들이는 등 호화생활을 하였다는 의심을 사게 되어 2명의 한인 청년들에게 피살되는 사건이 발생하였다.[4]

이 지원금 배분 문제는 상하이 임시정부 내에 형성되어 있었던 민족통일전선의 와해를 촉진시켰다. 그런데 이후 이동휘의 행적에 대해 이정식 교수와 서대숙 교수는 서로 다른 주장을 하고 있다. 이정식 교수는 이동휘가 김립, 문창범, 신채호 등과 함께 치타당을 설립하였는데, 1921년 2월 22일에 한국공산당을 하바롭스크에서 설립하여 같은 해 4월 25일에 당 본부를 치타로 옮겼다는 것이다.[5] 그러나 서대숙은, 이동휘가 코민테른 지원금으로 상하이에서 고려공산당을 설립하였고, 치타당은 이동휘와 적대 관계에 있었던 문창범이 설립한 것이라고 주장한다.[6]

그 후 이동휘는 코민테른의 신뢰를 상실하였다. 먼저, 중국과 일본에 공산당 설립을 희구했던 코민테른 당국은 한국인 공산주의자들이 기여해 주기를 바랐다. 그래서 이동휘 집단에

---

3 한창수 편, 『한국공산주의운동사』, 지양사, 1984, 16~17쪽; 서대숙 지음, 현대사연구회 옮김, 『한국공산주의 운동사 연구』, 화다, 1985, 24~25쪽.

4 한형권의 기지(機智)로 레닌의 결재를 받게 된 에피소드와 지원금 수령 문제는 김구, 『백범일지』, 교문사, 1987, 223~234쪽 참조.

5 한창수 편, 앞의 책, 29쪽.

6 서대숙 지음, 현대사연구회 옮김, 앞의 책, 35쪽.

제공되었던 코민테른의 지원금 중에서 황지에민(黃介民)과 그의 당에 1만 1000엔이 전해졌다. 스칼라피노(R. Scalapino) 교수와 이정식 교수는 황차오하이(黃覺海, HWANG Chao-hai)에게 2만 냥이 지급되었다고 주장한다.[7] 그뿐만 아니라 아나키스트였던 오스기 사카에(大杉榮, Osugi Sakae)와 곤도 에이조(近藤榮藏, Kondo Eizo)에게도 지원금 중 6000엔을 지급하고, 일본공산당에도 1만 1500엔을 지원했다. 이에 대해 타튼(George O. Totten) 교수는 러시아와 일본 사이에 놓여 있는 한국의 지리적 여건을 반영하여 러시아어와 일본어에 유창했던 한국인 좌파들이 일본공산당을 결성할 일본인들과 코민테른 간의 중재자 역할을 했다고 주장한다. 예를 들어 곤도 에이조가 1921년 봄에 일본공산당 창당을 위해 상하이에 가서 코민테른 대표들을 만났는데, 그 대표들은 박진순을 비롯하여 대부분이 한국인들이었다는 것이다. 그러나 1930년대에 접어들면서 한국인들은 그런 역할을 더 이상 거의 할 수 없었다고 기술하고 있다.[8]

그뿐만 아니라 이동휘 집단은 한국인들 사이에서 민족통일전선을 형성하는 데에도 실패하였다. 코민테른의 입장에서는 상하이 임시정부가 레닌의 피압박 민족 해방론을 구현하는 데 필요한 민족통일전선의 전형적인 사례로서 큰 기대를 했을 것이다. 그러나 그 민족통일전선은 오래 가지 못했다. 그리고 국내에서도 안창호, 장덕수 등을 통해 민족통일전선을 형성하기 위해 20개 이상의 지부를 설립하면서 코민테른의 지원금 4만 5000엔 중에서 대부분을 국내에서 사용했다. 그러나 국내에서의 민족통일전선은 1927년 2월 15일에 신간회가 창설될 때까지 지연되었고, 최초의 한국 내 민족통일전선체였던 신간회도 오랫동안 지속되지 못했다.

이동휘에 대한 코민테른 당국자들의 지지는 '자유시사변'을 통해 결정적인 위기를 맞게 되었다. 1920년 말에 만주에 주둔하고 있던 일본군의 대대적인 공격을 받고 한인 항일독립 무장 게릴라 단체들이 시베리아로 후퇴하였다. 그래서 1921년 4월 12일에 소련의 국경도시 이만(Iman)에서 36개 게릴라 단체들이 모여 대한독립군단을 창설하였다. 이정식 교수는 이동휘가 이 대한독립군단을 후원하기 위해 그해 4월 25일에 자신의 당 본부를 소련 극동공화국의 수도인 치타시(市)로 옮겼다고 주장한다.[9]

그런데 이르쿠츠크 공산주의자들도 1921년 6월에 고려혁명군 정의회를 창설하여 대한독

---

7 한창수 편, 앞의 책, 33쪽.
8 조지 O. 타튼 지음, 정광하·이행 옮김, 『일본의 사회민주주의운동 1870~1945』, 한울아카데미, 1997, 417쪽.
9 한창수 편, 앞의 책, 29쪽.

립군단을 자신들의 지휘하에 두고자 했다. 당연히 이동휘가 이끌던 고려공산당과 슈미아츠키의 지휘하에 활동하고 있었던 이르쿠츠크공산당 간의 갈등이 심화되어 갔다. 마침내 1921년 6월 27일에 자유시[Svobodniy(자유) Gorod(시)] 근교에서 무장 충돌이 발생하여 많은 사상자들이 발생하고 다수의 대한독립군단 인사들이 체포되어 소련 법정으로부터 중형을 선고받았다. 이 사건을 계기로 소련정부가 한국인들의 독자적인 무기 휴대를 금지시키면서 소련 땅에서 수행해 오던 한국인들의 무장투쟁은 결정적인 타격을 입고 약화일로(弱化一路)를 걷게 되었다. 특히, 1922년 1월 21일에 개최되었던 제1차 극동노력자대회를 통해, 자유시사변으로 중형을 선고받고 복역 중이던 대한독립군단 인사들이 감형되기도 했지만, 그 전까지 소수파였던 이르쿠츠크파의 입장만 강화되고 양파 간의 역학 관계가 역전되었다.

한국의 민족해방 문제에 대한 당시 소련의 입장은 이런 일련의 사태를 이해하는 데 관건이 될 것이다.

1919년에 수립된 상하이 임시정부는 소련의 입장에서는 아시아에서 형성된 최초의 '민족통일전선체(民族統一戰線體)'였다. 그러나 1921년에 공산주의자들과 민족주의자들 간의 연합은 정치적인 갈등뿐만 아니라 개인적인 갈등까지도 작용하여 너무도 단기간에 와해되어 버렸다.

공산주의 세계는 1922년 1월 21일에 제1차 극동노력자대회(The First Congress of the Toilers of the Far East)를 개최하였는데, 전해에 열렸던 워싱턴회의에 대한 대응 조치로 이 대회를 연 것이다. 총 144명의 참석자들 중에서 한국인이 52명으로 37명이 참석했던 중국인들보다 더 많았다.

대회 의장이었던 지노비예프(Zinovyev)는 "공산주의자들의 최후의 승리는 세계혁명이다. 그런데 그 제1단계는 아시아 인민(people)의 서양인들로부터의 해방이다. 그러나 아시아인들의 민족주의는 소련과 세계 프롤레타리아(proletariats)에 의지해서만 성장할 수 있다."라고 천명하였다. 그리고 지노비예프는 "한국, 중국, 몽고, 일본 노동자들 간에는 아무런 적의가 존재할 수 없다. 민족 해방을 위한 저항의 주목적이 민족주의가 되어서는 안 된다. 세계 노동자들의 꿈은 프롤레타리아의 우정과 소련과의 동맹을 통해서만 실현될 수 있다."라고 하였다. 달리 말해서 민족주의의 한정적이고 위험하며 임시적인 성격을 인정하면, 서양의 제국주의와 자본주의에 대한 아시아인들의 민족주의적 저항에 모든 가능한 지원을 제공할 것이고, 그 저항운동에서 소련이 주도권을 행사할 것이라는 점을 분명히 한 것이다.

지노비예프의 이런 천명은 아시아 민족주의에 대한 레닌의 입장을 구체적으로 표현한 것이라 하겠다. 소련 당국자들의 이러한 입장은 1922년 1월 26일에 사파로프(Safarov)의 다음과 같은 선언으로 더욱 분명히 드러났다.

> 그러한 민족주의운동이 부르주아민주주의운동이라는 것을 우리는 잘 알지만 우리는 그 운동을 지원한다. 왜냐하면, 그 운동은 제국주의에 대한 투쟁이므로 국제 프롤레타리아의 이익과 일치하기 때문이다.

따라서 소련 당국자들은 한국의 공산주의자들과 민족주의자들 간의 동맹을 원하면서 큰 기대를 걸고 있었던 것으로 보인다. 그렇다면 한국 공산주의자들은 공산주의자들 간의 내적 유대를 희생시키지 않으면서 부르주아 민주주의적이며 민족주의적인 혁명을 완수해야 될 의무를 가지고 있었던 것이다. 그러나 한국 공산주의자들은 그 어느 쪽도 성공하지 못했다.

이 극동노력자대회는 어떤 면에서는 성공적이었다고 볼 수 있다. 워싱턴 회의에서는 아시아 민족들을 무시했고, 그들을 실망시켰으나 극동노력자대회에서는 그들에게 희망을 주었고, 외부의 도움을 필요로 했던 대부분의 아시아 민족운동들에 대해 지원을 약속했다. 그래서 이 대회 이후 많은 아시아 민족운동은 소련을 따르게 되었다.

그러나 한국 공산주의자들은 소련을 충분히 따르지 않았다. 그리고 소련 당국의 지시에 따라 상하이파와 이르쿠츠크파 간의 합당 시도가 여러 차례 행해졌으나 결국 실패하고 말았다.

이런 상황 속에서 소련이 초기 한국 공산주의자들에 의해 설립된 마지막 한국공산당에 대해 해산 명령을 1925년에 내림으로써 해외에서의 순수한 한국공산당은 사실상 종막을 고했다. 물론 1930년대에 만주, 일본 등지에서 몇 차례의 시도가 있기는 했으나 그들의 활동도 성공적이지는 못했다.

해외에서 전개했던 초기 한국 공산주의운동의 실패 요인으로 기존의 연구들에서 강조하는 파벌 투쟁을 결코 간과해서는 안 되겠지만, 소련의 극동정책 변화가 더 큰 요인으로 작용했을 것으로 보인다.

소련은 1925년 1월 21일에 일본과 '러-일 기본조약'을 체결하였다. 이 조약 제5조에 "양국은 질서를 어지럽힐 모든 행위를 금한다."라고 규정하고 있다. 즉, 소련의 극동 영토에 대한 일본의 위협이 이 조약으로 제거되면서 더 이상 한국 망명객들의 무장 항쟁을 활용하여 일본을 견제할 필요가 없어졌다. 오히려 이들의 존재는 일본에게 침략 구실을 줄 수 있다고 소련 당국은 판단했을 것이다.

2. 국내에서의 공산주의운동

한국 공산주의자들과 상하이에 주둔하고 있던 코민테른 극동사무국은 1921년 이래 한국 국내에 공산당을 창당하려고 부단히 노력해 왔다. 그러나 조선총독부의 심한 감시와 탄압에 의해 매번 실패하였다.

그러던 중, 1925년 4월 17일에 김재봉에 의해 제1차 조선공산당이 설립되었다. 김약수(인사), 김상수, 김재봉(비서), 주종건(조사), 진병기, 홍덕우, 조봉암, 송덕만, 정운해(노동), 김찬(선전), 조동우(조직), 최원택, 유진희(정치, 경제), 독고전, 윤덕병이 간부로 참여하였다.[10] 그런데 1925년 11월 22일에 발생한 신의주사건으로 제1차 조선공산당이 와해될 때까지 강령은 제정되지 못했다.[11] 다만 17개 항목의 당면 문제에 대한 당의 슬로건만 제시하였다.

1. 일본제국주의 통치의 완전 타도, 조선의 완전한 독립
2. 8시간 노동제(광산 6시간 노동), 노임 증가 및 최저임금제 제정
3. 실업자 구제, 사회보험제 실시
4. 부녀의 정치적·경제적·사회적 일체 권리의 평등, 노동부녀의 산전·산후의 휴식과 임금 지불
5. 일체 잡세 폐지, 단일 누진소득세의 설정
6. 언론·집회·결사의 자유, 식민지적 노예교육 박멸
7. 민족개량주의자와 사회투기주의자의 기만을 폭로
8. 제국주의의 약탈전쟁을 반제국주의의 혁명전쟁으로
9. 중국 노동혁명의 지지, 소비에트연방의 옹호
10. 타도 일본제국주의, 타도 일체 봉건세력, 조선민족 해방만세, 국제공산당 만세
11. 조선은 조선인의 조선이다
12. 횡포한 총독부 정치의 기반(굴레)에서 벗어나자

---

10 자세한 과정과 구성원들의 소속 계파에 대해서는 다음을 참조하시오. 서대숙 지음, 현대사연구회 옮김, 앞의 책, 74~75쪽.

11 한창수 편, 앞의 책, 66쪽. 그러나 서대숙 교수는 1925년 5월 초에 있은 제2차 중앙집행위원회에서 조직부장 조동우가 기초한 12장 95항목의 당헌을 채택하였다고 주장한다. 그러나 그 내용은 서 교수 자신의 저서에서 밝히지 않았다. 서대숙 지음, 현대사연구회 옮김, 앞의 책, 75쪽. 스칼라피노 교수와 이정식 교수도 1925년 5월에 김찬의 집에서 열렸던 제2차 중앙집행위원회에서 조동우가 기초한 당헌과 당규약에 대해 논의를 한 사실은 언급하나 채택 여부는 밝히지 않고 있다. 한창수 편, 앞의 책, 68쪽.

13. 보통교육을 의무교육으로 하고 보통학교 용어를 조선어로, 보통학교장을 조선인으로, 중학 이상 학생집회를 자유로, 대학은 조선인을 중심으로
14. 동양척식회사를 철폐하라, 일본 이민제를 철폐하라, 군농회를 철폐하라
15. 일본물화를 배척하라, 조선인 관리는 일체 퇴직하라, 일본인 공장의 직공은 총파업하라
16. 일본인 지주에 소작료를 지불하지 말라, 일본인 교원에게서 배우지 말라, 일본인 상인과 관계를 단절하라
17. 재옥 혁명수를 석방하라, 군대와 헌병을 철거하라[12]

비록 코민테른이 이 제1차 조선공산당의 설립을 인정해 주었지만, 이 슬로건들은 순수 공산주의자들의 슬로건이라기보다는 진보적 민족주의자들 내지 민족주의 좌파의 슬로건에 더 가깝다는 인상을 주고 있다.

다른 한편에서는 조선공산당 설립 다음날인 1925년 4월 18일에 고려공산청년회가 설립되었다. 이 단체는 콤소몰(Komsomol, 공산청년동맹) 한국지부의 성격을 띠는 것이다. 박헌영(서기장), 김찬, 김상수, 김단야(교육과 훈련), 신철수(선전), 박길양, 권오설(조직), 장순명, 조봉암, 홍덕식, 진병기, 정경창, 임원근, 조이환, 김동명이 간부로 참여하였다. 그런데 이 조직은 사상적으로 이동휘파보다 이르쿠츠크파에 더 가까웠다. 중앙집행위원 7명 모두가 이동휘 집단에 저항하기 위해 1921년에 상하이에서 설립된 고려공산청년동맹 회원 출신들이었다. 그래서 여러 집단이 모여 구성된 조선공산당보다 고려공산청년회는 구성원들이 사상적으로 동질적이었고 단일 파벌 출신들로 구성되어 있어서 활동이 더 효과적이고 적극적이었다. 그 덕분에 고려공산청년회는 당의 강령과 규약도 제정할 수 있었다.

고려공산청년회는 1925년 5월에 2차 모임을 갖고 코민테른의 승인을 얻기 위해 대표를 파견하기로 결정하였다. 그래서 조동우를 조선공산당의 대표로, 조봉암을 조선공산당의 부대표 겸 고려공산청년회의 대표로 파견하였다. 그 결과 1926년 5월에 마침내 코민테른의 공식 승인을 얻었는데, 이때는 이미 제1차 조선공산당은 붕괴되고 제2차 조선공산당이 설립되어 있었다.

콤소몰(Komsomol) 측은 조봉암에게 동방노동자공산대학(KUTV: Kommunisticheskii Universitet Trudiaschikhsia Vostok)에서 수학할 학생으로 20여 명의 한국인 청년들을 데려

12 한창수 편, 앞의 책, 66~67쪽.

오라고 요청하였다.

그런데 1925년 11월에 '신의주사건'으로 공산주의자에 대한 검거 선풍이 일어나 83명이 체포되었다. 이때 김재봉, 김찬, 주종건은 체포를 모면하여 1925년 12월 15일에 제2차 조선공산당을 설립하였다.

제2차 조선공산당은 5명으로 구성된 중앙집행위원회(총서기 강달영, 이준태, 김철수, 이봉수, 홍남표)만 갖추었다. 조선일보 기자 출신으로, 3·1운동에 가담하여 3년 동안 수감된 적이 있는 강달영은 작은 공산주의 집단들을 흡수하여 당을 확대하는 한편, 각 도에 지부를 설치하고, 해외 사무소로 상하이 해외부, 만주총국, 일본부를 설치하였다. 그리고 자신이 수감 생활을 했을 때 맺게 된 인적 유대를 활용하여 천도교 간부들과 접촉하면서 민족통일전선을 형성하기 위해 노력하였다.[13] 강달영은 합법적인 민족통일정당을 창당하고자 했다. 그러나 1926년 6·10만세사건은 제2차 조선공산당의 붕괴로 이어졌다.[14]

6·10만세사건 때 뿌려졌던 전단의 내용은 제1차 조선공산당의 17개 슬로건이 반영된 것이었다. 어떤 측면에서 6·10만세사건은 제1차 조선공산당을 다시 살려내고, 1차와 2차 조선공산당 간의 연계성을 증명한 것으로 해석할 수 있다.

비록 앞에 소개한 17개 슬로건과 6·10만세사건 전단을 통해 나타난 제1차, 제2차 조선공산당 지도부의 이념적 경향이 진보적 민족주의 내지 민족주의 좌파의 색채를 띤 것처럼 보여도 그들은 식민지 민족해방운동과 계급해방운동을 2단계에 걸쳐 순차적으로 추구하고 있던 레닌의 피압박민족해방론을 인지하고 지켰다는 것을 알 수 있다. 따라서 민족해방운동에 있어서 민족적 임무와 계급적 임무가 분리되지 말고 합일되어야 한다는 것도 잘 인식하고 있었다. 이런 측면은 제2차 조선공산당 중앙집행위원으로 6·10만세사건을 준비했던 권오설의 다음 언명이 잘 보여 준다.

> 독립운동은 약소민족의 해방운동이고, 또 그것은 무산계급의 해방이므로 약소민족이 곧 무산계급이기 때문에 독립운동가와 공산주의자는 적대관계에 있는 것이 아니라 단계적으로 병존될 수 있으며, 일정한 시기에 있어서는 다 같은 혁명적 민족운동가로서 단결해야 한다.

---

13 위의 책, 70~71쪽. 강달영의 임명 과정과 자세한 활동 내용은 다음을 참조하시오. 서대숙 지음, 현대사연구회 옮김, 앞의 책, 80~83쪽.

14 6·10만세사건의 실패 원인과 결과에 대해서는 다음을 참조하시오. 서대숙 지음, 현대사연구회 옮김, 앞의 책, 83~86쪽.

비록 제1차 조선공산당이 채택한 17개 항목의 슬로건이나 6·10만세사건 때 뿌려진 전단에서 계급투쟁의 색채가 드러나지 않아도 권오설의 이 주장에서 당시 한국공산당 간부들이 레닌의 피압박민족해방론을 알고 있었으며, 6·10만세사건도 이런 이론적 혹은 전략적 배경에 의해 준비된 것이다.

6·10만세사건은 130명의 체포와 함께 제2차 조선공산당의 종말을 초래했다. 그러나 제3차 조선공산당(1926년 9월)과 제4차 조선공산당(1928년 2월)이 연속적으로 건립되었다. 그리고 군소 공산주의자 단체들을 병합하고, 민족주의자들과 인민전선 건설을 모색하였다. 그런데 3차, 4차 조선공산당은 1차, 2차 조선공산당보다 좌익 성향이 훨씬 더 강해졌다.

한편, 민족주의 진영은 1924년 이광수의 조선일보 기사 "민족적 경륜"의 해석 문제를 둘러싸고 급진주의 집단과 민족개량주의 집단으로 양분되었다.

이러한 상황 속에서 1927년 2월 15일에 공산주의자들과 급진 민족주의자들 간에 신간회가 창설되었다. 이상재와 홍명희가 각각 회장과 부회장을 맡았고, 다음과 같은 6개 항의 당면 과제를 채택하였다.

① 농민 교양에 적극 노력한다.
② 경작권을 확보하고 외래 이민을 방지한다.
③ 조선인 본위의 교양을 확보한다.
④ 언론·집회·결사·출판의 자유 확보를 위한 운동을 전개한다.
⑤ 협동조합 운동을 지지하며 지도한다.
⑥ 염색의(染色衣)의 착용, 단발의 장려로 백의 및 망건을 폐지한다.

이 당면 과제들은 신간회의 투쟁이 정치적 성격보다는 문화적·사회적 성격을 더 강하게 띠고 있었다는 것을 보여준다. 물론 이런 노선이 일제의 철저한 감시 속에서 공개적·합법적 활동을 하기 위해서는 어쩔 수 없는 대안이기도 했을 것이다. 그러나 이 당면 과제들은 당시의 한국 사회 실정에서 결코 간과할 수 없는 사안들이었다. 그럼에도 불구하고 코민테른은 신간회의 노선에 강한 불만을 표시하였다.

그런 가운데 신간회 내에서 좌우익 간에 주도권 쟁탈전이 벌어지면서 여러 정치 세력들이 영입되었다. 심지어 우익진영에서는 점진주의자, 자치주의자들도 영입시켰는데, 천도교도들과 더욱 좌경화된 3차, 4차 조선공산당 측은 이에 격렬히 반발하였다. 따라서 한국 내에서 최초로 형성된 민족통일전선체의 분열 가능성은 점점 더 고조되어 갔다. 이런 상황 속에서 프로핀테른(Profintern)[15]은 1930년 9월 30일 회의에서 채택한 "조선에 있어서의 혁명적 조합운동의 임무에 관한 결정" 제2항에서 신간회를 "민족개량주의 집단"으로 간주하였고, 제4항에서는 신간회의 간부들을 "일본경찰에 완전히 굴복한 개량주의적·합법주의적 프티부르주아(petits bourgeois)"로 규정하였다.

이에 따라 한국 공산주의자들은 "신간회는 프티부르주아적 정치집단으로서 적극적인 투쟁을 전개하지 못할 뿐만 아니라, 통일 민중정당의 이름으로 근로인민의 투쟁의지를 말살시키고 있다."라고 주장하며 신간회 해체를 주장하였다. 마침내 1931년 5월 15일에 신간회는 해체되고 말았다.

제4차 조선공산당 사건 이후에도 5차, 6차 조선공산당 결성 시도가 있었다. 그리고 1939년에는 경성콤이 결성되기도 했다. 그러나 1941년 말 이후 한국 내에서의 공산주의운동은 거의 괴멸되어 소집단이나 개인으로만 존재했다.

일제시대에 해외에서나 국내에서 한국인들이 전개했던 공산주의운동이 실패한 이유를 여러 국면에서 찾을 수 있을 것이다. 그런데 이 시기에 한국 공산주의자들이 추구했던 목표와 구사했던 전략에 논의의 주안점을 둔다면, 공산주의와 민족주의 간의 관계와 혁명의 단계 문제에서 원인을 찾아야 될 것이다.

먼저, 공산주의와 민족주의 간의 관계라는 측면에서 보면, 레닌의 피압박민족 해방전략은 공산주의자들이 1단계 혁명을 위하여 민족주의자들과 협력하면서 공산주의를 민족주의와 동질화하지 않고 공산주의자들의 내적 결속력을 유지해야 되었다.

이런 시각에서 소련 지도자들의 눈에 한국 공산주의자들은 민족주의적 색채가 강한 프티부르주아나 좌익 기회주의자들로 보였을 것이다. 그뿐만 아니라 이 한국 공산주의자들은 그들의 비현실적 급진주의 사상, 외부 의존성, 생소한 외래 이념 때문에 민족주의자들로부터도 배척당하고 고립되었다.

한국 공산주의운동의 두 번째 실패 원인은 각 혁명단계의 기간 문제에서 찾아야 될 것이다.

당시 한국 사회는 전체 인구의 75% 이상이 농민이었고, 유교 문화에 젖은 보수적 농업사회였다. 따라서 생소한 외래 이념은 별 호응을 못 얻었다.

중국도 이와 비슷한 상황이었다. 그래서 마오쩌둥(毛澤東)은 사회주의 혁명단계에 돌입

---

15 적색노동조합인터내셔널, 즉 공산주의 경향을 띤 노동조합의 국제적 조직.

하기 전에 30년간의 신민주주의의 단계를 설정하였다. 마오쩌둥의 설명처럼 당시 중국공산당은 장제스(蔣介石)의 국민당이라는 "봉건세력"과 "점과 선의 정책"으로 중국을 침식·장악하고 있던 일본 제국주의 세력을 상대로 투쟁해야 되었기 때문에 신민주주의의 단계를 설정했던 것이다. 실제로 중국공산당은 1953년에 가서야 사회주의 혁명단계에 돌입했다고 선언했다.

그런데 한국 공산주의자들의 투쟁 조건은 한국이 일본의 완전한 지배하에 있었기 때문에 더욱 나빴다. 그럼에도 불구하고 제4차 조선공산당은 "민족해방운동에 관한 논강"에서 다음과 같이 현실과 유리된 상황 인식을 하고 있었던 것을 보여주고 있다.

> 조선민족 해방운동은 반일투쟁임에 자명하다. 그렇지만 종래의 부르조아 민족주의를 가지고서는 지도할 수 없는 단계에 들어갔다. 노동자 농민만이 혁명을 지도할 수 있게 되었기 때문이다. 지식계급은 민족해방운동에 있어서 다대한 역할을 가진다. 그러나 투쟁이 진전하면 부르조아지, 쁘띠 부르조아지 상층 및 기타는 우경탈락, 반혁명화하는 것이 필연이므로 프롤레타리아의 전위는 민족해방운동전선에서 노동대중을 중심으로 좌익세력을 부단히 조직하고 우익의 반동화를 가급적 연기시킴과 동시에, 그들의 탈락에 의한 전운동의 피해를 최소한으로 멈추도록 준비해야 된다. 중국혁명의 경험은 조선혁명의 좋은 교훈이다.

1920년대에 한국에서 혁명적 성격의 사회운동이 진전되었던 것은 사실이다. 그러나 투쟁조건 면에서 중국과 한국 간에는 커다란 차이가 있었다. 중국 공산주의자들은 무장투쟁을 전개할 군사 기지를 가지고 있었다. 그러나 한국 공산주의자들은 1921년에 마지막 저항지였던 만주까지 일본의 수중에 들어감으로써 투쟁 기지를 완전히 상실하고 말았다. 따라서 한국 공산주의자들의 이론이 아무리 옳았다고 해도 그것을 실현시킬 구체적이고 실재적인 힘과 토대가 없었다. 그럼에도 한국의 민족해방운동이 부르주아 민족주의를 가지고서는 더 이상 지도할 수 없고 노동자 농민만이 할 수 있는 단계에 들어왔다고 천명한 것은 현실을 도외시한 것이다. 레닌이 제시한 2단계에 걸친 "피압박민족해방론"의 제1단계, 즉 "부르주아 민족주의" 단계도 성공시키지 못한 상태에서 제2단계, 즉 "사회주의 혁명 단계"를 천명한 것은 '좌익소아병적 판단'이었다고 할 수 있다.

제4장

분단 체제의 형성과 6·25전쟁

/// 제4장 ///

분단 체제의 형성과 6·25전쟁

6·25전쟁의 원인과 성격을 어떻게 규정하든지, 이 '역사적 사실'에 내재된 '국가 건설을 위한 시도'라는 측면은 배제될 수 없을 것이다. 그런데 순수 학문적 견지에서 "한국에 과연 국가(state)가 존재하는가?"라는 질문을 제기해 볼 수 있다. 왜냐하면, 제도화, 분화, 자율성에 기초한 피에르 비른봄(Pierre Birnbaum)의 시각[1]과 같은 국가(state)에 대한 협의적 정의에 따르면 한국의 국가는 국가의 정형에 속하지 않을 뿐만 아니라, 그 존재 여부에 대해서도 의심할 수 있기 때문이다. 그러나 본 연구에서는 정형국가의 존재 여부와 실존국가의 성격은 논외(論外)로 하고, 국가 건설을 정치 행위자들의 지향점으로 인식하고, 이를 추구하는 데 있어서 6·25전쟁이 갖는 의미를 찾는 데 주안점을 둘 것이다.

한국의 국가 건설을 규명하는 데에는 역사적·구조적 접근이 필요할 것이다. 왜냐하면 해방 이후에 건설된 국가는 한민족이 근대화 과정에서 경험한 역사의 반영물이면서, 동시에 한민족의 의지가 관철되기는 불가능했던 동서냉전 구조의 반영물이기 때문이다. 그러나 현재의 한국 국가가 비록 그러한 구조 속에서 형성되었지만, 수많은 사건사(事件史)의 연속선상에서, 수많은 단일 계제에서 요구되었던 행위자들의 자의적 선택의 집적(集積)이란 점도 결코 간과되어서는 안 된다.

막스 베버(Max Weber)는 역사를 설명하는 데 세 단계의 논리적 과정을 밟았다. 첫째는 역사적 사실로부터 끌어낸 사회역사적 개념 구성 또는 모델 구성의 단계이다. 둘째는 특정의 역사적 현상을 발생과 결과의 과정을 중심으로 서술하고 설명하는 '세속적 이론'의 구성 단계

---

1 Pierre Birnbaum, *La logique de l'Etat* (Paris: Fayard, 1982), 제1장; Bertrand Badie & Pierre Birnbaum, *The Sociology of the State* (Chicago: University of Chicago Press, 1983), 제3부.

이며, 셋째는 특정의 상황을 인과론의 관점에서, 또는 현재적인 것과 잠재적인 것을 비교 분석적으로 가려내는 유형론의 관점에서 특정의 상황을 분석하는 것이다.[2]

해방 후 분단 체제를 극복하고 통일된 민족국가를 건설하기 위한 노력들을 유형론적 관점에서 다음과 같이 네 가지로 구분해 볼 수 있을 것이다.

첫째, 분단 체제가 고착화되기 전에 정치적 협상을 통해 이를 극복하고자 했던 두 차례의 좌우합작운동과 남북연석회의, 4김회의 등.

둘째, 분단 체제가 구축되어 가자 사회·경제적 모순 해소와 계급해방을 통해 이를 극복하고자 했던 남로당의 무장투쟁, 게릴라 운동 등.

셋째, 두 적대적 정부가 수립된 후, 국가적 장치를 동원해서 무력으로 타 정부를 정복함으로써 분단 상황을 타개하고자 했던 6·25전쟁.

마지막으로 분단 체제가 완전히 고착되고 난 뒤에 국가 간의 대화를 통해 상황을 개선하려 했던 남북대화.

그런데 '국가 건설을 위한 시도'라는 관점에서 6·25전쟁을 조명하기 위해서는 앞에 소개한 베버의 역사 설명 유형들 중에서 처음 세 유형 모두 설명의 범주 속에 넣어야 하는데, 둘째 유형과 셋째 유형은 함께 살펴봐야 된다. 왜냐하면 이 유형들은 일정한 인과관계를 맺으며 연결되어 있기 때문이다. 그리고 국가 건설과 국가의 성격 규정에 작용한 국제정치적 변수도 제외시킬 수 없다. 이 국제정치적 변수에는 국제 환경이라는 정태적 변수만이 아니라 주체적 행위자로서의 동태적 변수까지 포함시켜야 된다.

6·25전쟁은 통일 민족국가를 건설하기 위한 여러 가지 시도가 실패로 돌아가고 난 뒤에 같은 목적에서 행해진 무력 동원이었으나 결과는 정반대가 되었다. 본 연구에서는 6·25전쟁이 국가 건설에 갖는 의미와 '통일 민족국가 건설'이란 목적이 '전쟁'이란 수단에 의해 지배된 원인을 규명하는 데 주안점을 두고자 한다.

---

2 Guenther Roth and Wolfgang Schluchter, *Max Weber's Vision of History, Ethics and Methods* (Berkeley: Univ. of California Press, 1979), Chapter 3, "Charisma and Counterculture"

1. 갈등의 심화와 전략적 미숙

근대적 국가 건설을 위한 논쟁과 갈등의 뿌리는 구한말, 일제시대까지 거슬러 올라가야 될 만큼 깊다. 그러나 그 갈등이 지역적 분단으로 구체화된 것은 제2차 세계대전의 종전 과정에서 외래 점령군들의 개입에 의한 것이라고 보아야 될 것이다. 그러나 한국인들의 자유의지가 적용될 수 있었던 여지도 결코 없었던 것은 아니다. 본 장에서는 국가 건설 과정에서 행해졌던 행위자들의 운동과 전략을 재검토함으로써 갈등이 정치화, 군사화되어 그 갈등의 '최종적 귀결점'이라고 볼 수 있는 6·25전쟁에 이르게 되는 동안 행위자들의 자의적 선택과 선택상의 오류를 규명하는 데 분석의 초점을 두고자 한다.

1) 정치 엘리트들의 국가 건설 운동

제2차 세계대전의 종전 과정에서 행해진 미국과 소련의 분할 점령이 한반도 분단의 주요한 원인이 되었기는 하나, 분할 점령 그 자체가 곧 분단 체제의 창출을 의미하지는 않는다. 패전국 독일에 의해 병합되었다가 제2차 세계대전 종전 과정에서 연합군들에 의해 분할 점령되었으나 통일 독립국가 건설에 성공한 오스트리아 사례가 이를 잘 말해 준다. 그렇다면 한반도에서는 왜 외세의 일시적 분할 점령이 항구적인 분단 체제로 고착되었는가?

(1) 조선인민공화국 설립상의 전략적 미숙

오스트리아의 경우와 비교해 보면 통일 민족국가를 건설하는 데 한국인들이 봉착했던 어려움과 이를 극복하려는 과정에서 보여 준 전략적 미숙함이 더욱 두드러진다.[3]

우선 전후(戰後) 지위 문제에 관해 1943년 11월 1일 모스크바 선언에서 "영국, 소련, 미국 정부는 히틀러의 침략에 최초의 희생국이 된 독립국가 오스트리아가 독일의 지배로부터 해방되어야 한다고 결정하는 데 동의했다."라고 규정했다. 그러나 오스트리아와 같이 독립국가로 이미 존재했다가 역시 전쟁 도발국이었던 일본의 침략에 최초의 희생국이 된 한국에 대해서는 1943년 11월 20일 카이로 선언에서 고작 "한국 인민(people)의 노예상태에 유의하여 적당한 과정을 거쳐서(in due course) 한국이 해방되고 독립하게 될 것을 결의한다."라고만 명시함으로써 전후(戰後) 한국 민족의 지위에 대해 연합국은 확실히 결정해 놓지 않았다. 그뿐

---

3 오스트리아의 정부 수립 과정에 대해서는 Kurt Waldheim, *Le Miracle Autrichien*, Denoël, 1973 참조.

만 아니라 1943년 모스크바 선언에서 "오스트리아인들이 해방한 지역에 대해서는 전후 최종 해결에 필연적으로 고려될 것이다."라고 규정함으로써 오스트리아가 독립되는 데 오스트리아인들이 기울인 노력을 인정하겠다고 천명하였다. 그러나 한국인들이 전개했던 처절한 독립 항쟁과 대한광복군이 연합군과 함께 수행했던 대일(對日) 연합 작전 등 한국인들의 적극적인 노력은 연합국들이 인정하지 않았다.

또한, 오스트리아의 경우는 소련의 비호하에서 칼 레너 박사(Dr. Karl Renner)가 오스트리아 사회당, 인민당, 공산당 대표들로 구성된 임시연방정부를 1945년 4월 27일에 구성하고 오스트리아민주공화국을 선포하였다. 그런데 이에 정통성을 부여하기 위해 1945년 3월 1일에 임시헌법을 채택하면서 새 헌법을 채택하지 않고 서방국가들이 인정한 적이 있는 1929년 헌법을 다시 살려내는 형식을 취했다. 1945년 9월 6일에 건국준비위원회가 설립한 '조선인민공화국'이 오스트리아민주공화국과 역사적 궤적을 같이했다고 말할 수 있다. 그런데 오스트리아민주공화국은 소련의 비호하에 수립되었지만, 한국의 조선인민공화국은 소련의 개입 없이 여운형의 주도하에 좌우익 인사들이 참여하여 수립되었으므로 오스트리아민주공화국보다 더 자주적이었고, 존립 이유도 충분했다고 말할 수 있다. 그러나 한국인들은 정통성 확보에 큰 노력을 기울이지 않았다. 물론 한국인들에게는 오스트리아와 같이 부활시킬 수 있었던 서방연합국들이 이미 인정한 헌법은 없었지만, 1919년에 대한민국 임시정부가 제정한 헌법이 있었다. 비록 연합국들이 이를 인정하지 않았지만 조선인민공화국이 이 헌법에 의존하였다면 정통성 확보의 중요한 기초가 될 수 있었을 것이다.

미국이 한국에서 조선인민공화국의 권위를 인정하지 않았듯이 오스트리아에서도 초기에는 서방 연합국가들이 오스트리아민주공화국의 권위를 인정하지 않았다. 그러나 영국과 미국이 오스트리아인들의 지방자치권을 인정하고 있었으므로 레너 박사는 이를 근거로 하여 1945년 9월 25일에 전 지방 대표자회의를 비엔나에서 소집하였고, 마침내 '임시연방정부의 확장' 형태로 임시정부를 수립하는 데 성공하였다. 물론 오스트리아에서도 외래 점령 세력이 물러가고 완전 독립을 획득한 것은 그로부터 거의 10년 뒤인 1955년에 국가조약을 체결하게 된 뒤였지만, 국토의 분단을 막을 수 있었던 것은 대립적인 외래 점령 세력들에 대한 협상 창구를 이 통일 임시정부를 통해 일원화시킬 수 있었기 때문이다.

그에 비해 미 점령군은 한국에서 한국인들의 지방자치권마저 인정하지 않았기 때문에 조선인민공화국의 권위를 확장시킬 수 있는 근거가 없었고, 미 점령군은 그 어떤 한국인들의 정치권력도 인정하지 않았기 때문에 한국 위정층이 내적 구심력을 가질 수 없었다. 게다가 한국의 경우는 신탁통치 문제를 둘러싼 좌우 대립이라는 민족적 융합력을 파괴하는 또 다른 요인이 하나 더 있었다.

(2) 좌우합작운동: 응집력과 구속력의 결여

1946년 5월 7일에 제1차 미소공동위원회가 결렬된 뒤에 김규식, 김붕준, 여운형, 허헌 등 중도 온건 세력을 형성하고 있던 네 명의 정치 지도자들이 중심이 되어 좌우합작운동을 추진하였다.

미국이 한반도 전체를 자국의 세력권 속에 두려던 생각을 아직 완전히 포기하지 않았고, 또한 중국에서도 장제스(蔣介石) 정부에 대해 국공합작을 종용하고 있었으므로 미군정 측에서는 이 운동을 지원했었다. 그러나 당시 미군정청 경제고문으로 있었던 R. 키니(Robert A. Kinney)의 회고에 따르면, 미국이 이 운동을 지지했던 것은 이 운동을 성사시키기 위해서라기보다 한반도에 대소 방어장치(對蘇 防禦裝置)를 구축하기 위한 조처의 일환이었던 것 같다. 즉, 키니의 설명에 따르면 "미국이 우익을 지지할 경우 중도 세력은 공산주의자들과 손을 잡을 것이지만, 중도 세력을 지지할 경우 우익이 공산주의자들과 손을 잡지는 못할 것이기 때문에 중도 세력을 지지하게 되었다."라는 것이다.[4]

당시 미소공동위원회는 남한의 정당 및 사회단체를 중도 진영에 33개 정당 및 사회단체 가입자 1만 1519명, 우익진영에 44개 정당 및 사회단체 1만 2483명, 좌익진영에 41개 정당 및 사회단체 1만 4450명으로 분류하고 있었다.[5] 이런 상황 속에서 우익을 지지할 경우, 그들이 영향력을 행사할 수 있을 정부의 수립은 사실상 힘들다.

이런 맥락에서 출발한 좌우합작운동은 신탁통치 문제, 토지개혁 문제와 주요 산업의 국유화 문제, 부일 협력자의 처벌 문제 등에서 가장 중요한 대립에 봉착하였다. 우익 측은 사회 개혁과 부일 협력자 처벌을 정부수립 이후로 미룸으로써 자신들의 피해를 최소화시키려 했고, 좌익 측은 이 두 문제를 선결함으로써 장차 정부수립에서 우익세력을 약화시키고 자신들이 유리한 고지를 점령하려 했다.

결국 이 세 가지 대립점은 '좌우합작 7원칙'으로 타협을 보았다.[6] 신탁통치 문제에 대해서는 "모스크바 3상회의의 결정에 따라 남북한에서의 좌우합작으로 민주적 임시정부를 수립한

---

4 「동아일보」, 1972년 4월 6일 자.
5 「서울신문」, 1947년 8월 2일 자.
6 「동아일보」, 1946년 10월 8일 자.

다.”라고 합의함으로써 불명확하나마 신탁통치를 받아들이는 편이었다. 토지개혁 문제는 몰수, 조건부 몰수, 체감 매입을 한 뒤에 경작자들에게 무상 분배하고, 주요 산업은 국유화한다고 규정함으로써 약간 완화된 형태이나마 혁신적인 사회개혁으로 합의를 보았다. 부일 협력자 처벌 문제는 좌우합작위원회가 미군정청 입법기관에 건의하여 처벌법을 심사·제정하도록 한다고 규정함으로써 역시 완화된 형태로 합의를 보았다. 따라서 좌우익의 견해가 비교적 고루 반영된 합의가 도출되었다고 볼 수 있다. 그러나 극좌, 극우 진영에서의 반대로 이 좌우합작운동의 결정 사항들은 이행되지 못했다.

좌우 극단주의자들을 제외한 많은 정치 지도자들과 국민들이 이 운동을 지지했었지만 결국 실패하고 만 이유는 어디에 있는가? 그 이유로 다음의 몇 가지를 생각해 볼 수 있을 것이다.

첫째, 동서 간의 냉전이 점점 심화되어 가는 상황에서 한국은 미국과 소련의 직접적인 지배하에 놓여 있었고, 36년간의 일제 식민 통치하에 생성·누적되어온 사회·경제적 모순들이 정치화되는 과정에서 좌우익의 극단주의자들은 온건 세력의 입지를 약화시키고, 토대를 잠식해 들어갔다. 특히, 극우 보수주의자들이 과도입법의원의 의석을 대부분 차지하여 반탁 안을 채택하고, 토지개혁을 정부수립 이후로 미룸으로써 좌우합작위원회는 그들의 합의 사항을 추진할 토대를 잃어버렸다.

둘째, 좌우 극단주의자들에 비해 좌우합작운동을 지지했던 세력들의 내적 결속력이 부족하였다. 당시에 실시된 미군정청 여론조사국의 조사[7]에 따르면 “자본주의, 공산주의, 사회주의 체제 중 어떤 체제를 선호하는가?”라는 질문에 대해 14%가 자본주의를, 7%가 공산주의를 지지한 데 반해 70%가 중간 노선으로서의 사회주의를 선택했던 것으로 보아서 수적으로는 합작운동을 지지했던 온건 세력이 이에 반대했던 극단주의자들에 비해 월등히 많았을 것으로 추정된다. 그러나 그들에게는 이 운동이 지주, 부르주아, 전 부일협력자들로 구성된 극우세력처럼 재산과 목숨이 달려있는 문제도 아니었고, 극좌세력처럼 어떤 강력한 이념으로 뭉쳐져 있는 것도 아니었다. 따라서 이 운동에는 어떤 강한 내적 결속력이 결여되어 있었다.

셋째, 이 운동은 표면상 미군정 당국에 의해 조직된 것처럼 보였고, 실지 미군정은 1946년과 1947년에 지원금 300만 원을 합작위원회에 지원했었다. 따라서 합작위원회 위원들은 좌우 극단주의자들로부터 “미국의 앞잡이” 내지 “괴뢰”라고 비난을 받았으나, 미군정청은 이들의 결정 사항에 아무런 구속력을 부여해 주지 않았다. 그뿐만 아니라 미군정청은 합작위원 여

7 「동아일보」, 1946년 8월 13일 자.

운형과 허헌 등을 정치 소요의 책임을 물어 좌익단체 간부들과 함께 체포하는 등 경우에 따라서는 합작운동에 대한 지원보다 탄압에 가까운 면모를 보였다.

(3) 남북연석회의: 대표성과 집행력의 미비

2차에 걸친 미소공동위원회가 1947년 8월 12일에 모두 결렬되자 미국은 한국문제를 9월 17일에 유엔으로 이관하였다. 미국의 제안으로 유엔 한국임시위원단(UNTCOK) 설치와 총선거에 관한 결의가 1947년 10월 30일에 유엔총회 정치위원회, 11월 14일에 유엔총회에서 각각 채택되었다. 이에 따라 "공정한 선거를 감시할 목적으로 한국(남북한) 전역을 통하여 여행·감시·협의할 권한"을 부여받은 유엔 한국임시위원단이 1948년 1월에 한국에 입국하였으나 소련의 반대로 38선 이북지역에서 임무를 수행할 수 없게 되었다. 이런 상황에서 김규식 민족자주연맹 위원장이 김구 한국독립당 위원장과 공동 명의로 남북요인회담 개최를 희망하는 서한을 김일성과 김두봉에게 1948년 2월 16일에 보냈다.

이에 대해 유엔 한국임시위원단의 인도대표 메논(K. P. S. Menon)과 중국대표 리우위완(劉馭萬) 등이 관심을 보이며, 북한 측 회답이 오는 대로 유엔 소총회(Little Assembly)에 반영하겠다고 하였다. 메논은 실제 유엔 소총회 보고연설에서 한국문제 해결 4대 방안 가운데 제3안으로 남북한의 지도자회담을 거론하기도 하였다. 그러나 북한으로부터 아무런 답이 없자 "총선거는 가능한 지역인 남한에서만 추진시킨다."라는 메논의 제1안이 유엔 소총회에서 1948년 2월 26일에 채택되었다.

북한 측에서는 1948년 3월 25일에 평양방송과 김일성과 김두봉을 비롯한 9개 정치·사회단체 대표자들의 연서로 김구와 김규식의 서한에 대해서는 아무런 언급도 없이 북조선민주주의민족통일전선 제26차 중앙위원회의 결정을 빌어 남북연석회의를 제안하였다. 즉, 4월 14일부터 평양에서 남한의 모든 민주주의 정당 및 사회단체들과 연석회의를 개최하여 조선의 민주주의 독립국가 건설을 추진하자는 것이었다. 북한은 그 서한을 김구, 김규식 등 15명의 남한 요인들과 남한의 17개 주요 정당 및 사회단체 외에 단독선거를 반대하던 여타 단체들에도 전달하였다.

김구는 이 제안이 "미리 준비한 잔치에 참여만 하라는 것이 아닌가?"라는 의구심을 표명하면서도 1948년 4월 8일에 평양에 파견된 안경근과 권태양을 통해 "통일을 위해 무조건 만나 모든 문제를 해결하자."라는 김일성과 김두봉의 답변을 얻고 북행을 결심하였다. 그러나 김규식은 4월 18일에 권태양과 배성룡을 2차 특사로 보내 김일성으로부터 자신의 5대 조건,

즉 ① 어떠한 형태의 독재정치도 이를 배격할 것 ② 사유재산제도를 승인하는 국가를 건립할 것 ③ 전국적 총선거를 통하여 통일중앙정부를 수립할 것 ④ 어떠한 외국의 군사기지도 이를 제공하지 말 것 ⑤ 미소 양군의 철퇴는 양군 당국이 조건·방법·기일을 협정하여 공포할 것을 수락 받고 4월 22일에 민족자주연맹의 대표단 16명과 함께 평양으로 떠났다.

김규식의 늦은 참석으로 남북연석회의는 연기되어 1948년 4월 19일부터 26일까지 개최되었다. 27일부터 30일까지는 김구, 김규식, 조소앙, 김일성, 김두봉, 허헌 등 15명의 남북요인회담에서 김규식이 제안한 5개항의 조건을 중심으로 토의를 하였다. 이에 따라 남북통일정부 수립과 관련하여 네 가지 사항에 합의하였다. ① 소련이 제의한 바와 같이 우리 강토에서 외국군대가 즉시 철거하는 것이 조선문제를 해결하는 유리한 방법이다. ② 남북정당사회단체 지도자들은 우리 강토에서 외국군대가 철퇴한 뒤에 내전이 발생할 수 없다는 것을 확인한다. ③ 외국군대가 철퇴한 이후 연석회의에 참가한 모든 정당사회단체들은 공동명의로써 전조선정치회의를 소집하여 임시정부를 수립하고 통일적 조선입법기관을 선거하여 통일적 민주정부를 수립해야 한다. ④ 위의 사실에 의거하여 이 성명서에 서명한 모든 정당사회단체들은 남조선 단독선거의 결과를 결코 인정하지 않을 것이며 지지하지도 않을 것이다.[8]

이 남북한 제 정당·사회단체 대표자 연석회의는 민족 분단이 제도화되기 전에 위정층에서 시행한 마지막 통일국가 수립 노력으로서 오스트리아의 칼 레너 박사가 비엔나에서 소집한 전지방대표자회의(全地方代表者會議)에 견줄 만하다. 그러나 남한 측 대표자들은 오스트리아의 지방대표자들이 미·영 점령군 당국으로부터 인정받은 지방대표권과 같은 공권력을 갖지 못하고 참석한 상태여서 이 회의의 결정 사항들이 남한에서는 아무런 구속력을 갖지 못했고, 단독정부 수립을 이미 기정사실로 만들어 놓은 미국과 극우 세력은 자신들에게 불리한 이 통일 방안을 받아들이려 하지 않았다.

오스트리아의 경우와 비교하여 또 하나 반드시 지적되어야 할 점은 실질적이든, 외형상이든 북한 지도층이 일방적으로 진행한 것처럼 보였던 이 회의에서 미국에게 분단의 책임을 전가(轉嫁)하고, 미국을 "제국주의"로 규정하는 "결정서"와 "격문"을 각각 채택한 것은 민족 분단의 현실을 감정상으로는 해소할 수 있었을지 몰라도, 통일을 위한 결정 사항들이 현실적으

---

8 남북요인회담이 진행되는 동안 김두봉의 주선으로 김구·김규식·김일성·김두봉이 만나 소위 '4김회담'을 갖게 되었다. 이 회담에서 ① 연백평야에 공급하다 중단된 수리조합 개방문제 ② 남한으로 공급하다 중단한 전력의 지속적인 송전문제 ③ 조만식의 월남 허용 문제 ④ 만주 뤼순에 있는 안중근의 유골 국내 이장 문제가 제의되었다. 김일성은 ①, ②항에 대해서만 수락하였다가 며칠 뒤에 '5·10선거에 대한 제동'이라는 명분으로 그마저 이행하지 않았다.

로 미군의 점령하에 있던 남한에서도 실행되어야 하는 현실에 대해서는 냉철히 생각하지 않은 비이성적인 선택이었다. 더구나 미군정과 극우 세력의 심한 반대와 대중 동원을 통한 방해 공작 속에서 이 회의가 성사되었으므로 결정 사항의 구속력과 실현 가능성이 최우선적으로 고려되었어야 한다.

1946년과 1947년에 남한에서 전개된 좌우합작운동이나 1948년에 이루어진 남북한 제 정당·사회단체 대표자 연석회의, 4김회의 등의 결정 사항들이 이루어지지 못한 것은 동서 냉전 구조 속에서 대중성이 결여된 위정층에서의 통일 노력의 한계를 보여 주는 것이다. 그런데 전술한 바와 같이 임시정부의 정통성을 확보하기 위해 구헌법을 채택하고, 소련의 지시에 맹종하던 공산당과 경계를 분명히 하며, 10년간 1000회 이상의 협상을 해가며 소련의 대외정책이 바뀌기를 기다려 통일·독립에 성공한 오스트리아의 경우에 비하면 한국의 위정자들은 구조적 한계를 극복하기에 인내력도 부족하였고 전략적으로도 너무 미숙하였다.

2. 남로당의 무장투쟁

통일 독립국가 건설을 위한 한국인들의 노력의 큰 부분은 남한에서의 공산주의자들의 투쟁에 의해 점유된다. 물론 그들의 지향점은 "미 점령군의 축출", "반동 보수세력의 제거"를 통한 공산혁명의 완수였고, 실패로 끝난 그들의 투쟁이 결과적으로는 통일된 민족국가 건설을 더욱 어렵게 만들었다. 그러나 6·25전쟁이 국가 건설 과정에서 발생했던 모순들과 갈등의 최종적 귀결점이란 시각에서 남로당의 무장투쟁을 다음 세 가지 관점에서 재조명해 보고자 한다.

첫째, 왜 그들은 평화적·합법적 정당 활동을 통한 정치 투쟁에서 무력 투쟁으로 투쟁 방법을 전환하였는가? 이 전환이 남한에서 좌우 대립을 더욱 격화시켰고, 남한에서 공산주의자들의 합법적 정당 활동의 종말을 가져왔을 뿐만 아니라, 평화적 방법에 의한 남북한 통일의 가능성을 말살시켰음을 생각할 때 이 전환이 꼭 필요하였는가?

둘째, 남로당이 외부의 도움을 거의 받지 않고 비교적 독자적으로 남한에서 투쟁을 전개하던 단계에서 투쟁의 주도권이 김일성 집단에게 넘어가고, 그 역할도 김일성 집단의 대남 정책 수행상의 보조 수단으로 전락하면서 남한에서의 무력 투쟁은 더욱 격렬해졌다. 그렇게 됨에 따라 그들의 투쟁은 남북한 두 정권체 간의 대결의 양상을 띠게 되고, '6·25전쟁의 서장'이라고 말할 수 있을 만큼 6·25전쟁과 밀접한 관련을 갖게 되었다. 그런데 김일성 집단은 왜 남로당의 투쟁을 적극 후원하지 않고 자신들이 직접 유격전을 전개하면서 유격전을 전면전을 위한 보조 수단으로만 간주하였는가?

셋째, 이와 같은 남로당의 투쟁은 어떤 면에서 실패했다고 평가할 수 있으며, 실패하였다면 그 원인은 어디에 있는가? 여러 가지 국면에서 원인 규명이 가능하겠지만 근본적으로는 투쟁 노선상의 문제와 투쟁 방법상의 문제, 즉 정치적 측면과 군사전략적 측면에 대한 분석을 통해 그 답을 얻을 수 있을 것이다.

1) 정치 투쟁에서 무력 투쟁으로

조선공산당 중앙위원회가 1945년 9월 25일에 채택한 박헌영의 "8월 테제"에서 공산주의자들은 "해방된 한국 사회가 부르주아 민주주의 혁명단계를 걷기 시작했다."라고 규정하고, 김성수, 송진우를 직접 거명하며 부일 세력 및 매판 자본가들로 구성된 보수 진영을 그 단계에서의 명백한 적으로 간주하면서도 미 점령군에 대해서는 어떤 구체적인 공격을 하지 않았다.[9] 이는 공산주의자들이 미군 진주 초기에 그들과 우호적 협력 관계를 유지하기를 원했기 때문으로 해석된다. 공산주의자들은 미군정이 상층 권력을 담당하고, 행정권은 '중앙인민위원회'나 미군 진주 이틀 전에 수립된 "조선인민공화국"이 담당하는 이중 구조적 정치권력 형태를 추구했던 것으로 판단된다. 이를 뒷받침할 수 있는 예로 1945년 11월 20~22일에 열린 전국인민위원회 대표자회의 성명서[10]에는 다음과 같이 적혀 있다.

> …… 중앙인민위원회 내지 조선인민공화국의 존재는 미군 진주 이전의 기정사실이며 또 법이론상으로나 국제적 관례로 보나 군정과 모순 대립되는 것이 아니다. 조선에 있어서 최고 통치권을 갖는 연합군의 군정이 조선인민의 정부에 행정권을 일임할 수도 있고 혹은 이것을 통하여 행할 수도 있는 것이다. ……[11]

그러나 미군은 진주 후 어떠한 한국인들의 정치권력도 인정하지 않고 자신들이 직접 통치

---

9 박헌영의 '8월 테제'의 정식 제목은 "현정세와 우리의 임무"이다. 본문은 다음에 수록되어 있다. 김남식 엮음, 『남로당 연구 II』, 돌베개, 1988, 20~34쪽.

10 본 성명서의 정식 제목은 '전국인민위원회대표자대회에 임하여'이다. 본문은 다음에 수록되어 있다. 김남식 엮음, 위의 책, 61~64쪽.

11 김남식 엮음, 위의 책, 62쪽. 미군정과의 협력 관계를 희망하는 공산주의자들의 뜻이 본 성명의 여러 군데에 나타나 있다.

하였다. 이에 공산주의자들은 입법의원 등 미군정 내의 한국 우익보수 세력으로 구성된 지배 기관 설치에 반대하며, "정권을 인민에게 돌려달라."라고 미군정 측에 요구하는 한편, 파업과 선동 등 대중 동원을 통해 미군정에 압력을 가하기 시작했다.

이런 과정에서 제2차 세계대전 종전 후 세계 전역에서 조성된 미국과 소련 간의 갈등은 남한에서 미군정과 공산주의자들 간의 관계를 더욱 경직시켰고, 미군정 당국은 "남한에서의 공산주의자들의 각종 선동, 파업, 파괴 활동은 소련에 의해 조정되고 있다."라고 비난하게 되었다. 마침내 미군정 당국은 "정판사 위조지폐 사건"을 통해서 공산주의자들에 대한 본격적인 탄압을 가하기 시작했고, 극우 진영에서도 각종 테러 행위로 공산주의자들의 정치 투쟁에 맞섰다. 그러나 공산주의자들은 이에 굴복하지 않고 더욱 강경한 자세로 대응했다.[12] 이러한 맥락에서 조선공산당은 "정당방위의 역공세"라는 구호하에 1946년 7월 26일에 "신전술"을 채택했다.[13]

이와 같이 정치 투쟁을 하는 데 있어서 공산주의자들은 노동자, 농민, 도시 소시민, 인텔리겐치아를 "부르주아 민주주의 혁명의 동력"으로 삼고, 노동자 농민의 구체적 일상 투쟁의 요구를 일반적 정치 요구, 즉 조선의 완전 독립, 토지 문제의 혁명적 해결, 8시간 노동제 실시 등과 연결하여 "힘 있는 대중적 투쟁을 높은 정도의 정치 투쟁으로 전개"하기 위하여 수많은 대중 동원을 시도하였다. 그러나 이러한 평화적 방법에 의한 대중 동원 단계에서 대중 폭동 단계로 넘어가게 했던 사건이 1946년 가을에 발생했는데, 소위 "10·1사건"이라 불리는 대구 폭동이 그것이다.

1946년 9월 14일에 당시 운수부 철도국 경성공작창 종업원 3700여 명이 9월 1일부터 실시된 일급제를 반대하고 가족 수당, 물가 인상 등의 생활 개선을 요구하는 시위를 벌였다.[14]

---

12 박갑동의 회고에 따르면 "원래 공산당이 이른바 외부의 탄압에 대처하는 방법에는 두 가지가 있다. 그 하나는 탄압의 힘이 강할 때 전술적으로 후퇴해 다음 시기를 기다리는 방법이고, 다른 하나는 더욱 조직을 확대하고 투쟁을 강화해 공격으로 맞서는 것인데, 5월 정판사 사건으로 궁지에 몰린 박헌영이 택한 것은 후자였다고 생각한다. …… 왜냐하면 박헌영은 항상 당은 정치 투쟁을 통해 조직을 확대하고 또 조직은 투쟁을 통해 강화된다고 주장해 왔기 때문이다." 박갑동, 『박헌영』, 인간사, 1984, 147쪽.

13 "…… 지금까지 우리가 미군정에 협력하여 왔으며 미군정을 비판함에 있어서는 미군정을 직접 치지 않고 …… 간접적으로 미군정을 비판하였으나 앞으로는 우리가 이런 태도를 버리고 미군정을 노골적으로 치자. …… 지금까지 미군정과 그 비호하의 반동들의 테러에 대하여 그저 맞고만 있었으나 지금부터는 맞고만 있을 것이 아니라 정당방위의 역공세로 나가자. 테러는 테러로, 피는 피로써 갚자." 김남식, 『남로당 연구 I』, 돌베개, 1984, 235~236쪽에서 재인용.

14 전평((全評, 조선노동조합 전국평의회) 상무위원회는 총파업을 10월에 단행하여 농민들의 "추수 투쟁"과 연결시키려 했으나 공산당 지도부의 지시에 의해 9월로 앞당겨졌다. "9월 총파업"의 준비 및 전개 과정과 전평 지도부의 총파업 전술은 다음을 참조하시오. 김남식, 위의 책, 돌베개, 1984, 235~240쪽.

그들이 제시했던 9월 23일 밤 11시까지 당국의 대책이 없자 조선노동조합 전국평의회(전평)는 즉시 전국에 파업 지령을 내려 급기야 남한 전체의 철도종업원에 확대되었다. 공산당 수뇌부의 결정과 지시에 따라 이 철도 파업을 옹호하기 위해 체신, 전기, 해운 등이 산업별 파업에 들어갔고, 각 학교도 동맹 휴학에 들어갔다. 따라서 이 파업은 전 남한에 걸친 철도, 통신, 운송 기관 전체를 마비시켰다.

이 파업은 1946년 9월 7일에 미군정이 포고령 위반으로 박헌영, 이강국, 이주하 등 공산당의 최고 간부에 대해 체포령을 내리고, 「인민보」, 「현대일보」, 「중앙신문」 등 좌익 신문들을 폐간시킨 데 대한 반작용과 순수한 노동자들의 일상적 요구가 한데 어우러진 대표적인 경우라 하겠다. 그러나 이 파업이 단순히 공산당의 선동에 의해 일어난 것이라고만 말할 수 없는 강한 사회적·경제적 요인들이 존재하고 있었다. 즉, 1945년 8월의 물가지수를 100으로 잡았을 때 1946년 12월에 1459에 달하나, 같은 시기의 임금 지표는 411에 머물렀다. 즉, 노동자들의 실질 임금은 약 3.5분의 1로 줄어든 셈이었다.[15] 따라서 임금 인상과 노동 조건의 개선 문제는 공산당의 선전·선동과는 별도로 노동자들에게 그만큼 절실하고 급박한 문제였다. 이런 이유에서 정치색을 초월한 거의 모든 언론기관들이 총파업 초기에 이들의 파업 목적을 지지하였던 것이다.[16]

그러나 이 파업에 대해 러취(Archer L. Lerch) 군정장관은 불법 선언에 이어 9월 30일에 경찰관 3500명과 비슷한 수의 우익 행동단체[대한노총, 건청(建靑), 독촉 등] 단원들을 동원하여 철도 종업원 총파업 본부(용산 기관구)를 급습하여 농성 중이던 1800여 명을 검거함으로써 서울에서는 일단락되었다. 그러나 대구에서는 9월 총파업이 10월 초에 경찰도, 공산당 중앙 조직도 조정력을 상실한 폭동으로 변하였고, 이는 곧 남한 전역에서의 농민 반란으로 연결되었다.[17]

10월 폭동은 공산당 중앙 조직의 총체적 계획에 의해 일어난 것이 아니고, 토지 문제에 대한 깊은 불만, 미군정의 미곡 공출 정책에 대한 불만, 지주, 지방공무원, 경찰 등과의 갈등 등에 의해 지역의 좌익 조직들의 주도하에 일어났던 사건이다. 그러나 미 점령군과의 협력 가능

---

15 공산주의자들은 1945년 5~6월의 한국 노동자들의 실질 임금이 일제 치하에서 가장 어려웠던 1938~1945년 기간의 어느 시기보다도 낮았다고 주장한다.

16 G-2 "Weekly Report", No. 56, Sept. 29-Oct. 6, 1946.

17 10월 폭동의 원인과 전개 과정은 다음을 참조하시오. Bruce Cummings, *The Origins of the Korean War* (Princeton: Princeton Univ. Press, 1981) Chapter 10 "The Autumn Harvest Uprisings". 10월 폭동을 공산당의 "신전술"에 따라 그 외곽 단체들이 일으킨 사건이란 관점에서 서술한 연구는 김남식, 『남로당 연구 I』, 돌베개, 1984, 240~245쪽을 참조하시오.

성 위에서만 존재할 수 있었던 공산당의 평화적 방법에 의한 정치 투쟁의 단계는 사실상 그 막을 내렸다. 명목상의 당은 지상에 합법적으로 노출되어 있었으나 대부분의 당 주요 간부들은 미군정에 의해 체포되었고, 체포를 모면한 간부들은 박헌영, 이강국처럼 월북하거나 이주하, 김삼룡처럼 지하로 잠입함으로써 당의 정치 활동은 북한에서의 원격 조정을 통해 남한의 지하에서 비합법적으로 이루어지는 이중 구조의 양상을 보였다. 아울러 이는 공산당의 투쟁 방법의 전환을 의미했다.

이와 같은 공산당의 투쟁 방법의 전환은 "정치적 폭력의 첫 번째 결과는 우선 불만의 발전이며, 다음에 불만이 정치화되고, 마지막으로 정치적 목표와 행위자들에 대항하는 폭력 행위로 실제화된다."라는 T. 거(Ted Gurr)의 지적처럼 정치적 폭력의 일반적인 발전 양태를 보인 것으로 규정할 수 있다.[18] 그러나 40년에 가까운 식민 통치의 후유증으로 생긴 한국 사회 내의 심한 계급 갈등 요소와 기존의 이익을 지키려는 우익 보수 세력과 한반도에서의 정치·전략적 목적을 위하여 미 점령 세력이 설치해 놓은 방어 장치 속에 배태된 엄청난 폭력성이 사태를 극단화시켰다. 이런 상황 속에서 자신들의 목표 관철만을 사태 수습의 유일한 방안으로 생각하던 극우 보수 세력과 미군정에 대해 효율적인 투쟁 방법은 당연히 조직적 무장투쟁으로 판단될 수밖에 없었을 것이다.

2) '독자적 투쟁'에서 '종속적 투쟁'으로

1948년 초에 단독정부 수립 안이 구체화되자 남로당은 두 방향으로 투쟁을 전개해 나아갔다. 한편으로는 단선 반대 정치 세력들을 포섭하면서 "2·7 구국투쟁", "5·10 선거 반대투쟁" 등 대중 동원을 통한 폭력 투쟁을 전개했고, 다른 한편으로는 1948년 중반부터 유격전구를 편성하는 등 본격적인 유격전을 전개했다. 그런데 1949년 초에 그동안 남로당 수뇌부에 의해 운영되어 오던 강동정치학원이 폐쇄되고 제3군관학교가 설립되면서 이를 김일성 일파가 직접 운영한 것으로부터 시작해서 그해 여름에는 남·북노동당과 남·북민전이 합쳐짐으로써 남로당 수뇌부는 김일성 체제에 흡수되고, 남로당의 유격대도 개편되어 김일성 일파에 의해 직접 지도되었다. 그런데 1949년 후반기에, 특히 "9월공세" 때에는 남한 전체가 내전에 돌입했다고 말할 수 있을 만큼 게릴라 활동이 격심해졌다. 조통의 총동원령, 남로당 중앙부의 당원재산납부령, 게릴라 교전 횟수 및 동원 인원수, 행동 범위 등 9월공세를 감행하면서 무장투쟁

18 Ted Gurr, *Why Men Rebel* (NJ: Princeton University Press, 1970), pp. 12-13.

은 유격전의 마지막 단계인 최후 돌격전의 양상을 띠었다.[19] 그뿐만 아니라 북한 위정자들은 10회에 걸쳐 2400명의 무장부대 요원들을 남파했다.

이런 의미에서 6·25전쟁은 1950년 6월 25일에 북한군이 전면 남하 공격을 가해오기 훨씬 이전인 1949년 후반기에 발단되었고, 게릴라 전쟁의 연장 내지 발전된 형태라고 볼 수 있다.

그런데 이와 같은 주장이 완전히 설득력을 갖기 위해서는 다음의 두 가지 의문에 대한 답이 구해져야 된다. 왜 9월공세 때 전면 남침을 감행하지 않았는가? 더욱이 박헌영은, 전봉준과 동학농민전쟁에 대한 그의 논문[20]에서 밝힌 바에 의하면, 게릴라전만으로는 대한민국 정부 전복이 어렵다고 생각했을 것이다. 따라서 9월공세는 분명히 북한 정규군의 남하 협공을 전제하고 감행했을 것인데 북한 측은 남하 협공은 고사하고 남로당 게릴라들이 요청했던 전쟁 무기 원조도 6·25남침 직전까지 해주지 않았다. 9월공세는 박헌영의 대중 폭동과 게릴라전 노선이 김일성의 대남 전면 전쟁 노선에 흡수된 상태에서 북측(김일성 집단)은 정치·전략적 차원을 담당했고, 남로당 측(구 남로당 집행부)은 부과된 역할보다 더 적극적인 이니셔티브를 취했던 것으로 보인다.

김일성이 9월공세 때 남하 협공도, 무기 지원도 못한 이유로 김점곤 교수가 주장하는 파벌투쟁 외에 적어도 다음 세 가지 사항이 더 고려되어야 할 것이다.

첫째, 당시 북한 위정층은 통일 문제에 대해 어떤 협상도 거부하던 이승만 정권의 고립과 광범한 민족통일전선 형성에 최대의 목표를 설정하고 있었다. 따라서 평화적 통일 방안에도 중요성을 두지 않을 수가 없었다. 더욱이 북한정부가 정통성의 근거로 제시하는 1948년 남북

---

19 ≪게릴라 활동통계≫
활동범위: 1949년 2월: 8도 3시 77군 283면, 1949년 8월: 8도 7시 118군 682면.
출처: 『조선중앙연감』 1951~1952, 평양, 1952, 340쪽.

[활동규모]

1949년	4월	5월	6월	7월	8월	9월	10월	11월
교전횟수	482	502	594	657	759	1,814	1,330	1,260
동원인원	16,257	17,730	23,037	30,023	44,256	77,900	89,900	77,900(120,800)*

* 괄호 속 숫자는 월동 준비 임무로 인한 감소와 토지 개혁을 위한 폭동 참가 인원을 합한 수치.
출처: 4~8월은 『조선중앙연감』 1951~1952, 평양, 1952; 9~11월은 『근로자』 제1호, 1950. 1. 15., 21쪽을 근거로 재구성. KMAG G-2보고서에서는 북한 측 자료와는 달리 10월과 11월의 교전 횟수를 150회 미만으로 파악하고 있다. 따라서 위 도표상의 수치들의 절대적 의미는 약하다. 그러나 상대적 의미, 즉 1949년 가을에 게릴라 활동이 전례 없이 활발해졌다는 것은 확실히 감지할 수 있다.

20 박헌영은 이 논문에서 동학농민전쟁이 실패한 원인들을 몇 가지 열거하면서 "우리나라와 같이 땅이 좁아서 반란군의 후방과 퇴로가 없는 나라에서는 중국과 같이 지광물박(地廣物博)한 나라와는 달리 단시직격(短時直擊)으로 성공하지 못하고 장기전에 들어가면 승산이 없다."라는 것을 지적하고 있다. 박갑동, 앞의 책, 213쪽.

연석회의에서 채택된 "조선정치에 관한 결정과 공동성명"은 "외군(外軍) 철수 후 어떤 무질서도 반대"하고 있었으므로 이에 대한 명백한 위반을 해 가면서 남로당 게릴라들에게 적극적인 후원을 해 줄 수가 없었을 것이다.

둘째, 미국의 한반도 정책의 불명확성을 지적할 수 있다. 사실, NSC48이 1949년 12월에 승인되어 한 달 뒤에 '애치슨선언'으로 대외에 알려졌을 때까지 한반도에 대한 미국의 입장은 북한 위정자들의 대남 정책 결정에 있어 가장 불확실한 부분이었다.[21]

셋째, 9월공세 때 전면 남하 협공을 감행하기에는 무엇보다 전쟁 수행능력이 부족했을 것이다. 6·25 남침 때 선봉에 섰던 병사들이 중국으로부터 귀환한 것은 1949년 후반기부터 1950년 초에 걸쳐 본격적으로 이루어졌고 이에 관한 협정이 하얼빈에서 체결된 것은 1950년 1월의 일이다.

이와 같이 북한 위정층은 아직 남하 협공 준비가 안 되었는데 남로당 측에서 최후 돌격전을 감행함으로써 "혁명 역량"을 소진시키는 등, 조급한 면모를 보였던 것에서 우리는 분단 체제가 구축되어 가는 과정에서 대중동원과 폭력투쟁으로 공산화 통일을 추구하였던 박헌영을 비롯한 남로당계 좌익 정치·전략가들의 한계와 모순을 엿볼 수 있다.

그런데 여기서 반드시 한 번쯤은 생각해 봐야 될 사실은 당시 스탈린(Joseph Stalin)은 사회주의 진영 내에서 토착 세력의 성장을 가능하면 억제하려 했다. 어쩌면 남로당의 게릴라 운동에 대한 지원이 그토록 소극적이었고, 마침내 김일성이 직접 운용한 것도 이러한 맥락에서 이해되어야 할 것이다.

1950년 초에 게릴라전이 현저히 둔화된 것은 사실이나 일반적으로 생각하는 것처럼 게릴라 부대가 완전히 괴멸된 것은 아니다. 게릴라 부대를 소탕하기 위해 배치되었던 6·25전쟁 발발 직전의 남한 군대의 배치 상황이나, 전쟁 발발과 동시에 남한 게릴라들의 호응 투쟁이 활발히 전개되었던 점으로 봐서 게릴라 대원이 상당히 많이 살아 있었다는 것을 알 수 있다. 그뿐만 아니라 6·25전쟁 진행 과정에서 게릴라전이 패퇴하던 북한군의 주요 전쟁 방식이 되었던 것으로 봐서 1949년의 게릴라 전쟁과 1950년의 6·25전쟁 간의 연속성은 상당히 크다고 말할 수 있다.

---

21 애치슨 선언이 북한과 소련 위정자들에게 한반도에서의 남침 결정에 어떤 계기가 되었는지는 이론(異論)의 여지가 있다. 이에 대한 보다 자세한 논의는 다음을 참조하시오. 신복룡, 「한국전쟁의 원인에 관한 한 고찰- D. 애치슨의 연설을 둘러싼 논쟁을 중심으로-」, 건국대학교 부설 사회과학연구소, 『사회과학』 제12집 별책, 1988. 애치슨 선언에 대한 소련의 반응은 소련 외상 안드레이 비신스키(Andrey Vyshinsky)에 의해 이 선언에서 언급된 소련의 중국 변방 지역 분리 정책에 대한 부인 및 해명으로 나타난다. 9일간이라는 시차를 뒀던 것으로 봐서 소련당국은 애치슨의 연설 내용을 신중히 고려했을 것으로 짐작된다.

3) 실패 원인의 보편성과 특수성

일반적으로 말하는 것처럼 해방 후 남한에서 전개되었던 남로당의 게릴라 운동을 한마디로 간단하게 실패했다고 단정 지을 수만은 없다. 왜냐하면 게릴라전 그 자체만 가지고 대한민국 정부를 전복시키고 공산화 통일을 추구하였다면 실패했다고 볼 수 있겠지만, 그 자체가 다른 수단, 즉 김일성 집단의 전쟁 노선의 한 부분을 이루었고, 그 수단에 의하여 미국의 개입이 있기 전까지는 목표 달성을 하였기 때문이다. 이런 시각에서 남로당의 게릴라전은 "적과의 투쟁"에서 실패를 경험하기 이전에 김일성 집단의 대남 전쟁정책에 귀속되어 소련의 지원으로 형성된 북한의 국가폭력의 한 부분으로 전락하면서 이미 실패했다고 봐야 될 것이다. 즉, 남로당계의 좌익세력들은 소련이라는 외세를 등에 업고 "외세 배격"을 외치며, 투쟁의 근간이라고 했던 "인민 항쟁"을 근간으로 삼지 않고 소련이 만들어준 북한 정규군의 남침에 보조세력으로 참여함으로써 그들이 배격하고자 했던 외세의 개입을 초래했기 때문에 실패했던 것이다.

어떻게 해석하든 그들이 추구했던 목표가 공산주의 통일 국가 수립이었고, 이것이 외세의 개입으로 좌절되었으므로 남로당의 게릴라 운동은 실패했다고 평가할 수 있다. 따라서 본 절에서는 분석의 대상을 남로당의 투쟁에 한정하고 그들이 전개했던 게릴라 운동의 실패 요인을 분석하면서 그 특수성과 보편성을 살펴보겠다.

클라우제비츠는 '인민의 전쟁'이 효과적이려면 다음의 다섯 가지 조건이 충족되어야 한다고 했다. 첫째, 전쟁을 자국 내로 끌어들여야 한다. 둘째, 하나의 파국이 전체의 운명을 좌우할 만한 것이 되어서는 안 된다. 셋째, 전쟁의 무대가 국토의 상당한 부분을 점유해야 된다. 넷째, 취해진 조처가 범국민적 성격을 띠어야 한다. 다섯째, 그 나라에 산악 지대와 삼림 지대, 늪지대 등에 의해, 혹은 특이한 문화 양식 때문에 단절되어 있거나 접근 불가능한 곳이 있어야 한다.[22]

이 다섯 가지 지적에서 볼 수 있듯이 클라우제비츠는 김일성과 마찬가지로 '인민의 전쟁'을 방어 전쟁으로, 그리고 전쟁 수행의 보조 수단으로만 간주하고 있다. 이러한 생각은 다음의 몇 가지 전술적인 측면의 지적에서 보다 더 분명히 보인다. 첫째, 국민군(Landsturm)이나 인민 대중은 적군의 주력 부대나 중요 진영을 공격하거나 적의 핵심을 붕괴하려 해서는 안 되고, 오직 표면이나 귀퉁이를 잠식하도록 해야 된다. 둘째, 인민전쟁은 어느 곳에서도 하나의 강력한 집단(corps)으로 결집되어서는 안 된다. 왜냐하면 적군이 그에 적당한 군대를 보내 중심부를 붕괴하고 많은 포로를 획득하게 되기 때문이다. 셋째, 맹공을 가할 수 있는 지점에

22 Carl von Clausewitz, *De la guerre* (Paris: Les Editions de Minuit, 1955), p. 52.

서는 인민전쟁을 집중시켜야 한다. 그렇지만 이 지점들은 적의 전쟁 무대의 측면이어야 한다. 넷째, 무장한 인민들은 보다 중요하고, 좀 더 질서 정연한 집단으로 조직되고, 약간의 정규군의 도움을 받아야 한다.[23]

클라우제비츠의 개념에 있어 '인민전쟁'은 유럽에서 근대 민족주의의 각성에 의해 규정되고, 침략자에 대해 민족적 저항의 성격을 띤 농민전쟁을 의미한다. 민족주의에 대한 개념 정의에 따라 이견이 있을 수 있지만 이런 성격의 전쟁은 유럽 사회보다 민족공동체 형성이 빨랐고, 따라서 민족 단위의 전쟁 역사가 길었던 아시아 사회, 그중에서도 한국 사회에서는 오래전부터 경험한 것이다.[24]

20세기에 있어서도 이런 민족주의적 요소가 여전히 기본적인 것으로 계속되나, 인도차이나반도나 중국에서처럼 혁명전쟁의 경우 사회문제가 가장 중요한 위치를 차지한다. 아니면 최소한 이런 사회문제가 혁명전쟁을 배가시키기도 한다.

G. 샬리앙(Gérard Chaliand)에 따르면 이런 혁명전쟁이 승리하려면 다음의 기본 조건들이 충족되어야 한다. 즉, 먼저 봉기의 주관적 조건과 객관적 조건이 가능한 한 최대로 무르익어야 하고, 가장 유리한 상황은 민족적이며 동시에 사회적인 목표를 향하여 최대한의 광범위한 계층을 동원할 수 있는 외세의 지배나 침략이 있는 경우이다. 게릴라 운동에서 가장 중요한 것은 자체의 조직과 이 조직 위에 주민들과 연결된 그의 은밀한 정치적 하부구조를 갖는 것이다. 이 정치적 하부구조는 순수하게 군사적인 게릴라 운동을 충원을 통해 발전시키고 유지시켜 준다.[25]

(1) 투쟁 노선상의 문제

게릴라 운동에 있어 성패의 가름은 대중 호응도와 대중 동원 능력에 달려 있다. 이와 같은

---

23 *Ibid.*, pp. 553-555.

24 레이몽 아롱은 인도, 중국, 일본 등 아시아의 주요 인민들은 민족을 형성하지 못했기 때문에 민족전쟁을 경험하지 못했다고 주장한다. Raymond Aron, *Dimensions de la Conscience Historique* (Paris: Plon, 1964), p. 174. 그렇다면 일본이 국내 통일을 이룩한 후에 명나라를 공격하기 위해 감행한 임진왜란, 정유재란과 원, 금, 요가 고려, 조선에 대해 감행했던 전쟁, 이에 대한 한국 인민의 저항은 어떻게 정의해야 되는가? 한국, 중국, 일본에서 근대국가 형성 이전에 존재했던 정치적 실체(political entity)를 Engels, O. Bauer, E. J. Hobsbawm 등의 개념에 따라서 역사적 민족(historic nation)으로 볼 수도 있고, A. D. Smith와 같이 인종공동체(ethnic community)로 볼 수도 있다. 보다 자세한 논의는 다음을 참조하시오. 임현진, 공유식, 김병국, 「한국에서의 민족형성과 국가건설 -'결손국가론' 서설」, 『전환기 한국정치학의 새 지평』, 나남출판사, 1994.

25 Gérard Chaliand, *Mythes révolutionnaires du tiers monde, Guérillas et socialisme*, Points (Paris: Editions du Seuil, 1979), pp. 74-75.

생각은 클라우제비츠의 다섯 가지 기본 요건에도 나타나지만, 마오쩌둥, 지압(Vo Guen Giap) 장군의 사상에서도 보인다. 심지어 "이동전략거점(foco)" 이론을 근간으로 삼았던 E. 체 게바라(Ernesto Che Guevara)에게도 가장 중요시되었다. 이런 측면에서 남한에서 전개됐던 게릴라 운동의 가장 중요한 실패 요인은 대중 동원의 실패에 있다고 볼 수 있다.[26]

박헌영의 '8월 테제'에서 보이는 바와 같이 당시 조선공산당(1946년 말부터는 남로당) 수뇌부는 장안파로 불리던 일부 급진 공산주의자들의 동시혁명론에 대해 철저히 비판하고, 한국 사회는 해방과 더불어 부르주아 민주혁명의 단계를 걷게 되었다고 천명하면서 광범한 민족통일전선 형성을 추구하였다. 그러나 우리는 이들이 대중 동원을 하는 데 있어서 범한 몇 가지 실책을 지적할 수 있다.

첫째, 일제 36년간의 암흑기에서 막 벗어나 즉각적인 독립에 대한 열망이 강한 한국인들에게 소련과의 연계에 의한 신탁 안 지지는 대중 동원력을 약화시켰다. 더욱이 신탁 안이 미국이 제안한 것이므로 반탁을 하였다면 대중적 호소력이 더 있었을 것이다. 공산주의자들의 찬탁은 진보적 민족주의자들과의 연대를 불가능하게 했다.

둘째, 혁명의 주체 세력을 중소 도시의 노동자로 삼았다는 데 또 다른 실패 요인이 있다. 당시의 인구 구성비를 보면 70% 이상이 농민이었고, 남한의 경우에는 80% 가까이가 농업에 종사하고 있었다.[27] 물론 그들도 농민들을 중요시하기는 했지만, 혁명의 주체 세력을 중소 도시의 노동자로 삼고, "농민은 노동계급의 혁명적 옳은 지도를 받아야만 자기해방이 가능하다."라는 볼셰비키혁명에서의 전통적인 "프롤레타리아 헤게모니 확립론"을 산업화가 덜 된 한국 사회에 기계적으로 적용하려 했기 때문에 실패했다. 즉, 동원된 노동자층은 전체 인구에 비해 얇았고, 해방 직후 일제시대의 경찰 조직은 그대로 유지되고 있었으므로 이를 장악한 극우 집단과 그들의 행동 단체, 그리고 세계에서 가장 우수한 수송·통신 장비 및 무기를 갖춘 미국 점령군에 의해 쉽게 탄압되었다. 참고로 베트남의 경우, 지압 장군의 설명에 의하면 "베트남과 같이 농민들이 대다수를 이루는 후진국에서는 인민전쟁이란 기본적으로 노동자 계급

26 "이동전략거점(foco)" 이론이란 체 게바라가 쿠바와 볼리비아에서 사용했던 혁명 전략으로 이는 혁명의 주관적·객관적 여건이 성숙되고 난 뒤에 무력 투쟁에 들어가야 된다는 일반론과는 달리 투쟁의 거점을 건설하여 유지함으로써 혁명의 여건이 성숙될 수 있다는 논리에 기초하고 있다. 그런데 이 전략에 따를 경우, 무력 투쟁에 들어간 뒤에 인민의 호응이 뒤따를 때까지 게릴라와 인민 간의 괴리가 있기 마련이다. 그러나 쿠바에서 성공할 수 있었던 것은 혁명 당시 쿠바 사회가 사탕수수 농장 등과 같이 전략 거점이 쉽게 형성될 수 있었던 사회구조 때문이었다는 주장이 있다. 그러나 볼리비아에서는 인민의 호응이 없어 실패하고 말았다.

27 《1938년도 한국의 인구 구성비》 농업: 73.6%, 상업: 7.0%, 어업: 1.5%, 수송업: 1.0%, 공업: 3.1%, 공공 부문과 광업: 1.2%, 자유업: 3.9%, 기타: 8.7%

의 지도하에 농민들에 의해 수행되는 전쟁이다. 따라서 전체 인민을 동원한다는 말은 실질적으로 농민 대중을 동원하고, 조직한다는 것을 의미하게 된다."라고 말할 정도로 농민들을 게릴라 운동의 주축으로 삼았다.

셋째, 1946년 가을봉기의 실패는 전평, 전농, 지방인민위원회 등 지방 노동자·농민조직을 붕괴시켰고, 이 봉기가 탄압되는 과정에서 많은 간부들을 상실하게 되었다. 따라서 노동자·농민의 조직력과 동원력은 약화되었고, 사태가 극단화되면서 극우 진영과 미 점령군 측의 탄압이 극심해지자 이들에 대한 중도 세력의 지지가 현저히 줄어들게 되었다. 1946년 가을봉기의 실패는 결국 남로당의 '정치적 하부구조'의 붕괴와 극우 집단에 대항하기 위한 대중 동원력을 약화시켰다.

남로당이 전개한 게릴라 운동의 실패 원인 중 정치적 측면에서 또 하나 지적되어야 할 것은 무장 봉기에 돌입하기 위해서는 "봉기의 주관적, 객관적 조건들이 가능한 한 최대한 무르익어야 함"에도 불구하고 이러한 시점에 도달하기 전에 무장 봉기들이 우발적으로 일어났다는 것이다. 즉, 영남폭동이나 '여·순반란사건'의 경우와 같이 남로당 상층부의 충분한 사전 준비와 지시에 의해서 무장 봉기가 일어나는 것이 아니라, 사태가 돌발적으로 발생하고 난 뒤에 당 노선은 항상 그 뒤를 좇아다니며 이를 정당화해 주는 형국(形局)이었다. 혁명 역량이 충분히 무르익지 않은 상태에서 무장 봉기가 발생하여 그나마 성장해 있던 혁명 역량마저 붕괴되고 말았다.

(2) 투쟁 방법상의 문제

남한에서 전개된 공산주의 게릴라 운동의 실패 원인 중 다음과 같은 군사 전략적 측면을 지적할 수 있다. 먼저, 해방구 설립의 실패를 들 수 있다. 병단이나 도당 유격대를 불문하고, 이들의 가장 큰 취약점은 거점을 중심핵으로 하는 이른바 '해방지구'를 설립하지 못했다는 것이다. 그것이 유격전의 당면 목표 중의 하나가 되었어야 함에도 불구하고 이념적으로나 정치적으로 확고한 기반을 갖춘 해방지구를 설치하지 못했다. 특히, 마지막 투쟁 단계에서 남로당의 목표와 방향 설정을 북한 정규군의 남침에 호응하는 태도, 즉 외부 의존과 이에 의한 단기 속결주의에 두고 있었으므로 해방지구 건설에 총력을 기울이지 않았던 것 같다.

남로당의 군사 지배 지역이나 그의 영향권 내의 주민들 중 상당수가 이들의 게릴라 운동에 동정적이었음에도 불구하고, 이들을 조직화하고, 이를 점차 질적으로 발전·향상시키며 준(準)해방구의 설립으로 세력을 축적·확대해 나아가는 적극성이 결여되어 있었다.

거점에 관계되는 또 다른 문제점은 병단의 거점이 산악 지역인 관계로 소수의 농가만이 산재해 있었기 때문에 인구가 희소하며, 인적 자원의 질도 저급한 것이어서 그들의 동조 세력을 조직화하여 세력권을 신장시켜 가는 데 가장 큰 장애가 되었다.[28]

김점곤 교수는 남로당의 무장 유격 거점을 시간적인 단계와 공간적인 조건을 기준으로 "은닉거점", "온존거점", "투쟁거점", "생존거점"으로 나누었다. 그런데 체 게바라가 제시했던 "이동전략거점", 즉 그것을 설립·유지시킴으로써 투쟁을 개시하기 위한 모든 객관적 조건들이 창출될 수 있다는 적극적인 의미의 봉기 거점은 "투쟁거점" 하나뿐이었으며, 그것의 존속 기간마저도 극히 짧았다.

G. 샬리앙이 지적하는 것처럼 쿠바혁명 다음에 있었던 라틴아메리카에서의 게릴라 운동의 가장 큰 실패 원인을 '이동전략거점론'의 적용에서 찾을 수 있다면, 즉 "상당한 주민 동원 없이 무장투쟁에 직접 들어가는 것이기 때문에 일정한 기간에는 민중의 지지가 결여된 게릴라 운동"이어서 실패한 것이라면, 남한에서 전개된 게릴라 운동의 실패는 반대로 호의적이었던 주민들의 지지를 군사화하지 못했던 데에 가장 큰 원인이 있다고 볼 수 있다.

남한에서 전개된 게릴라 운동의 또 다른 실패 원인은 총지휘부가 북한으로 넘어간 뒤에, 특히 대남 유격 사업의 주도권을 김일성 집단이 쥐게 되면서 그들이 미리 세워놓은 정책에 따라 일방적인 하향식의 명령만 전해졌지, 상향 전달에 의한 현지의 상황 고려가 이루어지지 않았다는 데에 있다. 그 대표적인 예로, 1949년 9월공세 때에 지압 장군, 마오쩌둥, 클라우제비츠를 비롯한 모든 게릴라전 전략가들이 금지시키고 있는 사항인 아군의 힘이 약한 상태에서 최후 돌격전인 "아성공격작전"을 감행하는 과오를 범하였다.

또한, 현지 사령탑의 자치권이 부족하였고, 자율성을 가진 소규모의 지휘부가 없었다. 베트남의 경우, 1947년에 프랑스 군대가 북벌을 감행했을 때에 "자치연대로 분산되어 적의 점령지역으로 파고 들어가서 게릴라전을 벌이고, 기지를 건설하고, 지방 인민 권력을 보호했다."라고 지압 장군은 회고한다. 김일성 집단도 그간의 폐단들을 시정하기 위하여 1949년 12월에 남로당 현지 사령부의 자율권을 허용하였으나 이미 때가 너무 늦었다. 아울러 당 지도부

---

28 중국 공산주의자들의 경우, 연안장정을 감행하는 동안 장제스부대에 쫓겨 가면서도 해방구 설립에 주력을 기울이며 거기에서 각종 사회주의화 모델을 실험하였고, 이것이 1940년대 후반에 장제스부대를 무찌르는 데 큰 힘이 되었다. 베트남의 경우는 농민을 게릴라 운동의 주축으로 삼았던 만큼 토지 문제를 가장 중요한 과제로 인식하여, 지압 장군의 설명에 따르면, 설립된 해방구에서 토지 개혁을 실시함으로써 농민 대중의 혁명 역량을 신장시켰다. 그러나 통일전선 형성에 지장을 초래할 수 있는 지역에서는 토지 개혁을 늦추기도 했다.

(정치)와 유격대(군사) 간의 불화와 상호 교신 부족으로 협력이 효과적으로 이루어지지 못했던 것도 중요한 실패 요인이었다.

3. 국가 내 분쟁의 국제전(國際戰)화: 수단에 의한 목적의 왜곡

1) 종속적 국가 폭력의 형성

군사력을 사용하여 민족 통일을 실현하기 위한 목적으로 두 한국 체제의 국가 엘리트들은 각자의 후견 세력들에 의지한 채 군비 경쟁으로 치달았다. 이 후견 세력들은 점령을 마친 뒤에 그들이 설립한 한국 체제를 강화할 목적으로, 혹은 그들의 세계 전략에 따라 규정된 다른 목적들에 접근하고자 여러 가지 지원을 이 두 한국 체제의 국가 엘리트들에게 제공했던 것이다.

이와 같이 두 한국의 국가 엘리트들이 외세의 지원으로 국가적 장치를 강화하고, 이 국가적 장치를 이용하여 민족의 통합을 시도했던 이유는 결국 그들 체제의 정통성 부재와 그들이 민족의 분단을 초래했음으로 인한 통일에 대한 강박관념에 있었다고 볼 수 있다. 그런데 두 체제의 정치적 불안정은 그들의 외세 의존적 군비 경쟁과 후견 세력에 대한 종속성을 가속화시켰다.

그러나 미국과 소련은 각각 상대측의 지원 정도와 그 성격(각 한국 체제의 후견 세력에 대한 종속성)을 실제 이상으로 과대 혹은 왜곡 해석하고 있었다. 이런 상황 속에서 후견 세력에 의해 지급된 무기에 의지한 채, 두 한국의 국가 엘리트들이 통일의 목적으로 취한 이니셔티브는 자동적으로 그들의 후견 세력에 의해 조정된 것으로 해석될 수밖에 없었다. 따라서 행동을 취하는 데 사용된 수단의 종속성이 한국 사회 내의 분쟁에 외세의 개입을 초래한 것이다. 이런 관점에서 봤을 때, 한민족의 단일성을 회복하는 데 첫 번째 장애는 미국과 소련의 대립에 있는 것이 아니라 남북한의 두 정치 체제가 각각의 후견 세력에 너무 밀착되어 있었고 종속적이었다는 데 있다.

2) 소련의 목적

소련의 붕괴와 더불어 6·25전쟁에 관한 많은 소련 자료들이 공개되었음에도 불구하고 김일성에게 스탈린이 남침을 직접 지시한 문서가 발견되지 않아 소련의 개입 정도와 책임 수준에 대해 논란의 여지가 있다고 보는 학자들도 있다. 위기 시 공황장애(恐慌障碍)까지 일으킬 정도로 소심했던 스탈린이 그런 문서를 남기지 않았을 가능성도 충분히 있다. 그런데 공개된 다른 문서들로 북한 지도부가 6·25전쟁을 준비하는 데 소련이 전쟁 물자 공급부터 작전 계획 수립까지 모든 것을 다 지원해 주었다는 사실을 입증할 수 있다.[29] 스탈린은 6·25전쟁의 구체적 계획단계에 가서 북한에 주둔하고 있던 소련군 정치장교들을 제2차 세계대전 때 유럽에서 전투 지휘 경험을 충분히 갖춘 군 장교들로 교체해 주고, 그들로 하여금 "선제타격계획"이라는 남침 계획까지 짜 주도록 했다.

"소련 위정자들이 북한의 지도자들로 하여금 전쟁을 일으키도록 사주했다."라는 말은 일단 접어두더라도, 그들은 북한에 무기를 지원했고, 북한이 정규군을 동원하여 남한을 "해방"시키려는 계획을 알고도 만류하지 않고 성공하기를 기원했던 것은 『흐루시초프 회고록』 등을 통해 오래전부터 알려진 사실이다.[30] 그러면 소련 위정자들은 6·25전쟁을 통하여 무엇을 추구하였는가? 다음의 두 가지 다른 범주에 속하는 목적들을 추구했다고 볼 수 있다. 그 한 가지는 미국과의 관계에서 비롯되고, 다른 한 가지는 중국과의 관계에 연유되는 것이다.

첫 번째 범주에 속하는 것으로 소련은 당시 미국이 추진하고 있던 독일 재무장 안과 일본과의 단독평화조약 안이 야기한 난국을 타개할 방법을 모색하고 있었다. 6·25전쟁은 어쩌면 그들에게 그 방법을 강구해 줄 수 있는 것이었다.

두 번째 범주에 속하는 것은 스탈린의 대(對)만주정책과 동아시아에서 사회주의혁명을 위해 중국공산당이 담당할 역할에 관계되는 것이다.

김일성 집단이 스탈린과 남침 계획을 의논할 시점[31]에 소련 위정자들은 전 세계에 걸쳐 미국의 압력(1949년 여름 소련의 핵실험 후 곧이어 발표된 미국의 수소폭탄 개발계획, 유럽주둔군 증강계획, NATO 가맹국에 대한 강력한 군사원조 계획 등)을 느끼고 있었다.

---

29 다음의 소련 문서집을 참조하시오. Anatoly Torkunov, *The War in Korea 1950-1953: Its Origin, Bloodshed and Conclusion*, (Tokyo: ICF Publishers, 2000).

30 Khrushchev, *Remembers*, translated and edited by Strobe Talbott (Boston: Little, Brown and Company, 1970).

31 김일성과 스탈린이 남침 계획을 의논했을 시기에 대해서는 이견(異見)들이 있다. 『흐루시초프 회고록』에서는 김일성의 방문 및 남침 계획 제안을 1949년 말로 증언하고 있다. 이것이 조·소경제문화협정 체결을 위한 1949년 2~3월의 방문을 잘못 기억한 것인지, 아니면 그 후에 또 한 차례의 방문이 있었던 것을 의미하는 것인지 분명하지 않다. 흐루시초프에 따르면, 김일성은 1949년 말에 처음 스탈린에게 '무력에 의한 남한 해방 계획'을 제안했고, 스탈린은 보다 더 구체적인 안을 가져오라고 말했다는 것이다. 『흐루시초프 회고록』에는 김일성이 언제 소련을 다시 방문했는지 언급이 없다. 그러나 박갑동의 주장과 적지 않은 사람들의 증언에 의하면 남침 계획이 1950년 4월 초 노동당 정치위원회에서 최종적으로 결정되었다고 한다. 따라서 이 시기를 전후하여 소련과 다시 상의되었을 것으로 보인다. 이렇게 봤을 때 북한·소련 위정자들 간의 남침 계획에 대한 상의는 1949년 말, 1950년 초에 걸쳐 행해진 것으로 봐야 할 것이다. Khrushchev, *op. cit.*, pp. 367~368; 박갑동, 앞의 책, 257~260쪽; 최태환의 증언, 「6·25 전쟁 발발의 실상을 밝힌다」, 『역사비평』, 1988 가을, 역사문제연구소, 366쪽.

그러나 아시아에서 미국과 소련 간의 대립 중심지는 일본이었고, 그 여파가 6·25전쟁에 직접적으로 영향을 미쳤다고 볼 수 있다.

미국의 일본에 대한 독점적 점령 정책과 단독평화조약 안이 6·25전쟁과 연관이 있다는 주장은 데이비드 달린(David J. Dallin), 엘렌 카레르 당코스(Hélène Carrère d'Encause), 알렌 화이팅(Allen S. Whiting) 등 이미 서구의 여러 학자들에 의해 제기되어 왔다. 그러나 6·25전쟁의 발발에 작용한 국제전적 성격을 조명해 주는 요인으로서의 일본 문제에서 우리는 이들이 미처 지적하지 못한 전승국에게 돌아와야 될 전리품에 대한 소련인들의 요구와 미국의 대일본 점령정책이 소련 위정자들에게 준 불안감이 함께 작용했을 것이라는 해석도 추론해 볼 수 있다. 즉, 1945년 8월 13일에 미국 행정부가 소련 측에 한반도 38선 분할 점령 안을 제안했을 때 소련이 이를 받아들인 이유에 대해 가장 설득력 있는 해석은 "한반도의 38선 이남 지역을 미국에 양보함으로써 일본 점령에 소련이 참여할 수 있는 가능성을 높이기 위한 것이었다."라는 것이다.[32] 이 해석에 따르면 일본 점령에서 소련이 완전히 배제됨으로써 소련은 몇 년 전에 양보했던 한반도의 남단을 다시 요구할 수 있었을 것이다. 그러나 소련 위정자들이 6·25전쟁에서 추구했던 목적은 과거 양보했던 전리품에 대한 재주장이라는 측면보다는 미국의 대일본 정책이 야기한 불안감이 과거의 역사적 경험에서 비롯된 "자본주의 국가들의 포위"로부터의 탈출 및 완충지역 설정을 한반도에서 추구하게 만든 것이라고 해석해야 될 것이다.

미국의 일본 및 동북아 정책은 소련 지도자들에게 대륙 세력 전체에 대한 압력으로 느껴지게 했고, 아시아 대륙에서의 위기의식을 야기했다. 그들의 반작용은 먼저 대륙 세력의 '문턱'인 반도를 지키기 위해 북한에 대해 적극적인 무기 원조와 체제 강화로 나타났다. 이런 맥락에서 김일성이 무력에 의한 통일 안(案)을 제안하자 소련 위정자들은 이를 만류할 아무런 이유가 없었다. 왜냐하면 미국의 개입 가능성은 희박했고, 손쉬운 승리가 예상되었으며, 북한군의 군사 작전은 그들의 '문턱'에서 해양 세력을 쫓는 것이었기 때문이다.

6·25전쟁에 내포된 국제전적 속성의 또 다른 한 부분은 중국공산당 중앙정부에 대한 스탈린의 만주 반환과 그에 대한 반대급부로서 중공 당국이 담당하게 된 역할에서 찾을 수 있다. 즉, 북한 당국의 전쟁 준비 과정에서 중공 당국이 북한에 각종 지원을 한 것은 스탈린이 만주를 중국 중앙정부에 귀속시켜 준 것에 대한 반대급부로 담당하게 된 '동아시아 사회주의 혁

32 Soon Sung Cho, *Korea In World Politics 1940-1950* (Berkeley and L.A.: Univ. of California Press, 1967), pp. 55-56. 조순승, 『한국분단사』, 형성사, 1983, 55~56쪽.

명에서의 적극적인 역할'의 일환이었을 것으로 해석할 수 있다.

제2차 세계대전 후 스탈린의 만주분리 정책의 증거는 여러 가지로 나타난다: 1949년에 소련·만주 통상협정 체결을 통해 나타난 가오강(高崗)의 만주 정부에 대한 독자성 인정과 훗날 중공 당국의 가오강에 대한 숙청 사유,[33] 1949년 말~1950년 초 중·소정상회담 시 저우언라이(周恩來)의 만주지방 대표 대동,[34] 북한에 대한 중공 외교관의 파견 지연과 만주지역 외교사절의 북한 주둔 등. 그런데 스탈린은 만주를 신장성(新疆省)과 함께 중공 중앙정부에 반환했을 뿐만 아니라 얄타협정에서 얻은 만주에서의 이권(利權)도 포기했다. 그러면 중공 당국은 소련에게 어떤 반대급부를 약속했겠는가? 중공 당국이 정부 수립 직후 아직 혁명을 '수출'하기에는 내적 문제를 너무 많이 안고 있었고, 미국의 동북아정책에 급격한 변화를 초래할지 모르는 자극적인 행동은 피했어야만 됨에도 불구하고 1949년 11월에 베이징에서 개최한 '아시아·호주 노조회의'에서 행한 류사오치(劉少奇)의 연설 내용이나, 이 회의 후 베이징에 상설 사무소를 설치한 것, 북한에 한국인 고병(古兵)들을 귀환시키면서 무기도 함께 준 것, 만주에서 획득한 일본 군수품 사용 및 일본인 기술자들의 고용에 있어 북한에 우선권을 준 것 등은 이런 맥락에서 해석되어야 할 것이다.

소련 위정자들에게는 비록 만주가 중공에 귀속되더라도 중공의 지원 하에 한반도에서 사회주의 혁명이 완수된다면, 이는 동북아에서 사회주의 진영을 안정시키고 당시 동남아에서 무르익어 있었던 혁명을 고무할 수 있을 것이므로 손실보다는 이득이 더 큰 것이었다.

이런 관점에서 6·25전쟁이 "세계 공산주의의 팽창"이라는 국제전적 성격을 유보하고 내전적 성격을 강조하여 설령 "민족 통일의 목적"으로 북한의 국가 지도자들이 이 전쟁을 도발하였다고 하더라도, 한국 사회 내에서 사용한 그 폭력은 사용자의 의지와는 상관없이 소련 군사 제국의 총체적 전략에 포함되는 것이었고, 이는 미국 군사 제국의 반격을 야기했던 것이다.

---

33 1949년 6월 가오강(高崗)이 소련 정부와 만주 지역 간의 1년을 기한으로 하는 통상조약을 체결하기 위해 일군(一群)의 통상사절단을 이끌고 모스크바에 도착했을 때 소련 언론들은 이들을 "만주인민민주주의(정부)당국(the Manchurian people's democratic authorities)"의 통상사절단이란 칭호를 썼다. 이 만주인민민주주의(정부)당국의 정확한 지위를 알 수는 없어도 이 통상조약 체결을 통해 소련 위정자들이 이 만주정치체에 대한 중국 중앙정부로부터의 독자성이나 자율성을 인정하고 있었다는 것을 엿볼 수 있다. 이 조약 체결 후 이에 대한 중국공산당 당국의 공식적인 입장은 호의적이었다. 그러나 가오강 숙청 후, 1955년 4월에 당시 중국공산당 총서기 덩샤오핑(鄧小平)이 작성한 가오강에 대한 공식 기소 내용은 1949년의 가오강의 소련인들에 대한 협력과 중국공산당에 대한 반당행위, 만주에서의 그의 독립된 왕국이 (소련)제국주의의 앞잡이였다고 비난하고 있다.Cf. Max Beloff, *Soviet Policy in the Far East 1945-51* (London: Oxford Univ., 1953), pp. 69-70; Robert R, Simmons, *The Strained Alliance: Peking, Pyongyang, Moscow and the Politics of the Korean Civil War* (New York: Free Press, 1975), pp. 57-58.

34 Max Beloff, *ibid.*, p. 73.

6·25전쟁이 국제전이 될 수 있었던 한 요인은 세계 차원의 두 제국들 모두에서 찾을 수 있다. 각자는 극동에서 그들의 지역적 중심을 형성하는 과정에서 봉착한 난관에서 벗어날 방법을 찾아서 불리한 상황을 타개하고자 했다. 그런데 한반도는 두 지역적 중심을 잇는 다리였고, 그래서 이 지역은 민감하면서도 서로 탐을 낼 수밖에 없는 지역이었던 것이다.

3) 위기의 자의적(自意的) 설정과 미국의 개입

미국의 위정자들은 한국을 방위선에서 제외함으로써 이 지역이 그들에게 결정적인 전략적 관심을 끌지 못한다는 것을 공식적으로 표명했다. 그러나 막상 북한군이 1950년 6월 25일에 전면 남하 공격을 감행하자 즉각적인 개입을 결정했다. 이는 기존의 선언과 중국에서 전개되던 상황에 불개입 태도를 취해 오던 기존의 입장과도 대치되는 것이었다.

미국을 제외한 대부분의 국가들이 불개입의 태도(소련, 중공)를 표명하거나 외교적 협상(영국, 프랑스)을 통해 사태를 해결하려 했으므로 6·25전쟁은 내전으로 끝날 수 있는 '사변'이었다.

그러면 미국은 왜 6·25전쟁에 그토록 빨리 개입하기로 결정하였는가? 어쩌면 수정주의 사가들이 주장하는 바와 같이, 한반도에서 군대를 철수하면서 북한군이 남침하기를 기다리고 있지는 않았는가 하는 의심까지도 가질 수 있다.

미국의 전쟁개입정책 결정과정을 분석한 기존의 연구들은 대개 미국 위정자들, 특히 트루먼 대통령이 6·25전쟁을 소련의 세계 적화 야욕의 표증으로 간주하고, 이를 방치하면 제3차 세계대전을 경험하리라고 판단했기 때문이라는 결론을 내리고 있다.

그러나 이러한 연구들은 다음과 같은 사실들을 간과하고 있다. 먼저, 애치슨 선언의 모체가 되는 NSC 48/1(1945년 12월 23일 작성)에 미국의 기본적인 세계 전략으로 '동(아시아)에서는 방어, 서(유럽)에서는 공격'을 제시하고, 제한된 군사력으로 이 전략을 효과적으로 실시하기 위해서는 가능한 한 아시아 지역에서 군사 개입(commitment of military forces)을 억제하면서 가장 좋은 결과를 가져올 지역들에 군사력을 재분배해야 된다고 기술되어 있다. 그러면서 대소(對蘇) 방어나 아시아 대륙에 대한 접근, 해안 연락선 통제 등을 위해서는 현재의 해안 도서들을 연결하는 사슬은 지켜야 하고, 이 사슬은 방어의 제1선일뿐만 아니라, 그 선으로부터 공산 지배 세력을 축소시킬 수 있는 공격의 제1선이기도 하다고 강조하면서 이 선은 일본, 오키나와, 필리핀을 포함해야 된다고 명시하고 있다.[35]

이상에서 보이는 바와 같이 애치슨의 선언에 나타난 방위선은 소극적인 의미만을 갖는 것은 아니었다. 즉, 제한된 군사력으로도 아시아에서 미국이 갖고 있던 기존의 모든 이익은 다 지키려 했으며, 이런 목적을 위해 그들의 제한된 힘을 몇몇 '강점'에 집중시킨 것이다.[36] 따라서 한반도에서의 미군의 철수는 한반도에 대한 포기가 아니라 강점에 집중된 힘을 공격적 목표든 방어적 목표든 어떤 목표를 위해 신속하게 대량 개입하기 위한 것이었다.

미군의 철수가 북한군의 남침을 유도하기 위한 함정이었다고 볼 수는 없다. 그러나 미국이 동아시아에서 가장 큰 중요성을 부여했던 일본을 독점적으로 개편하고, 자국의 기지를 존속시키는 데에는 공산진영에서뿐만 아니라 서방 진영과 중립국들의 반대 또한 강했으므로 이러한 난국을 타개할 수 있을 지역적 위기가 필요했다. 이 이유 때문에 미국이 6·25전쟁을 유도했다고는 말할 수 없어도 6·25전쟁은 미국의 일본 문제 처리(단독 평화조약 체결, 기지 존속)에 있어 대단히 유용했던 분쟁이었던 것은 사실이다.

그뿐만 아니라 6·25전쟁이 발발했던 시점을 전후하여 세계 체제의 경제 부문과 군사 부문에서의 급격한 변화, 즉 빠른 속도의 소련의 경제 복구(1950년에 소련의 GNP는 미국 GNP의 60%에까지 도달함으로써 세계 2위로 부상하였다.)와 미국이 당초 예상했던 것보다 빠른 소련의 핵실험 성공이 야기한 핵의 양극 체제의 조기 돌입은 미국 위정자들에게 새로운 균형점을 모색하게 했다. 이를 위하여 채택한 정책이 NSC 68시리즈이고, 이 정책의 실행을 위해 미국 위정자들은 한국 상황을 활용할 필요가 있었다. 그들이 소련의 지원하에 북한 위정자들이 준비·실행한 '공산화 통일'을 위한 군사 행동, 즉 6·25전쟁을 중국의 국공내전과는 달리 소련의 팽창으로, 또한 "세계대전으로 이르는 사슬의 첫 고리"로 규정했던 것도 이런 맥락에서 설명될 수 있을 것이다.

이와 같이 미국은 의도적이든 아니든 6·25전쟁의 내전적 성격은 완전히 배제하고, 스스로 이 사태에 위기를 설정하여 개입을 결정하고, 6·25전쟁을 운용한 것으로 볼 수 있다.

---

35 T. H. Etzold & J. L. Gaddis (ed.), *Containment: Documents on American Policy and Strategy, 1945-50* (New York: Columbia Univ. Press, 1978), p. 264.

36 미국의 봉쇄 전략은 '선의 방어' 전략과 '강점 방어' 전략으로 구분된다. 전자는 심장부(Heart Land)를 둘러싸고 있는 주변부(Rim Land) 전체에 똑같은 중요성을 두어 봉쇄선상의 어떤 특정 지역에서 대륙 세력의 공격이 있을 경우 예외 없이 이에 대해 단호히 격퇴하겠다는 전략으로서 '인내와 단호'의 전략과 트루먼 독트린에 적용되었다. 후자는 고정된 선의 방어보다는 모든 수단들을 다 동원하여 보다 효과적인 특정 지역(강점)들에 대한 방어에 치중하는 전략이다. 결국 애치슨라인은 이들 강점들을 연결시킨 것에 지나지 않는다.

4) 중국의 개입 이유와 그 의미

기존의 연구들에서 공산주의 중국의 6·25전쟁 개입을 지리 전략이나 지정학적 개념으로 설명하지는 않았었다.

중국의 전통적 지정학 개념인 '5복제(甸服, 侯服, 綏服, 要服, 荒服)'[37]나, 노튼 긴즈버그(Norton Ginsberg)가 주장하는 오늘날의 중국공산당 지도자들이 세계를 4개 지역(중국 영토 18개 성, 내아시아 지역, 외아시아 지역, 외부 세계)으로 구분하는 것[38]과 같은 거리를 중심 개념으로 하여 형성된 지정학은 중국공산당 지도자들의 대외정책 결정을 보다 원초적으로 설명해 준다.

6·25전쟁이 발발·전개되는 동안 중국공산당 지도자들의 주요 관심사는 한국문제보다 자국 문제(대만 수복, 유엔 가입 등) 해결과 자국의 안전에 있었다. 이에 근거하여 그들의 개입 결정이 '혁명 수출'이나 '침략'의 성격보다는 '방어적·예방적 성격을 띠는 것'으로 해석할 수도 있을 것이다. 그러나 6·25전쟁이 발발하자 곧 바로 한반도상의 전선과 같은 위도(緯度, latitude)로 중국 내에서 병력을 이동 배치하고, 정규군을 "지원군(志願軍, Volunteer Army)"이라는 이름으로 위장하여 참전시킨 것은 소극적으로 해석할 수만은 없다. 물론 이를 한반도의 전화(戰禍)가 중국 본토에 미치지 않도록 '적극방어' 내지 '선제타격(preemptive attack)'한 것으로 정당화할 수도 있을 것이다. 그런데 중국 정부가 자국 내에서 병력을 이동 배치한 것은 '적극방어'일지 모르나 자국 군을 북한에 입국시킨 것은 '선제타격'이 아니다. 최대한 긍정적으로 해석하더라도 이는 '예방공격(preventive attack)'에 해당되며. 이는 자위적 군사행동의 요건을 충족시키지 못하기 때문에 국제법을 위반하는 것이다. 그뿐만 아니라 전쟁까지 해 주는 "자원봉사(volunteer service)"는 인류애(humanism)의 발양(發揚, enhancement)에 기여하고자 하는 자원봉사의 숭고한 정신을 "중국 인민 지원(志願, volunteer)군"이 능욕하는 것이다.

그런데 6·25전쟁에 참전하기 4일 전인 1950년 10월 11일에 티베트를 침공하여 중국 공산당 중앙정부의 관할권을 확보하려 했던 것을 보면, 중국공산군의 6·25전쟁 참전도 신생국 중화인민공화국 중심의 "세력권 확보"라는 적극적 의도를 가졌던 것으로 해석해야 될 것이다.

중국공산당 지도자들, 특히 마오쩌둥(毛澤東), 주더(朱德), 펑더화이(彭德懷) 등이 6·25전

37 이에 대해 보다 자세한 설명은 다음을 참조하시오. 김영진, 「고대 중국의 지리적 크기와 구조 관념에 대한 고찰」, 『국제정치논총』 제51집 제2호, 64~70쪽.

38 Norton Ginsberg, "On the Chinese Perception of a World Order", in Tang, Tsou (ed.), *China in Crisis* (2 vols) (Chicago: Univ. of Chicago Press, 1968), Vol. II, China's Policies in Asia and America's Alternatives, pp. 73-91.

쟁에 대해 개입을 결정한 이유가 완충 지대의 보호에 있었다는 것은 과거 중국에 대해 적대적인 외부 세력들의 한반도에 대한 침공이 있은 후, 이는 곧 중국에 대한 침략으로 이어진 역사적 경험에서 비롯되었고, 이러한 사실은 중국공산당 지도자들의 공식 선언에서도 여러 차례 강조되었다.[39]

또한 마오쩌둥의 중간지대 개념에 기초하여 6·25전쟁의 전개 과정을 해석해 보면 보다 직접적인 개입 결정 이유를 설명할 수 있다. 이 중간지대 개념에 따르면, 미국이 1945년부터 1950년까지 일본, 필리핀, 괌 등 북태평양지역에 설치한 군사 기지나 대규모의 군대 배치를 대소 전쟁 준비를 겨냥한 전체 계획의 한 부분으로 해석할 수 있다. 중국공산당 지도자들의 시각에서는 같은 시기에 한반도에서 진행된 상황, 즉 남한에서의 "인민 봉기"와 남로당의 게릴라 운동에 대한 탄압, "인민해방전쟁", 즉 6·25 남침전쟁에 대한 미국의 개입, "제국주의 군대들"(유엔군)의 38선 월경 및 북진 등이 "식민지·반식민지 국가들을 탄압하고 굴복시키기 위한 한 과정"으로, 또한 "미국이 그들의 기지들을 설치해 놓은 나라들을 먼저 공격하는 것"으로 보였을 수도 있다.[40] "6·25전쟁 도발에 있어 미국의 목적은 대만, 베트남, 필리핀을 침략하기 위한 구실을 만드는 데 있다."라는 저우언라이의 1950년 6월 28일 자 선언은 이러한 해석을 뒷받침해 준다.

이런 해석에 따르면, 한국에 이어 미국의 다음 공격 목표는 소련이 아니라 중국일 것이라는 것이다. 따라서 "중국의 6·25전쟁 개입은 중간지대의 일부분인 중국을 먼저 지키기 위한 것이었다."라는 해석도 가능하다. 물론 이런 해석은 중화중심주의(sino-centrism)에 기초하여 침략자의 패권 추구 행위에 대해 정당화하는 측면이 있다. 그러나 중국공산당 지도자들의 6·25전쟁 참전 결정에 작용한 심층동인(深層動因)을 이해하는 데 유효한 해석이기도 하다.

이와 같이 6·25전쟁이 내전에서 국제전이 된 데에는 지정학적 요인이 그 저변에 깔려 있으나 보다 직접적으로는 중국의 지리 전략이 작용했다고 볼 수 있다. 중국의 한국전 개입 전까지 한국의 통일 문제는 다른 어떤 세력의 간섭 없이 세계적 수준의 두 군사 제국에 의해 배

---

39 "과거 일제의 경우처럼 조선에 대한 미제의 침략의 주목적은 조선 그 자체가 아니라 중국이다. 중국의 안전은 조선민주주의인민공화국의 존재에 달려있다는 것을 역사가 말해 준다. 조선 인민의 항미 전쟁에 중국 인민이 도와주어야 되는 것은 단순히 도덕적 의무에 복종하는 것만이 아니라 중국 인민 자신이 살고, 자신들의 조국을 지키기 위한 것이다."(B. Q. P. E., 1950년 11월 7일), Man-Ho HEO, "La Constance de l'Unité Nationale Coréenne: essai d'une nouvelle interprétation de la guerre de Corée", Thèse pour le Doctorat Nouveau Régime, Ecole des Hautes Etudes en Sciences Sociales, 1988, p. 357에서 재인용.

40 미국 여기자 안나 루이즈 스트롱(Anna Louise Strong)과의 1946년 8월 인터뷰에서 마오쩌둥이 밝힌 '미국의 대소침략 전쟁 개전 가능성'에 대한 입장 참조.

타적으로 형성되었고, 지역적 각축의 목적(enjeu)이 되어 왔다. 그러나 지역적 세력으로서 공산주의 중국의 개입은 이 문제에 지역 패권 쟁탈전의 성격을 가미하면서 상황을 더욱 복잡하게 만들었다. 이는 다른 한 측면에서 한국인들에게 세계 체제 속에서 그들의 통일 문제에 대해 보다 큰 유연성과 보다 더 다양한 전략적 선택을 허용해 주었다.

4. 전쟁의 제한: 수단에 의한 목적의 통제

6·25전쟁에 개입했던 국가들은 전반적으로 클라우제비츠의 전쟁 개념에 강하게 영향을 받고 있었다.[41] 서방 국가들은 물론이거니와 마오쩌둥(毛澤東) 역시 그의 지구전론(持久戰論)에서 클라우제비츠의 이론을 다소 변형된 형태로나마 수용하고 있었다.[42] 이 개념에 따르면 전쟁은 정치적 목적을 달성하기 위한 수단이고, 정치적 목적이 달성될 때까지 전쟁은 지속되어야 하는 것이다.

외래 행위자들이 6·25전쟁에 개입할 그 시기에 공식·비공식적으로 밝힌 전쟁의 목적은 방어적이고, 제한적이었다. 그러나 현지에서의 상황 진전에 따라 그 목적은 변화되어 갔다. 서방 개입국들, 특히 미국은 전쟁의 목적이 전쟁 전 상태의 회복이 아니라 유엔결의 112(II)호의 구체적 실현에 의한 통일 국가 건설이라고 선언했었다. 그뿐만 아니라, 비록 공식적으로 선언하지는 않았지만, 중국 당국의 전쟁 목적 역시 전쟁 전 상태의 회복에 있지만은 않았다. 왜냐하면 중국공산군이 38선을 남하하여 남한 면적의 약 3분의 1을 차지하는 평택-제천-단양-삼척선까지 진격하였기 때문이다. 그런데 이 외래 행위자들은 왜 정치적 목적을 포기하였는가? 본 절(節)에서는 6·25전쟁의 제한 과정에 대한 공시적·통시적 분석을 통해 전쟁 제한에 대한 일반 주장을 검증하고, 전쟁이라는 수단에 의해 통일 국가 건설이라는 목적이 통제된 과정과 지배 변수를 규명하겠다.

---

41 19세기 말, 20세기 초 유럽의 군사 정신(esprit militaire)이 '전략'에서 "유일한 감각(sens unique)"으로 축소된 원인과 책임이 프러시아의 승리와 클라우제비츠에게 있다고 할 정도로 클라우제비츠의 영향력은 컸다. 클라우제비츠의 이런 압도적 영향력에 대해 하트(Liddell Hart)는 "19세기 후반의 장군들은 클라우제비츠라는 양조통의 붉은 포도주에 취해 있었다."라고 기술했다. H. Rothfel, "Clausewitz", In Edward Mead Earle, *LES MAITRE DE LA STRATEGIE*, Vol. 1 (Nancy: Stratégies Bibliothèque Berger-Levrault, 1980), p. 116.

42 마오쩌둥(毛澤東)은 지구전론(持久戰論)에서 전쟁을 다음과 같이 정의하고 있다. "전쟁은 정치의 연속이다. 이런 의미에서 전쟁은 곧 정치이다. 전쟁 그 자체가 정치적 행위를 구성하는 것이다. 그러나 전쟁은 특이한 성격을 갖는다. 이런 의미에서 전쟁과 정치가 동일한 것은 아니다. 전쟁은 특이한 정치적 수단이고, 그것은 정치적 목적에 도달하기 위해 사용되는 것이다." Stuart Schram (présenté par), *Mao Tse-toung* (Paris: Armand Colin, 1972), pp. 340-341.

1) 군사 능력

대부분의 연구가들은 군사적 능력을 6·25전쟁의 결정적인 제한 요인들 중의 하나로 생각해 왔다. 즉, 그들은 어떤 나라도 확전을 해가면서까지 정치적 목적에 도달할 수 있을 만한 충분한 군사 능력을 갖지 못했다는 것이다. 그러나 이런 주장은 새로운 검증을 필요로 한다. 왜냐하면, 미국이 당시 소련과 중국에 비해 군인 수는 열세였으나 군비나 핵전력 면에서는 이 두 나라에 비해 절대적 우위에 있었기 때문이다.

〈표 4-1〉 미국과 소련의 해·공군 군비 비교(1952~1953)

	항공모함	전함	구축함	순양함	잠수함	항공기
미국	102	15	348	74	200	35,000
소련	0	4	68	17	370	20,000

출처: 日本 國際問題調査會 編, 『世界年鑑』, 1953.

〈표 4-2〉 미국과 소련의 핵폭탄 적재량 비교(1950, 1951)

	1950	1951
미국(*)	최소한 292	약 400
소련(**)	10~20	25~45

(*) 미국 합동참모본부가 1947년에 수립한 계획상의 수치: 1950년 2월에 실시된 연구인 "Effectiveness of strategic air operations"는 동년 5월 1일까지 292개의 핵폭탄 비축 가능성을 확인하였다. 이 자료를 최초로 소개한 D. J. 로젠버그는 그의 논문에서 이 연구의 주체에 대해 구체적으로 명기하지는 않았지만 합참으로 추측하게 한다. 1949년 5월에 꾸며진 합참의 한 보고서는 1951년 1월까지 400개의 핵폭탄을 생산해야 될 필요성을 강조하고 있다. David Alan Rosenberg, "US Nuclear Stockpile, 1945 to 1950", *The Bulletin of the Atomic Scientists*, May 1982, Vol. 32, No. 5.
(**) 미국 정책 결정자들이 NSC 68에서 추정한 수치. *Foreign Relations of the United States 1950*, Vol. I, p. 251.

따라서 "당시 미국의 핵우산이 5~6개 또는 20여 개의 핵폭탄으로 구성되어 있었으므로 유럽에서의 대소전(對蘇戰)에 사용하기 위해 아시아에서 핵전을 전개할 수 없었다."라는 주장은 더 이상 설득력을 갖지 못한다.

그러면 6·25전쟁의 제한에 있어서 군사적 능력은 어떤 의미를 갖는가? 마오쩌둥이 비록 "핵무기는 종이호랑이에 지나지 않는다."라고 공언했지만, 미국의 핵위협이 한반도에서 중국 지도자들에게 억제 기능을 발휘했다는 것은 부인할 수 없는 사실이다. 따라서 결국, 미국의 핵무기 사용 거부가 이 분쟁의 가장 중요한 제한 요인이라고 볼 수 있다. 그러면 미국의 정책 결정자들은 왜 핵무기 사용을 거부하였는가?

이들의 당시 입장은 국무부 극동사무국 정책고문 에머슨(Emmerson)이 같은 부서 극동담당 차관보 러스크(Dean Rusk)에게 보낸 1950년 11월 8일 자 비망록[43]에서 엿볼 수 있다. 이 비망록에서 다음 세 가지 결론을 도출할 수 있다.

첫째, 미국의 주적(主敵)은 소련이고, 주(主) 전쟁터는 아시아가 아닌 유럽이다. 이 생각은 NSC 48에 표출된 그들의 기본 전략, 즉 "동(東, 아시아)에서 방어, 서(西, 유럽)에서 공격"에 부합되는 것이다. 따라서 6·25전쟁에서 핵무기 사용을 거부한 것은 주 전쟁터에서 주적에 대한 유연성을 갖기 위한 선택이었다고 해석할 수 있다.

둘째, 아시아 민족들에 대한 두 차례의 연속적인 핵무기 사용은 아시아인들에게 미국이 인종차별주의 정책을 편다는 생각을 갖게 할 수 있었다. 따라서 미국의 핵무기 사용 거부는 아시아의 풍부한 인적·물적 자원에 대해 영향력을 갖기 위한 장기적 안목의 정책적 선택이었던 것으로 볼 수 있다.

셋째, 핵무기 사용은 유엔에서 그간 미국을 지지해 오던 세력들을 이탈시킬 가능성이 있었다. 그래서 유엔을 통해서 행해 오던 미국의 국제 체제 관리 메커니즘이 약화될 수 있었기 때문에 핵무기 사용을 자제했다고 볼 수 있다.

당시 중국에 핵무기를 사용하기에는 중국의 공업화 수준이 낮고, 효과적인 핵공격 목표가 없었다는 전술적 측면도 무시될 수는 없겠지만, 상술한 결론들은 다시 말해서 가능한 모든 군사력을 다 동원하여 6·25전쟁에서 정치적 목적을 달성하기에는 한반도가 그 모든 불이익을 상쇄할 만큼 중요성을 갖지 못한다는 것을 의미한다.

2) 동맹 문제

6·25전쟁의 제한에 있어서 동맹 문제가 결정적인 요인들 중의 하나로 간주되어 왔다. 이 주장에 따르면, 동맹국들의 압력, 특히 북대서양조약기구(NATO) 가맹국들의 반대가 맥아더의 해임과 6·25전쟁의 제한에 결정적인 역할을 했다는 것이다. 그러나 제한 과정을 분석해 보면 이는 극히 미미한 기능 밖에는 하지 않았던 것이 증명된다. 마찬가지로 사회주의 진영의 정책 결정자들에게도 동맹 문제가 한국에서의 정전(停戰) 결정에 지배적 변수로 작용했는지 의심스럽다.

1950년 12월 1일에 미국 합동참모부 회의에서 유엔군을 38선까지 후퇴시키기로 한 것도

---

43 *Foreign Relations of the United States, 1951*, Vol. Ⅶ (Washington D.C.: U.S.G.P.O., 1976), pp. 1098-1100.

동맹국들의 의견을 고려해서라기보다는 전적으로 전략적인 고려에 의한 것이었다. 마찬가지로 38선 돌파 문제가 1951년 2월에 다시 제기되었을 때에도 동맹국들의 의견은 고려되지 않았다. 영국과 프랑스를 위시한 서방 동맹국들이 유엔의 새로운 결의안 채택 없이, 혹은 자국 정부와 사전 상의 없이 38선을 돌파하는 것에 대해 격렬하게 반대했음에도 불구하고, 미국의 정책 결정자들은 유엔의 새로운 결의안들은 필요 없고, 이 문제는 군사작전 통수권을 가지고 있는 미국이 결정할 문제라고 일축하며 결정권을 독점했다. 더욱이 전쟁 당사자인 대한민국 정부의 견해는 고려의 대상도 되지 않았다. 처음 38선을 돌파할 때는 "한국인들의 사기(士氣)"를 중요한 요인으로 내세웠으나, 38선의 재돌파 요인을 설명할 때는 이 요인은 거론되지도 않는다. 이와 같이 동맹국들의 압력은 미국의 6·25전쟁 제한 결정에 결정적인 변수가 되지 못했다. 그보다는 NSC 48에서 결정한 전략, "동에서의 방어, 서에서의 공격"에 따라 제한된 군사 능력으로 보다 효과적인 봉쇄정책(封鎖政策)을 적용하기 위해 유연성을 갖기 위한 목적에서 제한한 것으로 봐야 될 것이다. 왜냐하면 1949년 12월에 준비·승인되었던 NSC 48을 수정 보완하여 1951년 5월 17일에 채택한 NSC 48/5에서 미국 정책 입안자들은 아시아에서 적용할 전략을 재검토한 뒤에 6·25전쟁을 제한하도록 최종적으로 결정했기 때문이다.

1951년 2월말부터 장기간 준비된 이 NSC 48/5는 미국이 한국 문제를 통하여 추구하여야 할 최종 목표는 "통일된 민주주의 국가의 수립"이나, 다음과 같은 현실적인 목적을 추구해야 된다고 규정하고 있다.[44]

- 적절한 휴전협정에 기초한 적대행위의 종식
- 38선 이북으로 가능한 한 확장된 남한정부의 관할지역 확보
- 적당한 시기에 비(非)한국군 철수
- 장차 가능한 북한군의 새로운 침략에 대비한 남한군대의 군사력 보강

또한, 이 문서는 38선 재돌파 문제에 대해 유엔군의 대거 월경(越境)이나 북진을 금지시키고 있다. NSC 48/5는 1951년 5월 31일에 현지 사령관 리지웨이(Ridgway)에게 전달되었으며, 이 지시에 따라 리지웨이는 전쟁 수행 노선을 결정하였다. 이 문서는 또한 현지에서의 전쟁 수행에 필요한 사항들을 좀 더 구체적으로 명시한 NSC 118 시리즈의 기초가 되기도 하였

44 NSC 48/5, *Foreign Relations of the United States, 1951*, Vol. Ⅶ, *ibid.*, pp. 439-442.

다. 이와 같이 NSC 48/5의 결정 사항들은 6·25전쟁의 나머지 기간에 미국의 전쟁 정책에 있어서 기본 골격을 이루었다.

사회주의 진영, 좀 더 엄밀히 말해 소련, 공산주의 중국, 북한 간에도 사회주의 국가들 간의 "형제애(兄弟愛)"라는 공식적인 수사(修辭, rhetoric)와는 달리 동맹문제가 6·25전쟁 제한에 결정적으로 작용했다고 보기는 어렵다. 북한군이 심각한 패퇴를 경험하게 되자 소련은 1950년 10월 2일에 비신스키(Andrei Vyshinski) 외상을 통해 유엔에 정전을 제안한 후, 같은 해 11월 30일에 미국의 정책 책임자들에게 다음 사항들을 통지하였다.[45]

- 유엔군이 두만강에 접근할 경우 소련의 군사 행위는 불가피하다.
- 미국이 중국에 대해 핵폭탄을 사용할 경우 소련은 같은 무기로 반격할 것이다.
- 미국의 비행기가 만주를 폭격하면 중소조약이 발동될 것이다.
- 중국과 소련은 외국 군대의 철수를 포함하지 않는 어떠한 한국 분쟁 해결책도 받아들이지 않을 것이다. 그러나 협상의 개최를 기다리며 주어진 선에서의 전선(戰線) 안정은 생각해 볼 수 있다.

일견, 중국-소련-북한 간의 동맹 관계가 매우 견고한 것처럼 보인다. 그러나 정전(停戰)에 관한 중국 측의 입장(대만에서 미군 철수, 공산주의 중국의 유엔 대표권 인정)이 전혀 언급되지 않은 마지막 사항에 유의한다면, 소련이 6·25전쟁 정전 문제를 처리하는 데 동맹국의 공통 이익보다는 자국의 세계 정책에 필요한 대서방 협상 카드로 이를 이용하려는 의도가 더 크게 작용했다는 것을 알 수 있다. 이러한 주장은, 기존 학계에 널리 알려진 바와 같이, 1951년 6월 21일에 파리회의에서 미국의 독일 재무장 안이 결렬되자 서방 진영에 대해 유연한 태도를 보일 필요가 있어서 제안한 것으로 볼 수 있는 6월 23일 자 말리크(Malik)의 정전 안에서 중국과 북한의 전제 조건들이 전혀 언급되지 않았다는 사실에 의해 더욱 확실히 뒷받침된다. 물론 중국 당국은 이러한 소련 측의 제안 내용이 6·25전쟁 정전 문제에 대한 중국 측의 입장과 상충되지 않는다는 인상을 대외적으로 주려고 노력했다. 그리고 말리크의 제안이 1950년 11월 30일 자 통지에서 제시했던 유보사항("협상의 개최를 기다리며 주어진 선에서의 전선 안정은 생각해 볼 수 있다.")처럼 '단순한 전선에서의 정전'의 성격을 띠기는 하나 몇

45 Philip Devillers, "L'Union Soviétique, la Chine et les Origines de la guerre de Corée", *Revue Française des Sciences Politiques*, déc. 1964.

몇 중국 전문가들(A. Doak Barnett, John Gittings 등)의 분석에 따르면 당시 중국 지도자들은 이 문제에 대해 대단한 불만을 표시했다고 한다.

한편 북한에서도 말리크의 이 제안에 대해 휴전협상 개최를 위한 예비회담을 제안한 리지웨이 장군의 메시지에 대해 7월 초에 답할 때까지 간단한 보도 외에 아무런 논평이 없었다. 몇몇 북한 연구가들(김정원, 김창순 등)은 말리크의 이 제안이 소련파를 제외한 모든 북한 국가 엘리트들의 불만을 샀고, 허가이의 실각은 이러한 불만의 증거로 분석되어야 한다고 주장한다.[46]

중국 역시 한국에서의 상황의 진전에 따라 동맹국들의 공통 이익 추구보다는 자국 문제 해결(대만 수복, 유엔대표권 획득, 만주 귀속[47])에 급급해 있었다. '항미원조(抗美援朝)'라는 방어적인 명분을 내세운 중공군은 왜 38선을 남하하였으며, 미군이 한반도에서의 철수 하한선(下限線)으로 결정하고 있었던 금강 유역[48]에서는 왜 남진을 멈추었는가[49]하는 의문이 단순히 중공군의 군사 능력이나 상황 묘사만으로는 답을 얻을 수 없는 이유가 한국 문제를 자국 문제 해결을 위한 협상 카드로 이용했기 때문이다. 그리고 이상의 의문스러운 중공군의 행태에는 중국 정책 결정자들의 자의(自意)가 있었다고 봐야 될 것이다. 중국이 6·25전쟁 종전 협상 과정에서 미국의 핵위협 속에서도 두 가지 선결 조건을 고집한 것과, 분쟁이 종식된 뒤에도 북한 땅에 자국 군대를 계속 주둔시킨 것은 여러 가지 해석이 가능하겠지만, 6·25전쟁과 자국의 요

---

46 허가이의 실각에 대해 박갑동은 다른 주장을 한다. 그에 따르면, 1950년 가을 북한군이 심각한 패퇴(敗退)를 경험하고 있을 때 김일, 김춘추 등 김일성 일파는 전선을 지키지 않고 만주로 도주해 버렸다. 그러나 일선 지휘 경험도 없었던 박헌영은 김일이 도망쳤다는 소식을 듣고 김일 휘하의 인민군 문화부를 개편하여 총정치국을 창설하고, 스스로 중장 계급장을 달고는 총정치국에 취임하여 인민군을 개편하고 수습하였다는 것이다. 김일성 일파에 실망한 허가이와 소련 고문관들은 이제껏 스탈린의 명령으로 김일성을 돕고 박헌영을 누르던 태도를 바꾸어 국내에 홀로 남아 싸웠던 박헌영에게 접근하였는데, 이를 눈치챈 김일성은 주둔해 있던 중공군을 끌어 들여 소련파의 허가이를 숙청하였다는 것이다. 박갑동, 앞의 책, 311~312쪽.

47 만주 귀속 문제와 6·25전쟁의 상관관계에 대해서는 저자의 미출간 박사학위논문 "La Constance de l'Unité Nationale Coréenne: essai d'une nouvelle interprétation de la guerre de Corée", *op. cit.*, pp. 289-302.

48 미 국방성이 맥아더에게 보낸 1950년 12월 29일 자 메시지: "접수된 모든 정보에 따르면 중공군들은 사용하려고 결정만 한다면, 한국에서 유엔군의 철수를 강요할 수 있는 수단들을 갖고 있다는 것입니다. 일본에 가해질 위협을 생각해 보면 …… 우리는 한국이 중요한 군사 작전들을 감행하기에 적절한 장소라고 평가하지는 않습니다. …… 만약 당신들이 금강선까지 밀리고 중공군들이 당신들을 그 지점에서 후퇴시키기 위하여 대규모로 몰려온다면 우리는 당신에게 일본으로 철수를 시작하라고 명령하는 것이 필요하다고 생각됩니다." Courteney Whitney, *McArthur, His rendez-vous with Destiny* (New York: Knof, 1956), pp. 429-430에서 재인용.

49 중공군의 추격 중지가 능력 부족에 기인했던 것인지 아니면 의도적이었던 것인지에 대해서는 이견이 있다. 야오쉬(姚旭)는 자신의 논문에서 펑더화이(彭德懷)가 1951년 1월 7일에 갑자기 추격 정지를 명령했고, 스탈린도 남진을 건의했던 북한 주재 소련대사 라츠와예프를 해임하면서 이를 지지했다고 진술하고 있다. 姚旭, 「미국에 대항하고 조선을 지원한 현명한 정책, 중국인민지원군이 출국하여 참전한 30주년을 기념하며」, 『중소연구』 제8권 제4호(1984/5 겨울 호), 232쪽. 그런데 와다 하루키 교수는 펑더화이에게 신속한 추격을 주장했던 사람은 라츠와예프 대사의 전임자인 슈치코프 대사이고, 그를 해임하여 연해주 지방위원회 제1서기로 전근시켰다고 주장한다. 그리고 이 문제에 대해 중공군과 북한군 간에 고급간부 연석회의가 1951년 1월 25일에 열렸다는 것이다. 와다 하루키 지음, 서동만 옮김, 『한국전쟁』, 서울: 창작과비평사, 1999, 211쪽.

구 사항들 간의 연계를 계속 유지시키려는 의도가 있었기 때문이라고도 해석해야 될 것이다.

중국 정책 결정자들이 6·25전쟁 해결과 자국 문제 해결, 특히 대만 수복을 연결시키려 했던 동인(動因)에는 이 분쟁에 개입을 결정하게 된 동인처럼[50] 지정학적 고려가 있었을 것이다. 대만이 한국처럼 미국의 방위선에서 제외됨에 따라 중공 지도자들은 그들의 수복되지 않은 섬(島)이 미국의 동북아 정책에서, 특히 자국에 대한 봉쇄 정책에서 한국의 반도(半島)와 같은 지정학적 무게를 갖는다고 판단했을 것이다. 대만은 한국과 같이 미국의 '호수', 태평양의 다른 쪽의 '강점(强點)' 혹은 미국의 "서반구에서의 믿을 수 있는 영역(secure sphere)"인 일본[51]이 미국이 원하는 역할을 해낼 수 있는 힘을 갖기 위해 필요로 하는 경제 자치권의 배후(Hinterland)를 구성한다. 동시에 대만은 세계 수준의 두 제국의 지역적 중심부 사이의 중간지대를 형성하고 있다. 이와 같이 사회주의 진영에서도 6·25전쟁 제한 결정에 동맹 문제는 결정적인 요인이 되지 못했고, 이는 차라리 지정학적 고려의 표출로 봐야 할 것이다.

3) 정치적 독트린과 여론

6·25전쟁에 군대를 파견하면서 트루먼은 자신의 결정을 "국제경찰 행위" 혹은 "집단 안보"를 들어 정당화했다. 그러나 전자는 유엔군의 38선 돌파로, 후자는 유엔군 구성비에 있어서의 미군 편중으로 각각 그 의미를 상실했다. 중공 지도자들은 '항미원조'로 개입을 정당화했으나 이 또한 1950년 12월 26일의 38선 남하로 그 진정한 의미는 상실되었다. 그러면 6·25전쟁 제한 결정에 있어 정치적 독트린은 어떠한 의미를 갖는가?

1950년 말에 미국 경제는 매월 생산재 부분에서 2%의 성장을, 소비재 부분에서 8% 이상의 위축을 경험하고 있었다. 국가 가용자원이 생산재 산업에서 소비재 산업으로 재분배되는

---

50 중국 정책 결정자들의 6·25전쟁 개입 결정에 작용했던 요인들 중에서 지정학적 요인들은 크게 두 가지로 구분할 수 있다. 하나는 과거 요순시대에 세계를 황성에서부터의 거리를 기준으로 하여 5등급으로 나누어 생각하던 전통적 지정학 개념에서 출발한 "순치관계(脣齒關係)"이고, 다른 하나는 여기에 혁명 전략이 가미된 "중간지대론"이다. 전자를 단순히 보호의 방파제 구축을 목적으로 한 소극적인 의미를 갖는 것으로 볼 수 있다면, 후자는 전술한 바와 같이 6·25전쟁에서 미국의 군사 행위가 대소전(對蘇戰)을 개시하기 전에 먼저 공격을 가해야 할 - 중국이 그 일부를 구성하고 있는 - 중간지대를 공격하는 것으로 판단하고 이에 대한 반격으로서 적극적인 의미를 갖는 것이라고 말할 수 있다. 그런데 이런 해석은 전술한 바와 같이 침략자의 패권 추구 행위를 중화중심주의로 정당화하는 측면이 있다. 좀 더 자세한 내용은 필자의 논문 "La Constance de l'Unité Nationale Coréenne: essai d'une nouvelle interprétation de la guerre de Corée", *op. cit.*, pp. 348-371를 참조할 것.

51 미국이 동북아에서 봉쇄 정책을 실시하는 데 일본이 갖는 중요성은 봉쇄 정책의 제안자인 G. F. 케넌에 의해서 "안전지대(secure sphere)"의 개념으로 잘 지적되고 있다. Cf. NWC lecture, "Contemporary Problems of Foreign Policy", September 17, 1948, Kennan Papers, Box 17; 許萬鎬, 「해방부터 한국전쟁까지의 한국의 대북방관계 - 분단 체제의 구축과 한국전쟁에서의 소·중의 개입 요인을 중심으로 -」, 『한국정치외교사학회 논총』 제6집 (「한국 북방관계의 정치외교사적 재조명」, 평민사), 1990, 227쪽.

과정에서 미국 경제가 급격히 군사화됨에 따라 전자의 호황과 후자의 불황이 공존하였다. 따라서 물가의 상승과 일반 서민들의 생활수준의 저하가 초래되었다. 1951년도의 경제성장률은 15.6%이고, 1인당 GNP의 성장률은 13.6%이나, 실질 수입 증가율은 8%밖에 되지 않았고, 소비율은 1.3%나 낮아졌다.[52] 이런 상황 속에서 6·25전쟁에서 사상자 수의 증가, 특히 중공군의 개입 이후의 급격한 사상자 증가는 미국 사회에 위기의식과 패배주의를 낳았다. 이는 당시에 실시한 미국과 소련의 냉전에 대한 갤럽 여론조사에도 잘 나타났다.

〈표 4-3〉 소련의 대외 정책의 동기

	세계 지배	국가 안보	무응답
1946년 6월	58%	29%	13%
1950년 1월	70%	18%	12%
1950년 11월	81%	9%	10%

〈표 4-4〉 미국과 소련의 냉전에서 현재 승리하고 있는 국가

	소련	미국	없다	무응답
1948년 12월	15%	17%	16%	52%
1950년 3월	23%	16%	5%	56%
1951년 2월	30%	9%	12%	49%

이러한 상황은 트루먼 정부의 6·25전쟁 정책에 대한 미국 여론에 부정적인 영향을 주었고, 또한 트루먼에 대한 지지도도 떨어뜨렸다. 미국 정책 결정자들이 6·25전쟁의 제한을 독트린을 갖고 설명한 것은 이와 같이 명백히 불리한 여론을 진정시키기 위한 시도에 지나지 않았다. 사실, 그들은 그들의 독트린에 결코 충실하지도 않았고, 정책 결정에 여론은 고려하지도 않았다.

〈그림 4-1〉에서 보는 바와 같이 서로 다른 시기에 매 시기의 현안에 대해 실시한 여론조사들은 여론의 흐름이 확전을 명백히 반대하고 있음을 보여 주고 있다. 그러나 정책 결정은 이와 같은 여론을 뒤따르지 않았다. 〈그림 4-1〉에서 우리는 미국 정책 결정자들이 6·25전쟁 제한을 최종적으로 결정하기 전에 확전과 제한전 사이를 여러 차례 왕래했다는 것을 알 수 있다. 그런데 여기서 주의해야 할 점은 이 분쟁에 대한 여론이 가장 악화되어 있을 때(1951년

52 당시 미국의 경제 상황에 대한 좀 더 자세한 연구는 서주석, 「한국전쟁의 전개과정 연구 - 미국의 전쟁제한정책 결정과정과 그 원인을 중심으로 -」, 서울대학교 대학원 외교학과 석사학위논문, 1986, 제4장 2절 참조.

1~3월)에도 확전에 관한 결정들이 내려졌다는 것이다.

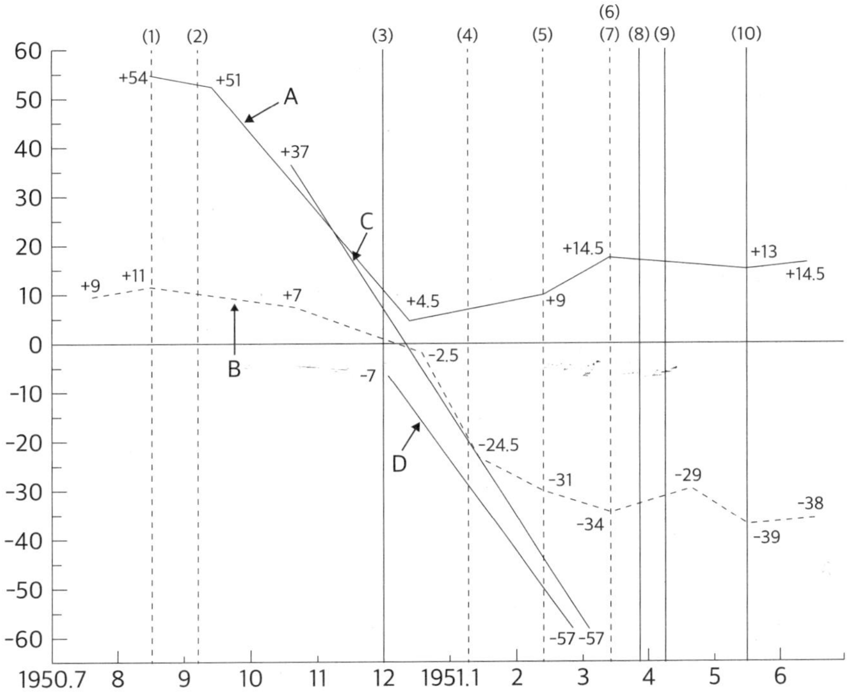

〈그림 4-1〉 여론과 전쟁 정책

수치는 찬성에서 반대를 뺀 것.
횡선 점선(---): 확전에 관한 결정　횡선 실선(—): 제한전에 관한 결정
A: 6·25전쟁 개입에 대한 여론(AIPO와 NORC 조사치의 평균) B: 트루먼에 대한 지지도
C: 38선 돌파 문제에 대한 여론(AIPO) D: 확전에 대한 여론(AIPO)
(1) 유엔 주재 미국대사 오스틴(Austin)의 8월 17일 자 선언: "평화 협상의 기본 조건은 북한군의 섬멸과 김일성 정권의 붕괴다."(북진 가능성 시사.) (2) 38선 돌파 결정: NSC 81(9월 7일) (3) 12월 1일의 미합동참모본부 회의: 확전 거부, 38선까지 후퇴 (4) NSC 101(1951년 1월 12일) (5) 트루먼의 2월 15일 자 기자회견:"38선은 현지 사령관이 결정할 군사적 문제다." (6) 국방성은 평양-원산선까지 확장건의(3월 15일) (7) 38선은 고려하지 않고 공격을 계속하겠다는 맥아더의 선언(3월 15일) (8) 트루먼의 3월 29일 자 기자회견: "38선의 대거 돌파는 정치적 문제다." (9) 맥아더의 해임(4월 11일) (10) NSC 48/5 채택(5월 17일)

따라서 미국의 전쟁 정책은 독트린과는 상관없이 상황의 진전에 따라 변할 수 있는 것이고, 독트린은 이미 내려진 결정을 국내 여론과 우방국들 앞에서 정당화하기 위해서만 쓰였을 따름이다.

중공 지도자들이 휴전을 받아들이는 과정에서 그들이 내세웠던 정치적 독트린에 어느 정도 충실했는가에 대해 직접 알 수 있는 방법은 없다. 그러나 그들이 현지에서 취했던 군사 행위들과 평화 협상에 대해 했던 정치적 선언들 간의 상관관계를 보여주는 공시적 대조표(共時的 對照表)인 〈그림 4-2〉를 살펴봄으로써 충실도를 파악할 수 있을 것이다.

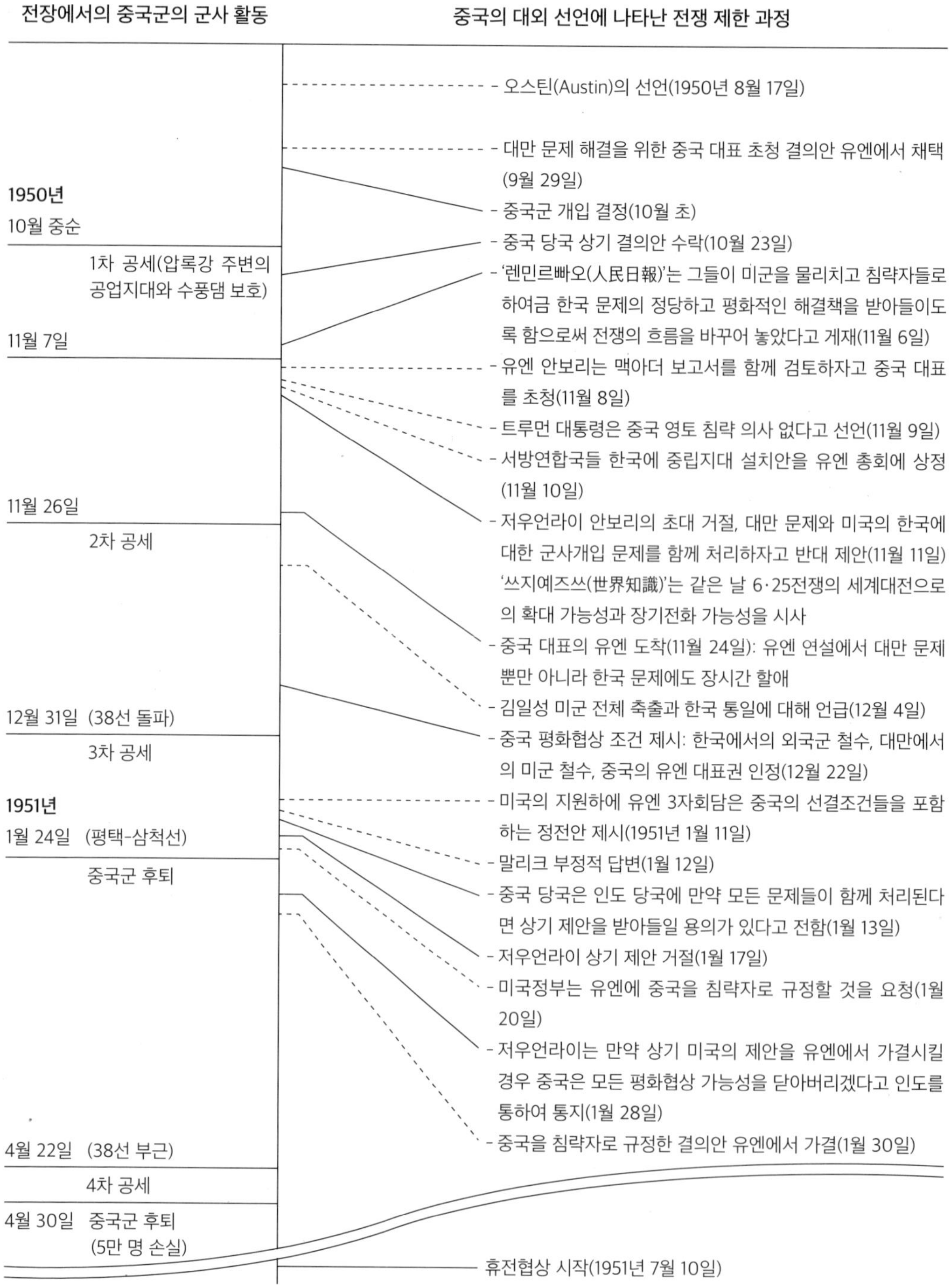

〈그림 4-2〉 중국의 군사 행동과 평화 협상

6·25전쟁 제한 결정 과정에서 중국 위정자들의 입장은 현지에서의 상황 변화와 적국의 반응에 따라 변하여 갔다. 〈그림 4-2〉에서 우리는 한국 통일 문제에 관한 중국의 입장에 대해 오늘날까지도 유효한 해석을 추론해 낼 수 있다.

"항미원조"로 대변될 수 있는 중국공산당 지도자들의 정치적인 독트린은 자국의 목적 추구를 정당화하기 위한 구실에 지나지 않았다. 그들은 분쟁의 초기 단계에서는 아무런 정전 제안도 하지 않았으며, 처음 제안한 것도 당시 전선에서의 유리한 상황을 이용하여 자국의 모든 목표를 실현시키려는 의사의 표현으로 밖에는 해석될 수 없다. 군사 행위와 대외적 선언과 평화 협상의 진전 단계 간의 상관관계를 보면 한반도에서의 그들의 군사 행위가 그들의 목적 추구를 위한 협상 카드였다는 것을 잘 알 수 있다.

미국 정책 결정자들과 마찬가지로 중국공산당 지도자들에게도 정치적 독트린은 6·25전쟁을 제한하는 데 결정적인 요인이 되지 못했다. 그보다는 다른 요인들에 의해 결정된 것을 정당화하는 데 사용되었다.

중국공산군의 개입 목적이 방어적이고 소극적인 성격을 갖는 것이라면, 즉 "미국 제국주의의 북조선 침략 저지"라면, 38선을 남하하여 3차 공세를 감행함으로써 그 의미는 상실된 것이고, 적극적인 성격을 갖는 것이라면, 즉 한국 땅에 통일된 사회주의 국가 수립이라면, 미국이 중국에 유리한 휴전 조건을 제시하고 유엔에서 중국을 침략자로 규정할 것을 요청하자, 평택-원주-제천-단양-삼척선에서 공격을 완화(緩和)함으로써, 또한 그 의미가 상실되었다고 말할 수 있다.

이와 같이 6·25전쟁의 경우 정치적 목적이 수단에 의해 변화될 수 있었고, 제2차 세계대전 때와는 달리 소위 강대국들의 '이성(理性)'이 지켜질 수 있었던 것은 한반도의 지정학적 무게에서 찾아진다. 독일은 유럽대륙의 중심에 위치함에 따라 독일의 실질적인 국경선은 독일 영토상의 경계선에서 설정되는 것이 아니었다. 다시 말해, 독일 내부에서의 제 운동들의 파급 효과는 곧 독일 국경선이 설정하는 범주(範疇)를 뛰어 넘었다. 따라서 연합국들은 그들의 정치적 목적을 독일 국경선 내부에까지 부과하기 위해 전쟁을 끝까지 수행할 필요가 있었다. 그러나 한국은 3면이 바다로 둘러 싸여 있으므로 독일과 같은 지정학적 무게를 갖지 않는다. 즉, 한국 내부의 정치·경제·군사적 반향은 독일만큼 직접적으로 확산되지 못한다. 이러한 이유에서 강대국들은 한국에서의 분쟁 확산을 거부하였다고도 볼 수 있다.

5. 결론

제2차 세계대전의 종전은 미국과 소련의 절대적 주도하에 세계 체제의 재구성에 의한 지리적 공간의 재편성으로 이어졌다. 이는 월러스틴(I. Wallerstein)의 설명을 빌리자면, "자본주의 세계경제의 정치적 하부구조로서 반주권 국가, 반식민지 국가들로 구성된 국가 체제(inter-states system)"를 미국이 새로이 건립한 것이고, 동시에 이는 레닌과 스탈린의 표현을 빌리면, 소련이 "자본주의 국가들의 포위에서 벗어나 보호의 방파제를 건설하고", "제국주의 세력들을 그들의 힘의 원천인 식민지로부터 유리시킴으로써 약화시키려는 의도"로 해석할 수 있을 것이다. 그러나 그들의 의도가 어떠했든 이는 한국인들이 통일 민족국가를 건설하는데 극복하기 힘든 외적 구속으로 작용했던 것이 사실이다.

한국 사회에 민족 분단이 제도화되기 전에 민족적 융합력을 파괴하는 사회·경제적 요인들이 존재하고 있었다. 이러한 요인들은 오랜 기간에 걸쳐 생성된 것들이어서 한국인들이 단기간 내에 해소할 수는 없었다. 그러나 외적 구속이 한민족에게 그처럼 강하게 부과되지 않았다면 한국인들은 시간이 걸렸더라도 이 모순들을 해소하고 통일된 민족국가를 건설할 수 있었을 것이다. 그런데 주어진 상황에서 통일된 민족국가를 건설했어야 되므로 이런 관점에서 6·25전쟁이라는 폭력적 방법에 의한 목표 달성 노력이 갖고 있는 다음과 같은 문제점을 지적할 수 있다.

6·25전쟁은 외세의 분할 점령이 분단 체제의 구축으로 연결되는 과정에서 사회·경제적 갈등 요인들이 심화되면서 이를 해소하기 위해 행해진 노력들의 마지막 형태라고 볼 수 있다. 민족 분단에 대한 저항의 원천이 민족적 단일성의 역사적 지속성에서 찾아지고, 이 저항의 힘이 사회 구성 혹은 분단 구조에서 도래한 것이라면, 이 투쟁에서 기선을 잡고 그 형태를 결정한 것은 행위자들이었다. 그런데 이 행위자들은 상호 모순된 이중 역할을 했다. 즉, 한편으로는 이들이 두 점령국들에 의해 설립된 두 국가 체제를 안정시키기 위해 국가 관리인들(state managers)로 충원되었고, 다른 한편으로는 통일 국가 수립을 위한 투쟁에 추진력을 주었다. 그러나 이는 논리상 한국 사회에 '초병국가'의 설립을 원했던 중핵국가(core)의 이익을 대변하는 집행 장치의 파괴를 의미하는 것이다. 더욱이 이들 행위자들은 통일 국가 건설을 위한 수단을 잘못 선택함으로써 목적을 변형·왜곡시켰다.

T. 스카치폴(Theda Skocpol)의 비교 연구[53]가 보여 주는 바와 같이, 갈등은 기존의 사회·경

53 Theda Skocpol, *States and Social Revolutions, A Comparative Analysis of France, Russia & China* (Cambridge:

제적 조건과 국제 상황에 의해 영향을 강하게 받는다. 그리고 갈등은 각각의 혁명 상황이 최초에 어떻게 대두되었는가에 따라 다른 방식으로 진행된다. 이러한 갈등의 논리는 혁명 과정의 중심에 있는 것처럼 보이는 계급이나 집단에 의해 지배되지는 않는다. 그리고 영남폭동, 제주도 4·3항쟁, 여·순반란사건과 같은 혁명적 갈등은 그 갈등과 관계되어 있는 특정 집단이 전혀 예견하지도 의도하지도 않았고, 그 집단의 이익에 완전히 합치되지도 않는 결과를 초래한다. 남로당은 혁명의 객관적 조건들이 현존한다고 판단했다면 잠재적 혁명을 실현하기 위해서는 어떤 것이 정치적으로 보다 더 조작 가능한 주관적 조건인가를 판단했어야 될 것이다.

6·25전쟁에 가담했던 국가들은 당시에 새로운 국제 체제를 건설하는 데 각자 문제들을 안고 있었고, 이 분쟁을 자신들의 난제(難題)를 해결하는 데 유리한 계기로 이용하려 했다.

미국 위정자들은 6·25전쟁이라는 소규모의 지역 분쟁을 이용해서 일본을 자국의 독점적, 배타적 영향권 내에 두려는 계획에 대한 우방국들의 집요한 반대를 무마하고, 미국 및 서유럽의 급속한 재무장 계획에 유리한 여론을 조성하고자 했다. 다시 말해서 그들의 전쟁 목적은 위기를 관리·통제하는 것 그 자체였던 것이다.

중국 당국이 6·25전쟁에서 추구했던 제일 큰 목적은 동북공업지역(만주)으로부터 적대 세력을 일정 거리 떼어 놓을 수 있는 완충 지역을 형성하는 것이었다. 또한 항미 의지(抗美意志)를 보임으로써 마오쩌둥에 대한 스탈린의 의심도 불식시키는 것이었다. 그런데 라즈와예프 대사의 해임을 통해 짐작할 수 있는 바와 같이 스탈린 역시 중공군에 의해 한반도에 통일된 공산주의 정부가 수립되는 것을 원하지 않았으므로 금강 이남까지 남하하여 미국의 중국 본토 공격 가능성을 증대시킬 필요는 없었다.

이런 의미에서 외래 개입국들의 가시적인 전쟁 목표는 평화 회복에서 통일 정부 수립으로, 다시 전쟁 전 상태의 회복으로 여러 번 바뀌었지만, 전쟁 목적 그 자체는 바뀌지 않았다고 볼 수 있다. 강대국들이 6·25전쟁에서 확전을 거부하고, 그들의 정치적 목적, 즉 대외적으로 표명된 목표가 수단과 쉽게 전치(轉置)될 수 있었던 것은 한반도가 그들에게 갖는 지정학적 중요도에 기인한다. 즉, 위험과 불이익을 감수해 가며 한반도 전체를 자기들의 영향권 내에 두기에는 한반도의 지정학적 중요도가 너무 낮고, 상대편의 독점적 영향권이 형성되는 것을 허

Cambridge Univ. Press, 1979), pp. 17-18. 테다 스카치폴 지음, 한창수·김현택 옮김, 『국가와 사회혁명, 혁명의 비교연구(프랑스, 러시아, 중국)』 5판, 까치, 1989, 31쪽.

용하기에는 역사적 경험에 비추어 한반도가 갖게 될 위험성이 너무 크기 때문이다. 따라서 한민족이 통일 국가 건설이라는 목표를 달성하기 위해서는 이와 같은 지정학적 구속을 상쇄시킬 수 있는 정치적 주체성과 사상적 포용성을 국가건설의 근간으로 삼아야 될 것이다.

제5장

한반도 평화 정착의 제도화

한반도 평화 정착의 제도화

6·25전쟁 종전 후 40년 가까이 남북한 군사 관계는 휴전협정[1]에 기초한 군사정전위원회의 활동에 의해 유지되어 왔다. 그러나 1991년 3월 25일에 군정위 유엔 측 수석위원에 한국군 장성 황원탁(黃源卓) 소장이 임명되자 북한은 이를 인정할 수 없다며 군정위 본회담에 3년 동안 불참하다가 1994년 4월 29일에 판문점에서 철수했다. 중국도 같은 해 9월 1일에 실무진을 판문점에서 철수시킨 뒤, 12월에는 대표단을 완전히 철수시켰다. 1995년에 접어들면서 북한은 다시 중립국감독위원회 북한 측 사무실을 폐쇄하고, 판문점 공동경비구역(JSA) 북한 관할지역에 대한 접근을 금지한다고 일방적으로 선언함으로써 휴전체제의 실질적인 기능 종료를 유도했다. 1996년부터 북한은 판문점 공동경비구역 내에서 여러 차례의 무력시위를 통해 휴전체제의 붕괴를 기정사실화했다.

이와 같은 일련의 사태는 북한이 대한민국의 휴전협정 당사자성을 부정하며 1980년대에 와서 미국과의 양자 간 평화협정 체결을 주장(3자회담을 제의한 1984년 1월 10일 자 「서울 당국 및 정부와 의회에 보내는 편지」, 대미 평화협정 체결을 위한 미국-북한 간 국회회담을 제안한 1988년 7월 20일 자 「북한 최고인민회의가 미국의회에 보내는 편지」 등)한 데 대한

---

1 한국의 휴전협정 명칭은 혼용되고 있다. 한국어 명칭이 "한국 군사정전에 관한 협정"이어서 '정전협정'으로 불리기도 하고, 영어 명칭이 "Agreement Concerning a Military Armistice in Korea"이어서 '휴전협정'으로 불리기도 한다. 그런데 대륙법에 따르면, 협상 및 협정 체결에 제3자의 중재가 있으면 휴전(armistice)으로, 없으면 정전(truce)으로 구분해 왔다. 오늘날 영·미학자들은 이를 구분해서 사용하지 않고, 유엔 활동에서도 실제로 이를 구분하지 않는 경우가 많다. 따라서 용어에 큰 의미나 중요성을 두지 않을 수도 있다. 그러나 한글본, 엄밀히 말해 북한본과 중국어본, 즉 공산주의 중국본에서 '정전협정(停戰協定)'이라 한 것은 유엔군의 이름으로 참전한 서방국가들의 군사 개입을 '평화를 회복하기 위한 제3자'가 아닌 '제국주의 침략전쟁을 일으킨 교전 당사자'로 매도하기 위한 것이다. 따라서 휴전협정/정전협정, 두 용어에는 유엔군의 성격과 역할에 대해 상반된 주장이 내포되어 있다. Sydney D. Bailey, "Cease-Fires, Truces, and Armistices in the Practice of the UN Security Council", The American Society of International Law, *American Journal of International Law*, Vol. 71, 1977, pp. 463-470.

한국의 대응과 북한의 맞대응의 성격을 띠고 있다.

군정위 수석대표를 한국군 장성으로 교체한 유엔 측의 당시 입장은, 휴전협정 제2조 20항에 군정위 위원의 '계급 자격요건'만 규정하고 있기 때문에 수석 및 기타 위원의 교체는 쌍방 사령관들의 고유 권한이므로 상대방의 동의 없이 임의로 임명할 수 있다는 것이었다. 그리고 한국은 6·25전쟁의 당사국이고, 유엔군 사령관이 유엔군과 한국군을 대신하여 휴전협정에 서명하였기 때문에 유엔군 사령관이 한국군 장성을 유엔 측 군정위 수석대표직에 임명하는 것은 적법하다는 것이었다.[2] 그에 비해 북한의 입장은, 대한민국이 유엔 안전보장이사회 결의 S/1511호(1950년 6월 27일)와 S/1588호(1950년 7월 7일)에 따라 파견한 유엔군의 구성 국가가 아니며, 대한민국 대표가 6·25전쟁 휴전협정에 서명하지 않았기 때문에 휴전협정 당사자가 아니라는 것이다. 따라서 한국군은 군정위 대표로 임명될 자격도 갖추지 못했으므로 발언권도 없는데, 그간 한국군 대표가 군정위에 임명되어 온 것은 북한의 "아량에 의한 용인"이라는 것이다.[3]

군정위의 파행이 초래한 현실을 받아들여 새로운 평화 조치를 취하려는 움직임이 노무현 정부 시기에 있었다. 2006년 11월에 하노이에서 개최된 APEC 정상회담 후 가진 기자회견에서 G. W. 부시 미국 대통령은 "북한의 핵 문제가 해결되면 6·25전쟁 종전 선언을 해 주겠다."라는 발언을 하여 세간의 관심을 끈 적이 있다. 노무현 정부는 휴전체제 전환을 위해 외교통상부 내에 정책개발 부서로 한반도평화교섭본부, 평화외교기획단, 평화체제과를 설치하여 준비했다. 그 준비는 2007년 남북정상회담 공동선언문("남북관계 발전과 평화 번영을 위한 선언") 제4조에 "남과 북은 현 정전 체제를 종식시키고 항구적인 평화체제를 구축해 나가야 한다는데 인식을 같이하고 직접 관련된 3자 또는 4자 정상들이 한반도 지역에서 만나 종전을 선언하는 문제를 추진하기 위해 협력해 나가기로 하였다."라고 명기함으로써 가시적으로 드러났다.

그런데 이명박 정부에 이어 박근혜 정부도 경색된 남북한 관계 속에서 이를 구체화시키지는 못하고 있다. 이 난제를 해결하기 위해서는 그 어느 때보다 강한 대북 설득력을 확보해야 되고, 그러기 위해서는 특히 중국의 적극적인 협력을 필요로 한다.

'한반도 평화체제'는 그간 한국 학계에서 크게 두 범주에 걸쳐 논의되어 왔다. 그 한 범주는 평화체제(peace regime)의 '체제'라는 말을 법규 체계(a system of legal rules)나 국가들의

---

2 국방정보본부, 『군사정전위원회편람』 제2집, 1993년 12월, 406쪽.

3 위의 책, 405쪽.

행위를 규제하는 장치(mechanism)라는 의미로 파악하여 휴전협정을 평화협정으로 대체하는 문제에 대해 전개해 온 논의들이다.[4]

두 번째 범주는 불안정한 평화(unstable peace)를 유지·관리하기 위한 관련 국가들 간의 관계 구조와 유형들, 즉 평화체제 구축에 참여하는 국가의 수와 참여 형태에 대한 논의들이다.

물론 '불안정한 평화'를 관리하기 위한 체제 구축에 대한 시각은 이보다 훨씬 더 다양하다. 먼저 억지, 신뢰 구축, 군비 통제, 군축 등을 통하여 현상 유지를 추구하거나 긴장 완화를 통한 분쟁의 중지 내지 종식을 추구하는 전통적 시각이 있다. 그리고 국제법, 국제기구 혹은 제3자의 중재를 통해 분쟁의 타결을 시도하는 국제법적 시각이 있다. 그뿐만 아니라 근자에 와서는 비정부기구들(NGOs)의 개입을 통해 분쟁의 타결이나 해소를 추구하려는 노력들도 활성화되고 있다.[5] 남북한 관계에 있어서도 1990년대에 들어와서 정부 주도로 첫째 시각의 노력들이 활성화되었고, 둘째 시각의 노력들은 지난 반세기 이상 계속되어 왔다고 볼 수 있으며, 셋째 부류의 노력들도 1980년대 민주화 변혁운동의 맥락에서 시도되었다고 볼 수 있다.

그러나 본 장에서는 첫 번째 범주에 논의의 범위를 국한시키고자 한다. 즉, "평화체제를 건설하기 위해 휴전협정이 평화협정으로 반드시 대체되어야 하는가, 그리고 휴전체제를 평화체제로 전환한다면 어떤 형식을 취하는 것이 바람직하며, 그 주체는 누구여야 되는가?" 등에 대해 답하고자 한다. 그리고 이상의 쟁점들에 대해 남북한 관계를 안정시키는 데 가장 중요한 개념인 제도화(institutionalization)라는 관점에서 현실적인 제약 요인들과 한국의 대북정책을 조명해 보고자 한다.

1. 휴전체제의 성립

휴전체제(armistice regime)의 '체제'라는 말 역시 전술한 바와 같이 법규 체계나, 국가들의 행위를 규제하는 장치라는 의미를 갖고 있다. 본 절에서는 휴전협정을 휴전체제의 근간(根

4 코핸(Robert O. Keohane)과 나이(Joseph S. Nye)는 체제(regime)를 "정부가 어떤 특정 행위에 대한 절차, 규칙, 제도들을 창조하거나 받아들임으로써 초국가적인 관계나 국가들 간의 관계를 규정, 통제하는 지배적 협정(governing arrangements)"으로 정의하고 있다. Robert O. Keohane and Joseph S. Nye, *Power and Interdependence, World Politics in Transition* (Boston, Toronto: Little, Brown and Company, 1977), p. 5.

5 W. Scott Thompson and Kenneth M. Jensen (ed.), *Approaches to Peace: An Intellectual Map* (Washington D.C.: The United States Institute of Peace, 1991).

幹)으로 보고, 이 협정의 체결 과정과 내용이 갖는 특징, 역사적 유산과 현재적 함의를 살펴보겠다.

1) 휴전협상의 과정과 쟁점

휴전협정이 조인되기까지 유엔군 측과 공산군 측은 만 2년간(1951. 7. 10~1953. 7. 27)에 걸쳐 159회의 본회담(159시간 42분)과 765회의 각종 회담을 개최하였다.[6]

종전 협상 과정에서 양측이 가장 크게 대립했던 사안은 군사분계선의 설정 문제, 외국군의 철수 문제, 휴전 감시 문제, 포로 송환 방식 등이다. 공산군 측은 '결론이 내포된 제안 전술'을 통해 군사분계선 설정 문제와 외국군 철수 문제를 유리하게 귀결 지으려 했다.[7] 비록 10차례에 걸친 본회담에서의 설전(舌戰)을 통해 '결론이 내포된 의제'의 상정은 막을 수 있었으나, 공산군 측이 의제 항목의 열거 순위를 이용하는 것은 막지 못했다. 즉, 1951년 7월 26일에 의제를 선정할 때 분계선 설정에 관한 항목을 다른 항목에 선행하도록 허용하여 실질적인 문제들에 대한 해결 없이 사실상의 휴전에 들어가게 되었다. 공산군 측은 이 시기를 전선 안정에 이용하고, 자신들이 불리한 항목에 대해서는 지연 전술을 쓸 수 있게 되었다.

군사분계선 문제가 1952년 1월 27일에 타결되면서, 비록 '전투계속의 원칙'에 따라 전투행위는 계속되더라도 어느 일방이 타방을 압도할 수는 없는 실질적인 교착상태에 들어가게 되었다. 그런데 유엔군 측은 제공권을 장악하고, 북한의 해역(海域)을 봉쇄하고 있을 정도로 유리한 상황에 있었으면서도, 휴전회담을 결렬시키지 않기 위해 휴전회담 초기에 주장했던 해·공군력에 대한 '보상 안(案)'을 공산측의 '38도선 조정 방안'과 거래하였다.[8] 그 결과 서울에 대한 종심(縱深)을 충분히 확보하지 못하여 방어를 어렵게 하였다. 그뿐만 아니라 종전을 서두른 나머지 해상 경계선도 분명히 하지 못했다. 즉, 연안수역에 대한 합의도 없이, "인접한

---

6 국방정보본부, 『군사정전위원회편람』, 1986, 18쪽.

7 통상, 의제는 토의되어야 할 문제들의 열거에 지나지 않는다. 따라서 그 결과는 나중에 합의되어야 하는 것이다. 그러나 공산측은 협상 상대방을 처음부터 수세에 몰아넣고, 실리를 취하려고 결론을 미리 삽입한 의제를 제시했다. 그 예로 남일(南日)은 회담 초에 다음 두 가지를 토의 항목으로 제의했다. ① 38°선을 쌍방의 군사분계선으로 설정하고 적대행위 중지의 기본적 조건으로서 비무장지대를 설정할 것 ② 한국으로부터의 전(全) 외국군 철수. 공산측의 결론이 내포된 제안 전술은 다음을 참조하시오. Admiral C. Turner Joy, *How Communists Negotiate* (New York: The Macmillan Company, 1955), 제3장; 허만호, 「북한의 협상행위의 특징 - 이론적 괴리와 규칙성 -」, 韓國國際政治學會, 『國際政治論叢』 제36집 제2호, 1996, 193쪽.

8 이 과정에 대한 보다 자세한 설명은 다음을 참조하시오. 허만호, 「6·25전쟁 휴전회담 분석: 불가역적 적대자 관계에서의 군사분계선 설정」, 『국제정치논총』 제53집 제4호, 2013, 140~156쪽; 김보영, 「한국전쟁 휴전회담 초기 '개성사건'과 군사분계선 협상」, 국방부 군사편찬연구소, 『軍史』 제67호, 2008. 6., 303~332쪽.

해면을 존중하며", "어떠한 종류의 봉쇄도 하지 못한다."라고만 규정하여 서해상의 북방한계선(NLL)에 대해 논란의 여지를 남겼다. 그리고 동해상의 경계선을 휴전선의 해안 접점에서 위도로 그을 것인지 아니면 접촉 각도의 연장으로 할 것인지를 분명히 밝히지 않아 동해에서의 경계선에 대한 분쟁의 소지도 남겼다.

군사분계선 문제가 매듭지어 지면서 양측은 "외국 군대의 철수와 한반도 문제의 평화적 해결에 관해 쌍방에 관련된 나라들의 정부들에게 권고하는 문제"를 다뤄 나아갔다. 이 의제는 즉각적인 "외국군의 철퇴"를 주장하는 공산군 측의 주장과 "철군 안은 휴전 성립 이후에 다뤄야 될 정치문제"라는 유엔군 측의 주장이 타협된 결과였다. 1952년 2월 16일에 공산군 측이 휴전협정 발효 3개월 안에 쌍방에 관련된 나라들의 정부들 간에 "고위 정치회담"을 열어 "외국 군대의 철수와 한반도 문제의 평화적 해결 및 기타"를 다루자고 제안했다. 유엔군 측은 이 정치회담에 대한민국이 참여하고, "기타"에 한반도 이외 지역의 문제는 포함하지 않는다는 조건을 제시하자, 공산군 측이 이를 수용함으로써 1952년 2월 19일에 이 문제는 일단락되었다.

중국과 북한 위정자들이 자신들의 한국 통일 방안에서 미군 철수에 집착해온 데 비해, 이 문제를 정치회담에 쉽게 이월시킨 것을 보면, 제네바 정치회담에 상당히 기대를 걸었던 것으로 보인다. 그러나 제네바 정치회담에서 공산측의 "모든 외국군의 선거전 동시 철수" 주장과 유엔 측의 "중공군의 선거전 철수, 국제연합군의 통일 한국 성립 후 철수" 주장은 타협될 수 있는 성질의 이견(異見)이 아니었다. 왜냐하면 사안이 각 측에게 사활(死活)이 걸렸을 정도로 중대한 데 비해, 이미 휴전이 성립되어 상대편을 압도할 수 있는 상황도 아니었고, 상대편에게 자신의 의지를 부과할 수 있는 수단도 없었기 때문이다.

공산주의자들도 협상 행위의 본질에는 상대방의 어떤 제안 중 전부 또는 일부를 수락할 수밖에 없는 불가피성이 있다는 것을 인식하고 있었다. 따라서 이를 이행하지 않으려는 속셈에서 약정(約定)의 범위를 축소하거나, 고의적인 협정 위반으로 야기될 수 있는 조사의 범위를 제한하려 했다. 휴전회담 시 "출입구"의 숫자 결정에 이런 책략을 썼다. 즉, 휴전 발효 당시의 전투력 규모를 유지하는 데 필요한 보급품만 들여올 수 있는 통로로 도시(都市)를 선정하고, 감시위원을 배치하는 것이었는데, 당시 쌍방의 부대 규모로는 각 측 10개소 정도가 적정 숫자였으나, 공산군 측은 단지 1개소만 제안했다. 그들은 협정을 위반하려는 자기들의 기도가 후방지역에 주둔할 감시위원단에 의해 방해받지 않도록 하려는 것이었다.

공산주의자들은 고의적인 협정 위반을 위한 공간 확보나 협정의 범위 축소 노력이 실패할 경우, 협정 실행 기구에 대한 거부권을 보유하려 했다. 즉, 휴전협정 위반에 대한 감시 문제에 대해 유엔군 측은 중립지대에서 서로 대치하고 있는 양측의 제반 행동을 감시하기 위한 군사정전위원회와 후방 지역에서 사찰 활동을 담당할 중립국감시위원단을 구상했다. 그리고 중감위는 출입구에 상주할 다수의 감시반과 보고되는 휴전협정 위반 사항을 조사하기 위한 이동감시반으로 구성하고자 했다. 그런데 이동감시반이 기능을 원활히 수행할 수 있도록 공중 정찰을 할 수 있게 하자고 제안했으나, 공산측은 이를 거부하면서 감시기구를 감시위원 전원일치제에 따라 운영하자고 주장하며 거부권을 확보하고자 했다.

공산주의자들은 엉뚱한 요구 조건을 제시하며 이를 협상칩으로 활용했다. 즉, 그들은 휴전감시기구 안(案)에 대해 오랫동안 반대해 오다가 마침내 '중감위가 설치되어야 한다.'라는 원칙에 동의했다. 그런데 소련을 중감위 일원으로 임명하자는 상대측이 받아들일 수 없는 안을 제시한 뒤, 이를 철회하는 대가로 당시 다른 주요 현안들 중의 하나였던 '휴전 기간 중 군용활주로 건설 또는 개수(改修)에 대한 제한' 문제를 유리하게 타결했다. 또, 중립국감시반의 활동도 유엔군 측은 최대한의 활동 영역을 보장하여 휴전협정 준수를 철저히 보장하려 했다. 그러나 공산군 측은 이를 엄격히 제한하려 했다. 그래서 중립국감시반의 군용 장비 출입 화물 검사 시, 공산군 측 위원이 유엔군 측 군사 기술까지 알 수 있는 '무제한 심사권'을 고집한 뒤, 이를 철회하는 대가로 감시반의 전반적인 활동에 관한 제한 조치를 유엔군 측으로부터 얻어냈다. 그 결과 중립국감시반은 공산측이 원했던 대로 조기에 유명무실해졌다.[9]

휴전협상을 시작하며 포로 교환 문제는 협상 의제들 중 가장 쉽게 해결될 것으로 예상했었다. 그러나 이 문제는 1년 5개월이나 휴전협상을 지체시키며 난제로 부각되었다. 전쟁 포로에 관한 '1949년도 제네바 제Ⅲ협약' 제118조는 전쟁이 끝나면 전쟁 포로를 지체 없이 석방·귀환시키도록 규정하고 있다. 그러나 1952년 2월 현재, 유엔 측이 포획한 13만 2000명 정도의 공산측 군인 가운데 약 2만 8000명이, 3만 8000명의 민간인 가운데 약 3만 명이 각각 송환을 거부하고 있었다.[10]

이들에 대한 '강제 송환 원칙'에 이승만 정부가 격렬하게 저항한 것도 한 이유가 되겠지만, 미국이 '자발적 송환 원칙'을 고수한 더 중요한 이유는 대소(對蘇) 냉전에서 긍정적인 효과를

---

9 허만호, 「북한의 협상행위의 특징 -이론적 괴리와 규칙성-」, 앞의 논문, 194쪽.

10 같은 시기에 실시된 또 다른 한 조사는, 약 3만~4만 명의 공산군 포로가 송환을 거부하고 있었으며, 그중 약 1만 6000명은 송환에 격렬하게 저항할 것으로 판단하였다. 김학준, 『한국전쟁 - 원인·과정·휴전·영향』 제4수정 증보판, 박영사, 2010, 337쪽.

겨냥한 데 있었다. 특히, D. 애치슨(Dean Acheson) 국무장관은 장래에 있을 수 있는 양 진영 간의 전쟁에서 '자발적 송환의 원칙'은 공산진영 군인들의 이탈을 자극할 것이고, 따라서 이는 궁극적으로 소련의 침략 가능성을 억지하는 요소가 될 수 있다고 생각했다. 그러나 이 원칙을 관철하는 데에만 집착하고 포로 교환 문제를 미진하게 해결하여 한국군 포로 중 8371명이라는 극히 소수 인원만 귀환하고, 5만 명 이상이 북한에 억류되었다.[11]

상기 네 의제들은 대체적으로 유엔 측의, 보다 엄밀히 말해 미국의 의사대로 해결되었다. 그러나 구체적인 귀결 내용을 살펴보면 한국 국민의 이익은 부차적인 것이었다. 군사분계선 문제도 '수도(首都)의 안전'이나 '방어 가능한 선'은 고려되지 않았고, 포로 송환 문제도 '송환 원칙'에는 집착하였으나 '송환 내용'은 등한시하여 한국 국민들의 희생을 유발시켰다. 외국군 철수 문제도 사안의 중요성에 비해 절충안 제시도 없이 2개월도 안 되는 단기간의 회담(제네바정치회담)을 통해 해결하려 했던 것은 현상 타파 의지가 없었다고 말할 수 있을 것이다.

2) 휴전협정의 내용과 특성

6·25전쟁의 휴전협정은 여섯 부분으로 구성되어 있다: 서언, 군사분계선과 비무장지대(제1조 1~11항), 정화(停火) 및 휴전의 구체적인 조치(제2조 12~50항), 전쟁 포로에 관한 조치(제3조 51~59항), '외국 군대의 철수와 한반도 문제의 평화적 해결'을 위한 정치회의 소집(쌍방 관계 정부들에의 건의, 제4조 60항), 그리고 본 협정의 대체 방법 등(제5조 61~62항). 제2조에는 군사정전위원회와 중립국감독위원회 등 휴전체제의 운영 기구들의 구성과 역할이 규정되어 있다. 이렇게 봤을 때 평화조약에 포함될 내용이 많이 명시되어 있고, 6·25전쟁을 종료시키기 위해 현실적으로 취할 수 있는 조치들은 모두 구비되어 있다고 말할 수 있다. 평화조약의 일반적인 내용 중에서 '손해배상' 부분이 없으나, 일방이 타방을 압도하지 못한 상태에서 평화조약을 체결한다고 하더라도 이는 합의될 수 없는 것이다. 물론 보다 포괄적인 성격의 협정으로 대체될 개연성을 62항에 기술하고 있으나, 현상 타파가 이뤄지지 않은 상태에서 평화를 보장하기 위한 제도적 장치로는 큰 손색이 없다.

휴전체제의 가장 큰 문제점으로 제도적 미완결과 균열의 가능성을 지적하나, 이는 제도적

---

11 허만호, 「북한억류 한국군 포로의 송환: 법리적 판단과 협상론의 한계를 넘어」, 『省谷論叢』 제29집, 성곡학술문화재단, 1998; Heo Man-Ho, "Les prisonniers de guerre sud-coréens retenus en Corée du Nord: LES HOMMES DANS L'HISTOIRE?", in Yim Seong-Sook, *La Corée, le peuple et ses valeurs culturelles: d'hier à aujourd'hui* (Québec: LES PRESSES DE L'UNIVERSITE DE MONTREAL, 2000).

장치의 문제가 아니라 그 제도가 속해 있는 현상의 문제이다. 현상 타파는 제도적 장치로 이루어지는 것은 아니다. 한국의 휴전체제에서 가장 특징적인 측면은 개전 원인(casus belli)이 제거되지 않은 채, 전쟁이 종결되고 평화를 논하게 되었다는 것이다. 현재 당면하고 있는 모든 문제는 여기에 그 원인이 있다고 볼 수 있다.

종전 결정과 마찬가지로 휴전협정이 체결되는 데에서도 한국의 이니셔티브는 극히 제한되었다. 물론 한국정부가 포로 송환 문제와 한미상호방위조약 체결이라는 휴전체제의 한 중요 부분을 구성하는 데 주도권을 행사한 측면도 있다. 그러나 이는 이미 정해진 휴전체제를 공고화하는 일이었지, 체제 형성에 영향을 준 것은 아니었다.

2. 한반도 평화체제의 쟁점들

1) 휴전협정 대체의 당위성에 대한 재고

'한국전쟁 군사휴전협정'은 순수하게 군사적 성질에 국한되어 있기 때문에 교전 당사자들 간의 정치적 문제 해결을 위한 회담 개최가 요청되었다. 휴전협정 제4조 제60항에 의거하여 제네바에서 정치회담이 개최되었으나, 아무런 정치적 타협을 보지 못함으로써 휴전협정 체결 이후에 발생한 문제들에 대해 군사적 문제 이외에는 해결할 수 있는 법적 기반이 조성되지 못했다. 즉, 휴전협정으로 적대 행위는 정지되었으나 최종적인 정치적 문제 해결을 위한 마무리 작업이 미결 상태로 남게 된 것이다.

이와 같은 휴전협정의 한정적 성격과 남북한 관계를 포괄적으로 규정할 수 있는 후속 조치 마련의 실패 때문에 "휴전협정은 평화조약(협정)으로 대체되어야 한다."라는 주장이 제기되는 것이다. 그러나 이에 대해서는 현대 국제법 해석의 새로운 경향에 따라 다른 주장이 제기되고 있다.

휴전협정에 대한 현대 국제법 해석은 제2차 세계대전 이전과는 사뭇 다르다. 즉, 과거에는 휴전협정을 해석하는데, 휴전협정은 전쟁 상태를 임시 중단시키기 위한 것이고, 그 다음에 평화조약을 체결함으로써 전쟁이 종료되고 평화 상태가 구축된다는 인식이 지배적이었다. 그러나 제2차 세계대전 이후에 미·소 블록 체제가 형성되면서 세계에서 일어난 어떤 무력 충돌도 강대국의 이해관계에 연결되지 않은 사례가 없었다. 평화조약을 체결하려면 어느 일방이 상대방을 압도해야 전쟁의 원인이 해소되면서 조약의 체결이 가능한데, 제2차 세계대전 이후의 무력 분규들은 미·소의 이해관계가 얽혀 있어서 그것이 실제적으로 불가능했다. 그래서 평화조약을 체결한 경우가 거의 없다.

결국 한쪽이 다른 쪽을 압도할 수 없는 상태이기 때문에 이런 사실 관계가 지속됨으로써 전쟁을 마침내 포기하게 된 것이다. 전쟁 원인은 해소되지 않았지만 전쟁을 계속할 수 없기 때문에 포기함으로써 그런 사실상태(事實狀態)가 오래되면 그것이 법률상태(法律狀態)로 변하게 된다는 것이다. 그래서 휴전협정 그 자체만으로도 전쟁이 종료되고, 평화 상태에 도달하는 데 법적 하자(瑕疵)가 없다는 것이 현대 국제법학자들의 일반적인 해석이다. 이런 주장이 해외에서는 6·25전쟁 종전 직후인 1954년부터 J. 스톤(Julius Stone)이나 J. 스타크(Joseph G. Starke) 등에 의해 제기되어 왔다.[12] 국내에도 유병화 교수 등과 같은 국제법학자들이나 본 저자가 이런 주장을 하고 있지만 아직은 소수설에 지나지 않는다.[13] 특히, 김명기 교수 등은 법리적 논쟁을 빨리 종결짓기 위해서라도 평화협정을 체결해야 된다고 주장한다.[14]

그런데 휴전협정이 평화협정으로 대체될 수 있는 개연성이 비록 휴전협정 제5조 62항에 기술되어 있더라도 법 현실이 따라주지 못하면 반드시 대체되어야만 하는 것은 아니다. 남북한 관계가 안정적이지 못하고, 제도가 구속력을 발휘하지 못하는 상황에서 기존의 제도를 타파하고 타결되기 힘든 새로운 제도로 전환하려 하면 장기간의 제도적 공백이 초래될 수 있다. 북한의 일방적 휴전협정 파기 조치로 현재에도 협정이 기능적으로 정지되어 있지만, 그렇다고 평화협정으로 교체하려 하면 이는 쌍방 합의하에 교체하기로 규정한 휴전협정 62항을 북한이 위반하여 조성된 상황을 기정사실로 인정해 주는 것이 된다.[15]

그뿐만 아니라 휴전협정에는 현재의 남북한 관계를 규정하는 협정들에 직간접적으로 관련되어 있는 조항들이 많이 있다. 남북기본합의서("남북 사이의 화해, 불가침 및 교류협력에 관한 합의서")의 교류협력 문제나 6·15남북공동선언 후속 조치들 중에 철도·도로 연결 사업

---

12 Julius Stone, *Legal Controls of International Conflict* (New York: Holt, 1954), pp. 639-646; J. G. Starke, *Introduction to International Law*, 9th ed. (London: Butterworths, 1984), p. 381.

13 Byung-Hwa Lyou, *PEACE AND UNIFICATION IN KOREA AND INTERNATIONAL LAW, Occasional Papers /* Reprints Series in Contemporary Asian Studies, No. 2 - 1986 (73) (School of Law, University of Maryland, 1986), p. 38; 허만호, 「남북한 군사관계 발전 속에서의 군사정전위원회 - 현안과 대책」, 『한국정치의 쟁점과 이해』, 박영사, 1993; 허만호, 「휴전체제의 등장과 변화 - 통일조건의 역사적 모색」, 『정치외교사논총』 제16집(『한국전쟁과 휴전체제』), 1997.

14 김명기, 『한반도 평화조약의 체결』, 국제법출판사, 1994.

15 이런 측면에서 하노이 APEC 정상회담(2006년 11월 18~19일) 이후 부시 정부가 제시하고 있는 '북한의 핵 폐기 시 한국전쟁 종료선언'은 휴전협정상의 근거가 없는 제안으로 북한의 파행 조치를 뒷받침해 주는 것이기 때문에 한국으로서는 결코 환영할 만한 제안이 못 된다.

등을 실행하기 위해서는 휴전협정 제1조 7항에 규정된 군사분계선 통과 문제와 8항, 9항에 명시된 비무장지대 진입 문제 등이 연관되어 있다. 또한 기본합의서 제2항 11조에 명시된 불가침 경계선 및 구역 문제는 휴전협정 제1조 2항, 5항 및 제2조 13항 ㉡목 등에 기초하고 있어, 남북한 관계가 진전되어도 기본문서(basic document)는 존재해야 된다.

휴전협정 제2조 13항 ㉢목(병력증원금지)과 ㉣목(화력증강금지)은 지켜지지 않았었는데, 이 조항들을 향후 남북한 간 군비통제 협상의 기본 정신과 법적 근거로 삼을 만하다. 그뿐만 아니라 휴전협정 제2조 25항 ◎목과 제3조 59항 ㉣목에 규정된 실향사민(失鄕私民) 귀향협조위원회의 사업도 이행되지 않았는데, 남북한 간의 이산가족 재회 문제나 실향민 문제를 인도주의적 차원에서의 접근만이 아닌 휴전협정상의 법적 근거에 기초한 사업으로도 추진할 수 있는 것이다.

남북기본합의서 이행에 있어 남북한 간의 불신 해소와 감시·검증 문제를 위해 휴전협정 제2조 26항, 27항에 규정된 공동감시소조(共同監視小組)의 기능을 활용하거나, 28항에 의거하여 비무장지역 이외의 지역에 대한 감시·시찰을 중립국감독위원회에 요청할 수 있는 군정위나 군정위 수석위원의 권한을 이용할 수 있는 것이다. 이는 남북기본합의서 이행에 있어서의 당사자 원칙에 위배된다고 볼 수도 있으나, 이행 방안 마련에 있어 남북한 간의 이견이 조정될 수 없을 때 이 방법이 돌파구를 제시할 수도 있는 것이다. 같은 맥락에서 남북한 간의 군사부문 합의사항 이행여부, 위반 여부의 조사·감독을 위해 중립국감독위원회, 중립국감독소조를 활용할 수 있을 것이다.

과거 김대중 정부는 포용정책을 표방하며 남북한 간의 긴장 완화와 협력 증진에 대해서는 구체적인 입장을 공식적으로 밝혔지만, 평화체제에 대해서는 그렇지 않았다. 그런데 2000년 6월 남북정상회담을 마친 뒤에 김대중 대통령 자신이 평화체제 구축을 위해 4자회담 개최를 직접 언급했던 것이나, 2000년도 『국방백서』에 기술된 내용으로 봐서 노태우 정부 이래 정책 실무진이 구상해 오던 평화체제 안을 거의 그대로 고수하고 있었던 것으로 보인다.[16] 즉, 남북한 간에 평화협정이 일단 체결되면 실제적인 규제 내용은 남북기본합의서를 근간으로 하는 '기본합의서 체제로의 회귀'를 평화체제의 기본 구도로 생각했던 것으로 유추된다. 그리고 제네바 4자회담에서 제시한 방안도 남북한 간의 평화협정 체결과 미·중의 보장이라는 김

16 국방부, 『국방백서 2000』, 국방부, 2000, 75~77쪽. 저자는 당시에 국방부 실무자들과 면담한 결과 이런 사실을 확인할 수 있었다.

영삼 정부의 구도를 답습한 것으로 보인다. 그러나 6·15남북공동선언 이행 체제를 만들면서 이는 많이 약화되었다.

노무현 정부에 와서 평화체제 안은 더욱 모호해졌다. 노무현 정부 역시 평화체제로의 전환 방법에 대해 공식적인 입장 표명은 하지 않았다. 그러나 2006년 7월 4일 북한의 미사일 발사 이후 당시 여당 소속 국회의원들과 노무현 정부 인사들은 미·북 간의 직접 대화를 미국정부에 강권하였다. 그해 10월 9일 북한의 핵실험 이후에도 당시 여권 일각에서는 이런 주장을 계속했었다. 그러나 미국이 북한의 요구를 받아들여 직접 협상에 임했고 금융 제재를 풀고 압박을 완화했지만 평화협정 체결과 관련하여 진전을 보지는 못했다. 당시 군 정책 실무자들은 기존의 구도에서 바뀐 것이 없다고 했지만, 노무현 정부에 미·북 간의 직접 대화에 의한 평화협정 체결에 대해서도 긍정적인 입장을 가진 대북정책 담당자들이 다수 있었기 때문에 더욱 모호해 보였다.

그런데 한반도의 법 현실을 고려한다면 휴전협정을 폐지할 것이 아니라 그간 지켜지지 않았던 휴전협정 정신을 되살리고, 사문화(死文化)되었거나 불필요하다고 판단되는 조항들을 수정·보완하여 휴전협정을 기본합의서와 6·15남북공동선언 이행을 위한 근간으로 삼았어야 했다. 물론 협정의 한쪽 당사자인 북한이 일방적으로 파기하여 현실적으로 지키기 어려웠겠지만 김대중·노무현 두 정부는 대북 협상에서 이를 깊이 의식하고 있지 않았던 것으로 보인다.

2000년 9월 26일 남북 국방장관회담 공동보도문 제4항에 "남과 북을 연결하는 철도와 도로 주변의 군사분계선과 비무장지대를 개방하여 남북관할지역을 설정하는 문제는 휴전협정에 기초하여 처리해 나가기로 하였다."라고 기술하고 있다. 그러나 이 공동보도문 제1항은 6·15남북공동선언에 기초하고 있고, 제2항은 "쌍방은 군사적 긴장을 완화하며, 한반도에서 항구적이고 공고한 평화를 이룩하여 전쟁의 위험을 제거하는 것이 긴요한 문제라는 데 이해를 같이하고 공동으로 노력해 나가기로 하였다."라고 천명하여 휴전협정이나 남북기본합의서에 토대를 두지 않았다.

휴전협정은 남북한 관계가 진전되어도 계속 기본 문서로 존재해야 되며, 이를 대체하기 위해 새로운 협상을 할 경우 막대한 시간과 노력의 낭비가 따를 수밖에 없는 사항들이 많다. 더욱이 남북기본합의서 제1장 5조에 규정된 "평화상태"의 정의에 대해 남북한 간에 명확한 합의가 없는 한 휴전협정은 기본합의서 이행 과정에서 유기적으로 활용되어야 한다.

그런데 노무현 정부에 와서 이러한 "기본합의서 체제로의 회귀" 구도는 완전히 불식(拂拭)되었다.

김대중 대통령은 2000년 3월 9일 '베를린선언'(베를린 자유대학에서 '독일 통일의 교훈과 한반도 문제'라는 주제의 강연)에서 "남북기본합의서의 이행을 위해 특사 교환 제의를 수락할 것을 북한에 촉구"하고, 이어서 가진 기자회견에서 "남북정상회담의 목적 중 하나는 남북기본합의서를 활성화하는 것"이라고 했다. 그러나 동유럽 사회주의 체제들의 연속적인 붕괴를 목도하면서 남북기본합의서 체결을 통해 체제 보존을 추구했던 김일성·김정일의 인식이 시간이 가면서 변했고, 이런 김정일을 힘들게 설득해 가며 노태우 정부의 업적을 계승·발전시키는 것보다 자기 업적을 만들어 과시하고 싶은 김대중의 욕망이 남북기본합의서를 1차적으로 사장(死藏)시켰다. 그 토대 위에 진전된 노무현 정부하의 남북한 관계는 남북기본합의서를 휴전협정만큼이나 구시대의 유물로, 망각의 대상으로 만들어 버렸다. 그러나 유럽 통합의 아버지 쟝 모네(Jean Monnet)는 "국가 간의 협력 없이는 평화가 없고, 평화가 유지되기 위해서는 제도화가 이루어져야 된다."라고 했다. 즉, 지난날의 합의가 제도적 구속력을 갖지 못한다면 현재 추진하고 있는 합의도 미래에 구속력을 발휘할 수 없을 것이다.

2) 체제 전환의 형식과 당사자 문제

휴전체제를 평화체제로 전환시키는 데 제기되는 중요한 두 쟁점은, "어떤 형식을 취할 것이며, 누가 당사자, 즉 주체가 되어야 하는가?"라는 문제다.

체제 전환에 대한 남북한 간의 공방은 1960년대 초부터 있어 왔다. 북한은 1962년부터 남북한 간의 평화협정 체결을 주장해 오다가, 한국의 호응이 없자, 1974년부터는 대미 평화협정 체결을 주장하고 있다. 이에 대한 역제의로 한국이 1974년 1월에 '남북 상호불가침협정' 체결 안을 제시하자, 북한은 1984년부터 대미 평화협정 체결, 남북 불가침선언을 각각 채택하자고 주장해 왔다.

이와 같이 남북한은 체제 전환 방안에 대해 "부정합(mismatching)" 현상을 보이다가, 1990년대에 들어와서 남북기본합의서를 채택함으로써 '남북불가침선언'에 대해서는 일단 정합을 이루었다. 그러나 평화협정 체결문제에 대해서는 아직도 완전히 "정합(matching)"을 이루지 못하고 있다. 한국은 1991년 9월 노태우 대통령의 유엔총회 연설을 통해 남북한 간의 평화협정 체결을 제안하면서 평화협정 체결에 반대하던 기존의 입장을 바꾼 데 이어, 1996년 4월부터는 4자회담을 통해 당사자 문제에 대해서도 합일점을 찾고자 한동안 노력을 기울였으나 성공하지 못했다. 2년간의 회담에서 이 주제에 대해 전혀 진전이 없었다는 것은 당사자 문제를 극복하는 것이 얼마나 어려운 일인가를 잘 말해 준다.

2005년 '9·19공동성명'("제4차 6자회담 공동성명") 제4조에서 6자는 동북아시아의 항구적인 평화와 안정을 위해 노력하기로 공약하고, 한반도에 영구적인 평화체제를 수립하기 위해 "직접 관련 당사국들은 적절한 별도 포럼에서" 협상을 갖도록 합의했다. 또, 2007년 '2·13합의'("9·19 공동성명 이행을 위한 초기 조치") 제VI조에서도 "한반도의 항구적 평화체제에 관한 협상"을 "직접 관련 당사국들" 간에 갖도록 반복적으로 기술하고 있다. 그러다 마침내 2007년 남북정상회담 공동선언 제4조에서 "남과 북은 현 휴전체제를 종식시키고 항구적인 평화체제를 구축해 나가야 한다는 데 인식을 같이하고 직접 관련된 3자 또는 4자 정상들이 한반도 지역에서 만나 종전을 선언하는 문제를 추진하기 위해 협력해 나가기로 하였다."라고 합의함으로써 체제 전환의 당위성과 종전 선언에 대해서는 남북한이 당사자임은 합의하였으나 구체적인 형식과 주체에 대해서는 논란의 여지를 남겨두고 있다. 즉, 종전 선언을 한다고 해서 "항구적인 평화체제"가 갖추어지는 것이 아니므로 "항구적인 평화체제"의 구체적 구성 내용이 무엇인가라는 의문과 함께, 그것이 평화조약 혹은 평화협정일 경우 그 내용과 서명 주체 문제는 여전히 미제(未濟)로 남게 된다.

평화조약(혹은 협정)을 체결할 경우, 그 내용이 기존의 남북기본합의서와 부속합의서의 내용을 반복할 수밖에 없으며, 이를 피하자면 극히 선언적인 내용만 담게 될 것인데 그렇게 되면 제도적 구속력은 기대하기 어렵게 된다. 그리고 '9·19공동성명', '2·13합의', 2007년 남북정상회담 공동선언에서 "직접 관련 당사국들"을 명문화하여 한국의 당사자 여부에 대한 논란은 해결되었다고 주장할 수 있으나, 북한의 기존 협상 행태로 보아 "직접 관련 당사국들"에 대한 이론(異論)을 제기할 가능성은 얼마든지 있다. 즉, 북한이 한국을 휴전협정의 당사자가 아니기 때문에 평화조약(협정)의 주체로 인정할 수 없다는 기존의 입장을 내세우며, 한국을 종전선언의 주체로 인정한 것과 평화조약(협정)의 주체로 인정하는 것은 별개의 문제라고 주장할 수 있다.

그간 한국 학계에서는 대한민국이 휴전협정의 당사자가 아니라는 주장[17]이 주류를 이루는 속에서도 유병화 교수와 저자는 당사자라는 주장을 여러 각도에서 제기해 왔다.

저자는 한국의 국제법학자들이 한국의 당사자임을 부정하는 것은 휴전협정의 체결 과정과 서명자의 비대칭성 및 휴전체제 운영에 대해 고전적 법 해석에 치중하여 법 현실을 충분

---

17 김명기 교수가 대표적인 학자이다. 그의 입장은 다음을 참조하시오. 김명기, 앞의 책, 56~60쪽; 김명기, 「정전체제의 전환: 법적 문제와 국제구도」, 『평화연구』 제21집, 경북대학교 평화문제연구소, 1996.

히 고려하지 않은 데에서 비롯된 것이라는 시각에 따라 다양한 논거들을 제시해 왔다.[18] 그중 6·25전쟁 휴전협정의 경우는 위임 서명의 형식을 취한 것이라는 주장은 다시 한 번 강조할 필요가 있다고 생각한다.

제1차, 제2차 세계대전과 같이 국가 집단들 간의 전쟁일 경우에는 쌍방의 집단 구성 국가들이 개별적으로 휴전 혹은 휴전협상을 하거나, 휴전/정전협정에 직접 서명하는 것이 비효율적일 뿐만 아니라 현실적으로 거의 불가능하다. 따라서 각 국가 집단별로 대표를 통해 위임 협상과 위임 서명을 하는 것이 일반적인 관례이고, 그것이 국제법상 개별 집단구성국가들의 조약체결 당사자 문제에 하등의 하자(瑕疵)가 될 수는 없다. 이와 같은 휴전/정전에 관한 현대 국제법 해석에 따라 대한민국은 휴전협정의 당사자임을 능히 주장할 수 있다.

전쟁의 장소가 한국의 영토이고, 실제적인 전쟁의 주체(교전국)가 대한민국 정부였으며, 한국군은 개전 초부터 휴전협정의 최종 서명자였던 유엔군 사령관의 지휘하에서 전쟁을 수행하였다. 그리고 만 2년 이상의 휴전협상 기간 중 대한민국 정부 대표는 처음부터 계속 휴전협상에 참여해 왔으며, 1953년 5월 말부터 극히 단기간 동안 불참 내지 소극적 참여를 하였으나 같은 해 7월 11일에는 다시 휴전협정을 지지하는 입장을 분명히 밝혔다.[19] 이는 다음과 같은 구체적인 문건들로 뒷받침되고 있어 휴전/정전에 관한 국제조약 체결 과정에서의 당사자 요건 구성(要件構成)에 결정적인 증거가 된다.[20]

그 첫째 문건은 휴전, 포로 교환, 정치회담 문제에 관해 미국과 협력하겠다는 의사를 명백히 밝힌 이승만 대통령과 미국특사 로버트슨(Walter S. Robertson) 간의 1953년 7월 11일 자 공동성명이다.

---

18 허만호, 「휴전체제의 등장과 변화 - 統一條件의 역사적 모색」, 앞의 논문, 178~185쪽.

19 한국군이 당사자임을 뒷받침하는 또 다른 중요한 논거(論據)는 휴전협정 교섭과정 거의 전 기간에 걸쳐 한국군 대표가 어떤 형태로든 참여했다는 사실이다. 휴전협정 체결을 만 2개월 앞둔 1953년 5월 27일에 한국군의 수석대표 최덕신 소장이 포로 교환 문제에 관한 유엔군 측의 북한에 대한 제안 내용이 한국정부의 입장과 다른 것에 이의를 제기하며, 유엔군 측 제안이 철회되거나 수정되지 않는 한 한국군 대표는 휴전회담에 일절 참석하지 않을 것이라는 통고문(通告文)을 당시의 유엔군 수석대표였던 해리슨 중장에게 전달함으로써 2년 가까운 한국군 대표의 적극적 참여는 그 최종 단계에서 소극적 참여의 국면을 맞게 되었다. 그러나 이승만 대통령의 지시에 따라 1953년 6월 1일 한국군 대표단은 최덕신 소장을 수석으로 하고, 이호 육군준장, 김일병 해군준장, 김창규 공군준장 등이 각 군 대표로 보강되고, 대령으로 진급한 이수영을 연락장교로 하여 문산의 유엔군 기지에 복귀하였다. 그리고 비록 한국군 대표단 전원이 참석하지는 않았으나 연락장교와 최덕신 소장은 휴전협정 서명 시 유엔군 총사령관의 확인서명 장소(문산극장)에 참전 16개국 대표들과 함께 배석(陪席)하였다.

20 허만호, 「6·25전쟁의 유산: 한반도에서의 평화의 제도화」, 한국전쟁학회 편, 『한국 현대사의 재조명』, 명인문화사, 2007, 550쪽.

> 지난 2주일간 우리들은 대한민국과 미국 간에 존재하고 있는 깊은 우정을 강조하는, 솔직하고 충심으로부터 우러나온 시각의 교환을 했고, 휴전, 포로 교환 및 다가올 정치회담을 위한 협정에 관하여 야기되었던 지난(至難)한 문제들에 대해 함께 이해하는 데 큰 진전을 보았다. 이 토론들은 우리들의 공동 목표들을 위한 긴밀한 협력을 휴전 이후의 시기에도 계속하고, 넓혀 나아가기로 한 우리들의 결심을 굳혔다. ……[21]

휴전협정 체결에 동의한다는 대한민국 정부의 이와 같은 의사 표명은 이승만 대통령이 아이젠하워 대통령에게 보낸 1953년 7월 11일 자 편지를 통해서 다시 한 번 확인된다.

> …… 각하께서도 아시다시피 본인은 각하의 요구와 무관하게 (휴전협정) 조항들이 적용되는 데 어떠한 방법으로든 방해하지 않기로 결심하였습니다. ……[22]

"교전국 집단 혹은 연합국의 구성 국가들 간의 내부 의견 일치가 휴전협정 체결을 위한 연합군 사령관의 대표적 권위를 정당화한다."라는 현대 국제법상의 일반적인 해석과, 국제조약에 관한 비엔나 협정 제1조에 "조약당사자란 조약의 효력과 조약의 구속력에 동의한 국가"로 정의된 규정에 따라 이와 같은 의사 표명들은 대한민국 정부가 당연히 유엔군 사령관이 서명한 휴전협정의 당사자임을 뒷받침하는 구체적인 논거가 된다.[23]

대한민국 정부가 휴전협정 당사자임을 오늘날 북한이 부인할 수 없는 결정적 논거는, 협정 체결 당시 공산측이 "정전(휴전)협정이 발효되었을 때 전 기간에 걸쳐 대한민국 정부가 모든 정전(휴전)협정 조항들을 준수할 것을 보장해 달라."라고 해서 유엔군 사령부는 공산군 측에 이를 보장했고, 대한민국 정부로부터 그 같은 보장을 받았다는 것을 강조함으로써 휴전협정이 체결될 수 있었다는 사실이다.[24]

---

21 *US. Dept. of State Bulletin*, 1953, pp. 72-73.

22 *Foreign Relations of the United States 1952-1954*, Washington D.C.: U.S.G.P.O., 1984), pp. 1368-1369.

23 김명기 교수는 휴전협정에 대한민국을 위한 현명(顯名)을 하지 않아서 한국이 당사자가 아니라고 주장한다. 김명기, 앞의 책, 60쪽. 그러나 이는 어디까지나 기술적인 문제다. 허만호, 「6·25전쟁의 유산: 한반도에서의 평화의 제도화」, 앞의 논문, 2007, 551쪽.

24 1953년 7월 12일에 해리슨 중장은 남일에게 "방금 끝난 한·미회담의 결과에 따라 당신 측은 대한민국을 포함한 유엔군 총사령부가 휴전협정 내용을 준수하리라는 보장을 얻게 되었다."라고 전하였다. 7월 20일에 남일은 한국 측이 휴전협정을 준수한다는 유엔군 측의 보장을 기초로 하여 휴전 교섭 진행과 조인에 대한 모든 준비에 관해서 토의할 용의가 있다고 말했다. 중앙정보부, 『군사정전회담자료집(1951. 7~1974. 9)』, 발행연도 미상, 70~71쪽. 그뿐만 아니라 휴전협정의 사전 보증을 얻기 위한 공산군 측의 성명에는 다음 내용이 포함되어 있다. "1. 휴전에 한국정부 및 그 무장부대도 포함될 것인

물론 휴전협정의 주체와 평화협정의 주체가 반드시 일치되어야만 하는 것은 아니어서 한국이 휴전협정의 당사자가 아니라 하더라도 남북한 간에 평화협정을 체결하는 데 문제가 없다고 볼 수 있다. 그러나 군정위가 공전(空轉)되어 오다가 마침내 휴전체제가 파국 상태로 접어든 가장 중요한 이유는 결국 북한의 정치 선전 목적과 한국의 정통성 확보 목적 간의 대립에 있다는 사실에 유의한다면, 한국은 평화협정 체결의 여부를 떠나서 평화체제 건설에서 주체성을 확보하기 위해 자신이 휴전협정의 당사자임을 강력히 그리고 지속적으로 주장할 필요가 있다.

현시점에서 휴전체제를 평화체제로 전환시킬 경우, 두 가지 대안을 생각해 볼 수 있다. 그 한 방법은 새로운 조약 혹은 협정을 체결하여 휴전협정을 대체하는 방법이 될 것이고, 다른 한 방법은 그간 도외시해 온 남북기본합의서와 부속합의서들을 김대중·노무현 정부하에서 남북한 간에 체결한 협정들과 연계시켜 제도적 구속성을 확보한 뒤에, 휴전협정을 이 제도적 장치들로 대체한다는 선언을 하는 방법이다. 그러나 이 두 방법은 모두 장단점을 갖고 있다.

새로운 협정을 체결하여 휴전협정을 대체한다는 것은 "휴전/정전협정은 전쟁 상태를 임시 중단시키는 것이고, 평화조약을 체결해야 전쟁이 종료되고, 평화상태가 구축된다."라는 휴전/정전협정에 대한 고전적 해석에 따르는 것이다. 따라서 대체 협정은 그 명칭이 어떠하든 평화조약의 성격을 갖는 것이다. 그런데 이는 북한이 미국과 협정을 체결하여 미국과의 적대관계를 종식시키고, 미군의 한반도 주둔 명분을 없애겠다는 의도에서 주장되고 있는 것이다. 그래서 남북한 간에 이를 체결하기 위해서는 우선 당사자 문제와 관련하여 북한을 설득하는 데 상당히 노력해야 될 것이다. 그리고 북한과의 협상의 어려움을 고려할 때, 기존의 휴전협정이나 남북기본합의서 및 부속합의서의 내용을 능가하는 협정을 새로 만든다는 것은 엄청난 시간과 인적·물적 재원을 필요로 한다. 그리고 그렇게 구성될 새 협정의 내용은 남북기본합의서와 부속합의서들의 내용과 중복되기 때문에 기존의 남북한 협상의 성과를 무위(無爲)로 돌릴 수 있다.

기본합의서 체제를 지난 20여 년간 사장(死藏)시켜 놓아 이를 살려내는 데 현실적인 어려

가라는 질문에 대하여 해리슨 장군은 '귀하 측은 한국을 포함하는 유엔군 사령부가 휴전협정 조문을 실천에 옮길 준비를 하고 있다는 보증을 받고 있는 것이다.'라고 말하고 '본인은 귀하에게 한국정부로부터 휴전협정 조문 이행을 어떤 방법으로라도 방해하지 않을 것이라는 필요한 보증을 받았다는 것을 재차 보증하는 바이다.'라고 부언하였던 것이다. 6. 한국 측이 휴전을 방해하지 않겠다는 동의는 단지 제한된 기한 내에서만 행할 것인가라는 질문에 대하여 해리슨 장군은 '유엔 측은 휴전이 발효할 때는 전 휴전 기간을 통하여 휴전에 복종할 것이다.'라고 대답하였던 것이다." 중앙정보부, 『군사정전회담자료집(1951. 7~1974. 9)』, 위의 자료집, 256쪽.

움이 있는 것도 부인할 수 없지만, 기본합의서 체제가 완전히 실천성을 확보한 뒤에 휴전협정을 이 제도적 장치로 대체하는 방법이 당사자 문제나 대체 방법의 적법성(휴전협정 제62항)으로 보아 가장 이상적이다. 이 방법을 취할 경우 상당한 기간 남북한 군사 관계를 규정할 제도적 장치의 기능부재(機能不在) 현상이 지속될 것이다. 그러나 그 기능적 공백은 남북한 관계와 미·북한 관계의 진전, 한반도 주변의 안보 환경의 호전 등에 의해 어느 정도 메워질 수 있다. 따라서 한국은 이 두 번째 방법을 선택하여 과도기의 기능적 공백을 최소화하기 위해 노력하는 것이 합리적일 것이다.

3) 휴전협정 대체와 관련한 고려 사항들

남북기본합의서 제5조에는 "남북한 간에 공고한 평화 상태가 도래하면 현존 휴전협정이 평화협정이나 여타 협정에 의해 대체될 수 있다."라는 개연성이 제시되어 있다. 그러나 '공고한 평화상태'에 대해 남북한 간에 합의된 정의가 없었다. 전술한 바와 같이, '9·19공동성명', '2·13합의', 2007년 남북정상회담 공동선언, 모두 '정전체제의 종식과 항구적 평화체제의 수립'이라는 체제 전환의 당위성을 전제하고 있으나, 제도적 구속성을 기대할 수 없는 '종전선언' 외에 전환 방법과 내용에 대해서는 합의된 바가 없다. 따라서 휴전협정을 어떤 다른 협정으로 대체하기 위해서는 그 시기, 대체 협정의 성격, 대체 방법, 그 이후의 평화 보장 방안들이 미결 상태에 있으므로, 그에 관한 많은 논란이 남북한 간에 전개될 것으로 예상된다.

한반도의 평화를 제도적으로 보장하기 위해 한반도에 '평화체제를 구축한다'는 것은 6·25 전쟁의 유산으로 반세기 이상 지속되어 온 남북한 간의 '대항체제'(휴전체제)를 탈피하여 한반도 전체의 평화와 안전을 확보하는 체제로 전이되는 것을 의미한다. 이는 '구체적으로 휴전체제를 어떻게 종결시키며, 이에 이어 성립될 평화체제가 어떤 형태와 성능을 갖추어야 하는가'라는 문제로 집약될 수 있을 것이다. 그런데 이와 관련하여 우리는 다음과 같은 몇 가지 문제에 대해 우선적으로 고려해야 된다.

첫째, 남북한 관계의 제도적 장치를 확고히 하는 문제이다. 남북한 관계의 제도화라는 점에서는 남북기본합의서의 채택을 통해 그 틀이 마련되었다고 볼 수 있다. 그러나 제도적 구속력을 확고히 하는 문제는 또 다른 차원의 문제라는 것을 기본합의서 채택 후 지금까지의 남북한 관계가 잘 말해 준다. 이는 또 다른 협정이나 합의서를 채택하더라도 결과는 대동소이(大同小異)할 것이라는 예측을 가능하게 한다.

둘째, 그간 남북한은 이질적인 체제와 이념 아래 대립해 왔으나 탈냉전의 평화체제를 수립·유지하기 위해서는 이러한 기존 체제의 정치적 성격을 수정하고, 새로운 정책을 펼 정치적 리더십의 민주화가 필요하다. 남북한 간에 제도적 구속성이 확보되지 않는 근본적인 원인이 과거에는 '고질적 갈등(protracted conflict)' 관계 혹은 '불가역적 적대자들(strident antagonists)' 관계로 규정되는 남북한 관계의 속성에 있었다고 볼 수 있다. 그러나 한국은 민주화와 더불어 많은 정치·사회적 변화가 있었으며, 특히 지난 김대중·노무현 두 정권하에서는 사회 전체가 탈냉전적 분위기에 휩싸였다고 해도 과언이 아닐 것이다. 따라서 김대중 정부 이후에는 사유화된 권력의 안위(安危)에 최우선적인 판단 기준을 두고 있는 북한의 비민주적 정권이 남북한 간에 제도적 구속성을 약화시키는 지배적 요인으로 작용하고 있다. 따라서 북한의 리더십에 변화가 있지 않는 한 제도적 구속성 확보에 한계가 있을 것이다.

셋째, '9·19 공동성명'과 그 이행을 위한 초기 조치('2·13합의')에서 "참가국들은 상호 신뢰를 증진시키기 위한 긍정적인 조치를 취하고 동북아에서의 지속적인 평화와 안정을 위한 공동 노력을 할 것을 재확인"하고, "직접 관련 당사국들"은 "한반도의 항구적 평화체제에 관한 협상"을 가지며, "6자는 동북아시아에서의 안보 협력 증진을 위한 방안과 수단을 모색하기로 합의하였다." 그런데 한반도의 평화체제 구축과 더불어 형성될 동북아의 새로운 국제질서 속에서 '남북한은 얼마만큼의 자주성을 견지하며 한반도 평화체제에 대하여 국제적 보장을 확보할 수 있는가', '강대국의 이견 대립을 얼마만큼 극복할 수 있을 것인가'는 합의 후 해결해야 될 새로운 과제인 것이다.

남북한 관계에서, 한반도의 평화 정착과 통일이라는 기본 목표를 달성하는 데 현재의 휴전협정 체제는 기능적인 면에서 부족한 점과 부적합한 점을 많이 갖고 있기 때문에 궁극적으로는 체제를 재정립해야 될 필요가 있다. 그러나 현 휴전협정이 다른 협정으로 대체될 경우 그 협정이 반드시 '평화협정'이 될 필요는 없으며, 한반도 평화체제를 공고히 할 수 있는 협정이면 명칭이나 형식에 있어서는 직선적인 대체 협정이 아니어도 된다. 그리고 대체 시기는 휴전협정과 남북기본합의서에 규정된 평화체제 구축을 위한 사항들이 충실히 이행되고 있는 것이 확인되고 난 뒤여야 한다.

왜냐하면 휴전협정에 이미 평화체제 구축에 필요한 신뢰구축 조치(confidence-building measures)와 군비통제에 관련된 사항들이 많이 들어 있어서 이에 대한 성실한 준수는 휴전체제를 평화체제로 전환하기 위한 필수적 선행조건이다. 그뿐만 아니라 국제조약의 속성이 강제 집행력을 갖지 못하기 때문에 남북한 간에 평화협정을 체결한다고 해서 평화가 보장되는 것은 아니다.[25]

그리고 평화체제의 주체는 북한이 주장하는 것처럼 미국·북한이 아니라 반드시 남북한이어야 한다. 그러나 만약 한반도의 휴전선이나 평화보장기구에서 '유엔의 관여'가 완전히 사라지면 남북한이 직접 군사대결을 하게 될 위험성이 있는 만큼 한반도의 평화체제는 남북한 간의 자주적 평화 보장 체제를 우선시키고, 국제적 보장은 차선적 조치로 수반되게 하는 이중적 보장을 갖추는 것이 바람직하다. 이런 관점에서 6자회담에서의 한반도 및 동북아 평화 논의는 바람직한 방향성을 갖고 있다고 평가할 수 있다.

4) 중국의 입장: '북한 일임'에서 '적극적인 작용 발휘(作用 發揮)'로

휴전협정이 체결된 직후 군사정전위원회 업무는 중국 측이 관장해 왔다. 그러다 북한·중국 양측은 군정위 업무를 북한이 맡는 데 합의하고 중국은 1955년 1월 21일 자로 군정위 위원 1명과 소령 1명만 남기고 대표단을 철수시켰다.[26] 이어서 중국은 휴전체제의 전환 문제에 대해 일절 관여하지 않기로 북한과 1976년에 합의한 것으로 알려져 있다.[27] 그래서 1990년대 초까지 한국을 비롯한 서방(西方)의 학계나 정책 실무자들 사이에서는 중국이 북한과 입장을 같이하는 것으로 추측되었다. 그런데 "중국이 1994년 9월 1일에 판문점에서 대표를 철수시켰다."라는 북한 측 주장[28]에 대해 한국정부가 확인 요구 및 항의를 하자, 이를 '실무적인 조치'였다고 무게를 낮춘 뒤, "아직 휴전협정 체제는 유효하며, 엄격히 준수되어야 한다."라는 입장을 피력하면서 북한과 견해를 달리한다는 것을 간접적으로 확인시켜 주었다.[29] 뒤이어 리펑(李鵬) 총리는 방한 기간인 1994년 10월 31일에 평화체제 전환 문제는 "남북한을 포함한 관련 당사국들이 참여하여 해결해야 된다."라고 밝힘으로써 당사자 문제에 대해 한국, 미국과 같은 입장을 취하고 있다는 것을 표명하였다.

현재 중국은 휴전협정의 유효성에 대한 언급을 자제하고 있다. 그리고 6자회담 속에서 관련 당사국들이 한반도 평화체제 구축에 대해 논의하면 참여한다는 입장을 견지하고 있다.[30]

---

25 이를 뒷받침할 수 있는 구체적 예로, 휴전협정이 1953년에 발효된 이래 1994년 1월까지 북한은 유엔 측이 83만 5838건을 위반했다고 주장하며, 유엔 측은 1999년 6월까지 북한 측이 43만 822건을 위반했다고 주장하고 있다. 합참정보참모본부, 『군사정전위원회편람』 제4집, 1999년 8월, 512~513쪽.

26 紫成文, 『板門店談判』, 北京: 解放軍出版社, 1989. 이종석, 『북한-중국관계 1945~2000』, 2004, 205쪽에서 재인용.

27 한국국방연구원, 「북측 군정위 해체 주장과 관련한 대응방안」, 1992년 6월.

28 중국의 1994년 판문점 철수는 그해 10월 27일 자 북한 중앙통신에 의해 처음 알려지게 되었다.

29 중국은 한국 측의 항의에 대해 세 가지로 답한 것으로 알려져 있다. (1) 1994년 9월 1일의 철수는 실무진에 대한 '조회'로서 임시로 철수시킨 것이지, 완전 철수는 아니다. (2) 당사국인 북한이 철수를 요구하는 현실적인 어려움이 있다. (3) 휴전협정은 아직 유효하며, 엄격히 준수되어야 한다.

30 최춘흠, 『중국의 대북정책과 2·13합의에 대한 입장』, 통일연구원, 2007, 72쪽.

2006년 4월에 워싱턴에서 가진 중·미 정상회담에서 부시 미국 대통령이 "남북한과 미국이 참여하여 종전선언을 하면 어떠한지" 후진타오(胡錦濤) 주석에게 의견을 묻자, 후 주석은 구체적인 입장을 밝히지는 않고 "이를 긍정적으로 보고 있다."라고만 답하였다.

2006년 9월 시드니 APEC 정상회의에서 후진타오 주석은 노무현 대통령과 회담을 하며 "남북한 관계가 발전하고, 6자회담이 진전되면 한반도 평화조약(peace treaty)에 대해 한·중 양국이 충분히 협의하기로 의견을 모았다."라고 언급하였다.

2007년 4월 원자바오(溫家寶) 중국 총리는 한국 방문을 앞두고 가진 기자회견에서 "한국 정전체제 구축의 전제는 무엇보다 냉전체제 자체를 제거하는 것이다. 정전 이후 반세기 이상 동안 평화체제가 부재한 것은 오히려 비정상적"이라고 언급하였다.[31]

그런데 2007년 10월 2~4일에 개최된 남북 정상회담에서 북한당국이 중국을 종전선언 당사국에서 배제할 것을 고집하여 남북정상회담 공동선언문 제4조에서 당사국 수를 확정하지 못하고 "직접 관련된 3자 또는 4자 정상들이 한반도 지역에서 만나 종전을 선언하는 문제를 추진"하기로 합의하게 되었다.[32] 이에 대해 중국정부는 그해 10월 9일에 외교부 대변인 발표를 통해 "중국은 한반도 평화체제 수립을 지지한다. 중국은 동북아 지역에서 중요한 영향을 가진 국가이고, 1953년 7월 정전협정을 체결한 당사자이기 때문에 앞으로 이 문제에 대하여 적극적인 작용을 발휘할 것(역할을 수행할 것)이며 …… 평화체제 문제에 대해서도 자연적이고 중요하며 건설적인 작용을 발휘할 것"임을 천명하였다.[33]

사실 중국정부의 이런 입장은 '6·15 정상회담 7주년 기념 국제학술회의'(2007년 6월 7일)에서 발표된 푸멍즈(Fu Mengzi, Associate President, CICIR)의 글 「중국의 한반도 평화체제 구상과 이행(China's Strategy for the Implementation of a Framework for Peace on the Korean Peninsula)」을 통해 좀 더 자세히 알 수 있다.

푸멍즈는, 한반도의 평화를 실현하는 일이 중국의 정치·경제·안보상의 이해와 일치한다고 전제한 뒤, 중국은 유엔 안보리 상임이사국일 뿐만 아니라 남북한 모두와 외교 관계를 유지하고 있기 때문에 한반도에 정전체제를 대체할 영구적 평화의 기제를 구축하는 과정에 결코 방관자가 될 수 없다고 주장한다. 중국이 한반도의 평화 기제를 촉진하는 데 역할을 하려는 이

31 Fu Mengzi, "China's Strategy for the Implementation of a Framwork for Peace on the Korean Peninsula", 『6·15 정상회담과 한반도 평화체제』, 통일연구원 주최 국제세미나 발표논문, 2007년 6월 7일, 131쪽.

32 최춘흠, 앞의 책, 72쪽.

33 Yonhap, 2007년 10월 09일.

유로 푸멍즈는 다음과 같은 네 가지를 든다.

첫째, 중국은 정전협정에 조인한 세 나라들 중 하나이며 따라서 정전체제를 평화체제로 변화시키는 데 관련된 당사국 중 하나다.

둘째, 한반도에서 평화를 촉진하고 동북아의 평화 기제를 확립하는 것은 중국의 포괄적인 외교적 준비 태세의 핵심적 연결 고리다.

셋째, 중국의 지속적인 경제 성장은 동북아 지역 발전과 한반도 평화 증진의 원천이 될 것이다.

넷째, 중국은 한반도 평화 정착 과정에서 정치적·외교적 측면에서 상대적으로 유리한 위치에 있으므로 관련 당사국 모두를 조정하는 데 건설적인 역할을 담당할 수 있다.

푸멍즈는 중국의 한반도 정책 목표에 대해 "한반도에서의 평화와 안정 유지, 자주적·평화적 남북한 통일, 한반도에 효과적인 평화체제 수립 지원, 새로운 정황하에서 남북한 모두와의 협력 강화"라고 소개하였다. 그는 이 정책 목표들을 달성하기 위해 "냉전적 사고의 종식과 상호 신뢰의 증진", "외세의 개입을 배제하기 위해 장기적 필요에 따른 자주적·평화적 통일의 실현", "한반도 통일과 동북아 안보체제의 연결", "평화정책에 유리한 여건 조성"을 강조하였다. 그러면서 그는 한반도 평화체제의 수립이 한반도의 비핵화와 조화되어야 한다는 전제와 함께 가장 적절한 평화체제의 형식으로 2+2, 즉 남북한 관계에 미국과 중국이 동등한 자격으로 참여하는 것을 제안한다. 물론 푸멍즈의 주장과 제안이 중국정부의 공식 입장은 아니지만 그에 대한 부연 설명과 그 연장선에서 하는 것이므로 중국정부의 입장을 이해하는 데 하나의 준거는 될 수 있다.

푸멍즈의 주장과 제안을 통해 짐작해 볼 수 있는 중국정부의 정책 지향은 한국정부가 구상해온 방안이나 본 저자가 주장해온 방안과 일치한다. 따라서 휴전체제의 전환 문제와 관련하여 중국의 협조와 실제적 기여가 기대된다. 그런데 중국의 협조와 기여는 제도적 틀을 전환하는 데뿐만 아니라 그 제도의 구속력을 강화하는 데에도 발휘되도록 해야 될 것이다. 왜냐하면, 북한 위정층에 현실적으로 가장 강력한 설득력을 가진 당사국은 중국이기 때문이다. 그렇게 되기 위해서는 한·중 협조 체제를 다방면에 걸쳐 확보하여 한국의 의사와 이익이 굴절 없이 중국의 정책 결정자들에게 전달될 수 있도록 해야 될 것이다. 이런 측면에서 2008년에 베이징과 서울에서 개최된 한중정상회담에서 '전략적 협력 동반자 관계'를 연이어 천명하며 양국이 고위 지도자들의 빈번한 상호 방문과 접촉을 유지키로 하고, 외교부 간 실무급 업무 협의 체제를 정례화하기로 한 것은 바람직한 진전이라 하겠다. 특히 양국 국방 당국 간 고위급

상호 방문 활성화 및 상호 연락 체제 강화 등을 통한 다양한 영역에서 교류와 협력을 추진해 나가기로 한 것은 북핵 사태 해결뿐만 아니라 한반도 평화체제 건설과 유지에 긴요한 조치라 아니할 수 없다.

3. 제도화(Institutionalization)의 장애 요인들

S. 아이젠슈타트(S. N. Eisenstadt)는 제도화를 "다양한 지위에의 접근을 통제하고 일정한 교환 규범들을 확립하는 제 가치, 규정, 조직 등을 설립하는 것"이라고 정의했다.[34] 그리고 S. 헌팅턴(Samuel P. Huntington)은 제도화를 "제 조직과 절차가 가치와 안정성을 획득하는 과정"이라고 개념 규정했다.[35] 이 정의나 개념 규정에 따르면, 남북한 양자가 국제사회의 일원으로서, 통일의 동반자로서 한반도에 평화를 제도화하는 것은 평화에 관련된 가치를 창출하고, 규정과 조직을 갖추어 안정적으로 운용하는 것을 의미한다. 이런 관점에서 기존 휴전체제와 새롭게 만들어질 평화체제를 운영하는 데 따를 장애 요인들을 살펴보면 중국이 기여할 부분이 명확해질 것이다.

1) 북한의 정치·사회와 체제의 속성

개전 원인이 제거되지 않은 채 유지되어온 남북한 관계는 불가역적 적대자 관계와 고질적 갈등 관계를 형성해 왔다. 분쟁의 시작은 있으나 끝이 없고, 상대편이 제안하는 것은 무조건 부정적으로만 해석되는 이런 관계를 극복하고 한반도에 평화체제를 구축하는 것은 남북한 관계의 제도화를 그 근간으로 해야 될 것이다. 그런데 지난 40년 가까이 남북한 간에 이루었던 합의들이 제도적 구속성을 확보하지 못하는 가장 큰 이유는, 적어도 현시점에서는 북한의 취약한 사회와 경제, 끊임없이 공격적 목적으로 대중을 동원해야만 되는 체제의 속성에 있다고 말할 수 있다. 7·4남북공동성명, 남북기본합의서와 부속합의서, 6·15남북공동선언, 10·4남북공동선언 등이 합의되었으나 그 후에 발생한 사소한 착란(錯亂) 요인들이 빌미가 되어 지켜지지 않은 것은 이미 합의된 것을 지키려는 적극적 의지가 결여되어 있기 때문이다.

---

34 S. N. Eisenstadt, "Social Institutions", *International Encyclopedia of the Social Science*, 2nd ed. (New York: Macmillan & Free Press, 1968).

35 S. P. Huntington, *Political Order in Changing Societies* (New Haven: Yale University Press, 1968), p. 12.

사실 이러한 측면은 상기 합의 사항들을 이끌어 내기 위한 협상 과정에서도 충분히 보였다. 예를 들어, 진정한 협상(true negotiation)이 되기 위해서는 두 가지 필수 조건으로 상대방을 자율적 화자(inter-locuteur autonome)로 인정하고, 합의에 이르겠다는 의지가 있어야 된다.[36] 그런데 남북한 간의 많은 협상에서 북한은 이 조건들을 갖추지 않은 채 협상에 나와 지켜지지 않을 가능성이 많은 합의들을 했던 것이다.[37]

남북한 갈등 관계에서보다는 합리성이 더 많이 작용했던 미국과 소련 간의 갈등 관계에서도 데탕트가 가능했던 것은, 소련이 흐루시초프(Nikita Khrushchev) 집권 후에 탈(脫)스탈린 정책을 취하면서 '탈(脫)스탈린주의(post-Stalinism) 단계'에 들어섰기 때문이다. 그리고 미국과 소련 간에 본격적인 안보상의 협력이 가능했던 것도 소련이 '탈(脫)전체주의(post-totalitarianism) 단계'에 접어들면서였다. 국내 정치의 변화가 대외 정책의 변화에 큰 영향을 준다는 것은 주지의 사실이지만, 특히 전투적 이념에 따라 공격적 대외 정책을 취해 왔던 공산주의 국가의 경우는 더욱 더 그러했다.

동구 공산주의 체제하에서 자유화의 배경 조건들이 형성되고, 더불어 시민사회가 등장하면서 사회 내적 요구들을 체제가 수용하든지 아니면 묵과할 수밖에 없게 되자 '병행사회(parallel polis)' 혹은 '1차/2차 사회'로 개념 규정되는 이분법적 사회 분화가 급속히 진행되었다.[38] 이는 사회에 대한 국가의 통제를 더욱 약화시킬 수밖에 없었다. 이런 상황에서는 공격적 목표를 위한 효과적 국민 동원이나 국부(國富)의 배분이 현실적으로 불가능한 것이었고, 따라서 안보 부문에 대한 투자를 감소시키고, 적대적 관계에 있던 국가들과의 협력적 안보(cooperative security)를 추구하는 것이 불가피했던 것이다. 즉, 공산사회 내부의 변화가 선행됨으로써 대외정책의 공격성이 완화되고, 공격적 수단들이 생산적 목적으로 전용될 수 있었던 것이다.

그런데 북한은 아직 '탈(脫)스탈린주의 단계'에 진입하지도 못하고 있다. 1인 지배 체제가 가능하기 위해서는 주민에 대한 통제[39]와 동원을 효과적으로 해야 되고, 그렇게 하기 위해서

---

36 Hubert Touzard, "Psycosociologie de la négociation, Etat de recherches", *Pouvoir, Revue Française d'Etudes Constitutionnelles et Politiques*, No. 15(La négociation, 1980), PUF, pp. 110-111.

37 허만호, 「북한의 협상행위의 특징 - 이론적 괴리와 규칙성 -」, 앞의 논문, 194쪽.

38 허만호, 「북한의 2분법적 사회분화와 한반도 평화 정착의 제도화」, 국방대학교 안보문제연구소, 『안보학술논집』 제12집 제2호, 2001, 157~186쪽.

39 Man-Ho Heo, "Contrôle social et changement politique dans les sociétés communistes subsistantes: une application des cas chinois et est-allemand à la Corée du Nord", *Revue Internationale de Politique Comparée*, Vol. 9 No. 3(2002).

는 대외정책이 호전성을 띠며 대내적으로 긴장을 조성해야 되고, 체제 유지는 소수의 노멘클라투라(nomenklatura)에 의존하는 계급정책을 취할 수밖에 없다.[40]

물론 북한 사회의 이분법적 사회 분화도 상당히 진행된 것으로 평가된다. 핸키스(Elemér Hankiss)가 1980년대 헝가리 공산사회의 작동 원리로 제시했던 "체계와 체계 외적(system-foreign)" 조직 원리가 북한에서도 경제생활뿐만 아니라 공공영역, 문화생활, 사회의식, 정치·사회적 상호작용에서 나타나고 있다.[41]

북한 사회에서 '2차 경제'의 한 측면을 보여 주는 예로서 농민시장의 암시장화(暗市場化)를 들 수 있다. 이러한 모습은 1990년대에 들어와서 북한의 경제 사정이 더욱 악화되고, 식량배급 체계가 와해되면서 더욱 분명히 드러났다. 그 한 예로, 이 시기에 대한 강혁(신포 수산단과대학 출신 재중 탈북자)의 증언에 따르면, 함흥에서 임연수어 한 마리를 17원에 사서 황해도로 가져가 쌀과 바꾼 뒤에 함흥에서 되팔 경우 70원을 받았다고 한다.[42] 역시 함흥에서 부채마(식용 열매)를 사서 신의주에서 밀가루로 바꿔오면 3배 장사가 되었다고 한다.[43] 1999년도에 발표한 한국 통일부의 한 자료에 따르면, 당시 북한 암시장의 거래 가격은 국정 가격의 적게는 14배에서 최고 1667배를 기록하고 있었다.[44] 따라서 장마당 출입에 대한 통제는 북한의 경제구조상 불가능했던 것으로 보인다. 식량난을 겪는 와중에 275개 이상의 상설 장마당이 북한 전역에서 운영되고 있었고, 그중에는 1만 명 이상이 모여드는 큰 장도 있었다. 이미 당시에 일반 주민들은 주곡의 60%, 생필품의 70%를 농민시장에서 구입하고 있었으므로 '2차 경제'는 통제에도 불구하고 중요한 비중을 차지해온 것이 사실이다.[45]

---

40 노멘클라투라(영어: nomenklatura, 라틴어: nomenclatura, 러시아어: номенклату́ра)는 라틴어에서 파생한 러시아어이다. 라틴어의 원래 의미는 특권을 갖는 간부직의 명단이다. 이 말이 확대 해석되어 그런 특권을 가진 간부직에 있는 사람들을 가리키게 되었다. 오늘날에는 구소련과 중·동부 유럽의 공산주의 국가에서 지배권을 독점하고 있던 특권관료집단을 의미한다. 노멘클라투라는 혁명이 아닌 현상유지, 즉 권력의 유지와 입신출세를 지향하는 보수적 직업 관리 집단이며 체제 지지파 엘리트들이다.

41 Elemér Hankiss, "The 'Second Society': Is there an alternative social model emerging in contemporary Hungary?", *Social Research*, Vol. 55 Nos. 1-2 (Spring/Summer, 1988), pp. 14-17; 허만호, 「베트남과 북한에서의 2분법적 사회분화와 정치변동: 유교적 가치와 사회통제에 대한 비교연구」, 한국정치학회, 『한국정치학회보』 제38집 제1호, 2004; 허만호, 『북한의 개혁·개방과 인권: 후기 공산사회에서의 사회통제와 정치변동에 대한 비교론적 접근』, 명인문화사, 2008.

42 강혁, 「탈북대학생 강혁의 수기(상), 굶주림의 땅에 쓰러져 죽음의 강을 건너다」, 『신동아』, 1999년 8월, 91쪽.

43 위의 수기, 404쪽.

44 쌀: 937~1333배, 강냉이 알: 1167~1667배, 밀가루: 833~1333배, 돼지고기: 14~20배, 맥주: 80~120배, 텔레비전: 17~34배. 정세진, 「북한의 이차경제 발흥과 정치적 변화에 관한 연구」, 『'99 신진연구자 북한 및 통일관련 논문집, 북한실태·인도지원(Ⅱ)』, 통일부, 12쪽.

45 동용승, 「암시장 확산이 북한경제에 미치는 영향」, 『월간 삼성경제』, 1997년 5월 호. 조선노동당 중앙위원회 명의로 2007년 10월 발행된 한 문건은 "위대한 영도자 김정일 동지는 '비사회주의인 현상에 대해 적당히 대응해서는 안 된다. 철저히

이와 같은 '2차 경제'의 확장이 정치 체제에 미치는 영향에 대해 G. 그로스만(Gregory Grossman), G. 쇼플린(George Schöpflin) 등은 '1차 경제'가 충족시켜 주지 못하는 요구들을 충족시켜 주기 때문에 정치적 안정성을 강화한다고 주장한다.[46] 그러나 V. 니(Victor Nee), P. 리앤(Peng Lian) 등은 장기적으로 당·국가의 내부 메커니즘을 약화시키고, 체제 내에 누적적인 변화를 야기한다고 주장한다.[47]

그런데 이와 같은 '2차 경제'의 파급 효과는 '자력갱생'에 따른 하부 단위들의 강요된 자립화로 중앙과 하부 단위 간의 관계가 변화되고, 당·국가의 간부에 대한 통제력 약화와 더 나아가 주민들의 노동력과 유동성에 대한 통제력 약화로 나타나고 있다.[48]

이와 같은 '2차 경제'의 확장은 북한 주민들의 의식 형성에도 직접적으로 영향을 미치고 있다. 전택철, 강학태, 리정수 등의 소설이나, 여타 북한의 문학들에서 나타나는 모습들이나, 탈북·망명자들의 증언을 종합해 보면, 북한 주민들은 '1차 의식'인 주체사상과 집단주의에 따라 사회주의공동체 생활을 영위하고, 국가의 유일지도체계에 순종적이긴 하지만, 그 외에 '2차 의식'이라고 볼 수 있는 개인주의, 온정주의, 소시민적 성향 등을 일반화된 가치 정향으로 가지고 있는 것으로 보인다. 더 나아가 이의론자(non-conformist)적 의식과 문화의 한 측면을 보여 주는 것으로 북한의 젊은 지식인들 사이에 지하음악이 유행하고 있다고 한다.

그런데 탈북자들의 증언이나 한국과 서방의 언론기관에서 탐방·관찰한 바로는, 주민들을 직접 지도·통제하는 일선 간부들이 주민들의 '2차 의식'에 대해 방관하고 있고, 생활이 어려워지면서 공안사건이 아닌 경우에는 국가의 통제가 거의 포기되고 있는 것 같다.

이와 같이 북한 사회에는 '2차 경제'가 이미 중요한 영역으로 자리 잡았고, 그로부터 파생된 '2차 의식'이 주민들에게 광범위하게 형성되어 정치 체제와 탈절현상을 보이고 있다. 이런 현실은 북한의 대외정책에 대한 위정자들의 선택을 극단적으로 제약할 수밖에 없다. 특히, 당시 김정일은 "미국은 북한의 체제를 전복시킬 수 있지만, 중국은 정권을 전복시킬 수 있다."

근절하기 위해 집중적인 공세를 펼쳐야 한다.'라고 지적했다."라고 밝히고 있다. 이 문건은 "인민들이 시장을 통해서 생활의 편의를 누리기도 했지만 현재는 국가적인 규율이나 사회 질서를 어지럽히는 장소로 전락했다."라며 "어느 시는 인도는 물론 자동차 도로에까지 매일 몇 만 명의 상인들이 나와 있어 자동차 주행에 엄청난 지장을 초래하고 있다."라고 말하고 있다. 이 문건을 통해 북한 당국도 이제는 시장 활성화로 주민들의 시장 의존도가 커지고 비사회주의적 현상이 난무하고 있다는 사실을 인정하고 있다는 것을 알 수 있다.

46 Gregory Grossman, "The 'Second Economy' of USSR", *Problems of Communism*, Vol. 26(September-October, 1977); George Schöpflin, *Politics in Eastern Europe 1945-1992* (Oxford: Blackwell Publishers, 1993).

47 Victor Nee, Peng Lian, "Sleeping with the enemy: why communists love the market", *Theory and Society*, Vol. 23 No. 2(April 1994).

48 정세진, 앞의 논문, 20~32쪽.

라고 인식하고 있어서 중국에 대해서도 경계심을 늦추지 않았던 것으로 보인다.

지난 사반세기 이상 심화되어 온 이분법적 분화에 의한 사회 변동이 대외정책, 특히 남한에 대한 정책에 가시적 변화를 주지 못하는 것은 대부분의 다른 공산주의 국가들과는 달리 진정한 의미의 리더십 대체가 북한에서는 아직 이루어지지 못했기 때문이다. 그리고 사회 변동이 위정층에 압박을 가할 수 있는 연결체(連結體)로서, 사회세력의 결집체(結集體)로서 작용할 수 있는 사회적 연결망(social network)이 아직까지 발달하지 못했기 때문이다.[49]

2) 북한의 협상관과 협상 목표

'한국전쟁 군사휴전협정'이나 남북기본합의서 등 남북한 관계를 규정하는 제도적 장치들은 북한의 협상관과 협상 목표의 반영물이라 말할 수 있다. 그리고 북한의 협상관은 합의 사항들에 대한 북한의 준수 여부, 즉 제도적 장치들의 구속성에 대한 북한의 입장을 말해 주기도 한다.

북한은 협상을 "국가들 사이의 분쟁 문제를 평화적인 방법으로 해결하기 위하여 적용하는 외교적 방법 또는 회담"으로 정의하고 있다.[50] 이는 서구의 협상 개념과 별 차이가 없다. 그러나 외교를 단순히 국가의 공식적인 정책으로만 간주하지 않고, 그것을 형성시킨 사회의 특수성을 반영하는 일종의 "국가적 특성(national signature)"이라는 것을 고려한다면, 북한 외교의 특성은 사회주의 혁명이므로, 사회주의 국가 건설을 표방하는 조선노동당의 대외 정책에서 협상관을 유추해 낼 수 있을 것이다.

북한은 "…… 반제 민족해방운동과 모든 나라 인민들의 혁명 운동을 지원하며, 제국주의의 침략과 전쟁 정책을 반대(하는) 투쟁"을 당의 일관된 대외정책이라고 주장하므로, 외교 행위는 혁명 성취를 위한 투쟁이 되며, 협상은 그 투쟁에 사용하는 수단이다.[51] 다시 말해, 북한은 협상을 혁명의 유력한 도구로 생각하는 것이다. 이러한 북한의 협상관은 "남조선 당국과는 협상을 해서 조국 통일 문제를 해결할 수 없고, 폭력 혁명을 통해서만 해결될 수 있다."라고 말한 김일성의 발언[52]이나, 그의 다음 발언에 잘 나타나 있다.

---

49 Man-Ho Heo, "Contrôle social et changement politique dans les sociétés communistes subsistantes: une application des cas chinois et est-allemand à la Corée du Nord", *op. cit.*.

50 『현대조선말사전』, 평양: 과학·백과사전출판사, 1981, 2342쪽.

51 『정치사전』, 평양: 사회과학 출판사, 1973, 913쪽.

52 「로동신문」, 1975년 10월 1일.

> 우리는 앞으로 남조선을 상대로 회담을 하게 됩니다. 이것에 대해서 일부 동무들이 잘못 해석할지도 모릅니다. 지금 시작하고 있는 북남 적십자회담이나 앞으로 또 하게 될 어떤 이름의 대화나 협상도 긴장된 적을 해이시키고, 반면에 우리의 무력증강을 완성해서 적보다 우세한 입장에 서게 될 시간을 벌고, 또 국제여론을 유리하게 이끌어 국제혁명역량을 강화하기 위해서 벌이는 것으로만 생각해서는 안 됩니다. 대화건 협상이건 우리는 적을 날카롭게 공격해서 적을 궁지에 몰아넣는 혁명의 적극적인 지류적 공격형태로 생각해야 됩니다.[53]

이와 같이 혁명적 전투 의식에 기초하여 협상을 대남적화정책의 한 도구로 생각하는 북한의 협상관은 김정일 정권도 견지(堅持)하고 있었다고 볼 수 있다. 2000년 남북정상회담 직후에 김정일은 자신의 통일관이 무력통일이며, "당이 평화통일 구호를 높이 들수록 계급의 총창을 날카롭게 벼려야 한다."라고 군부에 지시했던 것은 이를 뒷받침하는 것이다.[54]

북한은 협상을 가용한 모든 수단을 다 동원하여 "입지를 강화하고, 목적을 달성하는 책략"으로 생각하고 있다. 따라서 북한의 협상 개념은 포괄적이고 공격적이다. 이런 맥락에서 북한은 협상에서 협정 체결보다는 "자신의 목적을 달성하고 이익을 증대시키기 위해" 협상 과정 그 자체를 이용하는 데 주안점을 둔다.

북한은 협상을 "자본주의자들에 대항하는 강력한 무기로서, 사회주의국가의 이념적 목표와 외교 정책 목표를 달성하기 위해 사용하는 전술적 도구이고, 정치적 수단을 사용하여 상대방이 수용할 수 없는 목표를 달성하는 전쟁"으로 보는 공산주의 협상론을 견지하고 있다. 한마디로, 북한은 협상을 정치적 목적 달성을 위한 전투 행위로 보고, 모든 비윤리적이고 비전통적인 수법까지도 정당화하고 있다. 따라서 협상의 결과로 도출한 합의를 이행하는 것은 자신들의 이익에 부합될 경우로 한정되며, 결코 합의 그 자체에는 구속되지 않기 때문에 남북한 관계의 제도화에 가장 큰 장애 요인이라고 볼 수 있다.

국제 협상에서 협상 행위자들이 추구하는 목적에 대해 F. 이클레(Fred Charles Iklé)는 연장(extension), 정상화(normalization), 재분배(redistribution), 쇄신(innovation), 부수효과(side effects)로 분류한다.[55] 그런데 D. 모이지(Dominique Moïsi)는 이를 좀 더 세분하여 다음

---

53 김일성의 「9·25 전투명령」(1972년 9월 25일)의 일부. 김부성, 『내가 판 땅굴』, 갑자문화사, 1976, 59~60쪽에서 재인용.
54 『학습참고자료-병사, 사관용』, 조선인민군출판사, 주체89. 『월간조선』, 2002년 3월 호, 72~81쪽.
55 Fred Charles Iklé, *How Nations Negotiate* (New York: Frederick A. Praeger Publishers, 1964).

과 같이 범주화했다. (1) 현상 유지를 확고히 하기 위해 기존의 조건들을 연장하고자 하는 시간 연장 (2) 비정상적이라고 생각되는 상황을 일소하거나, 휴전 협정을 파기하고 정상적인 국교 관계를 수립하는 것과 같은 정상화 (3) 전후(戰後) 패전국이 승전국에게 영토나 영향력을 양도하는, 영합(零合, zero-sum)적 원리가 적용되는 재분배 (4) 군비통제 협상과 같은 기존의 상황을 개선하고자 하는 혁신 (5) 협상을 선전에 이용하거나, 협상 과정에서 얻게 되는 비밀 정보 등과 같은 부수효과 (6) 시간 벌기 (7) 협상을 위한 협상.[56]

그런데 북한이 협상을 외교 행위(혁명 성취를 위한 투쟁)에 사용하는 수단으로 규정하고 있으므로 협상 목표도 외교 목표에서 유추할 수 있다. 즉, 1990년대의 북한 외교의 기본 틀이라고 볼 수 있는 '1991년도 외교 공세 계획'에서 북한 외교의 '총적 목표'의 하나는 "북한 사회주의 제도를 말살하려는 미국, 일본, 남조선의 연합을 분쇄하고, 미·일·남조선 호상간의 모순과 알력을 최대한 이용하여 미·일·남조선 사이를 벌려놓고, 쐐기를 치면서 남조선을 역포위하게 만드는 것이다."라고 밝히고 있다.[57] 이는 체제 안보와 혁명의 목적을 달성하기 위해 협상이라는 도구를 최대한 활용한다는 사고에 기인한 것이다. 그런데 이와 같은 북한 외교의 기본 틀은 현시점에서도 거의 그대로 유지되는 것으로 보인다.

북한이 대미협상에서 추구하는 궁극적인 목적은 미국과의 직접 협상으로 평화협정을 체결하고, 주한 미군 철수를 유도하는 것이다. 따라서 이는 '정상화'에 해당하는 것이다. 그러나 대남협상에서는 통일전선전략을 수행하기 위한 여건을 조성하는 데 주요 목적을 두고 있기 때문에 '부수 효과'나 '협상을 위한 협상'을 추구하는 것이다. 그러나 공격적 목적을 위해 공격적 수단을 사용하는 것이기 때문에 북한의 협상 목표는 일반적 협상 목표와는 사뭇 다르다.

따라서 남북한 간에 협상을 통해 평화협정을 체결했다 하더라도 이것이 제도적 구속력을 갖게 될 것으로 기대하는 것은 한낱 헛된 희망일 가능성이 크다.

3) 한국 집권자들의 업적주의

남북한 간의 합의 사항들이 제도적으로 안착되지 못하는 것은 북한이 합의 그 자체를 전투적 협상관에 따라 혁명적 목적으로 이용하기 때문이다. 그러나 이런 북한의 남한에 대한 정책 속에서 가시적 성과를 내고, 자신들의 업적으로 이를 내세우고자 하는 한국의 정권 담당자들

---

56 Dominique Moïsi, "De la négociation internationale", *POUVOIR, Revue Française d'Etudes Constitutionnelles et Politiques*, No. 15 (La négociation, 1980), PUF, pp. 35-36.

57 고영환, 「북한의 관점에서 본 대남 협상 전략 및 기술」, 3/4분기 군비통제 학술간담회 발표자료, 1993년 8월 26일.

과 정책 실무자들의 태도도 제도화를 어렵게 만드는 중요한 요인이 된다.

남북기본합의서와 부속합의서는 남북한 관계 전반을 규정한 최초의 합의문이고, '남북한 관계의 제도화'라는 점에서 초석이 되는 것이다. 그런데 이 합의서들이 갖는 중요성에 대해 그간 한국의 정책 실무자들과 위정자들도 언급은 해왔지만, 실제적으로 나타난 모습은 방향감각을 상실한 채, 현실적 편의주의에 휩쓸려온 것으로 보인다. 그 대표적인 예로, 남북기본합의서와 부속합의서의 법적 성격에 대해 이를 '신사협정'으로 규정하는 정부 당국자가 있는가 하면, 남북한 교역 시 주어질 예외적 혜택들을 여타 국가들이 요구할까 저어하여 국제조약의 성격을 부여하지 말고, 국회 비준도 거쳐서는 안 된다는 논리를 강조하느라 '남북한 관계의 제도화'라는 측면에서 한국 사회 내부와 국제사회에서 밟았어야 할 제도적 절차들이 너무 가볍게 처리되었다.[58]

그간 남북기본합의서와 부속합의서가 남북한 관계의 제도적 틀로 자리 잡는 데 북한이 많은 어려움을 야기하고 있다고 한국의 정부 당국자들과 정책 실무자들은 적잖이 언급해 왔다. 그런데 2000년 6월의 남북정상회담에서 남북기본합의서의 이행 문제에 대해 두 정상은 어느 정도 진지하게 논의했는지 의문이 생긴다. 무엇보다 '6·15남북공동선언'에 기본합의서나 부속합의서에 대해 일언반구(一言半句)도 없으며, 정상회담 후에 이루어진 실천 조치들은 기본합의서 체제 속에서 논의·실현된 것이 아니었다. 기본합의서 체제에 각 분야별 공동위원회와 분과위원회들이 마련되어 있지만, 남북한은 2000년 정상회담 후에 후속 조치들을 논의·실천하기 위해서 '남북장관회담', '남북경제협력추진위원회'로 구성된 새로운 협의의 틀을 만들었다. 아울러 이 새롭게 만든 체제의 한시적 성격이나 남북기본합의서 체제와의 연계성에 대한 언급이 없었던 것은, 한국의 정책 실무자들이 대북정책에서 제도화의 현실적 어려움만 강조했지, 그 어려움을 극복하기 위해 어떤 노력들을 기울였는지 의구심을 갖게 한다.

6·25전쟁 종전 협상을 거의 전 기간에 걸쳐 이끌었던 C. 조이 제독(Admiral C. Turner Joy)의 협상 경험은 지금까지도 유효한 교훈을 준다. 서방측의 정권 담당자나 협상 실무자들은 정해진 임기 동안에 가시적인 성과를 내어야 하고, 그래서 협상가(協商價)를 미리 정해놓고 장애 요인들을 하나씩 제거해 나아가는 공산측의 장기적 협상 전략에 적지 않은 협상 손실을 입을 수밖에 없다는 것이다.[59] 1990년대에 들어와서 활성화된 남북협상에서 한국

---

58 남북기본합의서의 법적 성격에 대한 논의는 다음을 참조하시오. 제성호, 『남북한 특수관계론, 법적 문제와 그 대책』, 도서출판 한울, 1995.

59 Admiral C. Turner Joy, *op. cit.*

의 협상 실무자들은, 소련과의 협상에서 미국이 경험했던 것처럼, 요지부동(搖之不動)의 협상 자세를 취하는 북한 측을 움직여 보기 위해 스스로 제안을 수정해 가며 자가협상(自家協商, self-negotiation)을 하는가 하면, 공산측의 작은 양보에도 황홀해 하는 다행증(多幸症, euphoria)에 빠져들고, 지극히 당연히 다루어져야 될 사안들에 대해서도 북한 측의 지연 전술에 지쳐서 미리 자포자기(自暴自棄)해 버리는 사례들을 흔히 보였다. 이런 상황에서는 한국 정부가 북한에 대해 설득력을 확보하기 힘들 것이고, 제도적 구속력을 기대하기는 더욱 더 힘들 것이다.

4. 제도적 구속력의 확보

1) 미국의 대북강경정책과 북한의 대남정책

북한의 대남정책은 몇 가지 중요한 특징을 보이고 있다. 북한은 한반도 평화 문제에 관하여 '통미봉남(通美封南)' 정책을 취하며 한국을 고립시키려 한다든지, 대남정책을 대미정책의 종속변수로 간주하는 등 한국을 객체로 취급하고 있다. 한국이 1990년대에 들어와서 교류·협력정책을 취하고, 특히 김대중 정부가 대북포용정책을 취하자 경제적 이익을 취하기 위해 이를 수용하면서도 잠수정·반잠수정 남파와 두 차례의 서해교전 등을 통해 보인 것처럼 남북한 간의 긴장은 일정 수준 이상 유지하고 있다.

이와 같이 이중적인 대남정책을 취하고 있는 북한으로 하여금 평화체제의 근간이 되는 기존의 합의 사항들이나 앞으로 합의할 사항들을 어떻게 준수하도록 할 것인가? 그리고 북한의 미사일 발사와 핵실험 이후 조성된 국제 제재 국면과 미국정부의 대북강경정책은 북한에 대한 제도적 구속력을 강화시킬 것인가 아니면 그 반대 방향으로 작용할 것인가?

그간 미국의 대북정책이 강경노선으로 선회하여 북한이 대미정책에서 원하는 바를 달성하지 못했을 때에는 남북한 간에 이미 합의한 사항들을 무산시키는 방향으로 나아갔다는 점을 들어 미국정부의 대북강경정책은 남북한 관계 발전과 평화체제 구축에 부정적으로 작용할 것이라는 주장이 제기되기도 한다. 특히, 북한의 미사일 발사와 핵실험은 이런 주장에 한때 힘을 실어주었다. 그러나 이에 대해서 다른 평가도 가능하다.

남북기본합의서와 한반도비핵화공동선언을 이끌어 내었던 남북고위급회담에 북한이 임했던 데에는 부자 권력세습과 경제파탄이라는 내부적 요인보다 냉전체제의 붕괴, 동구의 민주화와 루마니아 사태, 소연방의 해체, 한국의 북방정책 성공과 유엔 가입 가능성 등 북한의 안보환경이 급격히 악화된 외부적 요인이 더 크게 작용했다고 보는 것이 타당할 것이다.

물론, 독일 통일의 충격과 노태우 대통령의 '한민족공동체 통일방안'이 상승 작용하여 북한 위정층에게 흡수통일의 위기의식을 야기해서 불가침협정 체결로 퇴조기에 현상 유지를 도모했다고도 볼 수 있을 것이다. 그러나 이는 '한국과 불가침협정 체결', '미국과 평화협정 체결'이라는 북한 위정자들의 '평화 도식'을 부분적으로 이행한 것이고, 남북한 간에 화해 분위기를 조성하여 궁극적으로는 대미·대일 수교를 함으로써 국제적 고립을 면하기 위한 것이었다.

2000년 6월의 남북정상회담에 한국정부의 주체적인 측면도 있다. 1998년 11월 말부터 서울의 국정원 대북전략국과 평양의 노동당 통일전선부가 17개월간 벌여 온 물밑 작업과, 2000년 3월 9일에 있은 김대중 대통령의 '베를린선언'이 결실을 맺은 것이라는 관점에서 그렇게 볼 수도 있다.[60] 그러나 북한이 남북정상회담을 수용하게 된 결정적인 계기는 북·미간의 협상이 원활하게 진행되지 못한 데 있었다. 사실, 북한의 지도부는 김대중 정부의 포용정책에 대해 비판적인 입장을 견지했었다. 그런데 핵개발 포기와 미사일 발사 유예를 조건으로 경제제재의 완화를 합의한 북·미 협상이 미국 의회의 반대에 부딪히면서 이행되지 못하자 한국의 정상회담 제의를 수락하였던 것이다. 물론 북한이 정상회담을 통한 남북한 관계 개선으로 미국을 대신하여 한국으로부터 경제지원을 받고자 한 측면도 있다. 그러나 정상회담 이후에 북한이 취한 대남정책을 보면 북한이 남북정상회담을 대미협상의 지렛대로 삼았던 측면이 더 강하게 부각된다. 실제로 남북정상회담은, 북한의 의도대로 미국이 1999년 9월에 했던 경제제재 범위 해제 공약을 남북정상회담 후 1주일 이내(2000년 6월 19일)에 시작하겠다고 공포하게 했으며, 2000년 10월에 조명록 차수의 방미와 곧 이어 올브라이트(Medeleine K. Albright) 미국 국무장관의 방북이 가능할 정도로 북·미관계 개선의 발판이 되었다.

이런 관점에서 봤을 때, 미국이 취하고 있는 대북강경정책은 북한으로 하여금 한국에 대해 전향적인 자세를 취하도록 유도할 가능성이 크다.

이런 맥락에서 국제 제재 국면과 미국정부의 대북강경정책은 북한의 대남정책을 긍정적으로 선회시킬 수 있다. 한국정부가 단기간에 가시적 성과를 내려고 조급하게만 굴지 않는다면, 그래서 자가협상(自家協商)의 우를 범하지만 않는다면 북한 위정자들로 하여금 한국의

60 최원기 외, 『남북정상회담 600일』, 김영사, 2000, 24쪽; 통일부 통일정책실, 『2001 통일백서』, 통일부, 2001, 23~27쪽.

대북 제안들에 귀 기울이게 하고, 기존의 합의들을 북한이 준수하도록 하여 제도의 구속성을 강화시킬 수 있을 것이다.

2) 북한의 딜레마와 한국정부의 대북 설득력

현재 북한의 지도부는 심각한 딜레마에 봉착해 있다. 먼저 내부적으로는 생산의 하부구조가 붕괴되어 경제가 회복 불능의 파탄[61]에 이르렀으며, 심각한 식량 부족은 사회 통제력 상실로 이어지고 있다.[62] 북한 주민들에게 희생을 강요하며 대안으로 제시해 왔던 '남조선 해방'도 한국의 민주화와 체제 강화로 설득력을 상실했다. 그뿐만 아니라 주요한 외환 조달 수단이 되고 있는 대량살상무기 수출도 시간이 갈수록 어려워지고 있다. 최근의 도발로 야기된 대북제재와 기존의 유엔 안보리 대북제재 결의들은 상황을 더욱 어렵게 하고 있다.

이렇게 내외적으로 위기에 봉착한 북한을 공식 대화에 끌어내고, 평화체제 건설의 동반자로 변모시키기 위해 그간 한국정부는 여러 방면으로 노력을 기울였다. 그런데 북한이 '통미봉남' 정책에 매달려 있는 동안에는 한국정부의 대북 설득력은 극히 미미했다. 이런 상황에서는 한국이 북한에 대해 강경한 정책을 취할 경우에 한국이 도외시된 채 북한과 미국 간에 한반도 평화 문제가 논의·결정될 것이 우려되었다. 그리고 한국이 도외시되는 상황을 면하기 위해서는 한국을 외면하려는 북한을 붙들기 위해 북한에 대해 유화책을 쓰거나 대폭적인 양보 조치들을 취할 수밖에 없었다.

그런데 미국정부가 북한에 대해 강경정책을 취함에 따라 북한 지도부가 선택할 수 있는 대안들은 한국을 도외시할 수 없는 것들이다. 그 일례로 북한의 도발들이 있기 이전까지 대북식량지원에서 한국의 지원분은 절대적인 비중을 차지했다. 그리고 그간 진행해 온 북한과의 각종 협력 사업들은 그 규모와 구체성에 있어서 과거와 현저히 달랐다.

이명박 정부 이전까지 연간 남북 교역액 추이를 보면, 1989년에 1872만 달러로 출발해서 1991년에 1억 1272만 달러, 2002년에 6억 4173만 달러에 이르렀다. 2005년에는 남북 교역 규모가 10억 달러를 넘었고, 2006년 8월까지 전년 대비 34.6%의 신장률을 보였다. 2005년

---

61 북한의 생산기반 붕괴에 대한 지적은 이미 1980년대부터 있었다. 이우홍, 『가난의 공화국』, 통일일보사, 1990; 이우홍, 『어둠의 공화국』, 통일일보사, 1990.

62 북한사회의 해체 현상은 그간 여러 경로를 통해 외부 세계에 알려져 왔다. 그중 가장 심각했던 시기에 대한 대표적인 조사와 증언은 다음을 참조하시오. 좋은벗들 엮음, 『중국 동북부지역 2479개 마을 북한 '식량난민' 실태 조사, 두만강을 건너온 사람들』, 정토출판, 1999; 좋은벗들, 『북한난민 1855명 증언, 사람답게 살고 싶소』, 정토출판, 1999; 권혁, 『고난의 강행군』, 정토출판, 1999.

까지 남북 교역액은 북·중 교역액(2005년 14억 달러 수준)보다 적지만, 증가율에 있어서는 남·북 교역(51.5%)이 북·중 교역(20%)을 훨씬 앞서고 있다.[63] 북한의 총 수출입액을 감안하면, 이와 같은 남북 교역액은 과거 동독이 서독에 경제적으로 의존했던 수준(동독 수출입액의 8~16%)을 훨씬 능가하는 것이다.[64] 그리고 김대중 정부 이래 8년간 북한에 지원된 8조 원은 북한의 경제 규모에서 결코 적은 액수가 아니었다. 이와 같은 대북지원과 '5·24조치' 이후의 경색 국면처럼 남북한 관계의 변화 폭이 크고 확실한 경우에는 미국정부의 대북강경정책이 한국의 대북 설득력을 강화시킬 수밖에 없다.

그렇다면 현시점에서 한반도 평화체제를 완결시키기 위해서 한국정부는 북한을 어떻게 설득해야 될 것인가?

먼저, 남북기본합의서 체제가 유효함을 재천명하고 체제 완비를 서둘러야 된다. 기본합의서 채택 후 남북한은 부속합의서의 세부 실천 방안을 마련하고 분과위원회와 공동위원회들이 가동되어 실제적으로 기본합의서 체제가 제도적으로 안착되도록 했어야 되었다. 그런데 6·15남북공동선언을 채택한 후 후속 조치들을 위한 제도적 장치들을 만들면서 이런 노력은 전혀 기울이지 않았고, 심지어 기본합의서 체제와의 제도적 연계 관계도 설정하지 않았다. 따라서 이를 해결하는 것이 현재로서는 급선무다. 그리고 남북기본합의서 체제는 이미 남북한 간에 합의된 체제이므로 향후 남북 관계의 진전 과정에서 논의될 사항들은 기본합의서와 부속합의서의 구성 내용에 준거점을 두어야 한다.

한국이 기본합의서 체제에 비중을 두지 않으면 한반도 평화체제의 정착은 하나의 형식논리만 갖춘 허상에 지나지 않게 될 것이다.

그리고 과거 동구 공산주의 체제하에서 공격적 대외정책이 협력적으로 변한 것은 사회의 분화와 더불어 등장한 시민사회에 저항 연대가 형성된 것과 궤를 같이했다는 것을 고려할 때, 북한 사회의 변화를 유도하고, 북한의 정권 담당자들이 이 변화를 공식 영역으로 수용하도록 '제재와 보상'을 동반한 대북정책을 취해야 한다. 북한을 자극하지 않는다고만 대북 설득력이 확보되는 것은 결코 아니다. 북한 사회의 변화를 유도하는 데 필요하다면 국내외 비정부기구들(NGOs)의 활동도 활용하는 이원적인 접근이 필요하다.

---

63 http://blog.naver.com/psk7800?Redirect=Log&logNo=50006339300(검색일:2006년 11월 15일).
64 김영윤 외, 『통일독일의 분야별 실태』, 민족통일연구원, 1992, 100쪽.

3) 제도적 구속력 확보를 위한 중국의 역할

6·25전쟁 이후 한반도에서 전쟁이 발발하지 않았던 이유로 세력 균형과 미국, 중국 등 균형 보유자들의 긍정적인 역할을 꼽을 수 있다.[65] 그러나 합의된 준거가 마련되어 있어야 균형 보유자들의 개입이 명분과 설득력을 가질 수 있을 것이다. 즉, 6·25전쟁의 당사국들 간에 국교가 수립되어서 더 이상 국제법상의 적대관계는 아니라 하더라도 '6·25전쟁'이라는 특정 사안에 대해서는 적대관계가 완전히 해소된 것이 아니다. 따라서 적대관계의 완전한 해소를 통해 평화 상태에 도달할 때까지 합의의 제도적 구속성은 계속 확보되어야 한다. 그리고 유럽의 경험을 통해 이상적인 국가 간의 평화 상태로 '국가 간 통합의 증대', '안보 공동체의 형성', '집합정체성(we-ness)' 등을 꼽고 있다.[66] 그런데 한반도에 평화체제를 구축하는 것은 '통일'이라는 궁극적인 목표를 향한 과도기에서 평화를 제도화하는 문제다. 한반도에서 남북한 간에 이런 '이상적인 국가 간의 평화 상태'가 조성된다면 이는 통일 직전의 모습을 의미할 것이다.

자유주의 국제정치이론가들이 주장하는 '자본주의 시장평화론', '민주평화론' 역시 현 김정은 정권하에서는 일정한 한계가 있을 수밖에 없다. 먼저, '자본주의 시장평화론'과 관련하여, 자본주의 국가와 비자본주의 국가 간의 비자본주의적 시장을 통한 경제협력이 '자유주의적 복합상호의존'의 모습을 갖기도 힘들지만, 정권 안보에 민감한 북한과는 더욱 더 기대하기 힘들다.[67]

북한의 '통일전선사업부'의 산하 기구에서 작가 생활을 하다가 2003년경에 탈북한 장철현은 김대중 정부의 대북 경제협력 정책을 북한이 역이용하려 했다며, 북한이 국제 시장 침투나 합작 체계 설립이 불가능한 상황에서 외화 부족 때문에 남한의 경제력을 이용하기 위해 '우리민족끼리'라는 교리(doctrine)를 부각시켜야 할 필요성이 제기되어 '햇볕정책 역이용 전략'이 생겨났다며, "이전의 대남전략이 물리적, 이념적이었다면 현재는 남북대화 그 자체가 생존전략으로 전환된 셈"이라고 주장한다. 장철현은 통전부(統戰部)의 새로운 대남전략의 목표와 목적을 "남북 관계를 경제적 이익에 국한시키고, 남한 내 북한 지지 세력을 확보하며, 남북 화해의 전략화를 통한 미군 축출"이라고 소개했다.[68]

---

65 전재성, 「한반도 평화체제: 국제정치이론적 접근」, 한국정치학회 정전체제 55주년 특별학술회의, 서울, 2008년 07월 10일, 32쪽.

66 위의 논문, 32쪽.

67 위의 논문, 34~35쪽.

68 http://cafe.daum.net/cbnuKH/BKlg/11?docid=1EEDx|BKlg|11|20080531155913&q=%C7%DE%BA%B5%C1%A4%C3%A5%20%BF%AA%C0%CC%BF%EB&srchid=CCB1EEDx|BKlg|11|20080531155913(검색: 2008년 8월 25일)

그뿐만 아니라 노무현 정부의 당국자들이 주장해 왔던 바와는 달리, 개성공단 사업도 감시·통제가 불가능한 김정일·김정은 정권의 외화 획득 창구가 되었다.

개성공단이 2005년에 문을 연 이래 근로자들의 기본급은 미화(美貨) 50달러에서 초기 2년과 가동이 중단되었던 2013년을 제외하고는 매년 5%씩 인상되어 2015년 상반기에 70.55달러까지 올랐다. 그런데 이 기본급의 15%를 사회보험료로 한국 측 고용주가 북한당국에 추가로 지불한다. 그리고 근로자들의 급료 중에서 30%를 사회문화시책비로 북한정부가 공식적으로 가져간다. 그리고 남은 급료도 달러화는 북한당국이 가져가고 그 액수만큼 암시장에서 통용되는 실제 환율이 아닌 공식 환율을 적용하여 북한 돈으로 지급하는 것으로 되어 있다. 실제로 개성공단이 문을 연 초기 2년간 한국 고용주들은 북한 노동자들에게 월급으로 미화 50달러를 지급하였다. 북한 당국은 이 금액에 비례하여 한국 고용주들로부터 사회보험료로 7.5달러를 추가로 받았다. 북한 근로자들이 기숙·의료·교육을 무상으로 제공하는 대가로 임금 50달러에서 30%의 '사회문화시책비'를 공제한 나머지 35달러를 노동자들에게 지급하는 것으로 되어 있었다. 그런데 당시 북한정부는 북한의 공식 환율로 1달러에 북한 돈 140원 혹은 150원을 적용하여 노동자들에게 5000원 전후의 금액을 지급하였다. 당시 암시장 환율로 미화 1달러는 북한 돈 3000원에 이르렀다. 즉, 북한정부는 한국의 고용주들로부터 57.5달러를 받아 근로자들에게 실제적으로는 1.5달러 남짓한 돈을 지급한 셈이 된다. 이 계산에 따르면 개성공단에서 북한정부는 엄청난 임금 갈취를 하고 있는 것이다. 한국 내에서는 당시 이런 지적을 '편파적이고 왜곡된 시각이며, 있을 수 없는 내정간섭이요, 일방적이고 단선적인 사고다."라며 폄하하기도 했다. 이에 편승하여 일부 학자들은 "공단의 노동자들이 얼굴을 알아보기 힘들 정도로 살이 찐 것으로 봐서 노동착취를 당하고 있다고 볼 수 없다."라는 주장까지 하기도 했다.

그런데 북한당국은 그나마도 월급을 '대체상품'으로 지급하기 때문에 앞의 계산이 아무런 의미가 없다. 개성부 제1선(개성지역 휴전선) 민경(민사행정경찰, 국경수비대)으로 8년간 근무했던 이광수 씨의 증언으로는, 개성공단 노동자들에게 북한정부가 월급 대신 '대체 상품'을 국정 가격으로 지급하고, 심지어 전담 사무소까지 두어 그 '대체 상품'을 집단적으로 시장에 내다 팔아 주기도 한다는 것이다.[69] 문제는 그 대체상품이 한국을 비롯한 서방세계의 대북원조 식량 혹은 물품이라는 데 있다. 즉, 북한정부는 개성공단 근로자들의 월급은 미국 달러화로 고스란히 다 챙기고, 그들에게 원조물자만 주는 '이중 사기극'을 벌이고 있는 것이다. 그리

69 탈북자 이광수 씨와의 인터뷰, 2006년 11월 10일.

고 근로자들을 극빈 상태에서 벗어나게 해주었다고 노동착취를 하는 것이 아니라는 주장은 세계노동기구(ILO)의 기본 정신과 규정들을 완전히 도외시한 것이다.

개성공단 노동규정 제32조에 의하면 입주한 한국기업은 북한 근로자들에게 현금으로 직접 임금을 지급하게 되어 있다. 그러나 북한정부의 요구에 따라 한국의 기업들은 현재까지 임금 지급을 북한정부에 위탁하고 있는 것이다. 개성공단 근로자들에 대한 임금 갈취는 일차적으로 북한정부가 자행하는 것이지만, 이를 용인한 우리정부 당국자들의 책임도 크다.

북한정부 당국자들의 임금 갈취를 제도적으로 용인하는 것은 세계노동기구의 규정뿐만 아니라 최저임금에 대한 개성공단 노동 규정도 위반하는 것이다. 그리고 북한당국이 임금으로 지급된 미화를 갈취하는 것을 막지 않는 것은 유엔 안전보장이사회 대북제재 결의 1718호의 제8조 (d)항을 위반하는 것이다. 우리 정부 당국자들은 개성공단 사업이 "핵, 대량살상무기, 탄도미사일 관련 프로그램을 지원하는 자국 내 자금과 기타 금융자산, 경제적 자원들"에 해당되지 않는다고 강변하고 있다. 그러나 개성공단 근로자들에 대한 임금 갈취가 북한의 몇몇 부정 공무원들이 개인적으로 하는 것이라면 몰라도 정부 차원에서 총체적으로 자행하는 것이어서 그 돈이 정권의 정책적 목적에 쓰일 것은 자명하다. 그런데도 북한정부의 임금 갈취를 호도하며, 그 용도에 대한 증거 불충분 운운하는 것은 제3의 사기극을 연출하는 것이다.

〈표 5-1〉 개성공단 북한 근로자들에게 지급된 인건비와 사회보험료

(단위: US$)

구분	임금(기본급과 초과수당)	사회보험료	합계
2009년	34,084,164	4,227,887	38,312,051
2010년	43,567,309	5,119,484	48,686,793
2011년	55,402,631	6,361,248	61,763,879
2012년	75,763,386	8,036,857	83,800,243
2013년	41,348,223	4,522,325	45,870,548
2014년 8월 말 현재	57,146,046	5,786,303	62,932,349

그렇게 해서 개성공단의 북한 근로자들에게 임금과 기본급의 15%의 사회보험료로 한국측에서 2012년에 8380만 243달러, 가동이 중단되었던 2013년에는 4587만 548달러, 2014년 8월 현재 북한 근로자 5만 4171명의 급료와 사회보험료로 6293만 2349달러가 지급되었

다. 이 미국 달러화 모두가 현금으로 북한의 최고 지도자에게 전달되었을 가능성이 크다. 그렇지 않다고 하더라도 북한당국은 개성공단을 통해 최소 6억~7억 달러의 경화를 획득했다고 볼 수 있다.

〈표 5-2〉 개성공단 기업 소속 북한 근로자 현황

(단위: 명)

연도	북한 근로자 수
2005	6,013
2006	11,160
2007	22,538
2008	38,931
2009	42,561
2010	46,284
2011	49,866
2012	53,448
2013	52,329
2014	53,947

출처: http://www.unikorea.go.kr/content.do?cmsid=3099 (검색일: 2015년 11월 23일)

중국이 한반도의 평화 기제를 촉진하는 데 역할을 하려는 이유나 대(對)한반도 정책에서 추구하는 목표를 생각하면, 중국정부 당국도 사실에 기초한 정확한 현실 인식을 할 필요가 있다. 특히, 푸멍즈가 주장한 바와 같이 중국의 외교정책 목표들을 달성하기 위해 '냉전적 사고를 버리고 상호 신뢰를 증진시키기 위해', '외세의 개입을 배제하고 장기적인 필요에 따른 자주적·평화적 통일을 기대한다면', '한반도 통일과 동북아 안보 체제를 연결하기 위해서', 그리고 '평화정책에 유리한 여건을 조성'하기 위해서도 북한의 정책을 두둔 내지 관찰만 해서는 안 될 것이다. 특히, 한반도 평화체제의 수립이 '한반도의 비핵화와 조화'를 이루기 위해서는 북한의 현 정권에 대한 후견 세력만이 아닌 조정자가 되어야 할 것이다.

국가의 주요 정책 결정에 시민사회가 참여하여 전쟁정책 결정을 막을 수 있다는 '민주평화론' 역시 한반도에 적용되기에는 무리가 있다. 하라스치(Miklos Haraszti)에 따르면, 동구(東歐)에서의 시민사회는 이데올로기적 통제와 국가의 탄압이 어느 정도 완화되는 탈전체주의(post-totalitarianism) 단계에서 나타난다고 한다.[70] 그는 동구에서의 시민사회 발전 단계를 탈스탈린주의(post-stalinism) 단계, 탈전체주의 단계, 탈공산주의(post-communism) 단계로 구분하였는데, 이에 따르면 북한은 아직 첫 번째 단계에도 진입하지 못하였다. 따라서 '민주평화론'에서 전제하고 있는 바와 같이, 북한에서 시민사회가 사회 각 수준의 의사 결정과 집행에 참여하여 평화를 보장하도록 하는 것이 현재로서는 어려워 보인다. 그러나 북한에서도 사회적 잔차(social residual)로서 시민사회의 잠재성은 있으며, 제2 사회영역(second social sphere)도 충분히 확장되어 있다.[71] 북한과 같이 공산화 이전에 부르주아 시민사회의 경험이 일천했던 경우, 후기 공산주의 단계(late-communist stage)에 와서 공산주의 체제가 대중 동원력을 상실한 채 극도의 비효율성을 보이면서 시민사회는 아직 형성되지 못했지만 사회의 비공식 영역이 확장됨으로써 변화된 사회가 정치 체제를 압박·위협하게 되었다.[72]

거대한 국가 기구가 공안 사건이나 안보 문제에 대해서는 통제력을 철저히 행사하는 것 같으나 민생 문제에 대해서는 지배력을 상실했다. 이런 상황 속에서 사회적 불만이 팽배해 있고, 크고 작은 소요들도 일어나고 있으나 하나의 조직적인 저항 운동으로 발전하지는 못하고 있다.

이런 현실을 감안하면 북한에서 시민사회가 형성되어 전쟁 정책을 막을 수 있도록 하기 위해서는 사회·문화적 교류를 활성화시키고, 북한 위정층 내에서 실용주의 개혁파가 목소리를 내는 데 유리하게 북한에 대한 정책을 펼 필요가 있다. 이를 위해서는 무조건적 대북지원도, 1 대 1의 도식적 상호주의도 모두 현실성이나 효과가 없을 것이다. 따라서 시간적 여유와 영역 교차 손익계산 방법을 기본 개념으로 한 다차원순차적 접근(多次元順次的 接近)이 필요하다.

현시점에서 한반도 평화체제를 완결시키기 위해서는 지난 사반세기 동안 남북한 간에 이룬 합의들을 남북기본합의서 체제와 제도적으로 연계시켜야 된다. 이미 남북한 간에 합의된 규정들을 연계시켜 하나의 제도적 틀, 즉 체제를 만들자는 것이므로 대북 설득력을 확보할 수

---

70 Miklos Haraszti, "The Beginning of Civil Society: The Independent Peace Movement and the Danube Movement in Hungary", in Vladimir Tismaneanu (ed.), *Search of Civil Society: Independent Peace Movement in the Soviet Bloc* (New York: Routledge, 1990).

71 장경섭, 「북한의 잠재적 시민사회: 이차 의식, 이차 경제, 이차 사회」, 『현상과 인식』 제18권 제4호, 133~156쪽; Man-Ho Heo, "Contrôle social et changement politique dans les sociétés communistes subsistantes: une application des cas chinois et est-allemand à la Corée du Nord", *op. cit.*, 허만호, 「베트남과 북한에서의 2분법적 사회분화와 정치변동: 유교적 가치와 사회통제에 대한 비교연구」, 한국정치학회, 『한국정치학회보』 제38집 제1호, 2004.

72 Man-Ho HEO, "Contrôle social et changement politique dans les sociétés communistes subsistantes: une application des cas chinois et est-allemand à la Corée du Nord", *op. cit.*.

있다. 남북한이 기본합의서에 비중을 두지 않으면 한반도 평화체제는 하나의 형식논리만 갖춘 허상에 지나지 않게 될 것이다. 이 제도적 장치의 구속성을 중국과 미국이 보증하게 함으로써 전쟁 억제력을 강화할 수 있을 것이다.

그리고 과거 동구 공산주의 체제하에서 공격적 대외 정책이 협력적으로 변한 것은 '제2 사회영역'이 확장되면서 활성화된 시민적 연대가 근본적 자유(fundamental freedom)를 추구하여 점차적으로 신장시켜 간 것과 궤를 같이 했다는 사실을 고려할 때, 한국정부는 북한 사회의 변화를 북한의 정권 담당자들이 공식 영역으로 수용하도록 '제재와 보상'을 동반한 대북정책을 취해야 된다. 북한의 위정자들을 자극하지 않는다고만 대북 설득력이 확보되는 것은 결코 아니다. 그리고 북한 지도부에 대해 가장 설득력을 갖고 있는 중국은 앞선 경험으로 북한의 변화를 유도해야 된다. 개혁·개방과 '제2 사회영역'에 대한 제도의 개방으로 사회변동이 체제에 주는 압박을 완화시켜 궁극적으로 체제를 안정시킬 수 있다는 사실을 중국의 성공적인 경험으로 계속 설득해야 된다.

5. 결론

한반도에 평화체제를 건설하는 것은 결코 휴전협정을 평화협정으로 대체하는 것만으로 되는 것은 아니다. 이 방법을 취하는 것은 북한이 설정하는 형식 논리에 쫓겨 내용적으로 모순에 빠질 수 있고, 실제적으로는 평화 정착에 별 도움이 되지 않는 결과를 초래할 수 있다.

특히, 지난 반세기 이상 남북한 관계가 불가역적 적대 관계를 형성하면서 합의들이 당사자들의 필요에 따라 임의적으로 준수 혹은 폐기되어왔던 점을 고려한다면, 향후 남북한 관계를 발전시키기 위해서는 기존의 합의들이 지속적으로 준수되어 제도적으로 안착되게 하는 데 주안점을 두어야 한다. 즉, 교환 규범을 확립하고, 조직과 절차가 가치와 안정성을 획득하는 '제도화'의 강화라는 측면에서 휴전체제를 평화체제로 전환하는 방법은 남북기본합의서 체제가 완비되어 안정적으로 작동될 때, 남북한 양측이 이 기본합의서 체제로 휴전협정을 대체한다고 선언하는 것이 바람직하다. 그뿐만 아니라 이 방법은 '한국 문제의 한국화'라는 과제를 위한 현실성과 주체성의 관점에서도 바람직하다.

남북한 관계가 공통적이며 상반되는 목적이나 이해관계(common and conflicting goals or interests)를 갖는다는 사실이 협상이 필요한 근거를 제공한다. 그러나 현재까지 진행되어온 남북한 간의 협상, 특히 정치·군사 부문에서의 협상은 가짜 협상 내지 협상 발전 단계의 극히 초보 수준에 머물러 있다고 볼 수 있다. 이는 협상 운영 방법에도 원인이 있겠지만, 상대에 대한 인식에서 비롯된 바가 더 크다. 그러나 협상에서 각자가 갖게 되는 협상 결과는 상대방에 의존하는 결과 의존(outcome dependence)이라는 성질을 갖는다. 어떠한 갈등이나 이해관계의 경우든 협상을 통한 가치나 자원의 증진과 재배분은 상대방의 결정과 자신의 결정이 교차하면서 최종적으로 결정된다. 따라서 협상에 의한 합의의 내용 그 자체뿐만 아니라 협상으로 나타나는 최종적인 상태도 상대방에 의하여 영향을 받게 된다. 이런 관점에서 남북한 간의 협상은 관계 증진과 상호 인식의 변화에 따라 협상 일반론에 수렴하게 될 것이다.

북한의 협상 태도는 1980년대 이전의 적대적 대미 협상 태도와 강압적 대남 협상 태도에서 점차 체제 존립을 위해 치밀하게 계산된 유화적 협상 태도로 변해가고 있다. 북한은 대체로 논쟁, 요구 사항의 천명, 위협을 사용하는 대립전략을 기본으로 했다. 다만, 상대방이 강경하거나 협상의 필요성이 절실할 때 굴복 전략이나 화해 전략을 구사했다.[73] 따라서 대북협상에서 한국정부는 주변국과의 공동보조와 협상 시 확고한 의지 표명으로 북한 당국자들에게 진정한 협상 이외에는 북한에 득이 없다는 것을 인식시켜야 된다.

이런 협상론의 관점에서 보면, 한국의 현 정부가 과거 정부들처럼 남북한 관계를 국내정치에 이용하려 한다든가, 같은 목적에서 제도화의 중요성을 간과하고 남북한 관계에서 새로운 가시적 성과를 내는 데 급급해 하면 한국의 대북정책은 북한의 대남정책에 철저하게 이용만 당할 것이다. 그런 상황에서 진전된 남북한 관계는 사상누각(砂上樓閣)에 지나지 않으며, 북한의 위정자들을 바람직한 파트너로 변모시키는 것은 불가능할 것이다.

한국정부는, 북한의 핵 불능화 문제로 있을 수 있는 미국과 일본 정부의 대북 강경 정책을 북한의 대남정책에 변화를 유도하고, 한반도에 평화를 제도적으로 안착시키는 데 유효한 기재로 활용하는 적극적인 자세가 필요하다. 그런데 북한 지도부를 설득하는 데 중국의 적극적인 협력이 필요하다. 이런 측면에서 이명박 정부와 후진타오 정부에 이어 박근혜 정부와 시진핑 정부가 보이고 있는 한·중 관계는 기대되는 바가 크다. 특히, 이명박 정부 이전까지 거의 전무했던 안보 분야에서의 한·중 협력은 박근혜 정부에 와서 다소 활기를 잃은 감이 없지 않으나 한반도 안보와 동북아 안보에 반드시 필요하며, 순탄치는 않겠지만 추구해야 될 정향인 것은 분명하다.

---

73 허만호, 「북한의 협상행위의 특징 -이론적 괴리와 규칙성-」, 앞의 논문, 207쪽.

제6장

6·25전쟁 시 북한 억류 한국군 포로

/// 제6장 ///

6·25전쟁 시 북한 억류 한국군 포로

1899년 헤이그협약은 포로를 자국에 대항하는 군복무에 종사하도록 강요할 수 없다고 규정하고 있다. 이 규정은 1907년 헤이그협약에서도 재천명되었다. 그럼에도 불구하고 북한은 6·25전쟁 당시 한국군 포로들을 북한 인민군에 강제로 편입시켜 전투 행위를 강요했다. 이는 많은 증언으로 뒷받침되기도 하지만, 전쟁 당시 유엔군이 생포한 인민군 포로들 중 11% 정도는 국군 포로 출신이었다는 사실에 의해 확실히 증명된다. 휴전협상 과정에서 유엔군 측이 이에 대한 실태 조사를 하자고 주장하자, 북한 측이 이를 "인민군 10만 명 이상을 납치하려는 음모다."라고 했던 것으로 봐서 10만 명 이상의 남한 출신 민간인이나 국군 포로가 강제적이었든, 자발적이었든 인민군에 입대했던 것으로 보인다.

생포된 국군 포로들 중 적지 않은 수가 고문, 생체 실험 등 각종 잔혹 행위를 당하고, 살해당했다. 이는 1899년 헤이그협약과 1929년 제네바협약 등 포로에 대한 국제법 위반이다. 그리고 포로들에게 위험한 작업을 시키지 못하도록 규정한 1949년 제네바 제3협약에도 불구하고, 한국군 포로들을 폭격 중인 비행장 복구, 철로 보수 등 위험한 전시 작업(戰時作業)에 종사시켰다. 전쟁이 끝난 뒤, 이들 중 대부분이 한국으로 귀환되지 못하고 북한에 억류되었다. 한국 국방부는 1996년 공식 집계를 통해 1만 9000여 명이 북한에 억류 또는, 북한군에 체포된 후 사망한 것으로 추정한다. 그러나 이 숫자는 확인할 수 있는 최소한의 수치이고, 많은 정황 증거나 증언들에 따르면 이보다 훨씬 더 많을 것으로 판단된다.

박승일·고근홍 대령이나, 조창호 씨의 예에서 볼 수 있듯이, 이들은 최근까지 광산, 제철소 등에서 강제 사역(强制使役)을 당하거나, 격리 수용되어 북한에서 최하층의 생활을 하고 있는 것으로 알려졌다. 현재 70대인 이들의 송환은 서둘러서 수행해야 될 한국정부나 국민의 도덕적 의무이다. 그러나 이 문제는 도덕적 의무를 떠나서, 향후 남북한 관계가 정상화되어 기본합의서와 부속합의서가 이행될 단계에서는 반드시 다루어져야 될 문제이다.

이 문제가 휴전협정과 제네바협약의 명백한 규정에도 불구하고 해결되지 못한 것은 비이성적 판단과 비합리적 선택이 지배적인 남북한 간의 "고질적 갈등 관계"에서 비롯된 것이다.[1] 그러나 남북한 관계가 그간 협상을 불가능하게 했던 "완강한 적대자 관계(strident antagonist relations)"에서 협상의 전제 조건이 되어야 하는 "협력적 적대자 관계(cooperative antagonist relations)"로 발전할 경우에 이 사안은 새로운 국면을 맞게 될 것이다.[2]

북한에 억류된 당사자들이 이미 고령이고, 남북한 관계가 "협력적 적대자 관계"로 발전하여 이들의 송환이 협상으로 타결되는 데에는 시간이 걸릴 것이라는 현실을 도외시할 수는 없다. 그러나 본 연구는 이 사안이 갖고 있는 시간적인 제한과 현실적인 어려움들을 기본 전제로 하고, 정치사회학적 시각과 협상론의 관점에서 새로운 접근을 시도하고자 한다. 이는 본 사안이 갖고 있는 제한 요인들을 본 연구의 한계로만 규정짓지 않고, 전반적인 남북한 관계 속에서 본 사안을 고찰함으로써 한계를 극복할 수 있는 대안들을 보다 폭 넓게 찾기 위한 것이고, 한국이 대북정책상의 궁극적인 목표에 접근하는 데 본 사안이 가지고 있는 의미와 효용성을 찾기 위한 것이다.

이러한 취지에서 본 연구에서는 먼저, 각종 증언들과 관련 자료들을 통해 사안의 실태를 파악하겠다. 이어서 이 문제를 직접 규정하는 휴전협정과 보조협정으로서의 1949년 제네바 제3협약과 더불어, 남북한 간의 기존 합의서들을 중심으로 관련 국제법의 최근 논의들을 살펴보겠다. 그리고 남북기본합의서와 부속합의서가 실현되기 위해서 세부 실천 방안을 마련할 때, 이 문제는 어떻게 다루어져야 하며, 해결해야 될 과제와 해결방향은 어떠해야 되는지를 고찰하고자 한다. 이어서 이 문제가 해결되지 못하는 현실적인 제약들을 분석하겠다. 즉, 후기공산사회를 경험하고 있는 북한의 사회적, 정치적 취약성에 비추어 이 문제가 갖는 의미와 북한당국이 쉽게 협상에 응하지 않을 협상론의 현실적 한계를 고찰하겠다. 그리고 이런 제약 요인들을 고려하면서 취해야 될 조치들을 모색하고자 한다.

---

1 고질적 갈등 관계에 대한 이론적 연구는 Edward E. Azar, *The Management of Protracted Social Conflict* (Hampshire: Dartmouth Press, 1990) 참조.

2 "완강한 적대자 관계", "협력적 적대자 관계" 개념은 다음에 기초하고 있다. Howard Raiffa, *The Art and Science of Negotiation* (Cambridge, M.A.: The Balknap Press of Havard Univ. Press, 1982), pp. 18-19.

1. 국군 포로의 억류 과정과 실태

1) 포로 문제의 경과 및 쟁점

휴전협상을 시작하며 많은 사람들이 포로 교환 문제는 협상 의제들 중에서 가장 쉽게 해결될 것으로 예상했었다. 그러나 이 문제는 1년 5개월이나 휴전협상을 지체시키며 난제로 부각되었다. 물론 현시적(顯示的)인 원인은 송환을 거부하는 다수의 포로가 있다는 사실이었고, 따라서 이들에 대한 강제 송환 여부가 주요 쟁점이 되었다.[3] 그러나 문제의 근원은 6·25전쟁이 기존의 전쟁과는 달리 이념 대립의 성격을 강하게 내포하고 있는 내전과 국제전이 혼재된 전쟁이었고, 승자와 패자가 가려지지 않은 상태에서 전쟁이 종결됨에 따라 전통적인 개념의 '전쟁 포로'의 실체에 대해 당사국들이 합의에 이르지 못한 것에 있다. 물론 이 문제를 이렇게 왜곡시킨 것은 정통성을 스스로 부여하며 모든 비전통적·비인도적 행위도 스스로 정당화하는 공산측의 이념 투쟁의 결과이지만, 전쟁의 성격과 종결 방식에 기존의 포로 문제 해결 방식이 적용되기 힘든 부분이 있었던 것을 간과해서는 안 된다.

강제 송환 원칙에 대해 이승만 정부의 격렬한 저항도 있었지만, 미국이 '자발적 송환의 원칙'을 고수한 것은 소련과의 냉전에서 긍정적인 효과를 얻기 위한 것이었다. 특히, 애치슨은 미래의 가능한 양 진영 간의 전쟁에서 '자발적 송환의 원칙'은 공산진영 군인들의 이탈을 자극할 것이고, 따라서 이는 궁극적으로 소련의 침략 야욕을 억제하는 요소가 될 수 있다고 생각했다. 그러나 이 원칙을 관철하는 데에만 집착하고 포로 교환 문제를 미진하게 해결함으로써 최소한 5만~6만 명, 많게는 8만 명 이상의 국군 포로 중 8341명이라는 극히 소수 인원만 귀환하고(부상 포로 교환 471명, 정규 교환 7862명, 중립국송환위원회 조정 후 귀환 8명), 다수가 북한에 억류되었다.

억류된 국군 포로의 수는 현재 이용할 수 있는 그 어떤 통계로도 정확하게 제시할 수는 없다. 다만 여러 통계를 비교·분석하여 근사치를 추정하는 방법만이 가능할 따름이다.

휴전협상을 종결지었던 유엔군 총사령관 M. W. 클라크(Mark W. Clark) 장군은 그의 회고록에서 "공산군은 6·25전쟁 초기에 5만 명의 한국군 포로들을 본인들의 수락에 따라 '전선에서' 석방하였는데, 이는 물론 육전에서의 포로 처우에 관한 모든 규칙들을 위반해 가며 이

3 1952년 2월 현재, 13만 2000명 정도의 포로 가운데 약 2만 8000명이, 3만 8000명의 민간인 가운데 약 3만 명이 각각 송환을 거부하고 있었다. 김학준, 『한국전쟁 - 원인·과정·휴전·영향』, 박영사, 1989, 286쪽. 공산군 포로의 발생 및 처리에 대한 보다 자세한 설명은 다음을 참조하시오. 국방군사연구소, 『한국전쟁의 포로』, 1996.

포로들을 북한 인민군에 강제 징모(徵募)했다는 것을 의미한다."라고 기술하고 있다.[4]

자신이 피억류 국군 포로였던 북한문제 전문가 이기봉 씨는 7만 명 정도가 억류되었을 것이라고 주장한다.[5] 인민군 출신 북한문제 전문가 이항구 씨는 전쟁 중 8만 2000명 내지 8만 7000명의 한국군이 포로가 되었는데, 종전 후 귀환하지 못한 한국군 포로 8만 명 중에서 2만~3만 명은 전쟁 중에 사망했을 것이고, 5만~6만 명 정도가 공산측에 의해 억류되었을 것으로 보고 있다.[6]

서울 국립묘지 위패 봉안관에서 그간 실종 및 미확인 전사 처리자들로 게시되어 있던 사람들을 1997년 7~8월에 자체 실사(實査)한 결과, 10만 2384명이 그 대상자들인 것으로 최종 확인되었다(육군: 장군 1명, 장교 2924명, 사병 9만 2213명; 해군: 장교 49명, 사병 1173명; 공군: 장교 4명, 사병 68명; 종군자 및 군무원: 3672명; 경찰: 간부 352명, 비(非)간부 1578명; 경찰애청원: 267명; 제1학도 의용군: 83명). 그런데 실무자들은 그들 중 반수인 약 5만 명 정도는 종전 후 북한에 억류되었을 것으로 추정하고 있다.

휴전협상 의제 중의 하나로 포로 문제를 다루기 시작했던 1951년 12월에 유엔군 측에서 파악한 한국군 실종자 수는 8만 8000명 정도였다. 그런데 같은 해 12월 18일에 포로 명단 교환 시 공산군 측은 한국군 포로로 7412명의 명단만을 제시하였다.[7] 이는 실종자들의 9%도 안 될 뿐만 아니라, 공산군 측이 개전 초에 포획했다고 발표한 한국군 포로 5만여 명의 14% 정도에 지나지 않는 수치다.[8] 공산군 측의 이와 같은 태도는 유엔군 측과는 아주 대조적인 것이었다. 1951년 12월에 공산군 측이 발표한 실종자는 18만 8000명이었다. 그런데 1951년 여름에 유엔군 측이 공산측 포로들을 분류한 결과, 13만 2000명은 순수한 포로였고, 3만 7000명의 민간인 억류자들은 전쟁 초기에 북한군에 의해 강제 징집된 남한인들이었다. 유엔군 측이 1951년 12월 18일에 13만 2474명의 포로들(북한군 11만 1754명, 중공군 2만 720명)을 확인시켜 줌으로써 순수한 포로들에 대해서는 100%, 공산측이 주장하는 실종자 18만 8000명 중에서

---

4 Mark W. Clark, *From the Danube to the Yalu* (New York: Harper, 1954), p. 102.

5 李基奉, 「지하실에서는 포로가 된 국군장교들의 비명소리가 수시로 새어 나왔다」, 중앙일보사, 『월간중앙』, 1995년 2월 호.

6 국제인권옹호한국연맹, 「북한억류 한국군 포로들의 실태보고서」, 단국대학교 정책과학연구소, 1994, 15쪽. 본 보고서는 동일한 제목으로 다음에 요약 수록되어 있다. 「북한억류 한국군 포로들의 실태보고서」, 자유평론사, 『새물결』, 1995년 10월 호, 101쪽.

7 1951년 12월 18일 현재의 포로 현황으로 유엔군 측은 공산군 13만 2474명(북한군 11만 1754명, 중공군 2만 720명)을, 공산군 측은 유엔군 1만 1559명(원전에는 한국군 7412명, 미군 3198명, 영국군 919명, 터키군 234명, 기타 66명이라고 제시되어 있으나, 이 수치를 합산하면 1만 1829명임)을 체포한 것으로 각각 발표하였다. 국방정보본부, 『군사정전위원회편람』, 1986, 23쪽.

8 공산군 측은 비교적 개전 초기인 1951년 3월에 총 6만 5000명의 유엔군 측 포로를 획득했다고 발표했었다. 당시 유엔군 대 한국군의 구성비로 봐서 이들 중 한국군 포로가 5만여 명이라는 것은 납득하기 어려운 측면이 있다.

도 결과적으로는 16만 9000여 명, 즉 90% 가까이 확인해 준 셈이다.

유엔군 측이 실종자 수와 공산군 측이 제시한 포로 명단 간의 현저한 차이에 대해 항의하자, 공산군 측은 "나머지는 유엔군의 폭격과 질병 등으로 사망하거나, 과오를 시인하는 포로는 전선에서 석방, 본대(本隊)나 고향으로 귀환하는 것을 허용하였기 때문"이라는 옹색한 변명만을 되풀이 했다.[9] 이에 대해 유엔군 측은 강제로 북한군에 입대시킨 모든 남한 출신자들을 포로로서 송환할 것을 주장하며, 쌍방의 전체 장병을 면담하여 본인 의사를 확인하도록 하자고 제안했다. 그러나 공산측은 전부가 자발적인 지원자라고 강변하며, 유엔군 측 제안은 10만 명 이상의 북한군을 납치하려는 음모라고 매도했다.

그런데 6·25전쟁에 대해 비교적 근년(近年)에 간행된 중국 공간사(公刊史)인 『中國人民志願軍 抗美援朝戰史』에 따르면 1950년 10월 25일부터 1953년 7월 27일 사이에 중국공산군에 의해서만 3만 7815명의 한국군이 생포되었다.[10] 이 문헌에서 중국 측은 "살상", "포로", "투항"으로 전과(戰果)를 구분하고 있고, 이 3만 7815명은 포로와 투항 인원을 합한 수치이므로 이 한국군 포로들은 종전 시 생존해 있었을 가능성이 매우 높은 것으로 판단된다. 그리고 같은 기간에 북한군에 의해 포로가 된 한국군과 전쟁초기 4개월간, 특히 개전부터 낙동강 방어 전선으로 후퇴하는 동안에 많은 한국군 포로들이 발생했을 것을 감안한다면, 공산측에 생포된 한국군 포로는 한국 국방부가 1996년에 공식 집계했던 수치 1만 9000여 명보다는 훨씬 많을 것이며, 종전 시 적어도 5만~6만 명 이상은 생존해 있었을 것으로 쉽게 추정할 수 있다.

〈표 6-1〉 중공군의 포로 획득 추이

	운동전 시기					진지전 시기					계
	제1차 전역 (1950. 10. 25~11. 5)	제2차 전역 (1950. 11. 25~12. 24)	제3차 전역 (1950. 12. 31~1951. 1. 8)	제4차 전역 (1951. 1. 25~4. 21)	제5차 전역 (1951. 4. 22~6. 10)	1951년 하계 방어작전 기간 (1951. 6. 11~11. 30)	1952년 춘계진지 공고기간 (1951. 12. 1~1952. 3. 31)	전술 반격과 상감령 방어 작전기간 (1952. 9. 1~11. 30)	1953년 봄 대상륙작전 준비기간 (1952. 12. 1~1953. 4. 30)	1953년 하계 반격작전 기간 (1953. 5. 1~7. 27)	
한국군	4,741	5,568	5,967	7,769	5,233	652	834	919	555	5,577	37,815
유엔군	527	3,523	367	1,216	2,073	334	124	160	134	250	8,708
계	5,268	9,091	6,334	8,985	7,306	986	958	1,079	689	5,827	46,523

출처: 『中國人民志願軍 抗美援朝戰史』 부록 2, 3을 발췌·재구성함.[11]

---

9 실제로 이렇게 귀환한 사람들도 있었지만, 그 수는 200명이 되지 않는다.

10 軍事科學院軍事歷史硏究所 編著, 『中國人民志願軍 抗美援朝戰史』, 軍事科學出版社, 1988. 한국전략문제연구소 역, 『중공군의 한국전쟁사』, 세경사, 1991.

11 한국전략문제연구소 역, 『중공군의 한국전쟁사』, 위의 책, 361~394쪽.

조사 시점에서의 누락 가능성 때문에 정확한 계산은 사실상 불가능하지만, 현재까지 인용된 통계 수치에 따라 다음과 같은 추론이 가능하다. 즉, 한국군 최종 실종자 10만 2384명에서 1951년 말까지의 실종자 8만 8000명을 뺀 수치인 1만 4384명은 전선이 고정된 뒤에 실종된 것으로 판단할 수 있다. 그런데 이들 중에서 중국공산군에 의해 포획된 한국군 포로는 7885명이다. 북한군에 의해 획득된 포로도 있을 것이므로 한국군 실종자들 중에서 포로 발생 비율은 60%가 훨씬 넘을 것으로 판단된다(현 가용 수치만으로도 54.8%가 넘는 것을 확인할 수 있다). 그런데 통상 전선이 수시로 변하는 운동전(運動戰) 시기에 포로가 많이 발생하고, 북한이 부족한 전시 인력을 국군 포로로 충당하려 했다는 점을 고려한다면 1951년 말에 파악된 실종자 8만 8000명 중에는 포로 발생 비율이 훨씬 더 높을 것이다.[12]

당시 공산군 측 사령부가 발표한 바에 의하면, 공산군이 한국군을 포함한 유엔 측 포로를 1950년 6월 25일~12월 25일 간에 3만 8500명, 1950년 12월 26일~1951년 3월 25일 간에 2만 6865명을 각각 포획했다.[13] 공산측의 이와 같은 발표 내용을 전적으로 믿기는 어렵지만, 이를 통해 두 가지를 확인할 수 있다. 먼저, 개전 후 9개월간에 포획된 유엔 측 포로 6만 5365명에, 1951년 말까지 중공군에 의해 포획된 유엔 측 포로 1만 1000~1만 2000명과 북한군에 의해 포획되었을 유엔 측 포로들을 합치면 최소한 8만 명 이상이 공산측에 의해 포로가 되었을 것으로 추정할 수 있다. 즉, 9만 9500여 명의 당시 유엔 측 실종자들 중에서 8만 명 이상이 포로가 되었다는 사실은 포로 발생 비율에 대해 전술한 추측과 일치하는 측면이 있다. 그리고 이와 같이 높은 실종자 대 포로 발생 비율로 볼 때, 10만 명 이상의 한국군 실종자들 중에서 8만 명 이상은 공산측에 의해 포로가 되었을 것이라는 확신을 강하게 가질 수 있다. 현재 사용할 수 있는 수치로 추산할 수 있는 최소한의 포로 수만으로도 7만 9030여 명(8만 8000명의 80% + 1만 4384명의 60%)이다. 그리고 중국 측 자료만 보더라도 그들 중 최소한 5만~6만 명 이상은 종전 시에 생존해 있었을 것이라는 확신을 가질 수 있다. 따라서 이기봉 씨나 이항

---

12 1951년 현재, 유엔 측에서는 미군 6200여 명, 한국군 7000여 명, 기타 유엔군 130여 명, 합계 1만 3000여 명이 학살된 것으로 추산했다. New York Times, 1951년 11월 17일, 김학준, 『한국전쟁 - 원인·과정·휴전·영향』, 앞의 책, 293쪽에서 재인용. 그러나 종전 후, M. 클라크 장군은 귀환한 미군 포로들을 심문한 결과를 토대로 작성한 그의 미발표 유엔 연설문에서 1만 32명의 미군 포로와 1만 2622명의 기타 유엔군 포로를 합쳐 전체 2만 9815명의 유엔 측 병사들이 공산측에 의해 학살되었다고 밝히고 있다. 이를 토대로 한다면, 7161명의 한국군이 공산군에 의해 학살되었다는 것이다. 이는 당시 한국군의 학살에 대한 실태파악이 제대로 이뤄지지 않아서 그 수가 축소되었다고 볼 수 있겠으나, 한국군 포로들을 가급적이면 전시 인력으로 이용하고자 했던 공산군 측의 포로 정책의 결과로도 보인다. 마크 클라크 저, 김형섭 역, 『다뉴브강에서 압록강까지』, 국제문화출판공사, 1981, 498쪽.

13 유병화, 「북한 억류자 송환의 법적 문제와 해결방안」, 최성철 편, 『북한인권의 이해』, 북한인권개선운동본부, 1995, 353쪽.

구 씨의 주장은 상당히 신빙성이 있는 것으로 판단된다.

그런데 휴전협상 과정에서 관심의 초점이 다수의 한국군 포로에 주어지지 못하고 미군 포로에 주어졌으며, 송환 방식의 대립에 주요 쟁점이 형성됨으로써 5만 명 이상의 국군 포로들은 '아시아의 심연' 속으로 사라져 버린 것이다.

이 문제의 해결책을 찾기 위해서는 이토록 많은 한국군 포로들이 송환되지 못한 이유에 대해 좀 더 면밀히 살펴볼 필요가 있다. 먼저, 공산측이 한국군 포로를 전쟁 포로로 인정하지 않은 측면이 있다. 북한 외상 박헌영은 1950년 7월 13일에 전쟁 포로에 관한 제네바협약의 제 원칙을 준수하겠다고 유엔 사무총장 앞으로 전문을 발송했었다. 그런데 전쟁에 참여한 군인들을 '인민에 대한 전범'으로 간주한다며, 이들에 대해서는 1949년 제네바 제3협약 제85조에 대해 유보한다는 입장을 취했다. 그리고 이들을 전시 인력(戰時人力)으로 쓰기 위해 돌려보내지 않고 북한 인민군에 재입대시켰다(조선인민군 제22여단, 인민군 584군부대, 218군부대 등). 이러한 공산측의 이념 투쟁에 기초한 입장과 전쟁 수행 및 전후 복구 사업에서의 필요성은 국군 포로들을 중립국송환위원회의 관리하에 넘기지 않은 중요한 동기가 되었을 것이다.

물론, 한국정부가 반공 포로 3만 3206명 중에서 2만 6666명을 1953년 6월 18일에 일방적으로 석방한 것도 어느 정도 영향을 주었을 것이다.[14] 그러나 이것이 절대적인 변수로 작용한 것으로 보기는 어렵다. 왜냐하면 전술한 것처럼, 공산군 측은 반공 포로 석방 문제가 대두되기 전인 1951년 12월에 이미 한국군 포로를 7412명으로 축소 발표했었기 때문이다. 즉, 한국군 포로를 귀환시키지 않으려는 공산측의 의도는 포로 문제에 대한 협상 쟁점이 형성되기 이전에 이미 서 있었다는 것이다. 다시 말해서 한국군 포로들은, "정통성을 스스로 부여하며 모든 비전통적, 비인도적 행위도 스스로 정당화"하는 공산주의자들의 속성과 그들의 이념 투쟁의 제물로 희생된 것이다.

따라서 근본적인 원인은 개전 원인(casus belli)이 해소되지 않은 채 종전되어 서방측의 의

---

14 이승만 대통령의 반공 포로 석방에 대해서 다음과 같이 평가할 수 있다. 먼저, 법리적 면에서 개전 직후인 1950년 7월 5일에 이승만 대통령이 "제네바협약의 조건을 따를 것"을 다짐했었는데, 1949년 제네바 제3협약 제118조에 의하면 "포로는 적대 행위의 종결 후 지체 없이 석방되고, 송환되어야 한다."라고 규정하고 있으므로 이 대통령의 조치는 이에 대한 위반이라고 평가할 수 있을 것이다. 그러나 대한민국 헌법상의 영토 조항에 따르면 북한 주민도 대한민국 시민이고, 반공 포로의 대부분이 남한 출신자들이어서 1949년 제네바 제3협약 제118조의 적용 대상이 아니라고 볼 수 있다. 아울러 이승만 대통령의 반공 포로 석방은 법리적 미비점을 보완하는 조치였다고 볼 수 있다. 즉, 1929년 제네바협약과 1949년 제네바 협약은 각각 제1, 2차 세계대전의 경험에 비추어 문명국으로서 포로들에 대한 인도주의적 대우를 규정한 것이다. 그런데 이 협약들은 포로들이 본국에 돌아가서 학대받을 상황은 상정하지 못했고, 포로들 간의 관계에 대한 규정도 마련하지 못한 한계를 안고 있다. 이승만 대통령의 조치는 이러한 미비점을 보완한 것으로 평가할 수 있다. 그리고 국제정치적인 면에서는 약소국가의 거부권 행사였고, 냉전체제하에서 공산국가들의 전쟁 도발 의지를 약화시킨 일면도 있다고 볼 수 있다.

지가 공산측에 부과될 수 없었다는 데 있다. 그리고 휴전협상 과정에서 휴전을 반대했던 한국정부의 소극적인 참여가 이들을 희생시킨 측면도 있다.

그런데 휴전협정이 체결된 후에도 미송환 포로 문제에 대해 한국정부는 소극적인 자세를 취했다. 1953년 9월 9일부터 1964년 12월 14일 사이에 군사정전위원회에서 아홉 차례의 미송환 포로 문제에 대한 공방이 있었는데, 공산측은 여섯 차례 문제 제기를 했는데 비해 유엔군 측은 겨우 세 차례(제47차, 67차, 119차 회의)에 걸쳐 해명이나 자료 제출을 요구한 후에 자포자기(自暴自棄) 상태에 들어가 버렸다.

물론 이 사안이 이렇게 방치된 근본적인 원인은 협상과 타협을 불가능하게 했던 남북한 간의 완강한 적대자 관계에 있지만, 이는 또한 남북한 각각의 대내적 민주화 및 정치발전 수준과 밀접한 관련이 있다. 정치발전을 "요구에 대한 정치체계의 대응능력"과 관련지어 봤을 때, 한국 정치체계의 역량이 과연 이 문제를 처리하기에 부족했는지는 보다 면밀하게 분석해 봐야 될 것이다. 그러나 조창호 소위의 귀환으로 북한에 억류된 국군 포로 문제에 대한 여론이 다시 형성되기 전까지 한국정부는 이 문제가 혹시 북한의 대남공세의 소재로 쓰일까 우려하여 의도적으로 방치해온 측면도 없지 않다. 그리고 그간 공공연한 '연좌제(連坐制)' 등으로 실종자 소재 파악 및 포로 송환에 대한 관련 가족들의 요구도 미약했다. 그뿐만 아니라 초기 단계에서 한국정부가 무관심하여 국내 관련 자료 축적에 실패했고, 관련 법률적·제도적 장치나 인적·물적 자원이 구비되지 못하여 송환 사업을 추진하고자 해도 실행하기가 힘들었다.

2) 국군 포로의 북한 억류 생활

전쟁 초기에 체포된 상당수의 국군 포로가 강제로 북한군에 재입대되었다. 전쟁 중 한국군 8사단과 연락 업무를 하다가 중공군에게 체포된 한 미군 포병 중위의 다음과 같은 증언은 이들의 재입대 과정을 짐작할 수 있게 한다.

> 그들은 한 학교 건물로 이송되었다. 그 곳에는 당일 아침에 포로가 된 약 300명의 한국군 8사단 병력들이 수용되어 있었다. 그 가운데 12명의 한국군 간호장교와 한국소년이 1명 포함되어 있었다. …… 얼마 후, …… 한 북한군 장교가 수 명의 경비병을 대동, 한국군 장병들에게 연설을 시작하였다. …… 그는, 한국군 포로들은 조선인민에게 반역한 죄과를 심판 받기 위하여 북한 보안경찰에 인계되거나, 아니면 투항 후 북한인민군에 지원하여 미국 침략자를 몰아내고 조국통일사업에 동참할 것 등 두 가지 가운데 하나를 선택하되, 거

> 수로써 각자의 의사표시를 하도록 요구하였다. …… 한국군 포로들은 처음에는 약간 머뭇거렸으나, 겁을 먹은 대다수는 인민군에 지원하는 쪽을 선택하였다. 그러나 간호장교들은 단 한 명도 손을 들지 아니하였다. 이때, 인민군 장교는 경비병으로부터 기관단총을 한 정 낚아채어, 오른손으로 총구를 잡고 가장 가까이 서 있는 간호장교에게 접근, 개머리판으로 그녀의 얼굴을 강타하여 안면과 코에 파열상을 입혔다. 그가 구타를 중지하고 다시 둘러보았을 때에는 간호장교를 포함한 모든 포로들이 손을 들고 있었다.[15]

당시 유엔군이 체포한 북한군 포로의 11%가 원래 국군 신분이었다는 사실은 이런 식으로 북한 인민군에 재입대된 한국군 포로들의 규모를 짐작할 수 있는 한 예증이 될 것이다. 종전 후 귀환하지 못하고 북한에 억류된 5만 명 이상의 한국군 포로들 중 상당수는 이렇게 인민군에 강제로 재입대된 사람들이었을 것으로 추측된다.

이항구 씨의 증언에 따르면, 북한에 포로가 되었던 한국군들은 대개 세 가지로 분류된다. 첫째가 현지 부대에서 바로 전투나 정찰 등에 투입하는 경우이다. 앞에 소개한 경우나 1994년 10월에 북한을 탈출·귀환한 조창호 씨의 경우가 그 예들이다. 두 번째가 건설 부대에 투입되는 것으로, 그 수가 제일 많았다고 한다. 마지막 경우가 평안북도 벽동군에 있던 포로수용소에 수용되는 것인데, 휴전 후 송환된 국군 포로들은 대부분 세 번째 경우이고, 나머지 두 경우의 포로들은 거의 돌아오지 못했다고 한다.

그런데 이에 관하여 당시 미국 정보기관이 분석한 바에 의하면, 최소한 북한에 29개소, 중국 내에 18개소의 상설 포로수용소가 있었다. 그러나 공산측이 제시한 포로 목록에는 이들 중 11개소의 북한 내 포로수용소에 수용되어 있던 포로들만 제시되어 있었고, 나머지 18개소와 중국 소재 포로수용소 수용인들은 누락되어 있었다.[16]

이항구 씨의 진술에 따르면, 자신이 정찰중대 분대장으로 있었던 조선인민군 제22여단은 1951년 10월 9일에 창설되었는데, 간부를 제외하고는 모두가 국군 포로들로 구성되어 있었

---

15 William Lindsay White, *The Captives of Korea*. 국방부전사편찬위원회 역, 『한국전쟁포로』, 1986, 45쪽.

16 미국 합동참모본부에서 극동사령관 리지웨이 장군에게 보낸 한 전문(電文)에는 공산측이 누락시킨 포로수용소들의 위치를 다음과 같이 정확하게 제시하고 있다.
북한: 중강진(126도 50분, 41도 48분), 강계(126도 36분, 40도 58분), 신의주(124도 24분, 40도 06분)
중국: 안둥[安東, 현재의 단둥(丹東)](124도 20분, 40도 10분), 펑톈[奉天, 현재의 선양(瀋陽)](123도 30분, 41도 45분), 베이핑[北平, 현재의 베이징(北京)]-톈진(天津)(116도 25분, 39도 55분)
US Department of State, *Foreign Relations of the United States, 1951*, Vol. Ⅶ, Korea and China, Part 1, 1983, pp. 1399-1400.

다고 한다. 이 부대에서는 주요 훈련 내용이 국군 포로들을 세뇌하기 위해 정치·사상 교육을 시키는 것이었다. 북한 당국은 한국군 포로들을 22여단에서 6~8개월간 훈련시킨 뒤에 22여단을 해체시키고, 몇 군데로 나누어서 배치했다. 그중 하나가 철로 복구를 주 임무로 했던 인민군 584군부대였다. 이 부대의 산하에 있던 3개 여단 병력은 모두 국군 포로 출신이었다. 여단 병력은 최전선에서 최후방까지 철로 변을 따라 배치되었고, 수시로 옮겨 다녔다. 그런데 당시 유엔군은 철도를 효과적으로 마비시키기 위해 시한폭탄을 투하했다. 이 폭탄은 투하되면 철로 변 땅속 1~2m에 박혀 있다가 수시로 폭발했는데, 이것을 캐낸 뒤 논밭으로 가져가 폭발시키는 일이 국군 포로들의 임무였다. 4~8명이 한 조가 되어 일을 했는데, 대개 한 사람이 다섯 번째 일을 넘기지 못하고 변을 당하는 죽음의 작업이었다고 한다.

국군 포로들로 편성된 또 하나의 부대가 인민군 218군부대였는데, 이 부대는 비행장 복구 작업에 투입되었다. 평양, 신의주, 황해도 온천과 황주 등 네 군데 비행장을 복구하는 이 작업 역시 미국 공군기의 폭격 위험 속에서 작업을 했어야 되므로 위험하기는 마찬가지였고, 희생자가 속출했다고 이항구 씨는 진술한다.[17]

북한은 전쟁이 끝난 뒤, 한국군 포로들을 제대시키기 시작해서 1956년에는 완료했다. 그런데 이 포로들은 "해방 전사"라는 딱지가 붙어 사회로 나갔지만, 대부분이 광산, 협동농장, 공장 등에 배치되어 힘든 노동을 계속 해야만 되었다. 귀순한 전 북한 간첩 강대진 씨의 진술에 의하면, 1950년 11월에 평안북도 중부 산악 지대에서 중공군에게 포로가 된 국군 제7보병사단 5연대장 박승일 대령과 제8보병사단 10연대장 고근홍 대령 등을 포함한 수백 명의 국군 포로들도 1960년대에 황해북도 송림시의 황해제철소와 황해남도 은율광산, 재령광산 등지에 노동자로 배치되어 있었다고 한다.[18] 조창호 씨는 북한에 억류되었던 40여 년 동안 아오지 탄광 등에서 노동을 했었는데, 자신이 1953~1957년 동안에 갇혀 있던 아오지 제1특별수용소에만도 300~400명의 국군 포로가 수감되어 아주 비인간적인 대우를 받다가 대부분이 장티푸스, 콜레라, 발진티푸스, 폐결핵 등의 질병으로 비참하게 죽어 갔으며, 자신의 손으로 묻어 준 국군 포로만도 100명이 넘는다고 증언했다.[19]

1990년대에 와서 국방정보본부가 1960년대 이후에 귀순·귀환한 사람 18명으로부터 얻은

---

17 인터뷰(1997년 6월 26일 자 방영 「돌아오지 못한 용사들」, 대구문화방송 6·25 보도특집); 「조선일보」, 1994년 11월 5일 자.
18 「조선일보」, 1996년 7월 10일 자.
19 군합동 신문조서(1994. 11. 5), 전화 인터뷰(1997년 6월 26일 자 방영 「돌아오지 못한 용사들」, 앞의 6·25 보도특집).

정보와 1994년 국방군사연구소가 귀환한 국군 포로 13명으로부터 청취한 증언에 따르면 국군 포로들의 북한 억류 생활 실태는 다음과 같다.

북한은 1960년대 후반부터 1970년대 후반까지 2~3차에 걸쳐 포로 출신자들을 통제 구역, 농촌 등으로 추방하는 국군 포로 재정비 정책을 실시하였다. 1980년대 초에 북한은 국가보위부 및 사회안전부의 포고로 "반국가 파괴, 전복음모, 치안대 가담전력, 간첩임무 등에 대한 자수 및 관대 처리방침"을 발표한 후, 아주 소수 인원에 대해 노동당 입당을 허용하고, 행정 간부로 임용하기도 했으며, 그 자식들에 대해 대학 입학이나 군대 입대를 허용하는 등 통제를 일부 완화했다. 그러나 대부분의 국군 포로 출신자들은 탄광, 통제대상구역 공장, 농촌 등에 거주하고 있으며, 국가보위부에 등록되어 행동과 생활 자체를 항상 감시받고 있다. 당국의 주선으로 결혼하여 자녀를 두고 있으나, 국군 포로 출신이라는 사실이 알려져 이혼 당하는 사례가 많고, 입당 제한 및 자식들의 대학 진학 제한 등 열악한 처우 속에서 최하층의 생활을 하고 있다고 한다. 그나마 이런 생활이라도 할 수 있는 사람들은 인민군에 재입대한 경우이고, 이를 거부한 포로들은 교화소나 특별수용소에 수용되어 비인간적인 삶을 살다가 죽어갔다고 한다.[20]

20년 이상 광부로 일하다가 1996년에 탈북·귀순한 동용섭 씨의 증언에 의하면, 자신이 일했던 함경남도 허천군 소재 용양광산에서 1000여 명의 국군 포로들이 광부로 일하고 있었으며, 그곳에서 5리 정도 떨어진 검덕광산에서는 수천 명의 국군 포로들이 엄중한 감시 속에서 강제 노동에 시달리고 있었다고 한다. 이들은 전술한 바대로 전시 노동력으로 쓰이다가 1950년대 후반부터 탄광에 배치되어 40년간 단 한 번의 외부 출입도 못했다고 한다. 그리고 그들의 자녀들에게도 여행 금지령이 내려져 외부와의 접촉이 철저히 차단되고 있는데, 자녀들 또한 탄광의 갱내 작업에 배속되어 대를 이은 강제 노동이 행해지고 있는 것이다. 이 국군 포로들은 절대로 본인의 의사에 의해 남은 것이 아니며, 한국에 돌아가기를 간절히 바라고 있다고 동용섭 씨는 전한다.[21]

---

20 1990년대 말 경제 위기와 함께 사회적 대혼란을 겪기 전까지 북한에는 20개의 교화소에 총 88동의 수용 시설이 각지에 분포되어 있었다. 당시 약 2만 5000여 평에 3만 8700명 정도를 수용할 수 있었던 것으로 알려져 있다(평당 2.5명). 이 교화소들 중에서 포로 전용 교화소가 있었는지는 아직 알려진 바가 없다. 이 교화소들은 1960년대까지 주로 도심에 위치하였으나, 70년대부터 도시 외곽의 은폐된 지역으로 이전하였다고 한다. 각 교화소에는 공장, 탄광, 광산, 축산, 영농 등의 노역장이 있다. 탈북·귀순자 강명도 씨의 증언에 따르면, 국군 포로 출신이었던 최병남의 경우, 평양외국어학원의 교사로 근무하다가 1976년 8·18사태(판문점 도끼만행사건)가 발생하자 체포되어 국가보위부수용소에 수감되었다고 한다. 이 예는 국군 포로 출신자들에게 "재정비 정책" 혹은 "관대 처리방침" 등에 의해 정상적인 사회 활동이 허용되더라도 이는 어디까지나 임시적인 조치에 지나지 않는다는 것을 말해 준다. 강명도 씨와의 1997년 11월 21일 자 면담.

21 「중앙일보」, 1996년 8월 26일 자.

2. 법리적 조명: 한계와 과제

1) 휴전협정과 1949년 제네바 제3협약

6·25전쟁이 발발하자 국제적십자사 총재 루거(Paul Ruegger)는 남북한 각 측에 대해, 비록 1949년 제네바협약에 서명한 국가는 아니지만 협약의 혜택을 받을 수 있을 것임을 타전(打電)하였다. 이에 대해 이승만 대통령은 1950년 7월 5일에 "협약의 조건을 따를 것"이라고 다짐하였다. 북한은 루거 총재의 또 한 차례의 전문을 받은 후, 7월 13일에 외상 박헌영의 이름으로 "조선민주주의인민공화국 군은 전쟁 포로와 관련한 제네바협약의 제 원칙을 엄격히 준수할 것임"을 유엔 사무총장 앞으로 타전하였다.

한편, 미국은 제네바협약에 서명은 하였으나, 의회가 아직 이를 비준하지 않은 상태였다. 그러나 미국 국무부는 1950년 7월 3일에 이 협약의 "인도적인 원칙"을 준수할 것이며, 국제적십자사와 전적으로 협조할 것임을 공포하였다. 그 이튿날, 맥아더 장군은 방송을 통해 "자신의 부대에 의해 포획된 북한 사람들은 문명국가에 의해 인식되고 있는 인도주의적 원칙에 따라 대우 받을 것이고, 포로가 된 자신의 부대원도 같은 대우를 받기를 기대한다."라고 천명하였다. 아울러 그는 북한을 위하여 "이 원칙에서 벗어나든가 아니면 그러한 원칙에서 벗어나도록 원인을 제공하거나, 허가하거나, 혹은 명령하는 어떤 개인의 행위도 책임지고 통제할 것"을 다짐하였다. 이 선언은 트루먼 대통령이 승인함으로써 미국정부의 공식적인 입장이 되었다.

중국 공산정부는 "관용정책(寬容政策)"이라는 자의적인 포로 취급 원칙을 표명하고, 제네바협약을 참전 초기에는 인정하지 않았다. 중국정부는 제네바협약이 자본주의자, 전쟁광, 부르주아들의 문서이기 때문에 받아들일 수 없다는 것이었다. 심지어 북한이 제네바협약을 준수할 것이라고 천명한 것에 대해서도 그것은 김일성의 입장일 뿐이고, 자신들은 중국인민지원군이기 때문에 자신들에게는 적용되지 않는다는 입장을 취했다. 그러나 휴전협상 과정에서 포로 송환 방식에 관한 유리한 논거(論據)를 제시하기 위해 중국정부는 1952년 7월 13일에 저우언라이 외상 명의로 "제네바협약은 근본적으로 평화의 유지에 이바지하는 국제협약으로 판단되었으므로 중국은 그것을 인정하기로 결정하였다."라고 제네바 당국자들에게 통보하였다. 그러나 이 협약을 인정함에 있어서 "뉘른베르크 및 도쿄 국제군사재판의 결과, 전범으로 유죄 판결을 받은 포로들은 협약의 혜택을 누릴 권리가 없다."라는 유보 조항을 첨가하였다. 제2차 세계대전 당시 소련의 유보 조항을 그대로 복사한 중국의 유보 조항은, 비록 포로 교환 방식에서 유리한 논리적 근거 마련을 위해 제네바협약을 받아들이지만, 유엔군 포로들에게

이 협약의 혜택을 부여하지 않겠다는 것을 의미한다. 왜냐하면 공산측은 6·25전쟁에 참가한 모든 유엔 측 군인들은 침략전쟁에 참여한 외국의 주구(走狗)들이므로, 전쟁범죄자인 그들에게는 제네바협약이 적용될 수 없다는 논리를 펴고 있었기 때문이다.

물론 공산군과 유엔군 양측은 전쟁을 수행하며 정도의 차이는 있었지만 제네바협약의 조문과 정신에 위배되는 많은 행동들을 했다. 그 대표적인 예들이 유엔 측 포로들에 대한 학살과 비교적 근년에 알려진 생체 실험일 것이다. 체포된 국군 포로 중 자기 발로 걸어서 수용소로 갈 수 없는 포로들은 대부분 현장에서 학살되어 버려졌다. 때로는 집단적으로 학살되기도 했는데, 그 한 예로 평안북도 운산에서의 전투가 끝난 뒤인 1950년 11월 5일에 약 400명의 미군 부상 포로들을 중공군으로부터 넘겨받은 운산내무서원들은 11월 6~7일에 내무성 경비대와 협동하여 이들을 운산읍 남쪽 제안리의 구룡강 다리 밑과 상구동 나루의 백사장에 끌고 가 경기관총으로 학살하고 강변의 모래로 덮어 버렸다고 한다.[22] 미 하원 국가안보위 군인소위원회에서 1996년 9월 17일에 개최한 한국전 및 베트남전 참전 실종 미군 관련 청문회에서 전 체코군 고위 관계자 잔 사스나와 아이젠하워 대통령의 군사보좌관이었던 필립 코르소(Philip J. Corso) 대령이 한 증언에 따르면, 6·25전쟁 발발 직후에 소련은 북한에 병원을 세워 포로들을 대상으로 각종 인체 및 심리실험을 했다고 한다. 소련은 심지어 한국군, 미군 등 각 국가별로 다른 환경에서 성장한 인종들이 특정 약물, 생화학 무기, 방사능 등에 어떻게 반응하는지도 실험했다고 한다. 이들은 소련, 체코슬로바키아, 중국 등에도 실험용으로 집단적으로 보내졌으며, 6·25전쟁이 끝났을 때 북한에서 실험 대상으로 쓰이던 포로들 중 100명 정도는 살아 있었는데, 체코슬로바키아에서 신체검사를 받은 후 소련으로 이송되었다고 한다.[23]

이와 같이 포로들을 상대로 생체 실험을 한 것은 인도에 반한 죄(crime against humanity)인 동시에 1925년 6월 17일에 제네바에서 채택되고 1928년 2월 8일에 발효된 질식성, 유독성 또는 기타 가스 및 세균학적 전쟁 방식의 전쟁에서 사용 금지를 위한 1925년 제네바 의정서(1925 Geneva Protocol for the Prohibition of the Use in War of Asphyxiating, Poisonous or Other Gases, and of Bacteriological Methods of Warfare)에 대한 위반이다. 이 의정서는 6·25전쟁 시 이미 국제관습법이 되어 어떤 특정 국가가 이 의정서의 당사국인가 아닌가는 상관없

---

22 이기봉, 「6·25 전쟁포로 출신 전문가 진단, '북한 달러박스' 미군유해 발굴, 몇 구나 가능할까」, 『신동아』 1996년 8월 호, 377쪽. 공산군이 자행한 보다 다양한 형태의 유엔군 학살 행위는 전술한 M. 클라크 장군의 미발표 유엔 연설문을 참조하시오. 마크 클라크 저, 김형섭 역, 『다뉴브 강에서 압록강까지』, 앞의 책, 498~507쪽.

23 「조선일보」, 1996년 9월 19일 자.

이 모든 국가에 대해 동일한 구속력을 갖는다. 그런데 앞에 소개한 바와 같이 적극적이든, 소극적이든 관련 당사국들이 제네바협약을 준수하겠다는 입장을 공식적으로는 표명하고 있었다. 따라서 여기서는 전술한 공산측의 대규모 한국군 포로 은닉 및 억류 문제와 이들의 석방을 위한 법리적 논거를 중점적으로 살펴보겠다.

1949년 제네바 제3협약[24]에 의하면, 포로는 적극적인 적대 행위(active hostilities)가 종료된 후 지체 없이 석방·송환되어야 한다(제118조). 또한, 충돌 당사국은 권력 내에 있는 포로에 관한 공설정보국을 설치하여야 하고, 중앙포로정보국의 중계에 의하여 포로에 관한 정보를 관계국에 즉시 통보하여야 된다(제122조). 그러나 상술한 바와 같이, 당사국들이 제네바협약의 정식 서명 국가로서 법적 구속을 받고 있는 상태가 아니었고, 협약에 대해 자의적인 입장을 취하고 있었으므로 6·25전쟁의 경우에 제네바협약을 일괄적으로 적용하는 데에는 한계가 있었다. 따라서 교전 쌍방 간에 현실적인 타협안이 필요했고, 휴전 시 포로 교환에 관한 협정을 체결하였다. 그래서 제네바협약은 한국 휴전협정이 언급하지 않은 부분에 대해 보충적으로만 적용되었다.

이런 관점에서 봤을 때, 북한이 5만 명 이상의 국군 포로들을 은닉, 북한에 억류시킨 것은 1949년 제네바 제3협약 제118조에 대한 위반일 뿐만 아니라, 명백한 한국 휴전협정 위반이다. 휴전협정 제3조 51항은 "본 휴전협정이 효력을 발생한 후 60일 이내에 각방은 그 수용하에 있는 송환을 견지(堅持)하는 전체 전쟁포로를 포로된 당시에 그들이 속한 일방에 집단적으로 나누어 직접 송환 인도되며 어떠한 저애(沮碍, 방해)도 가하지 못한다."라고 규정하고 있다. 그리고 휴전협정 부록(중립국송환위원회 직권의 범위) 제2조 4항에는 "휴전협정 발효일 이후 피송환권을 행사하지 않은 전체 전쟁 포로는 휴전협정 발효일 이후 가능한 한 속히 최대한 60일 이내에 억류 측의 군사 통제와 수용소로부터 석방되어 억류 측이 지정하는 한국 내의 지구에서 중립국송환위원회에 넘긴다."라고 기술되어 있다. 그리고 이 휴전협정 부록 제4조 11항에 따르면, 중립국송환위원회의 관리하에 있었던 포로는 동(同) 위원회가 해산되고 난 뒤에도 전쟁 포로의 신분에서 해제된 사민(私民)으로서 조국으로 돌아가기를 희망하

---

24 이 협약의 정식 명칭은 "포로의 대우에 관한 1949년 8월 12일 자 제네바협약(Geneva Convention Relative to the Treatment of Prisoners of War of August 12, 1949)"이다. 이 협약은 보통 "1949년 제네바 제3협약"으로 불리는데, 다양한 범주의 전쟁 희생자를 보호하기 위한 네 개의 협약 중의 하나이다. 이 협약은 제2차 세계대전에서 발견된 누락 사항을 보충하기 위한 것이다. 북한은 1957년에, 한국은 1966년에 각각 가입했으며, 오늘날 대부분의 국가들(2015년 현재 196개국)이 가입해 있다.

는 자가 있으면, 그들이 있는 곳의 당국은 그들의 귀환을 책임지고 협조하게 되어 있다.

그런데 현재 북한에 억류 중인 한국군 포로들은 중립국송환위원회의 관리하에 들어가지 않았기 때문에 군사정전위원회를 통해 송환을 요구하기 힘들다는 주장이 있다.[25] 그러나 "송환을 견지하는" 포로들이 "송환 인도"되는데 "저애(沮碍)", 즉 장애를 가하였고, 피송환권을 행사하지 않은 포로들을 중립국송환위원회의 관리하에 넘기지 않은 것 자체가 휴전협정에 대한 위반이다. 따라서 당연히 이루어졌어야 될 휴전협정상의 권리 부여와 의무 이행이 이루어지지 않았던 것이 협정 규정 적용의 한계로 인식되어서는 안 된다.

군정위 유엔 측 수석위원을 한국군 장성으로 교체한 1991년 3월 이래로 휴전체제가 파행적으로 운영되고 있어서 휴전협정 적용의 현실적 한계를 직시하지 않을 수 없다. 특히, 당사자 문제가 항상 제기되고 있고, 북한이 내세우는 현 파국 상태의 직접적인 원인도 여기에 있으므로 포로 문제를 한국이 주체가 되어 제기할 경우에는 이 당사자 문제가 걸림돌이 될 수 있다. 따라서 한국정부는 '서명 주체의 비대칭성(非對稱性)', '휴전협정 교섭과정에서의 한국군의 참여', '위임 서명(委任署名)', '기정 사실(旣定事實)로서의 한국군 대표단의 군정위 활동' 등을 논리적 근거로 하여 '한국의 당사자성'을 일관되게 주장해야 될 것이다.[26] 그러나 다른 한편으로는 본 사안에 대한 '효율적 접근'이라는 관점에서 '유엔군'이라는 기존의 행위 실체와 기존의 틀을 활용하는 것도 고려해볼 만하다.[27] 그러나 현 파국상태에서는 군정위 활동

---

25 예를 들어, 본 국군 포로 문제에 대해 선행 연구를 한 한국국방연구원의 문광건 연구위원의 주장. 문광건 씨와의 1997년 6월 6일 자 면담.

26 한국의 휴전협정 당사자 문제는 본 서의 제5장에서 논의되었으므로 생략하기로 한다. 그런데 한국의 당사자성 여부에 따라 미송환 국군 포로 문제의 제기 주체가 결정될 수 있다. 제5장에서 언급한 바와 같이 한국 국제법학계에서는 한국의 당사자성을 부인하는 논리와 인정하는 논리가 공존하고 있다. 부인하는 대표적 학자로 김명기 교수를, 인정하는 대표적 학자로 유병화 교수를 각각 꼽을 수 있을 것이다. 저자는 선행 연구들에서 한국의 당사자성을 인정하는 입장을 취해 왔으며, 이런 논리적 기초 위에서 본 연구도 수행하고자 한다. 이에 대한 각 연구자들의 자세한 입장은 다음을 참조하시오. 김명기, 『한반도 평화조약의 체결 - 휴전협정의 평화조약으로의 대체를 위하여 -』, 국제법출판사, 1994; 김명기, 「정전체제의 전환: 법적 문제와 국제구도」, 『평화연구』 제21집, 경북대학교 평화문제연구소, 1996년 12월; Myung-Ki Kim, *The Korean War and International Law* (Claremont, CA: Paige Press, 1991); Myung-Ki Kim, "Application of the Geneva Conventions of 1949 in the Korean War", 『인도법논총』 제13호, 1993년 11월, 대한적십자사 인도법연구소; Byung-Hwa Lyou, *PEACE AND UNIFICATION IN KOREA AND INTERNATIONAL LAW*, Occasional Papers/Reprints Series in Contemporary Asian Studies, No. 2 - 1986 (73), School of Law University of Maryland; 허만호, 「남북한 군사관계발전 속에서의 군사정전위원회」, 『한국정치의 쟁점과 이해』, 박영사, 1993; 허만호, 「한반도 정전체제의 전환: 현안과 대책」, 『대구·경북정치학회보』 제3집, 대구·경북정치학회, 1995; 허만호, 「휴전체제의 등장과 변화: 통일조건의 역사적 모색」, 한국정치외교사학회, 『한국정치외교사학회 논총』 제16집, 1997년 12월.

27 순수 국제법적 논리에 따른다면, '유엔군'은 국제조약의 주체가 될 수 없기 때문에 유엔군에 군대를 파견한 국가가 휴전협정의 주체이다. 따라서 한국군 포로들에 대한 송환 요구도, 이 논리대로라면, 한국정부가 북한에 직접 할 수 없고 미국을 통해서 해야 된다는 것이다. 그러나 이와 같이 법리적 논리에만 충실하다 보면, 한국을 "미제국주의자들의 꼭두각시"로 매도하려는 북한의 선전 목표에 부합하는 결과를 초래할 것이다.

을 통해 본 사안에 대한 구체적인 결실을 기대하기는 어려우므로 법리적 명분을 확보하는 데 우리의 역점을 두는 것이 더 나을 것이다.

법리적 명분을 축적한다는 면에서 포로의 신분에 대해서도 우리의 입장 정립이 필요하다. 왜냐하면 한국군 포로들이 북한에 장기간 억류되어 북한의 주민이 된 현실은 그들의 포로 신분에 대한 논란을 야기할 수 있기 때문이다. 이때 우리가 제시할 수 있는 논거로 현재 남북한이 모두 가입해 있는 1949년 제네바 제3협약 제5조를 들 수 있다. 이 규정은 포로의 신분을 "시간적으로 적의 권력 내에 들어간 때부터 그들의 최종적인 석방과 송환 때까지"로 규정하고 있으므로 북한 억류 한국군 포로들은 아직 포로 신분이 유효하다. 그런데 하나 더 우려될 수 있는 것은 동 협약 제119조에 "위반 행위에 대한 형사소추가 진행 중인 포로는 그러한 소추가 종료될 때까지, 그리고 필요한 경우 형의 종료 시까지 억류할 수 있다."라고 규정되어 있다. 따라서 북한은 한국군 포로들을 형사범으로 몰아 계속 억류하려고 시도할 가능성도 있다. 그러나 이러한 경우 어떠한 형사사건이건 형기(刑期)가 있기 마련이고, 형기가 끝난 포로들은 포로 신분이 되살아난다는 사실을 강조하는 논리를 전개해야 될 것이다.[28]

그런데 이와 같이 한국의 북한 설득 논리를 제네바협약에 기초할 경우 '소급 적용'의 문제가 제기될 수 있다.[29] 즉, '북한과 한국이 이 협약에 가입한 것은 6·25전쟁이 끝난 뒤인 1957년과 1966년인데, 6·25전쟁에 제네바협약을 적용할 수 있는가' 하는 문제이다. 그러나 6·25전쟁 시에 남북한이 제네바협약에 가입은 안 했지만, 이 협약을 준수하겠다고 정부 당국자의 공식 입장으로 대외에 천명하였다. 따라서 북한에 대해 본 협약은 설득 논리가 될 수 있다. 그리고 본 협약에 정식으로 가입한 시점에서 과거의 사건이 해결되지 않은 부분이 있다면 이 협약에 따라 해결하는 것이 법 논리상으로 결코 하자(瑕疵)가 될 수는 없을 것이다.

2) 남북기본합의서와 부속합의서

남북기본합의서(남북 사이의 화해와 불가침 및 교류·협력에 관한 합의서)와 부속합의서가 채택·발효되었으나 북한의 핵 문제로 인해 현재 실천되지 못하고 있다. 그리고 빠른 시일 내에 실천될 것으로 전망하기도 힘들다. 그러나 어떤 과정을 통해서든 남북한 관계가 정상화되어 이 합의서들이 실현될 때에는 본 연구의 핵심 사안들을 해결할 수 있는 법리적 토대를 그

---

28 본 대안은 필자의 본 연구에 대한 김태천(金泰川) 당시 경북대학교 법과대학 교수의 논평에서 시사 받은 바가 크다. 경북대학교 평화문제연구소 주최 통일안보 포럼 「북한의 인권문제」, 1997년 11월 21일.

29 Myung-Ki Kim, "Application of the Geneva Conventions of 1949 in the Korean War", *op. cit.*.

속에서 마련할 수 있다.

먼저, 한국의 휴전협정 당사자 문제도 기본합의서 제5조에 의거하면 북한을 설득할 수 있는 논리를 쉽게 찾을 수 있다. 즉, 기본합의서 제5조에는 "남과 북은 현 정전 상태를 남북 사이의 공고한 평화 상태로 전환시키기 위하여 공동으로 노력하며 이러한 평화 상태가 이룩될 때까지 현 군사정전협정을 준수한다."라고 기술되었다. 즉, 북한이 한국을 휴전협정의 당사자로 인정하지 않는다면 한국은 휴전 상태를 평화 상태로 전환시키기 위해 북한과 공동으로 노력할 주체자가 될 필요가 없을 것이고, 북한은 한국에 대해 휴전협정을 준수하라고 요구할 수도 없을 것이다.

그리고 남북기본합의서 제3장 제17, 18조와 관련 부속합의서의 이행문제에 있어 북한 억류 국군 포로 문제는 중요한 현안이 될 것이다. 즉, 기본합의서 제3장 제17조에 "남과 북은 민족구성원들의 자유로운 왕래와 접촉을 실현한다."라고 기술되어 있다. 또한, 제18조에는 "남과 북은 흩어진 가족·친지들의 자유로운 서신 거래와 상봉 및 방문을 실시하고 자유의사에 의한 재결합을 실현하며, 기타 인도적으로 해결할 문제에 대한 대책을 강구한다."라고 규정되어 있다. 이를 실천하기 위해 '남북교류·협력 부속합의서' 제2장 제10조에는 다음과 같은 8개 항목으로 좀 더 구체적인 사항들이 기술되어 있다.

남과 북은 민족구성원들의 자유로운 왕래와 접촉을 실현한다.

① 남과 북은 모든 민족구성원들이 자기 의사에 따라 자유롭게 상대측 지역을 왕래하도록 하기 위한 조치를 공동으로 취한다.

② 민족구성원들의 왕래는 남북 사이에 개설된 육로, 해로, 항로를 편리한대로 이용하여 하도록 하며, 경우에 따라 국제항로도 이용할 수 있다.

③ 남과 북은 민족구성원들이 방문지역에서 자유로운 활동을 하도록 하며, 신변안전 및 무사귀환을 보장한다.

④ 남과 북은 민족구성원들이 상대측의 법과 질서를 위반함이 없이 왕래하고 접촉하도록 하기 위한 조치를 취한다.

⑤ 남과 북을 왕래하는 인원들은 필요한 증명서를 소지하여야 하며, 쌍방이 합의한 범위 내에서 물품을 휴대할 수 있다.

⑥ 남과 북은 자기 측 지역에 들어온 상대측 인원에 대하여 왕래와 방문목적 수행에 필요한 편의를 제공한다.

⑦ 남과 북은 자기 측 지역에 들어온 상대측 왕래자에게 불의의 사고가 발생할 경우 긴급 구제조치를 취한다.

⑧ 남과 북은 민족구성원들의 자유로운 왕래와 접촉을 실현하는 데 필요한 절차와 실무적 문제들을 사회문화교류·협력공동위원회에서 협의하여 정한다.

물론 상기 합의 사항들을 실제 적용하는 단계에서는 시행 세칙들도 마련해야 되겠지만, 이 조항들은 미송환 국군 포로 문제를 다룰 수 있는 법리적 토대가 된다. 그리고 과거에 해결하지 못했던 쟁점들, 즉 국군 포로들이 북한 인민군에 재입대했을 때의 강제성 여부, 60여 년 전에 은닉·억류된 국군 포로들의 국제법적 지위 등에 구속되지 않고 이 문제를 해결할 수 있는 제도적 수단이 될 수 있다.

즉, 포로 문제에 대한 법리적 쟁점들은 일단 유보하고, 남북기본합의서 제17조를 적용하여 "민족구성원들의 자유로운 왕래와 접촉"을 통해 현재 생존해 있을 것으로 추정되는 2만~3만 명의 국군 포로들과 그 가족들에 대한 근황(近況)을 파악하고, 제18조에 따라 그들의 남한 거주 가족·친지들과 서신 거래, 상봉, 방문, 재결합하도록 하면 될 것이다. 그리고 본 사안의 특수성이 기본합의서 제17조, 제18조를 일괄적으로 적용하는 데 어려움이 있으면, 이들에 대한 사업을 "기타 인도적으로 해결할 문제"로 따로 추진할 수도 있다. 그런데 현재 예상할 수 있는 바로는, 기본합의서가 실제적으로 발효되어 제17조, 제18조가 포괄적으로 적용되기보다는, 어떤 과정을 거치든 남북한 관계가 개선되면, 합의서 조문에 기술된 정신에 기초하여 간헐적으로 시범 사업들이 먼저 이루어질 가능성이 더 많다. 그러할 경우, 국군 포로들의 연령을 고려하여 그들을 남북 이산가족 재회사업의 1차적인 대상자로 선정한다면 실질적인 포로 송환의 결과를 얻게 될 것이다.

남북기본합의서와 부속합의서의 시행을 통해 미송환 국군 포로 문제를 해결하는 방법이 궁극적이고 가장 바람직한 해결책임에도 불구하고 현재로서는 실현 가능성이 약한 것이 사실이다. 남북한 어느 측도 이 합의서들이 폐기되었다고는 감히 공언하지 못하지만 거의 사문화되어 있는 현실을 도외시할 수 없다. 그리고 이 합의서들이 이행될 수 있을 만큼 남북한 관계의 현저한 진전이 선행되지 못하면 이 방법은 현실성이 거의 없다. 그러나 어떤 과정을 거치든 남북한 관계가 일정 수준에 도달하게 되면 그 관계의 실질적 내용은 결국 기본합의서의 내용에 합치되고, 경우에 따라서는 기본합의서의 제도적 틀에 귀속될 가능성도 있다. 어떤 형식을 취하든 본 사안이 남북한 간의 협상에서 다루어질 경우, 협상장에서의 '세력 균형'에 영향력을 행사하기 위한 유리한 논리를 개발하고, 향후 대책 수립의 방향을 설정하는 데에는 기본합의서와 부속합의서에 기초하는 것이 절대적으로 필요하다.[30]

3. 송환의 제약과 전략

한국군 포로들은 남북한 관계 속에서 북한 지도부의 이념 선전이나 이념 투쟁을 위한 목적으로 북한에 억류되었다. 그러나 그들을 송환하는 데 따르는 실제적 제약은 북한 사회의 불안정성과 부정합(不整合, mismatching) 현상을 보이고 있는 남북한 관계에서 비롯된다.

피억류 한국군 포로들의 송환 문제는 법리적 명료성(明瞭性)에도 불구하고 협상론의 관점에서 난제(難題) 중의 하나인 것은 분명하다. 그러나 협상가(協商價)를 평가하기 전에 이 문제가 갖고 있는 정치사회학적 의미를 분석해 볼 필요가 있다. 특히, 북한 억류 국군 포로들과 그 가족들이 한국의 대북 정책에서 어떤 비중을 차지하는가를 냉철히 생각해 봐야 될 것이다. 한국의 대북 정책의 핵심 목표가 북한 당국의 통일 전선 전략을 약화시키고, 주민 동원 능력을 약화시켜서 대남 전쟁 도발 가능성을 줄이는 것이다. 그리고 더 나아가 통일의 동반자로 북한이 변모할 수 있도록 개혁 추진 세력을 신장시키는 것이다.

1) 북한 사회의 불안정성

공산주의 국가들이 공산주의 이념에 의해 사회가 전적으로 지배되는 '단일주체제(單一柱體制, monolithic regime)'를 건설했다고 공언해 왔지만, 실제 사회에는 이와 배치되는 비공식적인 영역들이 존재해왔다. 이러한 현상을 공산권 연구 전문가들은 '병행사회(parallel polis)', '2차 사회(second society)', 혹은 '잠재적 시민사회' 등의 개념으로 묘사해 왔다.[31] 그

---

30 효과적인 협상을 하기 위해서는 다음과 같은 상호 모순적인 4대 협상 요소를 조화시켜야 된다. 즉, 자신의 이해에 합당한 실속 있는 결과를 획득하는 것과 유리한 결과를 획득하기 위해 세력 균형에 영향력을 행사하는 것, 효율적인 협상을 위해 건설적인 분위기를 촉진하는 것, 상호 이익을 극대화하기 위해 융통성을 획득하는 것을 서로 조화시켜야 된다. Willem F. G. Mastenbroek, "Development of Negotiating Skills", in Victor A. Kremenyuk (ed.), *International Negotiation* (San Francisco, Oxford: Jossey-Bass Publisher, 1991), p. 391.

31 Václav Benda, et. al., "Parallel Polis, or An Independent Society in Central and Eastern Europe: An Inquiry", *Social Research*, Vol. 55 Nos.1-2(Spring/ Summer), 1988; 서재진, 『또 하나의 북한사회, 사회구조와 사회의식의 이중성 연구』, 나남출판, 1995; Elemér Hankiss, "The 'Second Society': Is there an alternative social model emerging in contemporary Hungary?", *Social Research,* Vol. 55 Nos.1-2(Spring/Summer), 1988; 장경섭, 「북한의 잠재적 시민사회」, 『현상과 인식』 제18권 제4호 통권 제63호, 1994.

런데 이와 같은 모습들은 정도의 차이는 있지만 공산주의 체제가 극도의 비효율성을 드러내면서 확연해지고, 개혁·개방 정책을 취하면서 일정 부분은 제도 속에 수용되기도 했다. 그 결과 후기공산주의 사회(late-communist society)에서는 공산주의 이념에 의해 지배되는 공식적인 영역과 교조적 공산주의 이념으로는 수용하기 힘든 모습들이 사회의 또 다른 한 영역으로 자리 잡는 이분법적 사회 분화가 진행되어 왔다.[32] E. 핸키스(Elemér Hankiss)는 1980년대 말 헝가리 사회의 이런 모습을 이분법적인 변수들에 따라 '1차 사회'와 '2차 사회'로 구분하고, 이런 "체계와 체계외적 조직원리(system-foreign organizational principles)"가 경제생활, 공공영역, 문화생활, 사회의식, 정치적·사회적 상호작용 분야에 나타난다고 설명하였다.[33]

북한 사회의 불안정성은 외부 개입의 심각한 장애가 되고 있다. 북한 지도자들은 북한 사회를 믿지 못하고 있으며, 외부 개입이 비공식 부문, 즉 '제2 사회영역'을 확장할 가능성이 있고, 그로 인해 체제가 약화될지도 모른다고 우려하고 있어 한국을 포함한 외국의 제안을 받아들일 수 없는 상태이다.[34]

이런 가운데 한국군 포로와 그 가족들이 북한 인구의 0.5~1% 정도에 지나지 않지만, 이들의 사회적 지위의 급격한 변화는 북한 사회의 계급 정책을 동요시킬 수 있을 것이다.

1958년 이후 북한 사회는 "사회주의적 생산 관계의 유일적 지배"를 추구하고, "농업집단화", "상공업의 협동화"를 통하여 "전체주민의 사회주의 노동자화"를 꾀하여 왔다. 북한 당국은 북한 주민들의 홍일색화(紅一色化)를 위해 주민들을 분류하고 조선노동당의 "집중지도" 하에 반(反)혁명적 요소들과 투쟁해 왔다.[35] 북한은 이 같은 목적에서 1964년 4월부터 1969년 사이에 주민등록 사업을 실시하여 1971년 2월에는 북한 주민을 3계층 51개 부류로 분류하고, 전체 주민의 28%를 핵심계층으로, 45%를 동요계층으로, 27%를 적대계층으로 집계하였다.[36] 억류된 한국군 포로와 그 가족들은 소수를 제외하고는 적대계층에 속한다. 그간 북한의

---

32 '후기공산주의사회'에 대해 제안자인 E. 핸키스는 개념적인 설명 없이, 시기적으로 체제 안정기 이후, 특징적 모습으로 '2차 사회'의 뚜렷한 형성을 제시하고 있다. E. 핸키스의 앞의 논문 참조.

33 "체계와 체계 외적 조직 원리"에 대한 개념적 설명은 E. 핸키스의 앞의 논문 참조.

34 김정일은 1996년 12월 7일에 김일성대학을 방문하여 당 간부들에게 행한 연설에서 심지어 "신의주학생사건과 같은 사건이 다시 일어나지 않는다고 담보할 수 없습니다."라고 말했을 정도였으므로 당시 북한의 노멘클라투라에게 위기의식이 어느 정도로 팽배해 있었는지 짐작할 수 있다. 그런데 당시에는 북한의 노멘클라투라가 '김정일과 운명을 같이한다.'라는 생각을 하고 있었으나, 김정은 정권하에서는 언제 목숨을 잃게 될지 몰라 '공동 운명체'라는 의식이 현저히 약화되었다고 탈북 외교관 고영환 씨는 주장한다. 고영환의 진술, 대한변호사협회 북한인권특별위원회, 2015년 8월 12일.

35 김용기, 「계급의 불평등구조와 계급정책」, 『북한사회의 구조와 변화』, 경남대학교 극동문제연구소, 1987, 202쪽.

36 중앙정보부, 「북한의 인권탄압 실태」, 연도 미상(1970년대 초로 추정), 48~52쪽. 이 보고서는 당시 중앙정보부가 입수한 '인민분류목록'에 기초하여 작성한 것으로 짐작된다. 그런데 한국정부는 『북한개요』, 『북한인권백서』 등 각종 북한 관련

계급정책은 동요계층과 적대계층에 대한 경계와 사상 교육에 초점이 맞춰졌다.

1970년대 북한의 계급정책은 양면성을 띠었다. 한편으로는 '3대 기술혁명'을 통해 도시-농촌 간의 생활상의 격차를 해소하고 '계급 차이'를 줄임으로써, 공산주의 체제에 대한 주민들의 자발적 동의를 유도해 내기 위한 일종의 '사탕과자(Zuckerbrot) 정책'을 실시하였다. 다른 한편으로는 사상, 기술, 문화에 걸친 '3대혁명소조 운동'을 통해 노동자, 농민, 사무원들을 '혁명화', '노동계급화'하는 동시에, 반혁명분자들에 대해서는 철저한 독재를 실시하는 '채찍(Peitsche) 정책'을 실시하였다.[37]

이와 같은 계급 정책의 결과로 북한은 한편으로 과거의 불평등 체계를 해소하였으나, 다른 한편으로 새로운 불평등 체계를 제도화하였다. 즉, 과거의 정치적 활동과 출신 성분에 따른 계급 차별이 북한 주민들의 사회·경제·문화생활에 있어서 새로운 위계 서열을 형성한 것이다.[38]

그런데 지난 반세기 가까이 실시한 북한의 계급정책이 계급 구성원을 어떻게 바꾸었는지는 알 수 없으나, 사회적 통합도를 높이고 체제에 대한 지지 계층의 저변을 확대하는 데에는 성공하지 못했다는 것을 알 수 있다.

Z. 브레진스키(Zbigniew Brzezinski)의 연구 『대실패(*The Grand Failure*)』에 따르면, 1988년 당시 북한 사회주의 체제의 위기지수는 8이다. 이는 중·동부 유럽 사회주의 체제의 일반적인 위기지수 15~27보다는 낮으나, 동독(7)이나 불가리아(6)보다는 높게 나타난 것이다.[39] 그런데 북한에서 식량 사정이 극도로 악화되기 이전 시기의 위기 상황을 민족통일연구원에서 브레진스키 위기지수로 다시 평가한 바로는, 1989년부터 1995년까지 12에서 17까지 매년 증가하였다. 브레진스키 자신도 1995년경의 북한의 위기지수를 17로 평가하였다.[40] 그런데 1990년대에 들어와서, 특히 1994년 김일성의 사망과 1995년의 대홍수로 인한 식량 사정 악화로 사회적 통합도와 체제에 대한 지지도는 더욱 낮아졌을 것이다.

만약 한국군 포로와 그 가족들이 공개적으로 드러난다면, 북한의 비도덕성이 국제사회에

문건에서 약 87만 가구 391만 5000명이 핵심계층으로, 약 70만 가구 351만 명은 동요계층으로, 그리고 약 173만 가구 793만 5000명은 적대계층으로 분류되었다고 소개하고 있다.

37 김용기, 「계급의 불평등구조와 계급정책」, 고현욱 외, 『북한사회의 구조와 변화』, 경남대학교 극동문제연구소, 1987, 207쪽.

38 위의 책, 208쪽.

39 Zbigniew Brzezinski, *THE GRAND FAILURE, The Birth and Death of Communism in the Twentieth Century* (New York: Charles Scribner's Sons, 1989), p. 234.

40 김성철·정영태·오승렬·이헌경·이기동, 『북한 사회주의체제의 위기수준 평가 및 내구력 전망』, 민족통일연구원, 1996, 12쪽.

폭로될 것이다. 더욱이 그것은 북한의 사회적 맥락에서 보면 적대계층의 일부가 '음지'에서 '양지'로 이동한다는 것을 의미한다. 이는 북한 사회 통제의 주요 도구인 계급정책을 흔들어 놓을 수 있다.

2) 부정합(mismatching)의 남북한 관계와 NGOs의 역할

김대중·노무현 정부는 10년간 2조 원 이상의 대북 경제지원을 했고, 수많은 합의를 도출했지만 남북한 관계는 안정적이지 못했다. 특히, 김대중·노무현 두 정부는 일방적으로 '선의의 양보'를 했지만 북한 지도부는 이를 '약점의 발로'로 인식하여 양보는 일단 전부 챙기고 나서 더 많은 것을 강요하는 마키아벨리적 착취 전술(machiavellian exploitative device)을 구사하며 조야성(粗野性, toughness)을 보였다. 이처럼 남북한 관계에는 현재까지 부정합(mismatching) 현상이 지배적이다.[41] 이런 실정에서는 북한에 억류된 한국군 포로 송환 문제를 단독 현안으로 하는 협상이 남북한 간에 열리기는 어렵다.

1990년 이후 이 문제를 다룰 수 있는 기회가 남북고위급회담, 4자회담, 남북장관급회담, 6자회담 등 몇 번 있었다. 그러나 처음 두 회담은 송환 문제를 다룰 정도로 진전되기도 전에 중단되고 말았다. 장관급회담 역시 이 문제를 정식 의제로 채택하지도 못하고, 적십자회담을 개최하여 "전쟁 당시 소식을 알 수 없게 된 자들"의 생사와 주소를 확인하는 문제를 협의하자고 떠넘겼지만, 그나마도 이행되지 못했다. 그런데 6자회담을 통해 6·25전쟁을 종결짓기 위한 제도적 장치를 마련하는 문제가 거론된 적이 있다. 6자회담을 통해 6·25전쟁을 제도적으로 종결짓는다면, 한국군 포로 송환 문제는 이 회담에서 다루어져야 될 당위성이 충분히 있다. 그런데 문제는 한국정부 당국자들이 만난(萬難)을 무릅쓰고도 의제로 만들어 낼 정도로 이 사안에 큰 비중을 두고 있지 않다는 것이다.

역대 한국 정권이 바뀔 때마다 북한과의 기존 협정은 사문화시켜 남북한 관계에서 기존 협정의 구속성을 기대하기는 극히 힘들다. 더욱이 북한 당국은 현재까지 그리해 왔던 것처

---

41 협상에서 양보(concessions)는 상대방으로부터 반대급부적인 양보를 도출하는 협상 과정의 핵심적인 동인(動因)이다. 그런데 양보에 대한 상대측의 반응도 극단적이다. 즉, 양보가 '선의의 표현'으로 나타날 경우에는 반대급부가 요구되어 교호작용(reciprocation) 혹은 정합(整合, matching)이 발생하는데, 양보가 '약점의 발로'로 나타날 경우에는 보다 높은 기대 수준을 허용할 수 있는 공간을 제공하여 상대측의 강경한 행동을 유발할 수 있다. 이를 부정합(不整合, mismatching)이라고 한다. Christopher Dupont and Guy-Olivier Faure, "The Negotiation Process" in Victor A. Kremenyuk (ed). *International Negotiation* (San Francisco: Jossey-Bass Publisher, 1991), pp. 46-47; 허만호, 「북한의 협상행위의 특징 - 이론적 괴리와 규칙성-」, 한국국제정치학회, 『국제정치논총』 제36집 제2호, 183쪽.

럼 한국의 다음 정권에 대해서도 기존의 합의 및 협정에서 사안의 유불리에 따라 선별적으로 구속성을 주장할 것이므로 북한과의 합의나 협정이 누적되면 될수록 '남북한 관계의 제도화(institutionalization)'가 진전되는 것이 아니라 한국에 대한 일방적 구속성만 강화될 것이다.

현재까지 휴전체제의 전환에 대해 남북한 간에 유일하게 합의하여 명문화한 것은, 남북기본합의서 제5조에 기술되어 있는 "현재의 정전 상태에서 공고한 평화 상태로 전환하도록 남북이 노력하고, 그때까지는 현재의 휴전협정을 준수한다."라는 것이다. 지난 노무현 정부는 노태우 정부 이래 구상해온 "남북한 간의 평화협정 체결, 미국·중국의 보증" 방안에 북한이 1974년 이래 주장하고 있는 "미국·북한 간의 평화협정 체결" 안을 일부 수용한 "다자간 동시 협정 체결" 방안을 긍정적으로 검토했던 것으로 보인다.[42] 노무현 정부는 2007년 8월까지 "한반도 평화체제 구축"에 구체적인 결실을 거두는 것을 목표로 삼았지만 이루지는 못했다. 그런데 남북한 관계의 제도화를 위해 이명박·박근혜 정부는 김대중·노무현 정부가 전혀 의식하지 않았던 남북기본합의서를 되살려 내서 남북한 관계 발전의 토대로 삼고, 김대중·노무현 정부가 이룩한 남북 관계상의 제도적 성과들을 기본합의서 체제에 연결시키도록 노력했어야 되었다. 그리고 한국군 포로 송환 문제도 그 틀 속에서 해결책을 모색했어야 되었다.

1990년에 남북총리회담을 시작하며, 남북한 양측은 평화통일의 첫 단계로서 양자 간의 불신을 해소하자고 합의하였다. 그래서 남북기본합의서와 부속합의서에 신뢰구축조치들(Confidence-Building Measures: CBMs)이 기술된 것이다. 그러나 실행을 위한 초기 협상 단계에서 양측은 상대편이 받아들이기 어렵거나 불가능한 것들을 제안해서 어떤 때에는 신뢰를 구축하기 위한 조치들이 신뢰를 무너뜨리는 것처럼 보이기도 했다. 그러나 보다 근본적인 문제는 이러한 합의들이 구체화되기도 전에 북한이 합의 자체를 무의미하게 수많은 도발 행위를 하며 불신을 자아낸 데 있다. 특히, 김대중·노무현 두 정부 하에서는 한국이 고식지계(姑息之計)의 유화정책을 구사하며 신뢰감을 일방적으로 보여도 사회주의 퇴조기에 북한이 경험하고 있는 대내외 여건과 그 속에서 김정일 자신의 정권을 지켜야 되는 이중 장애 요인 때문에 적극적으로 응하지 못한 측면도 있을 것이다. 그러나 전술한 바와 같이 김대중·노무현 정부의 유화정책을 역이용하여 외화 부족 문제를 해결하고, 남한 내에 북한 지지 세력을 확보하며, 남북 화해를 미군 축출을 위해 수단으로 이용하려 했기 때문에 북한 지도부는 대남

42 반기문 유엔사무총장의 언급처럼 6자회담에서 북한의 핵 문제가 해결되고 6자회담이 '평화회담'이 되면 평화협정 체결 문제가 다시 논의될 것이다.

정책에서 신뢰감을 보여주지 못했다. 이런 북한 지도부는 한국에 이명박 보수 정부가 들어서자 박왕자 씨 피격 사건(2008년 7월 11일)을 일으켜 금강산 관광을 중지시키게 하는가 하면, 천안함 폭침 사건(2010년 3월 26일)과 연평도 포격 사건(2010년 11월 23일)을 일으켜 한국 정부로 하여금 '5·24조치'를 취하게 하였다. 김정일의 사망(2011년 12월 17일) 후 권력을 세습한 김정은은 잔혹한 숙청을 거듭하며 권력을 공고화하는 한편, 대남 공격성을 지속적으로 드러내며 남북한 간에 경색 국면을 심화시켰다. 마침내 '목함지뢰 도발'(2015년 8월 4일)이 계기가 되어 김정은 정권에 와서 처음으로 남북한 관계 개선의 첫 단추라 할 수 있는 '8·25 합의'가 이루어졌다. 그러나 김정은 정권은 여전히 대외적으로 공격성을 드러내고 있다.

이런 부정합 상황에서는 형식적인 신뢰구축조치들만이 가능할 것이다. 따라서 경제·사회·문화 분야에서의 신뢰구축조치들에 우선순위를 두면서 협상 운영의 원칙을 세우는 것이 이 단계에서는 필수적이다. 또한, 비용 대 효과 비율(cost-benefit ratio)에 기초한 경제적 합리성에 따라 경제 분야에서의 조치들을 협상하여, 북한이 사회·문화적 신뢰구축조치들에 대해 양보를 하면, 이 '경제적 합리성의 원칙'을 유보해 주는 태도가 필요하다. 이와 같이 양측은 여러 영역에서 협상칩을 늘려 나아가야 한다.

이런 원칙에 따라 이루어진 것은 아니지만, 김대중·노무현 정부는 대북정책에서 북한에 우호적인 태도(friendly gesture)를 충분히 보여 신뢰구축의 토대가 반은 마련된 것으로 판단된다. 그러나 북한 지도부의 대남 정책에 현저한 변화가 있어 신뢰구축의 토대가 마저 마련되고, 그래서 남북기본합의서에 기술된 신뢰구축조치들이 상당히 진전되기 전에는 한국군 포로 송환 문제가 양자 간의 직접 협상을 통해 해결되기를 기대하기는 어렵다. 따라서 전체적인 맥락에서 이 문제를 반드시 다루겠다는 확고한 원칙을 먼저 세워야 한다. 그런 다음에 각각의 신뢰구축조치가 구체적으로 논의될 때 한국군 포로 송환 문제도 협상 테이블에 올려 질 수 있을 것이다. 이 단계에서 한국은 이 문제로 인한 북한의 협상 손실을 다른 영역의 이익으로 보상해 줄 수 있을 것이다. 이 경우 한국은 각 영역에서 손익균형점을 찾으려 하지 말고, 각 영역 간의 교차를 통해 최종적인 손익균형점을 찾도록 해야 될 것이다. 이것은 일괄 거래 협상 방식(package dealing)과는 다르다. 다차원순차 방식이므로 이 전략에서는 시간과 공간 개념이 중요해진다. 이 전략은 한국군 포로의 송환 문제가 갖고 있는 협상상의 어려움을 생각할 때 더욱 중요하다.

과거 10년간 김대중·노무현 두 정부의 대북 유화 정책과 김정일 지지 세력들의 한국 사회 내 제도권 진입 및 정치·사회적 대표성 획득에도 불구하고 북한의 통일전선전략은 한국에서 큰 위력을 발휘하지 못하고 있다. S. 헌팅턴(S. P. Huntington)의 관점에 따르면, 한국에서도 다른 성격의 주요 정치 세력 간에 권력 순환이 두 번 이상 이루어져서 민주주의가 공고화되었다고 말할 수 있다.[43]

민주화되기 이전에는 한국군 포로 문제에 대한 한국정부 당국자들의 인식이 부족하였고, 시민사회가 활성화되지 못해 비정부단체들(NGOs)의 현안 명료화 및 의견의 집약과 표출 노력이 부족하여 본 사안의 대북정책화 수준이 지극히 낮았다. 그리고 김대중·노무현 두 정부는 남북한 관계에서 가시적인 성과를 내어 이를 국내 정치에 이용하기 위해 대북 유화 정책을 쓰느라 본 사안이 정책화되지 못했다. 그러나 민주주의가 공고화된 한국 사회에서 대북정책의 논의 및 의제화 구조가 좀 더 합리화되면, 북한에 억류된 한국군 포로 문제는 남북한 관계에서 새로운 비중을 갖게 될 것이다. 그런데 이 단계의 도래를 앞당기기 위해서는 인권을 옹호하는 비정부기구들이 한국정부와 북한정부에 단순히 압력을 가하는 데 그치지 말고 구체적인 대안을 갖고 국내 입법 과정과 대북협상 의제 선정에 영향을 미치도록 해야 될 것이다. 일본인 납북자 문제, 북송 재일교포들의 일본인 처 문제 등을 통해 알 수 있는 것처럼, 대북정책에서 국군 포로 송환 문제가 큰 비중을 차지할 수 있도록 한국정부 당국자들에게 사안의 중요성을 인식시켜야 된다. 그리고 북한 위정자들에게도 더 이상 부정 일변도는 불가능하다는 것을 인식시켜야 긍정적인 결과를 얻을 수 있을 것이다.

4. 결론

한국군 포로들은 최소한의 인권조차도 누리지 못한 20세기의 마지막 노예들이다. 그들은 북한 공산주의자들의 이념 투쟁과 역대 한국정부 당국자들의 무능과 무책임성의 희생양이다.

한국정부는 6·25전쟁 한국군 포로 송환 문제에 대해 수동적이었다. 1953년에 이승만 정부가 석방한 반공 포로들의 송환을 요구하며 북한이 맞대응할 것을 우려하여 수동적이었다. 그러나 사안의 중대성에 비하면 이런 우려는 극히 지엽적인 것에 지나지 않는다.

김대중 전 대통령은 집권 초기에 당시 한국에 있던 '미전향 장기수들'과 북한에 억류되어

43 Samuel P. Huntington, *The Third Wave: Democratization in the Late Twentieth Century* (Norman: University of Oklahoma Press, 1991).

있는 한국군 포로들을 교환하는 방안을 공표하기도 했다. 그러나 2000년 남북정상회담을 통해 협상론의 관점에서 한 수(手, move)로 끝날 '미전향 장기수들'을 여러 수가 필요하고 북한 당국이 그 수를 조절할 수 있는 '남북 이산가족 재회사업'과 거래하였다. 그래서 한국군 포로 문제는 지금까지 여전히 원점에 머물러 있다. 이는 무엇보다 김대중 정부와 그를 이은 노무현 정부가 남북한 간의 공식 대화에 장애가 될 것을 우려하여 이 문제를 의제화하는 데 적극적이지 않았기 때문이다. 이명박 정부는 경색되어 있던 남북한 관계 속에서 한국군 포로 문제에 대한 해결책을 찾을 엄두를 낼 수 없었다. 박근혜 정부도 '8·25 합의'에 따른 '남북 이산가족 재회사업' 준비 과정에서 북한 억류 국군 포로들과 그들의 한국 내 가족 간의 상봉에 큰 비중을 두고 있지만, 남북한 관계의 전체적인 틀 안에서 이 문제의 해결책을 찾으려 하기 때문에 결과는 크게 달라지지 않을 것이다. 그런데 비정부기구들의 활발한 탄원 운동은 이 문제에 대한 남북한 정부 당국자들의 인식을 바꿀 것이고, 한국정부의 대북한 설득력도 강화할 것이다.

한국군 포로 문제는 세계에서 가장 폐쇄적이고 억압적인 체제를 유지하고 있는 북한 지도부를 상대해야 되는 복잡하면서도 매우 어려운 문제이다. 따라서 가족들과 정부 및 비정부단체들이 협력하여 상호 보완적으로 역할을 분담해야 된다. 특히 문제의 해결을 위해서는 정확한 사실 자료의 축적이 필요하다. 북한의 논의 거부와 사실 자료의 조작 가능성에 대비하기 위해서다.

이 문제의 해결을 촉진하기 위해서는 북한에 대한 다양한 압력 수단의 개발이 필요하다. 그래서 유엔을 비롯한 국제기구와 미국, 유럽연합(EU), 일본 등과의 연대를 통한 국제 이슈화 전략이 요구된다. 특히, 미국과 일본 등 북한과 수교 협상을 벌이는 국가와의 협력이 주효할 수 있다.

그러나 무엇보다 중요한 것은 남북정상회담과 각급 남북대화에서 국군 포로 문제가 주요 의제로 다루어질 수 있도록 정부 부처 간, 민·관 간에 사전 조율과 여론 형성이 필요하다. 북한의 지속적인 미전향 장기수 송환 요구가 결실을 보았던 것처럼, 국군 포로 문제도 다양한 통로를 통해 지속적으로 제기해야 결실을 거둘 수 있을 것이다.

국군 포로들은 대부분 북한에서 가족을 구성한 것으로 알려져 있다. 그래서 당사자만을 한국으로 송환할 경우 새로운 이산가족이 발생하게 되고, 북한에 남은 가족의 출신 성분이 공개되어 더욱 어려움에 처할 수 있다. 그러므로 송환에 대한 지속적이고 제도적인 보장을 위해서는 북한에 대한 경제 협력과 연계할 필요가 있다. 그리고 장기적으로는 동·서독의 경우와 같이 비밀 거래("Freikauf")를 통한 송환도 추진해야 될 것이다.

미송환 국군 포로 문제는 가장 절실한 인도주의적 문제다. 이 문제의 해결을 위해 남북한 당국은 정치적 이해관계가 아닌 인도주의적 입장에서 실제적인 성과를 보여야 된다. 그간 한국은 영내에 들어온 모든 북한 어선과 선원, 민간인은 물론이고 현역 군인까지도 본인의 의사를 확인한 후 북한으로 귀환시켜 주었다. 남북한 관계의 발전을 측정할 수 있는 가장 기본적인 지표는 미송환 국군 포로들의 귀환이 되어야 할 것이다.

제7장

6·25전쟁 시 민간인 납북자

/// 제7장 ///

6·25전쟁 시 민간인 납북자

제5장에서 기술한 바와 같이 6·25전쟁 종전 후 40년 가까이 운영되어 오던 군사정전위원회가 1991년에 군정위 유엔 측 수석위원으로 한국군 장성 황원탁 소장이 임명되면서 파행을 걷다가 마침내 파국 상태에 빠지게 되었다. 노무현 정부에 와서 이런 현실을 받아들여 새로운 평화 조치를 취하기 위해 구체적인 노력들이 경주되면서 일련의 합의들을 도출하게 되었다. 그런데 2005년 '9·19공동성명(제4차 6자회담 공동성명)'부터 2007년 '10·4남북공동선언(2차 남북정상회담 공동선언)'에 이르기까지 일련의 조치나 합의들 그 어디에도 북한에 억류되어 있는 6·25전쟁 민간인 납북자 문제에 대한 언급은 없다.

한국정부는 6·25전쟁 이후 납북 사건이 발생할 경우 다양한 경로를 통하여 해결하기 위한 노력을 기울여 왔다. 그러한 결과로 6·25전쟁 이후 시기 납북자 3835명 중에서 2013년 말 기준으로 516명의 억류자들을 제외한 대부분은 귀환하였다.[1] 그러나 6·25전쟁 당시 납북자들에 대해서는 전쟁이라는 당시의 상황과 납북과 월북에 대한 객관적 평가의 어려움, 그리고 50여 년이라는 세월의 경과를 이유로 제시하며 한국정부는 매우 소극적인 태도로 일관해 왔다.

그래서 6·25전쟁 시 피랍 인사들의 가족들은 모임을 결성하여 전쟁 당시에 한국정부가 작성한 납북자 명부도 발굴하고, 수많은 납북자 가족들과 피랍 탈출자들의 관련 증언들도 채록하며, '전시납북사건'에 대해 증거를 통한 '객관적 사실화' 작업을 해 왔다. 이와 같은 객관적 자료들의 발굴에도 불구하고 한국정부는 당시 상황에 대한 판단 근거 부족과 북한이 납북자의 존재를 부인하고 있다는 현실적 이유를 제시하면서 넓은 의미의 이산가족으로서 생사 확인과 서신 교환, 그리고 제한적인 상봉에 대한 노력만을 표명해 왔다. 이러한 입장은 북한과

---

1 도경옥, 김수암, 이금순, 한동호, 홍민, 『2015 북한인권백서』, 통일연구원, 2015, 435쪽.

'화해·협력 관계'를 유지하려는 거시적 측면의 통일 정책과 상충될 가능성이 높기 때문으로 보인다. 즉, 북한을 자극하는 요인으로 작용할 것을 우려하여 매우 소극적인 접근 방법을 채택해 온 것이다. 그러나 6·25전쟁의 종전을 제도적으로 완결하려는 이 시점에서 10만 명 이상으로 추정되는 민간인 납북자 문제에 대해 재조명해 볼 필요가 있다.

6·25전쟁납북인사가족협의회는 정부와 세인(世人)의 관심을 유도하기 위해 부단히 노력한 결과 본 사건의 실증 자료들을 많이 발굴하였다. 그리고 2006년까지 발굴한 5종류의 전시 납북자 명단을 토대로 하여 후속 연구가 가능하도록 『한국전쟁납북사건사료집, 2006. 9』을 출판하며 본 사안의 '사실화' 작업에 큰 기여를 했다. 이 명단들을 간단하게 소개하면 다음과 같다.

첫째, 「서울특별시 피해자명부」: 1950년 12월 1일에 공보처 통계국이 최초로 작성한 명부로 총 4616명 중에서 2438명을 납치자로 분류하고 있다.

둘째, 「6·25피납치인사명부」: 1951년에 6·25사변피납치인사가족회가 작성한 명부로 총 2316명의 이름, 나이, 주소, 피랍일과 같은 인적 사항이 기록되어 있다. 이 명부를 1951년 당시 가족회가 신익희 국회의장에게 제출했고, 후일 해공 신익희 선생의 유품에서 발견할 수 있었다.

셋째, 「6·25사변피납치자명부」: 1952년 대한민국정부가 작성한 명부로 총 8만 2959명의 인적 사항이 기록되어 있다.

넷째, 「6·25동란으로 인한 피납치자명부」: 1954년에 내무부 치안국에서 작성한 명부로 총 1만 7940명의 명단과 납치 주체가 수록되어 있다.

다섯째, 「실향사민등록자명단」: 1956년 6월 15일부터 8월 15일까지 대한적십자사가 신고받은 7034명의 납북자 명단이 수록되어 있다.[2]

본 연구에서는 이 중 개개인의 인적 정보를 가장 자세하게 담고 있는 다섯 번째 문건을 활용하여 민간인 납북 사건의 특징적인 모습들을 일차적으로 파악하고자 한다. 그리고 총체적인 분석과 현황 파악 및 교차 확인 작업을 위해 한국전쟁납북사건자료원에서 파악한 다섯 가

2 현재는 미국 CIA가, 북한당국이 피랍자들을 심문하여 작성한 명부를 토대로 1950년 10월 15일에 작성한 653명의 명부, "Persons Arrested in Seoul by the North Koreans"와 한국 국방부가 1963년에 작성한 『실향사민명부』 2권 중 1권을 발굴하였다. 그리고 아직까지 찾지는 못하였으나 내무부 치안국에서 1952년 10월에 작성한 『6·25사변피랍치자』에 12만 6325명이 수록되어 있다는 사실과 이 자료를 토대로 하여 공보처 통계국이 1953년에 작성한 것으로 추정되는 『6·25사변 피랍치자명부』에 8만 4532명이 수록되어 있다는 사실은 확인하였다.

지 명단상의 11만 2627명 중에서 중복 등록된 사람들을 제외한 9만 6013명의 신상 명세도 활용하겠다.[3]

그런데 저자가 추구하는 우선적인 연구 목적은 북한 당국이 민간인들에 대한 대규모의 납북 사실을 부정하고 있으므로 이 납북 사건들을 객관적 사실로 증명하고, 한 걸음 더 나아가 당시 북한 당국이 추구했던 바가 무엇이며, 민간인 납북이 우발적·국지적인 것이 아니라 총체적인 계획에 따라 자행되었다는 것을 증명하는 것이다.

1. 납북자 명부를 통해서 본 납북 규모 및 양태

한국전쟁납북사건자료원에서 파악한 바에 따르면 6·25전쟁 발발 직전 시기까지 포함하여 전체 전쟁 기간에 총체적으로 9만 6013명이 납북되었다. 이를 지역별로 보면 충청도에서 2만 3664명이 납북되어 가장 많고, 서울시에서 2만 2348명, 경기도에서 1만 8270명, 강원도에서 1만 1375명, 전라도에서 1만 853명, 경상도에서 9503명이 납북된 것으로 나타나고 있다.[4] 서울시를 제외한 다른 지역의 당시 인구 현황을 파악할 수 있는 통계가 없어 정확한 백분율(百分率)을 계산해 낼 수는 없으나, 몇 가지 추론적 사실은 규명할 수 있다.

먼저, 지역별 납북자 수에서 다음과 같은 특징적 측면에 유의할 필요가 있다. 첫째, 공산군이 점령했던 모든 지역에서 예외 없이 납북자가 발생했다. 둘째, 가장 인구가 많았을 경상도에서 공산군의 점령 기간이 짧고, 점령 지역이 제한되었기 때문에 납북자 수가 가장 적었다. 셋째, 서울, 경기도, 강원도, 충청도, 즉 개전 초기에 공산군이 점령했던 지역이며, 점령 기간이 상대적으로 긴 지역에서 납북자가 압도적으로 많이 발생했다. 이 세 가지 사실을 통해 "민간인 납북은 북한정부의 총체적인 전쟁 정책의 중요한 한 부분으로 이루어졌다."라는 추론을 할 수 있다. 그리고 납북자들의 ① 납치 시기 ② 납치 가담자 ③ 납북 과정 ④ 피랍인의 직업

---

3 이들 중에는 납북된 뒤에 북한 공산군에 전투 요원이나 전투 지원 인력으로 편입되어 전선에 배치되었다가 유엔군의 포로가 되어 거제도 포로수용소에서 일정 기간 수감 생활을 한 뒤에 풀려나 귀환한 사람들이 있다. 본 연구자는 연구 보조원들의 도움을 받아 명단 대조 작업을 하고, 그 결과에 대해 한국전쟁납북사건자료원의 확인 작업을 거쳐 9만 6013명의 전시 민간인 납북자들 중에서 413명은 거제도 포로수용소에서 풀려난 것으로 파악할 수 있었다. 그러나 활용할 수 있는 정보가 제한되어 있어서 동명이인(同名異人)인지 아니면 동일인(同一人)인지를 확인할 수 없는 경우도 적지 않게 있었다. 그런데 납북된 후에 어떤 형태로든 귀환한 사람들의 수는 북한에 억류된 납북자의 수에는 영향을 줄 수 있지만, 전체 납북자 수 자체에는 영향을 줄 수 없기 때문에 납북의 양태와 규모를 파악하는 데 9만 6013명을 대상으로 할 것이다.

4 한국전쟁납북사건자료원, 『한국전쟁납북사건사료집, 2006. 9』, 2006, 1118쪽.

⑤ 예상되는 피랍인의 가치 및 납북 목적을 기준으로 분류해 보면 또 다른 각도에서 일정한 추세와 의미를 파악할 수 있다.

1) 북한의 남침 계획 변화와 납북 정책

인구수가 서울(1950년 4월말 현재 169만 명)보다는 많았을 것이지만 다른 도(道)에 비해서는 많지 않았을 충청도에서 납북자가 가장 많이 발생한 이유를 현재 가용한 통계 자료로 설명하는 것은 힘들다. 이는 당시 공산군의 침략 노선, 즉 진격로(進擊路)와 시간대별 진격 지점, 납치 방법 등에 대한 정교한 자료 분석이 있어야 적확(的確)한 설명이 가능할 것이다.

충청도의 경우, 6·25전쟁이 발발하여 일정한 시간이 경과한 뒤에 공산군이 진격·점령하여 납치해 갔으므로 전황이 반영된 전쟁 정책 속에서 일정한 범주에 속하는 사람들을 다수 납치한 것으로 추정된다. 이는 '연령대에 따른 지역별 납북자 수'에 있어 충청도에서 납북된 사람들 중 청년층의 비율(82.67%: 16~20세 6303명, 21~25세 8927명, 26~30세 4334명)이 서울시 납북자들 중 청년층 비율 61.19%에 비해 월등히 높고, 이런 경향은 청년층의 전국 평균 비율 74.83%보다 더 높게 나타나고 있는 점과, '직업에 따른 지역별 납북자 수'로 볼 때 농업이 1만 9566명으로 압도적 다수를 차지하고 있다는 사실로 증명할 수 있다. 즉, 충청도에서 가장 많은 납북자들이 발생한 것은 북한 공산군의 전쟁 수행 과정에서 전시 인력 충원 계획과 밀접한 관련이 있었던 것으로 추정된다.

북한 공산군의 초기 남침 계획은 3단계로 구성되어 있었는데, 제1단계는 한국군의 방어선 돌파 및 주력 섬멸 단계로 3일 이내에 서울을 점령한 후 서울(수원)~원주~삼척선까지 진출하는 것이었다. 제2단계는 전과 확대 및 예비대 섬멸 단계로 군산~대구~포항까지 진출하고, 제3단계는 소탕 및 남해안으로의 진출 단계로서 부산~여수~목포로 전개하는 것이었다.[5]

여기서 주목해야 할 사실은 북한군의 1단계 작전 목표가 서울 점령에만 있는 것이 아니라 한국군의 주력을 포위·섬멸하는 데 있다는 것이다. 이에 따라 한국군의 주력을 섬멸한 이후의 제2단계와 제3단계 작전은, 한국군이 이미 저항 능력을 상실하여 조직적인 저항은 없을 것이라는 전제하에 전과 확대 및 섬멸 단계로 돌입해서 남해계선까지 진출한다는 것이다. 이러한 계획은 전쟁이 개시되면 후방에 있는 한국군 사단들이 서울을 방어하기 위해 서울지역

---

5 육군대학 교수부 중령 전종순, 「북한군 서울 지체 3일의 미스테리」, http://cafe.naver.com/nuke928/77061(검색일: 2008년 4월 20일).

에 투입될 것이라는 가정에 따라 수립된 것인데, 실제 정확하게 들어맞았다. 즉, 북한군 제1군단이 서부축선에서 내리밀면서 한국군의 전방 사단들을 압박하자 서울 방어를 위해 3일간에 걸쳐 후방의 제2, 3, 5사단과 수도경비사령부 등 4개 사단 모두가 서울 이북 지역에 투입되어 있었다.

이때 북한군 제2군단이 춘천과 홍천으로부터 수원 방향으로 우회기동(迂回起動)을 실시하여 한국군의 퇴로를 차단하게 되면 포위망 내의 한국군 주력은 소멸될 수밖에 없었다. 적에게 밀리는 상황에서 한강은 적의 진출을 저지하기보다는 아군의 철수를 방해하는 장애물로 바뀌게 되기 때문에 아군의 전력(戰力)은 더욱 크게 손상될 수밖에 없었다.

서울을 점령한 이후 한강 이남에서 수행할 북한군의 작전은 한국군의 주력이 이미 소멸된 상태이기 때문에 별 저항을 받지 않고 전과 확대 및 추격 단계로 전환하여 단숨에 남해계선까지 진출할 수 있다는 것이다.

그런데 1950년 6월 28일 당시 북한군의 전선 상황을 살펴보면 북한정부의 초기 침략 계획이 실패하여 전쟁 정책이 바뀌게 된 과정을 좀 더 자세히 이해할 수 있다.

먼저, 북한군 제1군단의 주공인 제3, 4사단은 1950년 6월 26일 저녁에 의정부를 점령하고, 6월 27일에는 이미 서울 외곽에 육박하였다. 북한군의 이 2개 사단은 6월 28일 05시에 서울 시내로 돌입하여 11시 30분경에는 서울을 점령하였다. 군단의 조공인 제6사단은 6월 25일에 개성을 점령하였고, 제1사단은 고랑포를 거쳐 임진강 북안(北岸)에 도착하였다. 개성을 점령한 제6사단은 한강을 도하한 후 김포반도로 진출하여 6월 28일에는 김포읍을 점령한 상황이었다. 그런데 임진강에 도착한 북한군 제1사단은 한국군 제1사단의 조직적인 저항에 부딪혀 타 사단에 비해 진출이 지연되면서 문산 일대에서 저지되고 있었다. 의정부 회랑지대를 내려온 북한군 제3, 4사단은 거침없이 진격하여 서울을 점령함으로써 중앙 돌파의 형태로 쐐기를 박듯이 돌출해 나오게 되었다. 이러한 상황은 북한군의 서울 포위 계획에서 본다면 지나치게 이른 것이었다.[6]

그에 비해 동부전선에서는 북한군의 진격 상황이 판이하게 달랐다. 당시 춘천지역 방어 임무를 담당했던 한국군 제6사단의 선전(善戰)으로 인해 1950년 6월 25일 당일 내로 춘천을 점령하려 했던 북한군 제2군단의 계획은 공격 개시 3일 만인 6월 27일에야 가능했고, 제1군단이 서울을 점령한 6월 28일까지도 홍천 일대에서 맴돌고 있었다. 한편 동해안의 북한군 제5사단

6 위의 논문.

역시 한국군 제8사단에 의해 진출이 저지되었다가 6월 28일에야 강릉을 점령한 상태였다.

이와 같은 진출 상황은 북한군의 초기 작전 계획과 대비해 보면 엄청난 차질을 빚은 것이었다. 즉, 한강 이남에서 한국군의 퇴로를 차단하여 한국군의 주력을 섬멸하려던 초기 계획은 한국군 제6사단이 북한군 제2군단의 진출을 저지함으로써 완전히 틀어지게 되었다. 이로 인해 한국군은 북한군의 초기 작전 계획과는 달리 포위망을 벗어나 새로운 전선을 형성할 수 있었던 것이다.[7]

당초의 계획대로라면 한강 이남에서의 작전은 한국군의 주력이 이미 소멸된 상태에서 별 저항을 받지 않고 '전과 확대 및 추격'을 하는 것이었으나, 북한군이 직면한 새로운 상황에서는 전투 인력을 대폭 보강해야만 되었다. 서울 이남 지역에서 청년층의 납북자들이 서울보다 많고, 특히 충청지역에서 그 비율이 유난히 높은 것은 이와 같은 전쟁 정책의 변화와 관련이 있는 것으로 추정된다.

2) 지역별 북한군의 진퇴 시기 대 납북 시기 및 장소

전국적인 납북자들의 피랍 시기를 보면, 1950년 7월부터 1950년 9월까지 3개월 동안에 납북된 사람들이 8만 4659명으로 전체 납북자들 9만 6013명의 88.2%에 이른다. 1950년 10~12월에 납북된 사람들이 2299명, 1951년 이후에 납북된 사람들이 3172명으로 상대적으로 아주 낮은 비율을 차지한다(〈표 7-1〉 참조). 그런데 북한 인민군의 지역별 진퇴(進退) 상황을 고려하면, 대부분의 납북자들이 해당 지역에 공산군이 진입한 초기에 납치되었고, 얼마간 시간이 경과한 뒤에 납치된 경우도 있으나 이는 숨어 지내다 뒤늦게 발각되거나 혹은 유인책에 이끌리어 나갔다가 납치된 것으로 보아서 납북 계획이 미리 세워져 있었던 것을 알 수 있다.

이런 납치 시점이 공산측의 전쟁 정책에 납북 계획이 포함되어 있었다는 것을 주장할 수 있는 좋은 논거가 된다.

전체 납북자들의 납치 장소로 보면, 납북자들의 자택에서 납치가 이루어진 경우가 72.1%, 자택 근처에서 납치된 경우가 8.2%로 도합 80.3%에 이른다(〈표 7-2〉 참조). 이는 북한정부가 피랍자들의 인적 사항을 사전에 파악하여 계획적으로 납치한 것이라는 사실을 반증하는 것이다.

---

7 김일성은 이에 대해 별오리 회의(1950년 12월 21일~12월 23일)에서 "적들의 유생역량을 소멸하는 것이 군사 승리의 제1건임을 망각하고 적들을 분산·도망하도록 해서 적들에게 시간적 여유를 줌으로써 적들이 다시 부대를 수습하여 반격할 수 있도록 했다."라고 지적하였다.

〈표 7-1〉 시도별 납북자들의 납치일 분포

납치일 \ 시도	서울시	경기도	강원도	충청도	경상도	전라도	합계
1950년 6월 이전	47	49	22	32	30	257	437
1950년 6월	708	310	188	95	23	142	1,466
1950년 7월	8,623	5,833	2,813	6,122	690	517	24,598
1950년 8월	8,559	7,492	5,393	10,795	3,739	4,302	40,280
1950년 9월	3,447	2,844	1,890	3,905	4,092	3,603	19,781
1950년 10~12월	39	455	348	169	175	1,113	2,299
1951년 이후	240	421	629	399	711	772	3,172
미기재	685	866	92	2,147	43	147	3,980
합계	22,348	18,270	11,375	23,664	9,503	10,853	96,013

출처: 한국전쟁납북사건자료원, 『한국전쟁납북사건사료집, 2006. 9』, 2006, 1128쪽.

〈표 7-2〉 전체 납북자들의 납치 장소 분포

납치일 \ 시도	서울시	경기도	강원도	충청도	경상도	전라도	합계
자택	16,417	9,145	9,612	18,643	6,109	9,256	69,182
자택 근처	422	832	1,501	3,266	1,146	707	7,874
직장	664	78	29	8	6	4	789
노상	966	338	10	11	13	14	1,352
기타	1,104	5,896	179	410	514	113	8,216
미기재	2,775	1,981	44	1,326	1,715	759	8,600
합계	22,348	18,270	11,375	23,664	9,503	10,853	96,013

출처: 한국전쟁납북사건자료원, 『한국전쟁납북사건사료집, 2006. 9』, 2006, 1129쪽.

그런데 여기서 주목해야 될 점은 납북자들이 자택과 자택 근처에서 납치된 비율이 서울(75.35%), 경기도(54.61%)와 단기간에 제한적으로만 점령했던 경상도(76.34%)에서는 상대적으로 낮게 나타났는데 비해, 초기의 남침 계획이 달라진 이후에 점령한 지역들인 강원도(97.70%), 충청도(92.58%), 전라도(91.80%)에서는 아주 높게 나타나고 있다는 사실이다. 이는 앞에 설명한 바와 같이 북한정부의 남침 작전 초기 계획이 틀어짐에 따라 전쟁 정책이 수정되면서 그에 필요한 전시 인력 확보를 위해 수립된 총체적 계획(over-all plan)에 따라 납북이 자행된 것을 반증하는 것이다.

그런데 내무서원들이 피랍인들의 거주지에서 직접 납치한 경우가 많은 것으로 보아서 정책적으로 납북이 이루어졌다는 사실을 또 다른 측면에서 알 수 있다. 특히, 789명(0.82%)은 주도면밀하게 직장 상사가 출근 명령을 내리게 하여 출근하게 한 뒤에 직장에서 납치하였고, 심지어 친구를 동원하여 유인한 뒤에 납치했던 경우도 있는 것으로 보아서 납북이 체계적이고 조직적으로 이루어진 것을 알 수 있다.

3) 피랍인들의 연령과 납북 목적

연령대별로는 군의 전투 인력으로 징집 가능한 연령층인 16~20세가 2만 409명, 21~25세가 3만 2357명, 26~30세가 1만 9079명으로 전체의 74.83%를 차지한다. 31~35세를 이 범주에 넣을 경우 백분율은 84.61%로 더욱 늘어난다. 그런데 납북자들의 전체적 연령층을 보면, 16세부터 30세까지가 가장 많고, 5세 간격 납북자 수가 2만~3만 명에 이르는 데 비해 31~35세는 9395명으로 현저히 줄어든 것으로 보아서 31~35세는 전투 인력보다는 전쟁 노무자로 활용하기 위해 납북했을 가능성이 더 큰 것으로 짐작된다. 전쟁 노무자의 연령층은 넓어서 적확하게 지적하기는 힘들지만, 36~40세 5378명, 41~45세 2959명, 46~50세 2497명인데 비해 50대는 800명대로 줄어든 것으로 보아서 30대와 40대를 전쟁 노무자, 즉 후방 전쟁물자 생산 및 이송 근로 인력과 전방의 전투 지원 인력으로 활용하기 위해 납북한 것으로 추정된다.

이런 추정은 1950년 8월에 납북되어 10년간 북한에서 억류 생활을 하고 생환(生還)한 조철(趙澈) 씨의 증언으로 확인된다. 조철 씨는, 1950년 8월 말경에 (북한)인민군 경비대가 4만 명의 피랍인들을 5리 씩 간격을 두고 800명을 단위로 하여 해주시를 중심으로 벽성군(壁城郡) 서원리(書院里), 재령군(載寧郡) 부천면(富川面), 신천군(信川郡), 평산군(平山郡) 야산 일대에 분산시켜 짚으로 막을 지어 기거하게 했는데, 이 피랍자들에게 주로 군사 훈련을 시키고 방공호 굴착, 도로 교량 수리, 양곡 운반 등 중노동을 시켰고, 청년들을 뽑아서 신분 조사와 사상 검토를 한 뒤에 인민군에 편입시키고 있었다고 증언한다.[8]

또한 상기 추정은 유엔군이 포획한 북한군 포로 중 11%가 남한 출신자였을 정도로 많았다

8 趙澈, 『죽음의 歲月』, 聖峰閣, 1964, 41~42쪽.

는 사실로 확인되기도 한다. 그리고 1951년 12월에 휴전협상의 한 의제로 포로 문제를 다루면서 유엔군 측이 파악하고 있었던 한국군 실종자 수는 8만 8000명 정도에 이르는 데 비해, 공산군 측은 한국군 포로로 7412명의 명단만을 제시하였다. 이에 대해 유엔군 측은 강제로 북한군에 입대시킨 모든 남한 출신자들을 포로로서 송환할 것을 주장하며, 쌍방의 전체 장병을 면담하여 본인 의사를 확인하도록 하자고 제안하자 공산측은 전부가 자발적인 지원자라고 강변하며, 유엔군 측 제안은 10만 명 이상의 북한군을 납치하려는 음모라고 매도했다.[9] 이는 10만 명 이상의 북한군이 남한 출신이고 이들 중 적지 않은 수는 납북자들이었을 것이라는 추측을 가능하게 한다.

이를 증명하는 구체적 사례로, 「대구매일신문」 1951년(단기 4284년) 5월 1일에 보도된 「경북경찰국공보실발표」를 들 수 있다. 이 발표에 의하면, 공산군 점령 지역에서 잔류하여 강제로 끌려간 자들 중에서 한국의 군과 경찰, 유엔군에 의해 포로가 된 자들은 당시 부산수용소에 수용되어 있었는데, 경북경찰국장이 직원을 보내 경북지역 출신 포로들을 조사하면서 명단을 작성하여 경북지역 관하 각 경찰서에 송부하였으니 "장시일 안부를 모르고 궁금하였던 관계 가족은 관할 경찰서에 생존을 문의해 달라."라는 것이었다.[10]

4) 피랍인들의 직업과 납북 목적

피랍인들의 직업을 보면 납북 목적을 구체적으로 추정할 수 있다. 전체 9만 6013명의 납북자 중에서 농민은 5만 8373명(61%)으로 단일 직업으로는 가장 많으나, 당시 농민이 80% 정도를 차지했던 전체 인구의 직업 구성 비율에 비교하면 현저히 낮은 것이다. 그들은 전시 노동력을 제공받고자 납북한 것으로 판단된다.

당시 남한의 사회 여건상 전체 인구 대비 전문 인력 비율이 높지 않았을 것임을 감안하면 대단히 많은 수에 해당하는 행정공무원 2919명, 법조인 190명, 교수 111명, 교사 752명, 의사 368명, 약사 158명, 기술자 2836명 등 다수의 전문인을 납북한 것은 북한의 소위 '국가 건설'에 활용하기 위한 것으로 보인다. 사회단체 879명, 정당인 106명, 국회의원 63명은 정통성(legitimacy) 확보와 통일전선(united national front)에 활용하기 위한 것으로 보인다.

---

9 허만호, 「북한억류 한국군 포로의 송환: 법리적 판단과 협상론의 한계를 넘어」, 『省谷論叢』 제29집, 성곡학술문화재단, 1998, 438쪽.

10 「慶北出身 拉致者 釜山收容所서 保護中」, 「대구매일신문」, 1951년(단기 4284년) 5월 1일 자.

특히, 조소앙 선생과 같은 정치인은 최우선적인 신변 확보 및 납북 대상자로 선정하여 김일성 정권에 대한 정통성 보강과 통일전선 혹은 '사이비 연립(Bogus Coalition)'[11] 형성에 활용하였던 것으로 보아서 민간인 납북은 전쟁 준비 과정에서 치밀하게 준비된 전쟁 정책의 일부로 판단된다.

정치적 탄압의 대상자들인 종교인(기독교인 178명, 기타 종교인 39명), 우익 단체 단원, 친미파, 특히 54명의 미국 군무원 등의 납치 목적은 분명하지 않다. 그런데 베트남의 공산화 통일 후 남부 우익 인사들을 1, 2, 3급 반동으로 분류하여 정치범 수용소[노동개조장(Trai Cai Tao Lao Dong, 강제 노동을 통한 재교육을 위한 집단수용소)]와 신경제 지구로 보냈던 것으로 보아서 처벌 및 격리 수용의 목적에 따라 납북한 것으로 추정된다. 이들의 경우, 전쟁 초기에 납북한 경우와 '9·28수복'으로 쫓겨 가며 납북한 경우로 나누어서 좀 더 면밀히 추적해 보면 공산측의 의도를 더욱 분명히 파악할 수 있을 것이다.

그리고 각 도내 시·군별 납북자 수와 백분율을 보면 북한으로 간 사람들이 자진 월북이 아니라 강제로 납치되어 간 것으로 읽어 낼 수 있다. 납북자들이 납북이 아니라 자진 월북한 것이라면 지역별로 고르게 발생했어야 될 것이다. 굳이 차별성을 보인다면, 해방 후 대구 10·1 사건, 여·순반란사건 등 좌익 사건이 발생했던 지역에서 많이 발생하고, 그 외 지역에서는 적게 발생했어야 설득력이 있을 것이다.

정교한 분석을 위해서는 각 시·군별 전체 인구 현황과 공산군의 진입 시기 및 점령 기간이 파악되어야 하겠지만, 공산군이 점령했던 지역에는 예외 없이 납북자가 일정 수 이상 있고, 공산군이 지나가거나 단기간 점령했던 지역에서는 납북자가 현저히 적다는 사실은 '자진 월북'이 아니라 납북이었다는 사실을 증명하는 것이다.

각 지역의 성별 납북자 수를 통해서도 그들에 대한 북한정부의 '자진 월북' 주장에 대해 반론을 제기할 수 있다. 먼저, 전체 남녀 성비(性比)가 100 : 1.96을 보이고 있어, 당시 여성들의 사회 활동이 저조했던 현실을 감안하더라도 이렇게까지 남녀 성비가 남성에게 편중된 것

---

11 제2차 세계대전 종전 과정에서 소련이 자국에서 교육·훈련시킨 중·동부 유럽 특정 국가의 공산주의자들을 해당 국가에 보내어 현지 정치 세력들과의 역학 구조 속에서 친소 정부를 수립해 가는 과정을 시튼-왓슨(Hugh Seton-Watson)은 '화차정부론(baggage train government)'에서 3단계로 설명한다. 즉, 토착 우파 민족주의자들과의 순수한 협력(genuine cooperation) 단계, 중도 및 좌파 세력들과의 사이비 연립(bogus coalition) 단계를 거쳐 마침내 단일주체제(monolithic regime)를 형성한다는 것이다. Hugh Seton-Watson, *The East European Revolution* (New York: Praeger, 1961). 김학준, 서대숙, 양호민 등은 각자 약간의 차이를 보이면서 이 '화차정부론'을 북한에 적용하여 설명하고 있다.

은 전시 인력 수급을 위해 납북을 자행했다는 사실을 반증하는 것이다. 둘째, 지역적으로 남녀 성비에 있어 적지 않은 차이를 보이고 있다. 서울(100 : 2.64)의 경우, 여성 비율이 전국 평균의 거의 1.4배에 이른다. 이는 서울 여성들의 사회 활동이 상대적으로 여타 지역에 비해 활성화되어 있었기 때문으로 볼 수도 있지만, 초기의 전쟁 정책이 바뀌면서 서울 이남 지역에서의 납북 정책이 바뀌었기 때문으로 보인다.

그런데 현재 이용 가능한 통계에서 여성 납북자들의 직업별 분류, 납치 시기 및 장소가 없어 정확한 의미 파악은 불가능하지만, 평균에 비해 강원도 납북자들의 지나치게 낮은 여성 비율(100 : 0.22)과 전라도 납북자들의 지나치게 높은 여성 비율(100 : 5.13), 납북 정책이 계획대로 실행되지 못했을 경상도(100 : 1.24)와 변화된 전쟁 정책에 따라 전투 인력을 최대한 확보하려 했던 것으로 보이는 충청도(100 : 1.55)의 여성 비율이 큰 차이를 보이지 않는 것도 의미가 있을 것으로 추정된다. 아울러 초기의 유리한 전황(戰況)에 따라 원래의 납북 정책이 적용되었을 경기도와 강원도 간에 여성 납북자 비율이 큰 차이를 보이는 것도 의미가 있을 것이다.

직업-납치일 교차 분석에서 다음과 같은 추세를 파악할 수 있다. 전체적으로 공산군이 해당 지역에 진입했던 초기에 납치가 자행되었다. 서울의 경우, 지역의 전체 피랍자들 중에서 40.2%가 7월에, 39.4%가 8월에 납치되었을 정도로 7, 8월에 편중되어 있다. 직업별로는 국회의원, 정당인, 사회단체원, 행정공무원, 경찰, 판검사 등 소위 주동적인 "계급의 적"에 해당되는 사람들은 두드러지게 납치 시기가 7월에 편중되어 있다. 공산군이 서울에 1950년 6월 28일에 진입하여 3일이 채 안 되는 짧은 기간에도 국회의원 5명, 정당인 2명, 사회단체원 22명, 행정공무원 61명, 경찰 57명, 판검사 4명이 납치되었다는 사실은 남침 전쟁 시작 전에 납치 계획이 명백히 서 있었다는 것을 증명한다.

그런데 기독교인과 기타 종교인들, 기업체 임원, 상업 종사자들은 납치 시기가 8월에 편중되어 있다. 즉, 북한 사회주의 체제에 해를 줄 수 있는 이들은 공산군이 성공적으로 남쪽으로 진군을 하고 있던 8월에 더 많이 납치되었는데, 전쟁에서의 승리를 확신하여 공산화 통일 후에 제거해야 될 "계급의 적들"을 격리·처벌하는 차원에서 납치를 자행한 것으로 보인다.

공산군의 점령 시기가 비교적 빨랐던 경기도의 경우, 납치된 국회의원, 정당인, 종교인의 수가 적어서 의미를 부여하기 힘들지만, 여타 직업인의 경우 서울과 비슷한 양상을 보이고 있다.

경상도와 전라도의 경우, 납북자들의 절대 다수를 차지하는 농민과 노동자들의 납치 시기가 8월과 9월에 편중되어 있다. 이 지역들에 공산군이 진입하였다가 퇴각했던 시기를 생각하면 점령 초기와 후퇴를 하면서 전시(戰時) 인력 확보를 위해 납치를 자행한 것이므로 민간인 납북이 정책적으로 이루어졌다는 사실을 확인할 수 있다. 강원도와 충청도에서는 납치가 8월에 편중되어 자행되었으면서도 7월과 9월에도 여전히 많은 수가 납치되어 서울·경기 지역과 경상도·전라도의 중간 추세를 보이고 있다. 즉, 납치의 지역별 발생 시기와 직업이 공산군의 진입 및 퇴각 시기에 따라 일정한 양태를 보이므로 북한의 전쟁 정책에 따라 민간인 납북이 자행되었음을 알 수 있다.

2. 휴전협상과 전시 민간인 납북자

문제의 근원은 6·25전쟁이 기존의 전쟁과는 달리 이념 대립의 성격을 강하게 내포하고 있는 내전(內戰)과 국제전(國際戰)이 혼재된 전쟁이었고, 승패가 가려지지 않은 상태에서 전쟁이 종결됨에 따라 '민간인 납북'이라는 범죄 행위에 대한 인정을 공산측으로부터 받아내지 못한 데 있다. 물론 이 문제를 이렇게 왜곡시킨 것은 정통성을 스스로 부여하며 모든 비전통적·비인도적 행위도 스스로 정당화하는 공산측의 이념 투쟁의 결과이지만, 전쟁의 성격과 종결 방식, 특히 휴전협상 과정에 본 사안의 해결책을 찾기 어렵게 한 부분이 있었던 것을 간과해서는 안 된다.

1) 협상 전략상의 3단계 실책

힘을 숭배하는 것은 공산주의자들의 전통이다. 그들은 협상에 있어서 힘을 '알파'와 '오메가'로 보고 있다. 그들이 가장 핵심으로 여기는 것은 '힘의 상관관계'라고 부르는 서구식의 '세력 균형'으로서, 이는 군사력뿐만 아니라 정치·경제·사회적인 모든 힘을 합친 총체적인 힘을 의미한다.[12] 북한도 '대군주의(大軍主義)'로 불릴 수 있는 강력한 군사력을 가장 중요시하고 있음을 6·25전쟁 후 전개된 남북 대화의 단속(斷續)이 한반도 세력 균형의 변화와 밀접한

---

12 Library of Congress, *Soviet Diplomacy and Negotiating Behavior: Emerging New Context For U.S. Diplomacy* (Study Prepared by the Senior Specialists Division, Congressional Research Service) (Washington D.C.: Library of Congress, 1979), pp. 521-522.

관계가 있었던 점에서 알 수 있다.[13]

이러한 힘의 숭배는 협상의 모든 수준에서 적용되며, 매 협상에서 '힘의 작용점'을 파악하고, 이를 이용함으로써 협상 이익을 극대화하는 것을 가장 중요시하고 있다. 힘을 숭배하는 태도는 역으로 약자에 대한 경멸과, 불확실한 역학 관계에서는 편집광적으로 힘의 우위를 추구하는 것으로 나타났다.[14]

휴전회담에서 유엔 측은 민간인 납북자들을 두 부류로 나누어 거론하였다. 먼저, 선교사 등 종교인, 외교사절단 등 외국 국적 민간인들에 대해서는 55명의 명단을 제시하며 구체적으로 공산측에 추궁하였다. 이에 대해 이상조(李尙朝, 당시 북한인민군 정찰국장, 소장)는 이 외국 국적 민간인들에 대해 "그들의 신변 안전을 위해 'custody(보호, 관리, 구금)'하고 있는데, 군사 회담의 주제가 아니므로 더 이상 언급하지 말라."라고 하면서 "휴전협정이 체결되면 즉시 석방할 것이다."라고 답하였다. 그러자 R. E. 립비(Ruthven E. Libby, 미국 해군 소장) 제독은 "휴전협정이 체결되면 즉시 석방할 것"이라는 답을 재차 확인하면서 이를 휴전협정문에 삽입하자고 제안하였다.[15]

그런데 남한 민간인 피랍자들에 대해서는 "당신들이 'hold(구류, 수용)'하고 있는 약간의 대한민국 시민들의 문제를 이 의제(4번 의제: 포로 문제)하의 논의를 위해 내놓고 싶다. …… 민간인 문제를 귀측에서 거론했으므로 못 할 이유가 없다. 더불어 '이동한 민간인들(displaced civilians)'이 휴전 중에 집으로 돌아가도록 허용하지 못할 이유가 없다. 이 문제에 대해 적절한 시기에 논의하자." 등의 우회적인 표현을 썼다. 이에 대해 이상조는 강력히 반발하며, 민간인 문제를 다루자는 것은 회담을 지연시키는 것이라며 그 책임을 유엔 측에 떠넘겼다.[16]

유엔 측은 민간인 납북자들에 대해 "납치되었다."라는 표현은 안 썼으며, 외국 국적인들과 남한인들에 대해 다소 다른 표현을 썼다. 1951년 12월 31일 회의에서는 인민군이 서울에 들어왔을 때 외국 국적의 이들을 "수인으로 억류한(took into custody as prisoners)"이라는 표현을 썼다. 그런데 남한 민간인 피랍자들에 대해서는 '구류' 혹은 '수용'을 의미하는 'hold'나

---

13 허만호, 「북한의 협상행위의 특징 -이론적 괴리와 규칙성-」, 韓國國際政治學會, 『國際政治論叢』 제36집 제2호, 1996, 207쪽.

14 위의 논문, 207~208쪽.

15 국사편찬위원회, 『남북한관계사료집』 5권(휴전회담회의록 5: 제4의제에 관한 제1~71차 분과위원회 기록), 303~305쪽.

16 위의 사료집, 307~308쪽.

"이동한 민간인들(displaced civilians)"이라는 표현을 썼다. 그리고 1952년 1월 1일 회의에서는 남한 민간인들이 납북된 사실에 대해 "전쟁의 여파로 많은 시민들이 북쪽으로 쓸려갔다(many of these civilians were swept northward in what might be termed the backwash of war)."라는 표현을 썼다.[17]

이와 같이 남한 민간인 납북자 문제에 대해 소극적인 유엔 측의 협상 태도에 공산측이 긍정적으로 임할 리 없었다. 특히, 전시(戰時) 월남인들을 유엔 측에 의한 "북한 민간인 납남자(拉南者)"로 매도하며, 공산측에 의한 남한 민간인 납북자 문제를 논의하자는 유엔 측의 제안을 봉쇄하였다. 그 한 예로, 1952년 1월 1일 회의에서 립비 제독이 민간인("납북된 민간인"이라는 표현도 못 쓴 채) 석방 문제를 거론하자, 이상조는 "민간인 석방 문제를 거론하였는데, 그렇다면 우리에게서 데려간 50만 명 이상의 민간인들을 석방하겠다는 말이냐?"라며 역공을 하였다. 이는 협상에서 공산주의자들이 흔히 쓰는 마타도어 전술에 해당된다.

아울러 이와 같이 전시 월남인들을 협상에 활용한 것은 휴전협상에서 유엔 측의 열망수준(level of aspiration)을 감소시킬 의도로 저수준의 호가(呼價, offer)와 고수준의 요구(demand)를 한 것인데, 공산측의 입장에서는 타결의 개연성은 낮아지나 결과적으로 보다 높은 성과를 달성할 가능성이 있어 시도한 협상 전술이다.[18]

협상 과정을 면밀히 관찰해 보면, 유엔 측, 엄밀히 말해 미국은 전시(戰時) 민간인 납북자 문제에 대한 북한의 의도와 협상 전략 및 행태적 특성뿐만 아니라 사안에 대한 판단과 결과에 대한 예측을 정확하게 하고 있었다는 것을 알 수 있다. 그럼에도 불구하고 본 사안에 대해 협상 결과가 미흡하게 귀결된 것은 미국의 '실수'가 아니라 '과오'라고 평가할 수 있다.

전시 민간인 납북자 문제와 관련하여 미국이 저지른 실책의 첫 번째 단계는, "공산측 포로와 유엔 측 포로를 일 대 일로 교환하는데, 유엔 측 포로의 부족 인원을 민간인 납북자로 하자."라는 초기 제안을 1952년 1월 6일에 개최된 휴전협상에서 포기한 것이다. 이날 회의에서 미국은 "적십자를 통해 포로들에게 송환 여부를 묻는 절차도, 북한 포로들에게 하는 것을 원하지 않는다면, 포기할 자유가 있다."라고 천명하면서 "일 대 일 교환이 아닌, 자발적 결정에

---

17 1952년 1월 1일 회의. 위의 사료집, 331~332쪽.

18 최초 제안은 교섭 구도(bargaining set)에 대한 상대방 협상가의 인식에 영향을 주는 수단으로 협상의 요구와 결과는 역U형(逆U型) 그래프를 형성한다. 그런데 최초 제안의 신뢰 수준은 일반적으로 문화적 규범에 의해 좌우된다. 저수준의 호가(offer)와 고수준의 요구(demand)는 상대방의 열망 수준(level of aspiration)을 감소시킬 의도로 제안하며 타결의 개연성은 낮아지나 결과적으로 보다 높은 성과를 달성할 가능성은 있다.

의한 전원 교환"으로 입장을 바꿈으로써 공산측으로 하여금 민간인 납북자의 존재를 부정하고, 극히 "소수의 민간인"이라고 지칭했던 납북자들의 의사도 왜곡하는 등 상황을 임의적으로 조작할 수 있는 여지를 허용하였다.

본 사안과 관련하여 미국이 저지른 두 번째 실책은, 1952년 1월 10일에 개최된 휴전회담에서 북한이 전쟁 포로와 사민을 교환하자는 것에 반대하는 것으로 미루어 보아 납북자들을 풀어줄 의사가 없는 것으로 판단하고도 이에 대한 강제이행 조치를 관철하지 못했다는 것이다. 즉, 미국은 북한이 납북자들에 대한 귀환 조치에 반대하는 것은, ① 적십자사가 한국 시민들을 인터뷰하게 하면, 수만의 이런 시민들이 자신들의 고향으로 돌아가겠다고 결정할 것이고 ② 북한이 경제적, 군사적인 용도로 강제 징집했다는 것이 밝혀질 것이며 ③ 또한 군사 잠재력으로 쓸 수 있는 이들을 풀어 주기 싫어한다는 것이 드러나게 될까 우려하기 때문이라고 판단하고 있었다.[19] 그럼에도 불구하고 자신들이 제안했던 사민귀환위원회(Civilian Repatriation Committee)에 투표권이 없는 위원장으로 적십자사 국제위원회의 대표를 임명하는 것과 중립국조사팀(Neutral Inspection Teams)을 만들어 휴전협정 체결 후에 '실향 사민' 문제 해결을 비롯하여 협정 내용을 이행하도록 하는 것을 관철하지 못했다는 것은 크나큰 세 번째 과오로 지적할 수 있다.

2) 협상 기법상의 세 가지 과오

휴전협상에서 공산주의자들이 그들의 요구 조건을 단순히 끊임없이 되풀이함으로써 목적을 달성하는 사례는 흔했다. 즉, 공산주의자들은, 천편일률적으로 단조롭고 화가 날 정도로 우둔한 내용의 발언을 반복함으로써, 마치 한 방울씩 떨어지는 낙수가 결국 바위를 깎아내는 것과 같이, 상대방을 지치고, 세뇌당하도록 하는 협상 기법을 썼다. 휴전회담 기간 중 공산측은 '38선을 휴전선으로 설정하는 문제', 개성 회담장 문제, 포로 및 민간인 납북자 송환 문제 등에서 이 기법을 썼는데, 개별 사안에서는 난관에 부딪히고, 실패할 수도 있었지만, 차후 다른 문제에 대한 협상에서 상대측이 이때 느꼈던 지루함을 이용할 수 있다는 것을 그들은 잘 인식하고 있었다. 유엔군 측은 '38선에 휴전선을 설치하자'는 공산측의 집요한 주장을 물리치기는 했으나, 중요한 현안들이 해결되기 전에 휴전선 설정에 동의하는 실책을 범했고, 지루했던 포로 문제에서 성공하는 대신에 비행장 건설 금지 및 공중 정찰 조항을 포기하고 말았

19 1952년 1월 10일 회의. 국사편찬위원회, 앞의 사료집, 491~492쪽.

다. 즉, 공산측은 유엔군 측의 관심 분야를 한쪽으로 경도시키거나, 정책 수립자들을 인내의 한계점까지 몰고 가서 스스로 포기하도록 만든 것이다.[20]

이런 공산측의 협상 기법은 유엔 측으로 하여금 남한 민간인 납북자 문제를 거론하는 것이 회담을 결렬 내지 파행으로 몰고 가는 것으로 스스로 판단하여 의제화할 엄두도 못 내게 하였다.

민간인 납북자 송환 문제는 일반적인 협상론과 공산주의 진영의 협상 기법에 비추어 볼 때 다음과 같은 문제점들이 발견된다.

첫째, 본 사안이 협상의 우선적인 의제로 부각되지 못했다. 즉, 미국이 협상을 주도하는 상황에서 한국정부가 휴전협상에 반대하며 소극적으로 참여하여 남한 민간인 납북자 송환 문제를 의제화하려는 별다른 노력을 기울이지 않았다.

둘째, 휴전협상 초기에 남한 민간인 납북자에 대한 한국정부나 유엔 측의 실태 파악이 제대로 되어 있지 않아 논리적 주장이 약했다. 한국정부가 민간인 납북자 실태 조사를 처음 실시한 것은 공보처 통계국이 1950년 12월 1일에 한 것이다. 그런데 이때 작성한 「서울특별시 피해자명부」를 통해 한국정부는 고작 2438명의 납북자들만 파악하고 전국적인 조사는 실시하지 않았다. 민간 차원에서도 1951년에 6·25사변피납치인사가족회가 「6·25피납치인사명부」를 작성하여 겨우 2316명의 인적 사항만을 확보하였다. 1952년에는 전국적인 납북 실태를 어느 정도 파악했으나 미국정부의 조속한 휴전 방침이 결정되고 난 뒤여서 적극적으로 조사 결과를 활용하지 않았다.

셋째, 전시 남한 민간인 납북자 송환 문제가 유엔 측의 전체 협상 목표에서 큰 비중을 차지하지 않아 유엔 측 협상가는 공산측에 강한 언명(firm commitment)도 하지 않았고, 공산측을 움직일 수 있는 지렛대(leverage)도 만들지 않았다.

3) 휴전협정상의 민간인 납북자

6·25전쟁의 휴전협정은 여섯 부분으로 구성되어 있다: '서언', '군사분계선과 비무장지대(제1조 1~11항)', '정화(停火) 및 휴전의 구체적인 조치(제2조 12~50항)', '전쟁 포로에 관한 조치(제3조 51~59항)', 외국 군대의 철수와 한반도 문제의 평화적 해결을 위한 정치 회의 소집

---

20 허만호, 「북한의 협상행위의 특징- 이론적 괴리와 규칙성-」, 韓國國際政治學會, 『國際政治論叢』 제36집 제2호, 1996, 195쪽.

을 규정한 '쌍방 관계 정부들에의 건의(제4조 60항)', 그리고 본 협정의 대체 방법 등을 규정한 '부칙(제5조 61~62항)'. 제2조에는 군사정전위원회와 중립국감독위원회 등 휴전체제의 운영기구들의 구성과 역할이 규정되어 있다.

민간인 납북자 문제는 59항에 다음과 같이 규정되어 있다.

59. ㄱ. 본 휴전협정이 효력을 발생하는 당시에 국제연합군 총사령관의 군사통제 구역에 있는 자로서 1950년 6월 24일에 본 휴전협정에 확정된 군사분계선 이북에 거주한 전체 사민(私民)[21]에 대하여서는 그들이 귀향하기를 원한다면 국제연합군 총사령관은 그들이 군사분계선 이북지역에 돌아가는 것을 허용하여 협조한다.
본 휴전협정이 효력을 발생하는 당시에 조선인민군 최고사령관과 중국인민지원군 사령관의 군사통제지역에 있는 자로서 1950년 6월 24일에 본 휴전협정에 확정된 군사분계선 이남에 거주한 전체 사민에 대하여서는 그들이 귀향하기를 원한다면 조선인민군 최고사령관과 중국인민지원군 사령관은 그들이 군사분계선 이남지역에 돌아가는 것을 허용하며 협조한다. 각방 사령관은 책임지고 본목(本目) 규정의 내용을 그의 군사통제지역에 광범히 선포하며 또 적당한 민정당국을 시켜 귀향하기를 원하는 이러한 전체 사민에게 필요한 지도와 협조를 주도록 한다.
ㄴ. 본 휴전협정이 효력을 발생하는 당시에 조선인민군 최고사령관과 중국인민지원군 사령관은 군사통제지역에 있는 전체 외국적(外國籍)의 사민중 국제연합군 총사령관의 군사통제 지역으로 가기를 원하는 자에게는 그가 국제연합군 총사령관의 군사통제지역으로 가는 것을 허용하며 협조한다. 본 휴전협정이 효력을 발생하는 당시에 국제연합군 총사령관의 군사통제지역에 있는 전체 외국적의 사민중 조선인민군 최고사령관과 중국인민지원군 사령관은(의)[22] 군사통제 지역으로 가기를 원

21 휴전협상에서 한국군 대표가 주도권을 행사하지 못하여 협상 시 사용되고, 협정문에 최종적으로 규정된 한국어 용어들 중에는 논리적으로나, 어의(語義) 상 문제가 있는 용어들이 적지 않다. '사민', '실향사민'이라는 용어도 그 사례에 속한다. 사민(私民)이란 "옛날에 귀족에게 예속되어 그 통어(通御)를 받을 뿐 국가의 공사(公事)에 관여하지 아니하던 백성"으로 자유민(自由民)의 반대 개념이다. 이희승 편저, 『국어대사전』 제3판, 민중서림, 1994, 1809쪽. 공산측은 이념적 동기에 따라 '시민(市民)'이라는 용어를 회피하기 위해 '사민'이라는 용어를 사용한 것으로 추정되나 결과적으로는 봉건적 용어를 사용하게 된 것이다.

22 휴전협정문 영어본을 번역하면 "조선인민군 최고사령관과 중국인민지원군 사령관의"이지만, 국방정보본부에서 발행한 『군사정전위원회편람』이나 국가정보원에서 발행한 『남북한 합의문건 총람』에는 "조선인민군 최고사령관과 중국인민지원군 사령관은"으로 기술되어 있다. 이것이 단순한 오타(誤打)인지, 아니면 휴전협정문 한국어본이 그렇게 기술되어 있는지 확인이 필요하다. 그런데 국방군사연구소에서 발행한 『한국전쟁의 포로』에는 "조선인민군 최고사령관과 중국인

하는 자에게는 그가 조선인민군 최고사령관과 중국인민지원군 사령관의 군사통제 지역으로 가는 것을 허용하며 협조한다. 각방 사령관은 책임지고 본목 규정의 내용을 그의 군사통제지역에 광범히 선포하며 적당한 민정당국을 시켜 상대방 사령관의 군사통제 지역으로 가기를 원하는 이러한 전체 외국적의 사민에게 필요한 지도와 협조를 주도록 한다.

ㄷ. 쌍방의 본조(本條) 제59항 ㄱ목에 규정한 사민의 귀향과 본조 제59항 ㄴ목에 규정한 사민의 이동을 협조하는 조치는 본 휴전협정이 효력을 발생한 후 될 수 있는 한 속히 개시한다.

ㄹ. (1) 실향사민귀향협조위원회(失鄕私民歸鄕協調委員會)를 설립한다. 동 위원회는 영관급장교 4명으로 구성하되 그중 2명은 국제연합군 총사령관이 이를 임명하며 그중 2명은 조선인민군 최고사령관과 중국인민지원군 사령관이 공동으로 이를 임명한다. 동 위원회는 군사휴전위원회의 전반적 감독과 지도 밑에 책임지고 상기 사민의 귀향을 협조하는 데 관계되는 쌍방의 구체적 계획을 조절하며 또 상기 사민의 귀향에 관계되는 본 휴전협정중의 일체(一切) 규정을 쌍방이 집행하는 것을 감독한다. 동 위원회의 임무는 운수(運輸)조치를 포함한 필요한 조치를 취함으로써 상기 사민의 이동을 촉진 및 조절하며 월경(越境)지점의 안전조치를 취하며 또 상기 사민귀향을 완료하기 위하여 필요한 기타 임무를 집행하는 것이다.

(2) 실향사민귀향협조위원회는 그의 임무에 관계되는 어떠한 사항이든지 합의에 도달할 수 없을 때에는 이를 곧 군사휴전위원회에 제출하여 결정하게 한다. 실향사민귀향협조위원회는 그의 본부를 군사휴전위원회의 본부 부근에 설치한다.

(3) 실향사민귀향협조위원회가 그의 임무를 완수할 때에는 군사휴전위원회가 즉시로 이를 해방(解放)시킨다.

민지원군 사령관의"로 기술되어 있다. The Ministry of National Defense The Republic of Korea, *Defense White Paper 1991-1992*, 1992, p. 310; 국방정보본부, 『군사정전위원회편람』, 1986, 51쪽; 국가정보원, 『남북한 합의문건 총람』, 2005, 435쪽; 국방군사연구소, 『한국전쟁의 포로』, 1996, 283쪽.

이 규정으로 보면 6·25전쟁을 종결하면서 남한 민간인 납북자들이 귀환할 수 있는 제도적 장치는 마련되었다고 볼 수 있다. 다만 공산측이 이를 이행하지 않았고, 이런 공산측의 불이행에 대해 유엔 측은 이의 제기 외에 별 다른 방법을 찾지 못했다는 것이다. 휴전협상 과정에서 상대적으로 더 큰 비중을 두었던 한국군 포로도 공산측이 협정을 위반하여 5만 명 이상 억류시킨 것을 해결하지 못한 것을 보면 납북한 남한 민간인들을 종전 후에 귀환시키지 못한 것은 자명한 귀결이라 하겠다. 이는 근본적으로 개전 원인(開戰原因, casus belli)이 제거되지 않은 채, 일방이 타방을 압도하지 못한 상태에서 취한 휴전 조치의 한계라 하겠다.

3. 결론

현재까지 '종전 선언' 안과 관련하여 전시 민간인 납북자 문제에 대해 한국정부나 미국정부가 어떠한 대안을 갖고 있는지 알려진 바가 없다. 이는 전적으로 만들어지기 나름이다. 그러나 남북한 간의 현안들이나 그 현안들의 해결을 위한 정책적 우선순위를 놓고 볼 때 민간인 납북자 문제가 규정될 개연성은 그리 높지 않다.

박근혜 정부가 노무현 정부의 2007년 정상회담 합의 내용을 이어 받아 휴전체제를 종식시키고 항구적인 평화 체제를 구축해 나가기 위해 종전 선언을 위한 조치를 강구한다 하더라도 구체적인 협상 성과를 내기 위해서는 주도적으로 민간인 납북자 문제를 의제화할 엄두를 못 낼 것이다. 크게 부각되지는 않고 있으나 김대중·노무현 정부 10년간 남북회담에서 전시 민간인 납북자 문제를 제대로 거론하지 못한 것이나, 남북기본합의서를 한국 대표들이 거론하지 못한 것도 협상의 종류나 시기와 관계없이 일관되게 '주동성'을 추구하는 북한의 협상 전략에서 빚어진 것으로 보인다.

한반도에 평화체제를 건설하는 것은 결코 휴전협정을 평화협정으로 대체하는 것만으로 되는 것은 아니다. 이 방법을 취하는 것은 북한이 설정하는 형식 논리에 쫓겨 내용적으로 모순에 빠질 수 있고, 실제적으로는 평화 정착에 별 도움이 되지 않는 결과를 초래할 수 있다.

특히, 지난 반세기 이상 남북한 관계가 불가역적 적대자(strident antagonists) 관계를 형성하면서 합의들이 당사자들의 필요에 따라 임의적으로 준수 혹은 폐기되어 왔던 점을 고려한다면, 향후 남북한 관계를 발전시키기 위해서는 기존의 합의들이 지속적으로 준수되어 제도적으로 안착되게 하는 데 주안점을 두어야 한다. 전시 민간인 납북자 문제에 대한 제도적 해결책은 휴전협정 제59항과 남북기본합의서 제17조와 제18조에 마련되어 있다. 다만, 이행되지 않았을 따름이다.

여타 북한의 인권 문제도 마찬가지이지만, 전시 민간인 납북자 문제는 그것을 규정하는 국제적 규범과 남북한 간의 합의들로 해결책은 마련되어 있지만 그 규범과 합의들이 지켜지지 않고 있는 것이 문제의 핵심인 것을 고려하면, 정치적 타협을 통해 지켜지도록 하는 것이 이 문제 해결의 핵심이다. 이런 현실론을 고려할 때 여타 남북 현안들과 연계하여 접근하는 것이 바람직할 것이다. 이런 접근을 통해 보다 풍부한 협상칩을 개발할 수 있을 것이다. 아울러 전시 민간인 납북자 문제에 대해서도 접근 가능한 개별 사건이나 합의 가능한 사안별로 나누어 접근하여 차차 일반적 규정력(general binding force)을 확보하는 것이 바람직할 것이다.

제8장.

6·25전쟁 시 남한 민간인들의 인명 피해

6·25전쟁 시 남한 민간인들의 인명 피해

한국은 민주화와 더불어 인권에 대해 비교적 자유롭게 말할 수 있는 아시아에서 아주 드문 국가로서 인권 문제를 안보·외교 정책에서 중요한 자원으로 활용할 수 있다. 그런데 이 자원에 대한 한국의 활용력을 보다 강화하고, 더 나아가 '대한민국'의 정통성(legitimacy)을 보강하기 위해서는 6·25전쟁 개전을 전후한 대규모 민간인 피해 사건들의 진위(眞僞)를 밝히고, 잘못된 부분이 있으면 배상과 명예 회복을 통해 시정을 하는 것이 필요하다.

아울러 노무현 정부 시기에 '역사 바로 세우기', '과거사 재조명' 작업을 하면서 사회과학적 해석이 결여된 '과거 부정'에 치우쳐 '역사 파괴주의(Vandalism to the History)'에 빠질 가능성을 경계하지 않을 수 없다. 그래서 본 연구는 사실 규명에도 중요성을 두겠지만, 현상에 대한 정치사회학적 해석을 통해 해결책 마련에 토대와 방향성을 제공하고자 한다.

이런 취지에 따라 본 장에서는 먼저 6·25전쟁의 발발을 전후한 시기와 진행 중에 발생한 민간인 피해 사건들에 대해 제기된 민원들을 그 내용에 나타난 가해자의 인식 여부와 고의성 유무, 공격의 체계성 여부에 따라 분류하겠다. 그렇게 하면 ① 가해자의 의도와는 무관하게 적에 대한 공격 과정에서 어쩔 수 없이 발생한 군사 작전상의 과실에 의한 피해 ② "인도에 반한 죄(crime against humanity)"에 해당되는 "민간인 주민에 대한 광범위하거나 체계적인 공격의 일부로서 그 공격에 대한 인식을 가지고 범하여진 행위" ③ 양자(兩者)의 중간 형태로서 공격의 결과 인명살상을 초래할 것은 알고 있었지만, 상대편이 민간인이었던 것을 인지하고 있었는지에 대해서는 불분명한 경우 ④ 국가 공권력의 사적 유용에 의한 가해자의 개인적인 범죄행위 ⑤ 그 어떤 의미나 성격도 부여할 수 없는 단순 사고 등으로 분류할 수 있을 것이다. 그리고 ⑥ 북한 인민군이나 토착 공산세력에 의한 양민 학살에 대해서도 북한정부의 책임을 규명하고, 보상·배상을 요구하는 문제와 관련하여 법리적 해석이 가능할 것이다.

1960년 4·19혁명 직후에, 1980년대 민주화 과정에서, 그리고 '노근리 사건'을 계기로 1990년대에 민간인 '집단 학살'이 민간단체들에 의해 주장되어 왔다. 그런데 이들 중에는 전시 긴급 상황에서 군의 임무 수행 중에 발생한 불가피한 피해도 있었을 것이다. 예를 들어, 적의 집결지나 보급소로 활용되고 있던 마을에 대한 폭격으로 민간인들이 피해를 입었던 경우도 있을 것이고, 피란민으로 가장하여 후방으로 침투하던 적 게릴라 소탕 작전 중에 민간인들이 피해를 입었던 사례들도 있을 것이다.

아울러 전시 부역자 혹은 이적 행위자에 대한 즉결 처형 사례들도 상황 논리와 법 논리를 모두 고려하며 새롭게 조명해 보겠다. 그리고 6·25전쟁 발발 직후에 대전과 대구, 부산 등지에서 있었던 대규모의 민간인 재소자 처형 사건들을 전시 국가 위기 상황에서 체제 전복 세력으로부터 국가와 국민을 보호하고 체제를 수호해야 할 국가의 책임과 임무 수행이라는 관점에서 재조명하면서 정당화될 수 있는 범위와 과도한 폭력 행사 부분도 지적하고자 한다.

전 법무부 장관 강금실 변호사는 2000년 6월에 발표한 논문 「민간인 학살 사건에 관한 법적인 문제점과 해결 방향」에서 "학살 사건은 어느 특정한 지역에서의 개별 사건으로서가 아니라 전쟁 전후 시기에 광범위하게 일어났던 여러 사건들을 종합하여 하나의 단위로서 인식해야 되는 문제"라고 전제하며, "학살 사건 전체를 조망하면서 문제를 점검해야 통일적인 법적 성격과 지위 설정, 궁극적이고 포괄적인 해결 방식의 마련이 가능하다."라고 주장했다.[1] 강금실 변호사는 이러한 접근 방식에 의해서만 "학살 사건의 반인권적 본질, 국가 권력과 인권 침해 상황의 일반론 수립이 가능하고, 개별 사건들이 전체 속에서 조망됨으로써 사건들의 개별적 특성은 물론 사건들에 일괄된 시대사적 본성이 드러날 수 있다."라고 주장했다.

그런데 이런 시각과 접근은, 결과는 같을지 몰라도 원인과 성격은 전혀 다른 사건들도 동일시하는 단순화에 의한 사실 왜곡과 잘못된 성격 규정 및 해결책 제시를 초래할 수 있다. 특히, 개별 사건을 통해 "일괄된 시대사적 본성"을 드러낼 수 있다는 것은 개별적 병리 현상으로 전체를 부정하는 우를 범할 수도 있다. 그래서 본 연구에서는 사건들을 성격에 따라 유형화하겠다. 이는 "전시 민간인 피해" 사건들이 현상적으로는 유사할지 몰라도 국가 책임의 한계를 규명하는 데에는 현저하게 다르기 때문에 반드시 필요한 접근 방법이다.

본 장의 주제와 관련하여 강금실 변호사는 개별 사건들의 전모가 드러나지 않아 "사실의

1 강금실, 「민간인 학살 사건에 관한 법적인 문제점과 해결 방향」, 한국전쟁 전후 민간인 학살 진상 규명을 위한 모임 주관, 한국전쟁 전후 민간인 학살 심포지엄 「전쟁과 인권」, 서울: 프레스센터, 2000년 6월 21일, 50쪽.

부재(不在)"라는 법률문제가 있다고 지적하고 있다.[2] 인터뷰 조사와 사료 분석 등을 통해 사실 규명에 최대한의 노력을 경주해야 되겠지만, 일정한 한계에 부딪힐 수밖에 없는 것이 본 주제에 대한 연구의 현실이다. 그러나 현재까지 알려져 있는 사건들의 내막에 대한 정보만으로도 유형화는 가능하며, 불명확한 경우에 대한 확인은 차후의 과제로 남겨놓는 것도 필요하다.[3] 진실 규명이 전제되지 않은 조치는 사태의 형식적 무마에 지나지 않는다.

따라서 본 장에서는 사실 규명을 위해서는 역사적 접근을, 규명된 사실들에 대해 정치사회학적 의미 부여와 법리적 해석을 위해서는 문헌 연구를, 그리고 해결을 위한 정책 건의를 위해서는 제도적 접근을 각각 시도할 것이다.

1. 민원(民願)상의 민간인 피해 사건 유형들

한국 사회가 민주화되면서 6·25전쟁의 발발을 전후하여, 그리고 전쟁이 진행되던 동안에 발생했던 민간인 피해 사건들에 대해 다양한 내용의 많은 민원들이 제기되었다. 진실·화해를위한과거사정리기본법이 2005년 5월 31일에 제정되기 전에 90건 가까운 민원이 직간접적으로 국방부에 제기되었다. 이 '과거사정리 기본법'이 같은 해 12월 1일부터 시행되면서 민간인 집단 희생 사건들에 대해 7533건의 민원이 접수되었다. 그래서 진실·화해를위한과거사정리위원회는 접수된 민원들을 9개 사건 유형의 1222단위 사건으로 묶어 진상 조사를 결정하였다.[4]

그런데 본 장에서 저자는 접근 가능했던 민원들로서 국방부 군사편찬연구소에 보관되어 있던 86건의 민원들을 연구 대상으로 삼았다. 이 민원들은 피해자들의 단편적인 상황 판단과 부분적인 정보에 의존한 것으로 실제 조사를 해 보면 많은 사건들이 다르게 분류될 수 있을 것이며, 경우에 따라서는 사실 관계를 충분히 파악할 수 없어서 "진실 규명 불능" 판정을 받

---

2 위의 논문, 49~50쪽.

3 미국이나 한국의 관련 기관 및 인사들의 자료 제공 거부 혹은 성실한 답변 거부 등으로 사건에 대한 진상 규명이 현실적으로 불가능할 때 이를 진실·화해를위한과거사정리기본법 제27조 "진실규명불능결정"에 따라 "진실규명불능"으로 종결지을 것이 아니라 계속 논의·해결 대상으로 열어둘 필요가 있다.

4 군경토벌 사건 522건, 부역혐의 사건 303건, 미군 관련 희생 사건 215건, 국민보도연맹사건 101건, 전국형무소 재소자 희생 사건 26건, 여순사건 20건, 예비검속 사건 3건, 국민방위군 사건 1건, 대구 10월사건 1건. 진실·화해를위한과거사정리위원회, 보도자료, 2007년 4월 26일, 2쪽. 2010년 12월 31일 현재 6742건의 민간인 집단 희생사건에 대해 진실규명이 이루어졌다.

고 분류 자체가 불가능해지는 경우도 있을 것이다. 그래서 현재 제기되어 있는 민원들에 대한 유형화는 조사 결과가 확정될 때까지는 잠정적이지만 대책을 마련하는 데 토대가 될 가설을 세우기 위해 필요한 작업이다.

이런 전제하에 민원 내용을 기준으로 다음과 같이 분류하고자 한다. 즉, 제1유형은 작전을 수행하는 과정에서 어쩔 수 없이 민간인들에게 피해를 끼친 '과실'이라는 것이 명백한 경우이다. 물론 이 경우에도 '민간인의 피해를 최소화하기 위해 최선을 다 하였는가?'라는 문제가 따르지만, 즉 전통적 전쟁범죄(conventional war crimes)에는 속하지만, '인도에 반하는 범죄(crime against humanity)'에는 해당되지 않는 경우다.

그에 비해 제2유형은 피해자가 비무장 민간인이라는 것을 현지 작전 수행자가 인식하였지만, 군 지휘권자의 잘못된 판단과 명령에 따라 야기된 피해 사건으로 뉘른베르크 국제군사재판소 헌장 제6조와 극동국제군사재판소 헌장 제5조의 민간인 살해라는 '전쟁범죄', '인도에 반한 죄'에 해당되며 보다 정밀한 조사를 필요로 한다.[5]

제3유형은 현지에서 작전 수행자의 오판에 의한 과실로서 고의성 여부를 자세하게 조사해야 되겠지만 '인도에 반한 죄'로 분류할 수는 없는 경우이다. 물론 이 경우도 조사 결과 민원 내용이 사실이라면 관습법으로 인정되는 전시인도법의 세 가지 원칙['구별(distinction)의 원칙'과 '비례성(proportionality)의 원칙', '불필요한 고통을 끼치지 않을 의무']을 위반한 전통적 전쟁범죄(conventional war crimes: namely, violations of the laws or customs of war)에 해당한다.

---

5 Nuremberg Trial Proceedings Vol. 1 Charter of the International Military Tribunal
Article 6.(b) WAR CRIMES: namely, violations of the laws or customs of war. Such violations shall include, but not be limited to, murder, ill-treatment or deportation to slave labor or for any other purpose of civilian population of or in occupied territory, murder or ill-treatment of prisoners of war or persons on the seas, killing of hostages, plunder of public or private property, wanton destruction of cities, towns or villages, or devastation not justified by military necessity.
(c) CRIME AGAINST HUMANITY: namely, murder, extermination, enslavement, deportation, and other inhuman acts committed against any civilian population, before or during the war; or persecutions on political, racial or religious grounds in execution of or in connection with any crime within the jurisdiction of the Tribunal, whether or not in violation of the domestic law of the country where perpetrated.
Leaders, organizers, instigators and accomplices participating in the formulation or execution of a common plan or conspiracy to commit any of the foregoing crimes are responsible for all acts performed by any persons in execution of such plan.

Charter of the International Military Tribunal for the Far East, Constitution of Tribunal
Article 5. (b) Conventional War Crimes: Namely, violations of the laws or customs of war,
(c) Crime against Humanity: 상기 뉘른베르크 국제군사재판소 헌장의 규정 내용과 거의 일치하며, 종교적 이유는 예시하지 않은 차이만 있음.

〈표 8-1〉 민원 유형[6]

유형	특성 및 대표적 사례	지역 별 민원 제기 건수	계
제1유형	작전상의 비고의적 피해 - 중공군에 대한 공격이 초래한 경기도 남양주군 내곡리 사건	* 경기도: 1건 * 경상북도: 1건 (포항 여남동 미군함포 사격에 의한 피란민 피해 사건에 대한 논란)	2
제2유형	군 지휘권자의 지시에 의한 피해 - 경북 청송군 현서면 갈천리 보현산 칠미기 주민 피해 사건 - 경남 창원군 진북면 이목리 피란민 피해 사건 - 전북 남원군 대강면 강석리 주민 피해 사건	* 경기도: 1건 * 충청북도: 3건 * 충청남도: 1건 * 경상북도: 2건 * 경상남도: 4건 * 전라북도: 13건 * 전라남도: 6건 * 제주도: 1건	31
제3유형	작전 수행자의 오판에 의한 피해 - 경북 예천군 보문면 산성리 폭격	* 경기도: 8건 * 충청북도: 1건 * 충청남도: 3건 * 경상북도: 18건 * 경상남도: 3건 * 전라남도: 2건 * 강원도: 1건 * 북한지역: 1건	37
제4유형	가해자의 개인적 범죄행위 - 전시의 혼란 상황을 이용해 사적 해원(解寃)이나 착복을 위해 공권력을 남용한 김재준 민원 사례	* 경기도: 2건 * 경상북도: 2건 * 충청북도: 1건 * 전라북도: 1건 * 전라남도: 2건 * 강원도: 1건	9
제5유형	단순 사고 - 국군 낙오병을 도와주고 뒤처리하는 과정에서 군복 호주머니 속에 있던 소이탄(수류탄)이 폭발하여 민원인의 부친은 즉사하고, 민원인은 부상.	* 경기도: 1건	1
제6유형	공산군의 양민 학살 - 1950년 9월 26일 무주 경찰서 유치장(인민군 통칭 내무서)에 가두어 놓은 양민 84명 총살.	* 전라북도: 6건	6
총계			86

제4유형은 작전 수행자의 개인적인 범죄행위로 '군무(軍務)'나 전시 상황과는 직접적인 인과관계가 성립되지 않는 경우이며, 당시 어떤 처벌이 있었는가가 우선적인 조사 대상이 되어야 한다. 왜냐하면 유엔 산하의 국제법위원회(International Law Commission)의 국가책임 협약 초안 제5조와 제6조에 따라 국가기관의 지위나 업무의 성격은 국가 책임의 귀속에 영향을 미치지 않는 것으로 인정되고, 육전의 법규 및 관례에 관한 1907년 헤이그 제4협약, 제3조에 "교전국은 자국의 군사력을 구성하는 인원들에 의해 저질러진 모든 행위들에 대해 책임"

6 86건의 민원 내용 및 법리적 검토는 허만호·김민서, 「전시 민간인 피해에 대한 국가 책임 한계」, 국방부 군사편찬연구소, 『2005 민 군 관련사건 연구 논문집』 제1집, 2006, 제 II 장 참조.

을 지게 되어 있지만, 이들이 이미 군대의 군율에 복종하지 않고 군무를 이탈한 지위에서 이루어졌기 때문이다.

제5유형은 전시(戰時)의 단순한 사고로 사실 관계에 따라 보상의 대상이 될 수 있는 사례들이다.

제6유형은 북한 공산군에 의한 양민 학살 사건들이다. 한국정부의 공식 발표에 의하면 약 12만 9000명의 남한 양민이 북한 인민군의 남한 점령하에서 토착 공산세력과 인민군에 의해 학살되었는데, 이는 논란의 여지가 없이 민간인 대량 살해라는 '전쟁범죄', '인도에 반한 죄'일 뿐만 아니라 자료 발굴 여하에 따라 당시 북한 위정자들을 제노사이드(genocide)로 제소할 수 있는 사례들이다. 물론 이는 대한민국 국군의 책임과 관련된 사안들은 아니지만, 남북한 관계의 진전과 통일에 대비해서 우리의 입장을 정리해 둘 필요가 있어서 민원으로 제기된 문제에 대해서는 연구범위에 넣고자 한다.

이와 같은 분류가 순수 법리적 측면에서는 별 의미가 없을지 모르지만, 사건의 책임 소재 파악과 성격 규정, 그리고 보상, 배상, 명예 회복 등 사후 처리 문제와, 특히 대한민국 군의 명예와 관련하여서는 큰 의미가 있을 것이다.

민원으로 제기된 민간인 피해 사건들의 진실성 여부는 진실·화해를위한과거사정리위원회가 조사를 해서 최종적으로 판단할 것이므로 본 연구에서는 민원으로 제기된 내용을 잠정적으로 받아들여 유형화한 결과 다음과 같은 일정한 추세를 발견할 수 있었다.[7]

제1유형인 '작전상의 비고의적 피해' 사건(대표적 사례: 중공군에 대한 공격이 초래한 경기도 남양주군 내곡리 사건)은 경기도에서 1건, 경상북도에서 1건이 접수된 것이 전부일 정도로 적었다. 즉, 실제로는 신고된 사건의 수보다 훨씬 더 많은 수의 사건들이 발생했을 것으로 추정되나 이처럼 적게 신고된 것은 피해자나 그 유족들이 '억울하다'는 정서적 심층동인(深層動因)과 '해원'(解寃)에 대한 희구(希求)가 상대적으로 약했기 때문일 것으로 판단된다.

그런데 제2유형인 '군 지휘권자의 지시에 의한 피해' 사건(대표적 사례: 경북 청송군 현서면 갈천리 보현산 칠미기 주민 피해 사건, 경남 창원군 진북면 이목리 피란민 피해 사건, 전북 남원군 대강면 강석리 주민 피해 사건)은 경기도 1건, 충청북도 3건, 충청남도 1건, 경상북도

---

7 진실·화해를위한과거사정리위원회는 민간인 집단 희생 사건들 중에서 2007년 7월 3일까지 5건(나주 동박굴재 사건, 나주 동창교 민간인 집단 희생 사건, 고양 금정굴 사건, 문경 석달 사건, 함평 11사단 사건)에 대해 진실규명 결정을 내렸다. 진실·화해를위한과거사정리위원회, 『2007년 상반기 조사보고서(2007. 1. 1.~2007. 6. 30.)』, 2007년 7월, 34쪽.

2건, 경상남도 4건, 전라북도 13건, 전라남도 6건, 제주도 1건, 총 31건의 민원이 제기되었다. 여기서 유의해야 될 점은 미군들이 한국 피란민들(혹은 비무장 민간인들)을 희생시킨 것과 한국군이 한국 민간인들을 희생시킨 것은 엄밀한 의미에서 양상이 다른 것으로 보인다. 즉, 미군들은 한국 피란민들을 소개시키면서 살상한 것이 주류를 이루는 데 비해 한국군들은 북한 인민군 패잔병 혹은 공산게릴라를 소탕하는 과정에서 '부역자', '이적 행위자'로 처형한 것이 주류를 이루고 있다.

미군들이 한국 피란민들을 희생시킨 것은 전황이 급박하고 북한 인민군과 공산게릴라들이 한국 민간인 혹은 피란민으로 위장하여 전선을 통과하고 게릴라전을 수행하고 있었으므로 미군들에게 공산군과 한국 민간인을 구분할 여력이 부족했기 때문이다. 그러나 비무장 민간인들에 대한 피해를 최소화하려는 노력이나, 그들 중에서도 양민(innocent people)을 공격하는 실책을 막으려는 노력을 충분히 기울이지 않았던 것도 이 제2유형의 사건들에서 많이 보인다.

그런데 제2유형의 사건들에 대해 전라북도에서 신고가 유난히 많이 된 것은 전라북도 의회에서 6·25양민학살진상실태조사특별위원회를 1993년 9월 2일에 구성해서 조사를 했기 때문이다. 즉, 제2유형의 사건들은 피해자나 그 유족들이 '억울하다'는 정서적 심층동인과 '해원'에 대한 희구를 강하게 갖게 한 측면도 있지만, 공식적인 조사를 통해 이를 분출시킬 수 있는 계기를 마련해 주었기 때문으로 판단된다.

제3유형인 '작전 수행자의 오판에 의한 피해' 사건(대표적 사례: 경북 예천군 보문면 산성리 폭격)은 경기도 8건, 충청북도 1건, 충청남도 3건, 경상북도 18건, 경상남도 3건, 전라남도 2건, 강원도 1건, 북한지역 1건, 총 37건이 신고되었다. 제3유형이 전체 여섯 가지 유형 중에서 가장 신고 건 수가 많은 것은 피해 규모가 컸기 때문에 기회가 일단 주어지자 눌려 있었던 '해원'의 욕구가 봇물처럼 터져 나온 것으로 보인다.

제4유형인 '가해자의 개인적 범죄행위'의 희생 사건(대표적 사례: 전시의 혼란 상황을 이용해 사적 해원이나 착복을 위해 공권력을 남용한 김재준의 민원 사례)은 경기도 2건, 경상북도 2건, 충청북도 1건, 전라북도 1건, 전라남도 2건, 강원도 1건, 총 9건 밖에 신고 되지 않았다. 그리고 한국군의 개인적 범죄행위에 의한 피해 사건들은 헤아릴 수 없이 많았을 것으로 회자되는 것과는 달리, 군사 작전과 일정 부분 연계된 사건들만 신고된 것이 특이하다. 이는 미군의 범죄행위에 대한 신고 양상과 달라서 사회심리학적 분석이 필요하다.

아울러 제5유형인 '단순 사고'도 무수히 많았을 것으로 짐작되나 경기도에서 1건 밖에 신고되지 않았다.

그런데 진실·화해를위한과거사정리기본법을 집행하는 데 있어 유의해야 될 점은 남한 내에 북한 인민군이나 공산게릴라 혹은 토착 공산주의 세력에 의해 희생된 민간인들이 무수히 많음에도 불구하고 제6유형인 '공산군의 양민 학살' 사건으로 신고된 건수는 전라북도에서 6건이 있었는데, 그나마도 전라북도의회에서 6·25양민학살진상실태조사특별위원회를 구성하여 조사했기 때문에 신고된 것이다.

제1차 세계대전 시 미군들에 의한 프랑스 민간인 피해 사건은 3만 8000건이나 처리되었다(Act of April 18, 1918, ch.57, 40 Stat.532). 6·25전쟁 당시의 민간인 피해 규모나 진실·화해를위한과거사정리위원회가 설치되어 신고·처리된 사건 수에 비하면 본 연구에서 논의의 출발점으로 삼고 있는 민원은 극히 부분적인 것을 알 수 있다.[8] 그러나 신고·처리된 사건들의 유형은 상기 여섯 유형에서 벗어나지 않는다.

2. 주요 사건에 대한 법리적 검토

전통적 의미에서의 전쟁범죄는 교전 당사국의 군인, 공무원 또는 민간인이 저지른 모든 전쟁법규 위반 행위를 말한다.[9] 그런데 6·25전쟁 시 발생한 민간인 피해 사건들은 단순히 '전쟁범죄'로 총체적으로 규정하기에는 너무도 다양하고, 사실 관계에 따라 도덕성과 책임성이 달라지기 때문에 좀 더 정교한 사실 관계와 법리적 검토가 필요하다.

전쟁범죄란 전쟁법규를 위반한 모든 행위를 지칭하는 기술적 표현(technical expression)으로 모두를 열거할 수는 없지만, 그중 중요한 것들만 예시하면, ① 부상자, 병자, 무기를 버린 투항자 등 "전투 능력을 상실한 인원(personne hors de combat)"에 대한 살상 행위 ② 배신 행위(treachery)를 통한 적군 또는 적국민 살상 행위 ③ 포로, 부상자 및 병자에 대한 부당한 대우와 포로 송환의 부당한 지연 행위 ④ 무고한 민간인에 대한 살해 또는 공격과 그들의 재산에 대한 부당한 몰수, 파괴 또는 약탈 ⑤ 점령지 주민으로부터 적군 관련 정보 제공의 강요

8 진실·화해를위한과거사정리위원회가 2010년 12월 31일까지 처리한 건수는 총 1만 1175건(신청 건수 1만 860건, 분리 사건 277건 및 직권 조사 38건)이다. 사건 처리 완료 현황은 결정 사건 총 8978건(80.3%), 각하·취하 등 총 2197건(19.7%)이다. '진실규명 처리 현황,' http://www.jinsil.go.kr/(검색일: 2011년 2월 5).

9 민경길, 「전시 민간인 보호에 관한 국제법규 연구(노근리 사건을 중심으로)」, 『인도법 논총』 21권, 2001년 4월, 126쪽.

행위 ⑥ 기타 헤이그 및 제네바 제 협약에 대한 위반 행위 등이 있다.[10]

'전시(戰時)에 군인들이 자국 혹은 우방국의 민간인들에게 가한 살·상 등의 피해 사건들에 대해 전쟁법규를 적용할 수 있는가?'는 순수 법 해석과 법 적용에 논란을 제기할 수 있다. 그렇지만 가해자들의 주요 정당화 논리가 '전시 상황'이었음에 기초하고 있고, 6·25전쟁이 내전과 국제전의 성격을 동시에 가지고 있고, 전선이 이동하면서 아국 혹은, 미군 등 서방 참전국의 군인들의 경우 우방국의 주민들 일부가 적 치하에 들어갔고, 적의 정규군 중 상당 부분은 게릴라전을 비교적 오래 전개했기 때문에 전쟁법규를 적용·검토해 봐야 될 당위성은 충분히 있다.

1) 포항 여남동 함포 사격 사건

(1) 상황 전개

사건 당시 영덕-흥해-포항 일대에서 국군 제3사단과 북한군 제5사단 간에 치열한 전투가 있었다. 그리고 미 해군 소속 토레도 선단이 1950년 8월 25, 26일과 9월 1일에, 헬레나호 선단이 8월 26일~9월 1일에 영일만 인근 해역에서 각각 작전을 전개하는 한편, 국군의 지상 작전을 함포 사격으로 지원하고 있었다. 미 항공모함 시시리호의 함재기 또한 동부지역 지상 작전 부대를 근접 항공 지원하고 있었다.

사건이 발생하기 20여 일 전인 1950년 8월 10일에는 북한군 제5사단의 일부 병력이 영덕, 강구에 있는 국군 제3사단을 우회하여 흥해, 포항을 점령하면서 3사단은 장사동에서 포위되어 있었다. 포위된 국군 3사단은 마침내 8월 17일에 헬레나호 선단, 즉 순양함 헬레나호와 구축함의 호송 하에 LST 4척에 분승하여 장사동에서 철수한 뒤에 구룡포로 이동·상륙하여 임시 급편(急編)된 포항전투사령부로부터 지역을 인수받아 진격하였다. 그러나 1950년 8월 27일에는 포항시 북방까지 다시 밀려왔다가 사건 당일인 9월 1일에는 사건 현장 동북쪽 천마산(天馬山)까지 진격하고 있었다.

포항시가 북한군에 점령되면서 환호동, 여남동, 죽전동 주민들이 1950년 8월 20일경에 포항시(당시 의창면) 여남동 송골 해변의 절벽 밑으로 피란 갔을 때 이 해변 1~1.5킬로미터 지점(영일만)에서 미 해군 함정들이 작전 중이었고, 육지의 인근 지역에서는 피아간에 뺏고 빼앗

10 민경길, 「전쟁범죄의 성립과 처벌에 관한 연구 - 노근리 사건을 중심으로」, 『육사논문집』 제58집 제1권, 2002년 2월, 39~40쪽.

기는 긴박한 전투 상황이 전개되고 있었다.

1950년 9월 1일 14시경에 소나기가 쏟아지자 백사장의 피란민들이 우왕좌왕하며 비를 피해 환호동과 죽전동에 있는 집 쪽으로 뛰는 사태가 발생하자 미 정찰기 한 대가 와서 현장을 정찰하고 간 뒤에 영일만에 있던 함정 3척으로부터 수십 발의 함포 사격이 가해졌다.

함포 사격이 중단되고 정찰기가 현장을 확인할 때 피해 주민들이 옷을 벗어 피란민임을 표시하자 함포 사격은 완전히 멈추었고, 미 함정들은 영일만을 빠져나와 동해로 이동하였다.

함포 사격 결과 약 200명의 사상자가 발생한 것으로 유족들은 주장하며, 신고된 희생자 수는 사망 36명, 부상 20명이다.

사고 지역에서 1000여 명의 피란민들이 아무런 적대 행위 없이 생활하고 있었고, 미 함대 측은 10여 일간 이 피란민들의 존재를 알고 있었으며, 해안 절벽 밑이어서 공산군이 접근하였다면 접근로가 제한되어 있기 때문에 쉽게 눈에 띌 수 있을 터인데 소나기로 우왕좌왕하는 피란민들을 침투한 공산군으로 파악한 것은 이해하기 어렵다고 유족회 측은 주장한다. 그러나 전체 피란민 대 희생자 비율과 함포 사격이 집중된 지점, “당시 다수의 사람들이 포격 지점에 몰려왔다.”라는 것으로 봐서 공산군이 후퇴하면서 이 지역을 거쳐 갔을 가능성도 충분히 있다.

(2) 법리적 검토

전시(戰時) 해군력에 의한 포격에 관한 1907년 헤이그 제9협약(1907 Hague Convention IX Concerning Bombardment by Naval Forces in Time of War) 제1장 비방호(非防護) 항구, 도시, 마을, 주거, 혹은 건물의 포격(The Bombardment of Undefended Ports, Towns, Villages, Dwellings, or Buildings)에는 다음과 같이 규정되어 있다.

> 제1조: 해군력에 의한 비방호(非防護) 항구, 도시, 마을, 주거, 혹은 건물의 포격은 금지되어 있다.
>
> 제2조: 그렇지만 군사작업, 군사·해군 시설, 무기저장소, 전쟁물자, 적함대나 군대의 수요에 쓰일 수 있는 작업장이나 설비, 항구에 정박 중인 전선(戰船)은 이 금지 대상에서 제외된다. 해군 지휘관은, 모든 여타 수단이 불가능할 때, 그 지역 당국이 정해진 시간 안에 그것들을 스스로 파괴하지 않을 때 권고 후 합리적인 시간만큼 기다린 다음에 그것들을 대포로 파괴할 수 있다. 그런 조건하에서의 포격에 의해 야기

된 그 어떤 불가피한 손상에 대해서도 지휘관은 책임 추궁을 당하지 않는다. 만약 에 군사적 이유로 즉각적인 작전이 필요하면, 그 어떤 지연도 적에게 허용할 수 없다면, 제1절에 제시된 경우처럼 비방호 도시에 대한 포격 금지는 유효하고, 그 도시가 가능한 한 최소한의 손상을 입도록 지휘관은 모든 적절한 조치들을 취해야 되는 것으로 이해된다.

제6조: 만약 군사적 상황이 허용한다면, 공격하는 해군의 지휘관은 포격을 시작하기 전에 그 지역 당국에 경고하도록 최선을 다 해야 된다.

이 1907년 헤이그 제9협약에 대해 미국은 1907년 10월 18일에 유보 조항 없이 서명하였다. 그러나 동 협약의 제8조 총가입 조항에 따라 체약국에게만 예외적으로 적용되고, 모든 교전국이 협약의 당사국일 경우에만 적용된다. 즉, 이 조항에 따라 다수국이 참가한 전쟁에 있어 교전국 중 1개국이라도 협약에 가입하지 않은 국가가 있으면 그 전쟁 전체에서 이 협약은 효력을 발생할 수 없고, 가입한 교전국 상호 간에도 효력이 발생하지 않게 된다.[11] 이와 같이 1907년 헤이그 제9협약을 본 사건에 적용하는 것은 논란의 여지가 있지만, 당시 미국의 군형법은 적용될 수 있었다. 그러나 본 사건의 가해자들은 기소되지 않았으며, 그 후 민간인 신분으로 바뀌었기 때문에 법 적용의 공백 상태에 빠져 있다. 그런데 공소시효의 문제가 있지만, 특별법 제정으로 이 시효 문제만 극복되면 국가의 민사배상 책임이 제기될 수 있다.

2) 영동 노근리 사건

(1) 상황 전개

1950년 7월 25일에 영동 일대는 대전을 점령하고 남하하는 북한 인민군과 패주하는 미군 제24사단 간의 공방전이 한창이었다. 대전에서 김천 방면으로 통하는 도로 변에 위치한 영동읍 임계리와 주곡리 마을 주민들은 전선이 가까이 오자 근처 산속으로 피신하였다. 미군들은 이들을 "안전한 곳으로 피신시켜 준다."라며 산에서 내려오게 하여 마을에 남아 있던 주민들과 함께 남쪽으로 이동시켰다. 당시 임계리는 60호 규모의 마을이었으므로 그 주민 수가 200여 명은 되었을 것이고, 주곡리의 주민 수는 300명 정도 되었을 것이라고 한다. 7월 25일 오후 9시경에 임계리에서 출발한 피란 행렬에는 이 두 마을 주민 500여 명 외에 대전 등지에

11 이장희, 「전시 민간인 피해에 대한 국제인도법적 검토」, 『근현대사강좌』, 통권 제12호, 2001년 2월, 136쪽.

서 온 200여 명의 타지(他地) 사람들도 있었다고 한다.[12]

이렇게 700여 명으로 구성된 피란민들을 7월 25일 오후 10시 30분경에 임계리에서 1.5킬로미터 떨어진 지점에서 강변 들판으로 내몬 후에 그곳에서 노숙을 하는데 모두 엎드려 있을 것을 명령하였다. 이때 공포 분위기에 놀라 달아나던 주민 9명이 사살되었다.[13] 양해찬 씨(증언 당시 54세, 영동읍 의회 부위원장)의 증언으로는, 이때 어느 부자(父子)가 미군이 쏜 총에 맞았는데, 아들은 즉사하고, 아버지는 그 다음날 아침까지 살아 있었으나 방치된 채 행군은 계속되었다고 한다.[14]

7월 26일 아침 6시 무렵에 미군들은 사라졌고, 강변에서 도로로 올라온 피란 행렬이 4킬로미터 이상 남진했을 때, 미군들(제1기갑사단 제7연대)은 도로를 탱크로 막은 뒤에 피란민들을 도로에 인접한 철로 위로 모두 올라가게 했다고 한다. 이때가 오전 11시 30분경이었고, 미군들은 200여 미터 늘어선 피란민들의 짐을 검사하기 시작했는데, 짐 보따리에서 이불이나 식량 외에 별다른 것은 없었다고 한다. 이때 상공에는 정찰기 한 대가 맴돌고 있었는데 약 1시간 이상 경과한 후인 오후 1시경에 미군이 어디론가 무전 연락을 취하더니 검사를 중단하고 피란민들을 놔둔 채 달아났다고 한다. 연이어 무스탕 전투기 2~3대가 날아와 피란민들에게 폭격과 기총소사를 20~30분간 가했다는 것이다. 생존자들의 목격담으로는 이때 최소한 100여 명은 죽었을 것이라고 한다.

폭격에서 살아남은 사람들은 철로 밑에 수로용으로 뚫린 조그마한 굴로 모여들었는데, 도망갔던 미군 서너 명이 그 굴로 다시 와서는 몇 명의 부상자들을 치료해주며 안전한 곳으로 데려다 주겠다며 모두 나오게 한 뒤에 100여 미터 떨어진 노근리 쌍굴다리에 몰아넣었다고 한다. 그렇게 하여 쌍굴다리에는 400여 명이 갇히게 되었다. 그리고 미군들은 굴다리가 내려다보이는 양쪽 야산에 기관총을 설치한 뒤에 한 발자국만 굴 밖으로 나오면 사살해 버렸다는 것이다. 심지어 박선용 씨의 경우처럼 부상을 입고서 굴에서 도망쳐 나오는 데 성공했어도 미군들은 쫓아와서 사살하는 데 주저하지 않았다고 한다.[15]

미군은 패퇴하던 1950년 7월 28일까지 3일간 총질을 계속하였다. 그뿐만 아니라 7월 26일 오후에는 굴다리 바로 위의 철교에 포(砲)도 몇 방 쏘았다고 한다.

---

12 오연호, 『노근리 그 이후』, 말, 1999, 18~19쪽.
13 「조선일보」, 1999년 10월 6일 자, 31쪽.
14 오연호, 앞의 책, 20쪽.
15 위의 책, 27~28쪽.

그런데 생존자들의 증언으로는, 매일 부상자들을 치료해 준다며 굴 가까이 와서 굴속의 사정을 살피다가 3일째 패퇴하기 직전에는 굴 입구에서 총을 난사했다고 한다. 그때까지만 해도 굴속에는 탈출하지 못한 노약자 100여 명이 있었는데, 이때 거의 모두 사망했다고 한다.[16]

그런데 이 학살사건은, 미 육군 제1기갑사단 제7연대 2대대 중화기중대장 챈들러(Melbourne C. Chandler) 대위가 상부와 무전 통화를 한 후에 "모두 사살하라."라는 명령을 내림으로써 저질러졌던 것으로 당사자들 중 일부가 1999년에 증언했다.[17]

미군은 왜 이런 결정을 하였을까? 당시 미군은 대전에서 피란민으로 가장한 인민군 유격대에게 크게 당하고 난 직후였다고 한다. 그래서 피란민들이 비무장 상태인 것을 확인하고도 학살을 명령한 것은 복수심과 북한 인민군에 동조할 가능성에 대한 두려움이 함께 작용한 결과로 보인다. 실제로 당시 미군 고위층의 일부는, 한국 경찰에 의해 양민은 모두 소개(疏開)되었다고 생각하고 있었기 때문에 피란 못 간 주민들은 의심스러워했고, 그래서 "의심나면 모두 죽여라."라는 명령이 내려짐으로써 대살육이 자행된 것으로 보인다.[18] 1950년 7월 24일 미 제1기병사단 제8기병연대의 전문 일지에는 피란민의 전선 통과를 저지하기 위한 사격 지침 등 연대 연락장교의 전문이 포함되어 있다. 그리고 1950년 7월 25일 자 미 제5공군 전방지휘소 로저스(Turner C. Rogers) 대령의 메모에는 다음과 같은 내용이 기록되어 있다.

> 북한군에 의해 조작되거나 북한군에 의해 통제되고 있는 많은 민간인들이 미군 진지로 침투한다는 내용이 보고되었음. 육군은 미군 진지로 접근하고 있는 모든 민간 피란민들을 항공기로 기총 공격할 것을 요청하였음. 현재까지 공군은 육군의 이러한 요청에 응해왔음.

(2) 법리적 검토

1907년 헤이그 제4협약(1907 Hague Convention IV and Regulations)의 육전(陸戰)의 법규 관례에 관한 부속 협약규칙(Annex to the Convention Regulations Respecting the Laws and Customs of War on Land)에는 다음과 같은 규정들이 있다.

---

16 양해찬 씨의 증언, 위의 책, 28쪽.

17 미 육군 제1기갑사단 제7연대 2대대 중화기중대 소속 기관총 사수 상병 에드워드 L. 데일리(68, 미국 테네시 주 클라크스빌 거주)와 소총수 유진 헤슬먼의 증언. 「조선일보」, 1999년 10월 8일 자, 4쪽; 「조선일보」, 1999년 11월 2일 자, 31쪽.

18 1950년 7월 26일과 27일에 미군 25사단이 내린 명령 통신문에는 "(남한 양민들은 한국 경찰에 의해 전투 지역에서 소개되었기 때문에) 전투 지역에서 눈에 띄는 모든 민간인은 적으로 간주될 것이며 그에 따른 조처를 취할 것이다."라는 구체적인 내용이 있어 노근리 사건의 원인을 짐작할 수 있게 한다. 오연호, 앞의 책, 67쪽.

먼저, 제22조에 "교전자는 해적(害敵) 수단의 선택에 무제한의 권리를 갖는 것은 아니다."라는 "군사적 필요의 원칙(the principle of military necessity)"이 규정되어 있다. 그리고 제23조 (c)항에는 "무기를 버리거나 자위 수단 없이 투항하는 적의 살상을 금지"하는 인도주의 원칙(the principle of humanity)도 제시되어 있다. 노근리 사건은 이 두 조문에 위배된다.

육전의 법규 및 관례에 관한 1907년 헤이그 제4협약의 전문(前文)에는 소위 마르텐스 조항(Martens clause)이 있다. 즉, 실제에 있어 발생할 모든 상황을 관장할 규칙을 제정하는 것이 당시로서 가능하지 않지만, 체약국들은 예견하지 못한 사례들이, 명문화되지 않았다고 해서, 군 지휘관의 임의적 판단에 맡기는 것은 아니라는 것을 분명히 한다는 것이다. 이는 "협약 당사국들이 채택한 원칙들에 포함되지 않은 경우에도 주민과 교전자는 문명인들 사이에 확립된 관례, 인도의 법칙, 그리고 공공 양심의 요구에서 유래하는 국제법 원칙의 보호와 지배하에 놓인다."라는 것을 의미한다.[19]

'구별(distinction)의 원칙'과 '비례성(proportionality)의 원칙', '불필요한 고통을 끼치지 않을 의무'는 관습법으로 인정되는 전시인도법의 세 가지 원칙이다. 그런데 노근리 사건이 미군의 북한 게릴라 소탕 과정에서 발생했다고 가정할 경우에도 일반 양민을 학살했으므로 이 사건은 '구별의 원칙'을 위반한 것이다. 철길 위에서 짐 검사를 통해 피란민 행렬 속에 무장한 공산게릴라가 없다는 것을 확인할 수 있었겠지만, 설령 공산게릴라가 민간 피란민들 속에 일부 포함되어 있었다 하더라도 이와 같이 처리한 것은 '비례성의 원칙'을 위반한 것이다.

"피란민 조사를 통해 그들이 비무장이라는 사실을 알고도 살인을 계속한 것은 대전에서 당한 것에 대한 복수심과 피란민을 살려둘 경우 언제 인민군들과 합세할지 모른다는 두려움 때문이었다."라는 증언을 군사적 필요에 따른 전수론(kriegsraison)으로 정당화할 수는 없다.

영국의 웨스틀레이크(Westlake)도 주장하는 바와 같이, 모든 전쟁법규는 군사적 필요와 인도적 원칙 간의 타협의 산물이며, 따라서 전쟁법규에는 이미 군사적 필요가 고려되어 있다. 이런 전쟁법규를 또 다시 군사적 필요에 의해 파괴할 수 있다면 전쟁법규 제정의 의의를 몰각(沒却)하는 것이 된다.

1949년 제네바 제4협약 제13조에 "제2장의 규정은 특히 인종, 국적, 종교 또는 정치적 의견에 근거한 불리한 차별을 받음이 없이 충돌 당사국 주민 전체에 적용되며 또는 전쟁에 의해 발생되는 고통을 경감함을 목적으로 한다."라고 규정되어 있다. 이 규정에 따르면 노근리

---

19 이장희, 앞의 논문, 137쪽.

사건의 피해 당사자들은 법 적용 대상자가 될 수 있으며, 미군들은 '고통 경감 행위'의 의무를 위반한 것이다. 특히, 안전지대 설정(제14조), 병상자·허약자 및 임산부의 보호·존중(제16조), 피란·통과를 위한 현지 규정(제17조), 고아·아동보호(제24조) 등에 대한 위반은 명백하다. 즉, 미군은 일반 민간주민들의 고통 경감 조치를 취하지 않았으므로 제146조에 규정된 제네바협약의 중대한 위반(grave breaches)을 한 것이다. 아울러 노근리 사건에서 미군은 전시인도법의 정신인 '군사적 필요의 원칙'과 '인도주의 원칙'의 교량(較量)을 제대로 하지 않음으로써 제네바협약에 대해 중대한 위반을 한 것이다. 1949년 제네바협약은 중대한 위반 행위의 억제조치로 협약 당사국의 국내 입법 조치 의무, 위반 행위자에 대한 수사와 기소 의무, 위반 행위에 대한 국제적 책임을 규정하고 있다.

그런데 제네바 제4협약에 미국은 1955년에, 한국은 1966년에 각각 가입하였기 때문에 민경길 교수는 "조약은 체결 당사국만을 구속하고 제3자는 구속하지 못한다(Pacta teriis nec nocent nec prosunt)."라는 원칙을 들며 제네바 제4협약이 1950년 7월에 발생한 노근리 사건에 대한 법적 평가의 기준이 될 수 없다고 주장한다.[20]

육전의 법규 및 관례에 관한 1907년 헤이그 제4협약, 제3조에 "전기(前記) 규칙의 조항을 위반한 교전국은 그 사례가 요구한다면 배상의 책임이 있다. 그 교전국은 자국의 군사력을 구성하는 인원들에 의해 저질러진 모든 행위들에 대해 책임을 진다."라고 규정되어 있다.

헤이그법은 성립 당시부터 대부분이 국제관습법을 성문화한 것이지만, 특히 1907년의 헤이그협약은 뉘른베르크 국제군사재판소의 판결에 의해서도 승인되었다. 그리고 미국은 육전법(The Law of Warfare, 1956, para.6)에서 헤이그협약을 국제관습법으로 기술하고 있다. 따라서 "미국은 양민을 고의로 사살하려는 의도가 없었으므로 피해자에 대해 일체의 직접적인 보상이나 손해배상은 없다."라는 주장은, 비무장 상태인 것을 확인한 피란민들을 근거리에서 직접 사살했으므로 사실 판단이 틀렸을 뿐만 아니라 법 논리에도 맞지 않는다. 그리고 "전쟁으로 인해 피해를 준 경우 미국연방정부가 배상할 수 없다."라는 연방불법행위법(FICA)은 상기(上記) 국제법들과 배치(背馳)되는 것이며, 그로 인해 초래된 '법 효력의 공백'은 어떤 형식을 취하든 메워져야 된다.

---

20 민경길, 앞의 2001년 논문, 122쪽.

3) 곡안리 사건

(1) 상황 전개

황점순 할머니의 증언에 따르면, 1950년 7월 30일경에 경남 마산시 합포구 진전면 곡안리 근처에서 전투가 벌어지자 8월 2일경부터 황점순 할머니를 비롯하여 이씨 일가 100여 명이 성주 이씨 재실(齋室) 해사정(海槎亭)에 피신하여 집단생활을 하고 있었다. 인근 마을에서 큰 전투가 벌어지고, 인민군이 마을까지 내려왔지만 재실의 주민들은 안전하였다.

그런데 8월 10일에 재실 아래로 보이는 자신들의 마을에 미군들이 들어오고 그날 저녁에 미군 1명이 통역관을 데리고 재실로 왔다.

미군은 먼저 주민들의 정체를 파악한 후에 "여기는 작전구역이니 빨리 이곳을 떠나라."라고 말했다. 이에 주민들은 "벌써 날이 어두워진데다 노인과 어린이들이 많아 밤중에 피란 가기는 어렵다."라면서 "내일 아침에 떠나겠다."라고 말하자, 미군은 "그렇게 하라."라고 말한 후에 돌아갔다.

주민들은 밤새 짐을 챙기고 피란 갈 채비를 마쳤다. 다음날 주민들은 평소보다 일찍 아침식사를 마친 후 마루에 짐을 쌓아 두고 미군을 기다렸다. 다시 통보가 올 것으로 알았던 것이다.

그때 뒷산에서 내려온 인민군 정찰병 2명이 재실 근처의 대나무 숲까지 내려와 마을 앞 묘지에 있던 미군을 향해 사격을 하여 1명을 쓰러뜨리고 사라졌다. 그로부터 30분가량이 경과한 후에 사격이 시작되고 박격포와 비행기의 기총소사까지 있었다.

그 결과 독립운동가인 유학자 창선(昌仙) 이교영 선생과 그의 가족 8명을 포함하여 주로 부녀자, 노인, 어린이들인 민간인이 최소한 83명 사망하고, 10명 이상이 총상을 입었다. 이들 중 1999년 가을에 신고된 희생자 명단은 다음과 같다.[21]

현장 사망자 64명: 이석순(남, 35세) 이석기(남, 55세) 이봉순(여, 19세) 이복희(여, 14세) 이원순(남, 26세) 이봉연(여, 16세) 이기갑(남, 77세) 이갑이(남, 46세) 이상정(남, 14세) 이상연(여, 9세) 이상말(여, 6세) 이상팔(남, 3세) 이위이(여, 39세) 이상열(남, 3세) 이시운(여, 67세) 이상철(남, 20세) 이상철의 동생(남, 2세, 출생신고 안 됨.) 이은갑의 처(성명 및 연령 미상) 이은갑의 아들(10세) 이기석(남, 63세) 이기수(남, 72세) 이남이(여, 71세) 이일순의 처(성명 및 연령 미상) 이정두(여, 13세) 이상응(남, 4세) 이기필(남, 60세) 김직래(여,

21 오연호, 앞의 책, 99쪽.

61세) 이생현(남, 71세) 하병이(여, 51세) 이상섭(남, 2세) 이성현(남, 59세) 황수남(여, 43세) 이기정(남, 12세) 오서리 박증근의 처(성명 및 연령 미상) 이수화의 처(성명 및 연령 미상) 이규현의 처(성명 및 연령 미상) 이교영(남, 72세) 변담래(여, 74세) 이우(于)순(남, 10세) 이일하의 누나(6세 출생신고 안 됨.) 이종성(남, 36세) 이귀득(여, 31세, 임산부) 이계숙(여, 3세) 이진구의 형(8세, 출생신고 안 됨.) 이진구의 동생(출생 즉시 사망) 이작조(여, 24세) 김육갑의 처(성명 및 연령 미상) 김육갑의 아들(성명 및 연령 미상) 월안리 권 씨의 처 한양순(여, 54세) 이태기(남, 64세) 이기출(남, 60세) 이순분(여, 13세) 오추래(여, 70세) 김죽림(여, 79세) 이하순(남, 16세) 이우(佑)순(남, 14세) 이갑석(남, 16세) 이상연(여, 3세) 이만순 씨 댁 머슴(성명 및 연령 미상) 머슴의 처(성명 및 연령 미상) 머슴의 아들(성명 및 연령 미상) 이덕이(여, 55세) 이갑순(여, 28세) 정명순(여, 3세)

부상 후 사망자 3명: 이수현(남, 70세) 이상업(남, 9세) 이주영의 조모(성명 미상, 70세)

부상자 6명: 이만순(남, 16세) 황점순(여, 24세) 이일하(남, 4세) 이민(敏)순(남, 29세) 정복수(여, 23세) 이민(旼)순(남, 10세)

그런데 민간단체들은, 미군이 재실에 비전투 민간인이 피란 중인 것을 알고도 중화력을 동원하여 집중적으로 공격한 것은 단순히 공산군의 저격으로 미군 병사 1명이 사망 혹은 총상을 입었기 때문으로 보기는 어렵다고 주장한다.

당시 곡안리에는 미군 제25사단장 윌리엄 킨(William B. Kean) 소장이 지휘하는 '킨 특수임무부대'가 1950년 7월 7일부터 인민군에 대한 대대적인 반격에 나서 치열한 전투를 벌이고 있었다. 그래서 민간단체들은 킨 소장이 곡안리 사건이 발생하기 13일 전인 1950년 7월 26일에 예하부대에 "전투 지역에서 움직이는 모든 민간인은 적으로 간주하라."라는 통신문을 내려 보낸 데 이어, 다음날인 7월 27일에도 (남한 양민들은 한국 경찰에 의해 전투 지역에서 소개됐기 때문에) "전투 지역에서 눈에 띄는 모든 민간인은 적으로 간주될 것이며, 그에 따른 조치를 취할 것"이라는 통신문을 하달하였다는 사실을 강조하며 곡안리 사건도 그런 맥락에서 발생한 사건이라고 주장한다.[22]

22 위의 책, 97쪽.

(2) 법리적 검토

상기(上記) 주장은 통신문 하달의 진위와 실제적인 집행 여부를 밝혀야 설득력이 있을 것이다. 그러나 이를 일단 유보해 두고 민간단체들의 상기 주장이 모두 사실인 것으로 가정하면, 미군들이 ① '비례의 원칙'을 준수하지 않았고 ② 민간인과 군인을 구분하지 않고 공격했으며 ③ 민간인 피해를 최소화하려는 노력을 기울이지 않은 잘못을 저지른 것으로 판단할 수 있다. 그러나 이는 당시 사건 발생 지역이 적의 점령하에 있었고, 피해 주민들이 적의 국민이라는 전제하에서 가능한 법 해석이어서 논란의 여지가 있다. 따라서 보다 확실한 법 적용은 1950년 7월 12일에 체결·발효된 대전협정, 즉 '재한 미국 군대의 (형사)관할권에 관한 대한민국과 미합중국 간의 협정'에 기초해야 될 것이다.[23]

그런데 국제형법에 반하는 범죄의 행위(actus reus, guilty act)는 존재하지만 행위자가 착오로 그 행위를 적법하게 만드는 사실에 입각한 상황이 존재한다고 정직하고 합리적으로 믿었기 때문에 범죄의 성립에 필수요건인 범죄의 의사(mens rea, guilty mind)가 결여되었을 때 사실의 착오는 책임조각사유로 원용될 수 있다. 이때 사실의 착오에 대한 행위자의 과실이 없어야 한다.[24]

4) 예천 산성리 사건

(1) 상황 전개

본 사건에 대해 피해자들은 오폭으로 추정하고 있다. 예천군 의회 조사반도 1개 여단 규모의 인민군 잔류 병력이 폭격 당일 새벽까지 주둔하고 있던 안동시 북후면 신전1리에 폭격을 하려던 것이, 신전1리는 주민들이 피란을 떠났고, 인민군도 떠난 뒤여서 조용하였는데, 지형이 비슷한 산성리에서는 주민들이 3~4명씩 모여 목화씨를 고르고 있어서 인민군 주둔지로 오판하여 폭격을 가했을 것으로 추정하고 있다.

그러나 사건 당시의 미군 187공수연대전투단 정보 일지에 따르면, 산성리 폭격은 오폭이 아니라 계획된 폭격이었다. 187공수연대전투단은 1951년 1월 14일부터 19일 사이에 지방보안경찰, C.I.C., 첩보 및 수색 소대, 대대 S-2와 피란민들로부터 ① 북한군 제10사단이 882고지(학가산, DR 6557)와 그 부근을 집결 장소와 임시 지휘소로 사용하고 있고 ② 북한군 제2

23 이에 대한 보다 자세한 논의는 허만호·김민서, 앞의 논문, 제VI장, 2절, 2)항의 '재판관할권과 대전협정' 참조.
24 이에 대한 보다 자세한 논의는 허만호·김민서, 위의 논문, 제VI장, 1절, 3)항의 '국제형법상의 형사책임 배제 사유' 참조.

사단과 제5사단의 일부 부대들이 882고지와 그 부근을 집결지로 사용하고 있다는 정보를 입수하였다.

마침내 1951년 1월 19일 12시 45분에 미군 187공수연대전투단 S-3Air는 연대 전술적 공중통제부대의 지휘를 맡고 있던 장교인 제이콥스(James P. Jacobs) 중위를 통해 학가산(882고지)을 확인하고 그 고지 일대에 공중 폭격을 하라는 요청을 하였다. 이때 산성리(DR6457)도 요청된 공습 목표지 중의 하나였다.

1951년 1월 19일 14시 30분에 목표물 확인을 위해 산성리 마을 위를 비행하고 그 마을에 적의 병력과 군수품이 있다고 전술항공통제본부에 전달하고 마을을 떠났다(주민들은 점심시간이었다고 주장함).

14시 50분에 그 지역에 있었던 2개의 해군 비행편대(Onionskin 1103과 Onionskin 03)가 마을을 공격하였다. 첫 번째 비행편대인 F9F 4대는 로켓과 50구경 총탄으로 마을을 공격했고, 불길과 폭발이 일어났다. 두 번째 비행편대 역시 로켓과 50구경 총탄으로 공격했으나 추가적인 불길이나 폭발은 없었다.

15시 25분에 정찰기(조종사 Von W. Bottenfield)가 산성리 마을 위를 세 번 확인 비행하며 마을이 폭격당한 것을 확인하여 전술항공통제본부에 보고했다. 그러자 본부는 "마을 사람들이 게릴라 적군들에게 도움을 주고 있다. 그들을 소탕하라."라는 지시를 내렸다.

15시 55분에 F-80 전투기 4대로 이루어진 비행편대 유타 에이블(Utah Able)이 정찰기와 합류하였다. 비행편대는 확인 과정을 거친 후에 마을을 50구경 총탄으로 공격하였다. 총탄은 아주 넓은 범위를 공격했고, 많은 불길이 솟아났다. 정찰기는 17시 10분에 임무를 마치고 복귀하였으며, 전투비행 편대들은 17시 45분에 비행기지에 착륙했다.

이 기록에 따르면, 산성리 공격은 당시 공산군 패잔병이나 공산게릴라들이 필요로 했던 겨울 대피소나 식량 공급처, 즉 배후지로 활용하는 것을 차단하기 위해 초토화 작전을 쓴 것으로 평가된다. 따라서 이 사건에서 문제의 초점은 '이것이 적절한 조치였던가?', '사전에 공습경고가 있었는가?', 그리고 '민간인의 피해를 최소화하기 위해 어떤 조치를 취했는가?' 등에 모아진다.

유족회나 민간단체들은 초토화 작전이 민간인 피해를 초래할 수밖에 없고, 군사적 편의만 생각한 것이며, 당시 공산게릴라들과 북한군 패잔병들의 준동이 마을을 초토화할 만큼 긴급한 상황이 아니었음에도 '빈대 잡기 위해 초가삼간(草家三間)을 다 태운 격'이라고 비판한다.

예천 산성리 사건(1951년 1월 19일)은 국군과 미군이 1·4후퇴 이후 중공군에 계속 패퇴하던 위기 상황 속에서 발생하였다. 당시 유엔군 사령부는 서울을 재탈환할 경우 서울부터 낙동강까지 4개의 방어선을 설정하여 축차적인 방어 작전을 실시한다는 방침을 세워놓고, 만약 한국 방어가 불가능할 경우에는 제주도에 망명정부를 세운다는 계획을 갖고 있었다. 이런 상황에서 북한군 패잔병이나 공산게릴라들의 후방 교란 작전을 조기에 무력화하지 못하면, 이는 대한민국 정부에 큰 위협이 될 수밖에 없었다.

예천 산성리 사건이 발생했던 당시, 미 제10군단은 북한군의 후방 교란을 차단하기 위해 수색 작전으로 적과의 교전을 유도한 후에 적이 발견되면 포병 사격과 항공 폭격으로 적 병력을 괴멸시키고 탄약고와 보급소를 파괴하는 작전을 구사하고 있었다. 아울러 북한군이 대피·은신처로, 혹은 거점(foco)으로 사용할 수 있는 일부 산간 마을에 대해서는 주민들을 대피시킨 후에 초토화 작전을 실시하였다.

이 작전은 적에게 막대한 피해를 주고, 사기를 저하시켜 궁극적으로 후방 지역에 침투해서 활동하던 적 부대를 제거하는 데 크게 기여했다.

그런데 결과적으로 산성리 공습은, "마을 주민 피해만 있고, 북한군 피해는 없었다."라고 사건 후 국군 제2사단 감찰에서 조사하여 주한미군군사고문단에 보고한 것에서 알 수 있는 것처럼, 잘못된 정보에 따른 잘못된 공습이었던 것이다. 당시 목격자 안식모 씨(당시 22세)와 안희동 씨(당시 28세)의 증언에 따르면, 산성리에 공습이 있었던 전날(1951년 1월 18일, 음력 섣달 열흘) 저녁녘에 국군 1개 소대 병력이 이 마을에 들어와서 하룻밤을 묵고 다음날 오전에 아침식사를 한 뒤 떠났다고 한다. 그날 밤 안희동 씨는 "북한군이 이웃마을 신전리에 주둔해 있다."라면서 보초를 서게 해서 밤새도록 국군과 함께 보초를 섰다고 한다. 이 사실은, 이 마을이 북한군이나 공산게릴라부대의 대피·은신처로, 혹은 거점(foco)으로 사용되고 있지 않았다는 것을 증명하며, 이 마을을 폭격 대상에 넣은 것은 잘못된 정보에 기초한 잘못된 결정이었다.

그래서 주한미군군사고문단은 1951년 2월 3일에 미 제8군사령부에 이 사건에 대한 감찰 조사를 요청하였고, 2월 6일에 미 제8군사령관은 미 제5공군사령관에게 이 사건에 대한 합동 감찰 조사를 요청하였다.[25] 이에 따라 2월 8일부터 12일까지 미 제8군사령부는 제5공군과 함께 감찰 조사를 하여 2월 13일에 합동조사보고서를 작성하였다(미 제8군 감찰국에서 근무하

25 안식모 씨는 "폭격 3일 후 미군부대 장병 6명이 참사 현장을 답사하였으며, 인민군이 아닌 마을 양민이 학살된 현장을 둘러보았으며, 사진 촬영을 하는 등 현장 상황을 기록하는 광경을 보았다."라고 증언한다. 조사 시점(1951년 1월 22일)으로 보아 주한미군군사고문단에서 파견한 미군들이었을 것으로 추정된다.

는 샌더(Wilton L. Sander) 중령과 제5공군 감찰관 워런(John L. Warren) 대령이 제5공군 본부와 187공수연대전투단 본부에서 감찰 조사를 하였으며, 산성리 마을 현장 조사를 실시한 흔적은 없음).

합동조사결과보고서에서 합동감찰 조사원들은 "마을에 폭발이 일어나고 불길이 치솟은 것은 마을에 적재되어 있던 북한군의 탄약과 유류가 폭발한 것"이라고 단정하고 폭격의 정당성을 주장하고 있다. 그러나 보고서에는 사건 후 현장 조사에서 북한군의 탄약고나 유류고가 발견되었다는 내용이나 주민들의 증언은 기술되어 있지 않다. 그런데 이에 대해 산성리 주민들은 "미군기가 폭격했을 때 기름통을 투하한 후에 기총사격을 하여 마을 전체가 불바다가 된 것"이라고 한결같이 증언한다. 현재까지 가용한 자료로는 주민들의 증언처럼 기름통을 투하한 후에 기총사격을 한 것인지, 네이팜탄 사격을 한 것인지 확인할 수 없다. 그런데 "지붕 위의 응달에 남아 있던 눈 위에 새파란 불꽃이 일며 타고 있었다."라는 안식모 씨의 목격담과 산성리 폭격에 참가한 항공기인 해군F-9F(제트기), F-4U(프로펠러기), AD-1(프로펠러기)은 네이팜탄을 장착할 수 있는 기종이므로 네이팜탄이었을 가능성이 더 큰 것으로 보인다. 어느 쪽이든 이는 북한군의 활동 근거지를 제거할 목적으로 초토화 작전을 쓴 것이고, 나중에는 "마을 사람들이 게릴라 적군들에게 도움을 주고 있다."라고 판단하여 그들을 소탕하려는 것이었으므로 당연한 결과가 초래된 것이라고 볼 수 있다. 다만 당시에 마을이 공산군에 의해 점령당하지 않았고, 이는 공산군의 피해가 없었다는 점으로 증명되기 때문에 학가산(882고지) 일대에 공중 폭격을 하면서 산성리(DR6457)도 공습 목표지에 넣은 것은 잘못된 정보에 따른 오판이 오폭을 초래한 것이다.

만약에 산성리가 학가산 일원에 주둔하고 있던 공산군의 은거지가 되는 것을 미연에 차단하기 위해 초토화 작전을 쓴 것이라면, 공습경보와 주민 대피 지시가 사전에 이루어졌는가가 쟁점이 되어야 할 것이다.

당시 미 제8군과 제10군단의 작전 방침과 공군의 작전 방침은 북한군 주둔이 예상되는 마을을 폭격할 경우 주민들에게 대피 경고를 하도록 되어 있고, 실제로 산성리에 인접한 신전리 주민들은 대피 경고를 받아서, 폭격 당시에 대피한 것으로 알려져 있다.

그런데 산성리 주민들은 공중 폭격에 관해 사전에 아무런 연락을 받지 못했다고 한다. 당시 마을 주변에는 정부의 지시로 방공호를 파놓은 상태였기 때문에 공습에 대한 예고나 경보가 있었으면 당연히 대피했을 것이라고 주장한다. 당시 마을 주민들도 북한군이 마을에 들어오면 미군기의 폭격이 뒤따른다는 것을 알고 있었지만, 북한군이 마을에 진입한 적이 없고,

사건 발생 당일 아침까지 국군이 주둔하고 있었기 때문에 미군기에 의한 폭격은 상상도 못했고, 그래서 폭격 직전에 미군 정찰기가 정찰을 할 때에도 구경만 하고 있었다고 한다.

(2) 법리적 해석

1923년에 준비된 헤이그 공전(空戰)규칙 안(Hague Draft Rules of Aerial Warfare) 제22조는 민간인과 민간 재산에 대한 공중 공격을 금지하고 있다. 특히, 제24조 3항의 후단에 "제2항에서 상술한 목표물(그 파괴 또는 훼손이 교전자에게 분명한 군사적 이익을 주는)이라 하여도 그것이 민간 주민에 대한 무차별 공격 없이는 공격할 수 없는 곳에 위치한 경우 이를 공격해서는 아니 된다."라고 규정하고 있다. 물론 이 공전규칙 안은 강대국들이 비준을 거부함에 따라 조약으로 성립되지 못했지만, 그 내용이 이미 제2차 세계대전 이전에 관습법으로 발전해 있었기 때문에 6·25전쟁 시의 민간인과 민간 재산에 대한 공중 공격에 대한 법적 평가의 기준으로 제기될 수 있을 것이다.[26]

그러나 이 또한 다른 사건들과 마찬가지로 산성리가 적군의 점령하에 있거나 산성리 주민들이 적국의 국민이라는 전제하에 준용될 수 있는 것이기 때문에 논란의 여지가 있다. 따라서 보다 확실한 법 적용은 1950년 7월 12일에 체결·발효된 "재한 미국군대의 (형사)관할권에 관한 대한민국과 미합중국 간의 협정"에 기초해야 될 것이다.[27]

그런데 전술한 바와 같이 국제형법에 반하는 범죄행위(actus reus, guilty act)는 존재하지만 행위자가 착오로 그 행위를 적법하게 만드는 사실에 입각한 상황이 존재한다고 정직하고 합리적으로 믿었기 때문에 범죄의 성립에 필수 요건인 범죄의 의사(mens rea, guilty mind)가 결여되었을 때, 사실의 착오는 책임조각사유로 원용될 수 있다. 이때 물론 사실의 착오에 대한 행위자의 과실이 없어야 한다.[28]

5) 고창군 죽림마을 학살 사건

(1) 상황 전개

본 사건은 전시(戰時)에 지휘 체계가 확립되어 있지 못한 상황을 이용하여 공권력을 사적 목적을 위해 유용한 대표적인 사례다.

---

26 민경길, 앞의 2001년 논문, 124~125쪽.
27 이에 대한 보다 자세한 논의는 허만호·김민서, 앞의 논문, 제VI장, 2절, 2)항의 '재판관할권과 대전협정' 참조.
28 이에 대한 보다 자세한 논의는 허만호·김민서, 위의 논문, 제VI장, 1절, 3)항의 '국제형법상의 형사책임 배제 사유' 참조.

고창군 무장면 월림리 죽림마을에는 천씨들이 대대로 살아왔고 용전마을에는 김씨들이 살고 있었는데, 6·25전쟁 발발 직전에 죽림마을 천씨들이 공산당을 조직한다고 용전마을 김씨들이 밀고하여 천씨들이 경찰서에 끌려가 심한 고초를 당했다. 그런데 6·25전쟁이 발발하자 1950년 음력 9월 20일 밤 10시쯤 천씨들이 용전마을을 습격하여 50여 명의 김씨들을 살해하였다. 수복이 되자 용전부락 김씨 중 김용식이 1951년 음력 4월 5일 새벽에 18전투경찰중대 병력을 이끌고 와서 죽림부락을 에워싸고 천씨 100여 명을 도독리 시목동 옆 산골에서 살해하였다.

(2) 법리적 검토

민원인은 김용식이 당시 경찰관 경위 혹은 육군대위였다고 서술했으나, 김용식은 육군이었다가 부상을 당하여 전역한 후 경찰관이 되었다고 한다. 따라서 본 사건은 경찰관 경위 김용식과 18전투경찰중대 병력이 저지른 사건이므로 엄밀한 의미에서 본 연구의 범위에는 속하지 않지만, 국방부에서 접수한 민원 사건이고 가해 주체나 사건의 내용이 '인도에 반한 죄'에 해당되어서 포함시켰다.

육전의 법규 및 관례에 관한 1907년 헤이그 제4협약, 제3조에 "전기(前記) 규칙의 조항을 위반한 교전국은 그 사례가 요구한다면 배상의 책임이 있다. 그 교전국은 자국의 군사력을 구성하는 인원들에 의해 저질러진 모든 행위들에 대해 책임을 진다."라고 규정되어 있어 피해자 유족들은 정부를 상대로 배상을 요구할 수 있을 것이다.

그러나 엄밀히 말해서 이 사건은 수복된 지역, 즉 아군 점령 지역에서 아국의 경찰 병력이 자국 주민에 대해 저지른 사건이므로 1907년 헤이그 제4협약보다 한국의 당시 형법이나 여타 관련 국내법에 따라 처리했더라면 더 합당했을 것이다. 현재로서는 '공소시효' 문제에 대한 논란은 차치하더라도 가해자들이 생존해 있을 가능성이 적기 때문에 가해자들에 대한 형사처분은 현실적으로 불가능할 것이다. 그렇지만 정확한 조사 결과 민원 내용이 모두 사실이라면 사실 관계에 따라 국가의 배상 혹은 보상 책임은 일정 부분 물을 수 있을 것으로 판단된다.

6) 북한 인민군의 무주 지역 양민 집단 납북·살해 사건

(1) 상황 전개

북한 인민군은 1950년 9월 15일 인천 상륙작전으로 전황이 불리하게 되자, 그해 9월 26일(음력 8월 15일) 오전 7시경에 무주 경찰서 유치장(인민군 통칭 내무서)에 가두어 놓았던 양민 84명(추산)을 북한으로 납치하려다 여의치 않자 살해하였다.

당시 수감자들은 행정공직자(무주면장 진수진, 부남면장 주성조 등), 경찰 생포자, 대지주(안성면 이태영 외 다수), 기타 우익계열 반공 인사들로서 인민군 내무서원 30여 명이 완전무장한 채로 그들을 나바선(통신용 검은 전선)으로 묶어서 납북하려 했다. 그래서 대전으로 그들을 끌고 가던 중 무주읍에서 7킬로미터 서남 지역에 위치한 용포리 가래골과 하늘바위 사이에서 무주면장 진수진을 먼저 총살하였다.

그 후 하늘바위에 도착한 인민군 내무서원들은 석양녘이 되어 어두워지며 가랑비가 내리자 끌고 왔던 피랍자들을 50여 미터 하천 낭떠러지 위의 좁은 길가에 두 줄로 세워 놓고 한 명씩 차례로 총살했다. 그 순간에 일부는 "어차피 죽을 몸 깊은 낭떠러지로 뛰어보자."라며 뛰어 내렸다고 한다. 인민군 내무서원들은 총살이 끝난 후에 50여 미터 밑 하천 변에 직접 내려와서 사살 상태를 확인한 후에 재사살까지 하였다고 한다. 그렇지만 낭떠러지로 뛰어내린 주성조 부남면장은 감나무 가지에 걸려 중간보 도랑에 걸치게 되었는데 인민군 내무서원들이 하천 변에 떨어진 시체만 확인하고 위에는 확인하지 않아서 생존할 수 있었다. 그리고 하천에 떨어진 사람들 중에도 수십 명의 피살자들 속에 묻혀 죽은 사람같이 숨을 죽이고 있다가 살아 나온 사람들이 있었다. 그러나 생존자는 불과 14~15명이고, 69명 이상은 사망하였다.

(2) 법리적 검토

이 사건은 6·25전쟁에서 공산군이 저지른 수많은 유사 사건들 중의 하나에 불과하다. 이는 당시 우익 인사들에 대한 광범위한 납북(소위 '모시기 작전') 혹은 살해 정책의 일부분이다. 그 결과 남한에서 학살된 우익 인사들 중 신고된 사람들만 12만 9000여 명이고, 실제 납북된 우익 인사들 중에서 명단이 확보된 사람만 9만 6013명에 이른다(본 서의 제7장 참조. 전문가들이나 6·25전쟁 납북인사가족협의회는 12만여 명이 납북된 것으로 추산하고 있다).[29] 따라서 제노사이드(genocide) 범죄와 '인도에 반한 죄'에 해당되는지 검토해 볼 필요가 있다.

제노사이드 범죄의 예방과 처벌에 관한 협약(Convention on the Prevention and Punishment of the Crime of Genocide) 제2조에는 다음과 같이 규정되어 있다.

---

29 아직 구체적으로 알려진 사례는 없지만, 납북당한 인사들 중에서도 생체 실험의 대상자가 있을 가능성은 충분히 있다. 이는 인도에 반한 죄(crime against humanity)인 동시에 전쟁에서 질식성, 유독성 또는 기타 가스 및 세균학적 전쟁 방식의 사용 금지를 위한 1925년 제네바 의정서에 대한 위반이다. 이 의정서는 6·25전쟁 시 이미 국제관습법이 되어 어떤 특정 국가가 이 의정서의 당사국인가 아닌가는 상관없이 모든 국가에 대해 동일한 구속력을 갖는다.

> 본 협약에서 제노사이드는 민족적, 종족적(ethnical), 인종적 혹은 종교적 집단의 전부 혹은 일부분에 대해 파괴하려는 의도를 가지고 행한 다음의 행위들 중의 어느 것을 의미한다.
> (a) 집단 구성원들을 살해하는 것.
> (b) 집단 구성원들을 육체적으로나 정신적으로 심각하게 손상시키는 것.
> (c) 전체적으로나 부분적으로 집단의 물리적 파괴를 초래하기 위해 계획된 타격을 집단의 삶의 조건에 의도적으로 가하는 것.
> (d) 집단 내에서의 출생을 막기 위하여 의도된 조처들을 부과하는 것.
> (e) 한 집단의 아동들을 타 집단으로 강제로 옮기는 것.

이 정의에 따르면 무주지역의 양민 약 84명에 대한 집단 납북 미수 및 살해 사건은 "민족적, 종족적(ethnical), 인종적 혹은 종교적" 이유가 아닌 정치적 이유에 의한 집단 납치 및 살해 사건이므로 순수 법리 해석에 따른다면 '제노사이드' 범죄로 규정할 수는 없다. 그러나 '기타 우익계열 반공 인사들' 중에 종교인이 다수 포함되어 있었다면 제노사이드 범죄에 해당된다. 6·25전쟁 시 북한군의 종교인들에 대한 집단 혹은 개별적 처형 및 납북 사건들(기독교 성직자 212명 처형, 100여 명 납북. 천주교 성직자 한국인 52명, 미국인 4명, 프랑스인 15명, 독일인 66명, 오스트리아인 1명, 벨기에인 5명, 네덜란드인 6명, 호주인 1명 등 150여 명 처형 혹은 옥사)도 많이 있기 때문에 당시 북한 지도부가 제노사이드 범죄를 저지른 것은 부정할 수 없는 사실이다.[30]

제노사이드 범죄의 예방과 처벌에 관한 협약, 제3조는 "(a) 제노사이드 (b) 제노사이드를 범하기 위한 음모 (c) 제노사이드를 범하라는 직접적이고 공개적인 선동 (d) 제노사이드를 범하려는 시도 (e) 제노사이드 공모 행위는 처벌될 것"이라고 규정하고 있다. 그리고 제4조에는 "제노사이드를 범하거나 제3조에 규정된 어떤 행위를 했을 경우에는 그가 헌법상의 지배자이건, 공무원이건, 사인(私人)이건 처벌될 것"을 규정하고 있다.

그런데 당시 북한은 이 협약의 가맹국이 아니었고, 협약 제3조에 규정된 범죄를 구체적으로 증명할 수 있는 물증(hard evidence)을 현재로서는 확보할 수 없을 뿐더러 범죄자들이 대부분 사망하였기 때문에 기소와 처벌은 어려울 것이다. 그러나 '남북한 간의 화해'를 추구하면서 무엇을 용서하고, 무엇에 대해 화해할 것인가를 짚을 때 이는 중요한 기준이 될 수 있다.

---

30 고태우, 『북한의 종교정책』, 민족문화사, 1989, 111~112쪽.

무주 지역의 양민 약 84명에 대한 집단 납북 미수 및 살해 사건은 '인도에 반한 죄(crime against humanity)'에 해당된다. 이 사건은 뉘른베르크 국제군사재판소 헌장 제6조 (c)항과 극동 국제군사재판소 헌장 제5조 (c)항에 규정된 '인도에 반한 죄'의 구성 내용 중 "전쟁 동안의 민간 주민들에 대한 살해" 사건이고, "정치적 이유에 의한 박해"에 해당되기 때문이다.[31]

아울러 1949년 제네바협약 공통 제3조는 다음과 같이 규정하고 있다.

> 체약국의 영토 내에서 발생하는 국제적 성격을 띠지 아니한 무력 충돌의 경우에 있어서 당해 충돌의 각 당사국은 적어도 다음 규정의 적용을 받아야 한다.
>
> (1) 무기를 버린 전투원 및 질병, 부상, 억류 기타의 사유로 전투력을 상실한 자를 포함하여 적대 행위에 능동적으로 참가하지 아니하는 자는 모든 경우에 있어서 인종, 색, 종교 또는 신앙, 성별, 문벌이나 빈부 또는 기타의 유사한 기준에 근거한 불리한 차별 없이 인도적으로 대우하여야 된다. 이 목적을 위하여 상기의 자에 대한 다음의 행위는 때와 장소를 불문하고 이를 금지한다.
>
> (a) 생명과 신체에 대한 폭행, 특히 모든 종류의 살인, 상해 및 고문
>
> (b) 인질로 잡는 일
>
> (c) 인간의 존엄성에 대한 침해, 특히 모욕적이고 치욕적인 대우
>
> (d) 문명국인이 불가결하다고 인정하는 모든 법적 보장을 부여하는 정상적으로 구성된 법원의 사전 재판에 의하지 아니하는 판결의 언도 및 집행
>
> ……. 전기의 규정의 적용은 충돌 당사국의 법적 지위에 영향을 미치지 아니한다.

당시 북한은 제네바 협약에 가입해 있지 않았기 때문에 "조약은 체결 당사국만을 구속하고 제3자는 구속하지 못한다(Pacta teriis nec nocent nec prosunt)."라는 원칙을 들어 1949년 제네바협약 공통 제3조는 1950년 9월에 발생한 이 사건에 대한 법적 평가의 기준이 될 수 없다고 주장할 수도 있다. 그러나 제6장에서 살펴본 바와 같이, 북한 당국은 국제적십자사 총재 루거(Paul Ruegger)의 두 차례에 걸친 권유에 따라 1950년 7월 13일에 외상 박헌영의 이름으

31 '불소급의 원칙'에 따라 본 사건에 적용될 수는 없지만, 본 사건은 국제형사재판소 규정 제7조에 기술된 '인도에 반한 범죄'의 전형이다. "1. 이 규정의 목적상 '인도에 반한 죄'라 함은 민간인 주민에 대한 광범위하거나 체계적인 공격의 일부로서 그 공격에 대한 인식을 가지고 범하여진 …… 행위를 말한다. 2. 제1항의 목적상, 가. '민간인 주민에 대한 공격'이라 함은 그러한 공격을 행하려는 국가나 조직의 정책에 따르거나 이를 조장하기 위하여 민간인 주민에 대하여 제1항에 규정된 행위를 다수 범하는 것에 관련된 일련의 행위를 말한다."

로 "조선민주주의인민공화국 군은 전쟁 포로와 관련한 제네바협정의 제 원칙을 엄격히 준수할 것임"을 유엔 사무총장 앞으로 타전하였다.[32] 따라서 1949년 제네바협약 공통 제3조는, 무주지역 양민 집단 납북 미수 및 살해 사건을 포함하여 당시 북한 인민군이 남한의 양민들에 대해 저지른 다수의 유사 사건들에 대한 법적 평가의 기준이 될 수 있다.

7) 소결론

본 장에서 살펴본 바와 같이 단순 사고나 개인적 범죄행위는 국내법과 군형법으로 처리하는 것이 마땅할 것이다. 그러나 북한군이 남한에서 저지른 범죄행위는 전쟁법규에 따라 평가를 하는 것이 더 합당하다. 이를 위해 1907년 헤이그 제4협약(1907 Hague Convention IV and Regulations)의 육전(陸戰)의 법규관례에 관한 부속 협약규칙(Annex to the Convention Regulations Respecting the Laws and Customs of War on Land)과 1949년 제네바협약 공통 제3조를 적용하는 데 별 이견이 제시될 수는 없다고 생각한다.

1949년 제네바협약에 대해서는 당시 교전 당사국들이 체약국이 아니었기 때문에 법적 평가의 기준이 될 수 없다고 주장하는 학자도 있다. 그러나 제6장에서 규명한 바와 같이 적극적이든, 소극적이든 관련 당사국들이 제네바협정을 준수하겠다는 입장을 공식적으로는 표명하고 있었다. 물론 교전 당사국들이 수용하겠다고 밝힌 내용의 요지는 1949년 제네바 제3협약, 즉 포로에 관한 것이지만, 공통 제3조는 민간인 보호에 관한 제4협약에도 유효한 것이다. 특히, 교전 당사국들 중에서 한국은 "협정의 조건을 따를 것"이라고 천명하였으며, 미국은 "이 협정의 '인도적인 원칙'을 준수할 것이며, 국제적십자사와 전적으로 협조할 것"이라고 공표함으로써 포로 문제에만 국한되지 않은 포괄적 표현들로 수용하였기 때문에 1949년 제네바협약 공통 제3조는 민간인 보호 문제와 관련하여 남북한 및 미국 모두에게 법적 구속력을 발휘하기는 힘들지 모르지만 일탈(逸脫)을 판별하는 기준과 도덕적 책임을 묻는 데에는 유효한 것으로 판단된다.

1949년의 제네바협약들을 보완하기 위해 1977년에 체결된 제1추가의정서, 제51조 2항은 민간 주민 자체를 공격하는 행위를 절대적으로 금지하고 있다. 그리고 동 조 제4항과 제5항은 군사 목표물과 민간인에 대한 무차별 공격을 금지하면서 무차별 공격의 정의와 사례들을 예시하고 있는데, 6·25전쟁 시 발생한 민간인 피해 사건들 중에서 많은 경우가 그 범주에 들

---

32 국방군사연구소, 『한국전쟁의 포로』, 1996, 20쪽.

어갈 수 있다. 그리고 제57조와 제58조에는 군사 목표물을 공격할 때에도 민간인에 대한 피해를 최소화하기 위해 취해야 될 조치들을 상세히 규정하고 있다. 물론 이 전투 행위의 제한은 육·해·공군 모두에 해당된다. 특히, 제49조 2항에 따르면, 이러한 공격 행위의 제한 규칙은 적국뿐만 아니라 자국 영토에도 해당된다.

그런데 김찬규 교수는 시제법(時際法, inter-temporal law)의 규칙을 이유로 1977년 제1추가의정서에 규정된 교전자의 의무를 노근리 사건에 대해서 적용할 수 없다고 본다. 그러나 민경길 교수는 이 제1추가의정서가 6·25전쟁이 종료된 지 약 25년 후에 제정되었고, 미국은 서명만 했을 뿐 아직 비준을 하지 않은 상태이지만, 의정서에 규정된 공격 행위의 제한에 관한 규칙들은 6·25전쟁 이전에 이미 국제관습법으로 확립된 법 규칙을 성문화한 것에 불과한 것이기 때문에 적용될 수 있다고 주장한다.[33]

조시현 교수가 「노근리 등 미군에 의한 민간인학살사건에 대한 올바른 대응을 위한 의견서」에서 밝힌 바와 같이, 50년 이상 한국과 미국의 관련 당국은 피해자들의 권리 구제를 위한 노력에 대해 무시와 불성실로 일관하여 아무런 조치도 취하지 않음으로써 피해자들의 실효적인 구제가 봉쇄되어 왔다.

이 문제의 해결 여부는 북한군에 의한 인권 침해 문제에 대한 논의·해결에도 영향을 줄 것이다. 이 모든 비극이 북한군의 남침에서 비롯되었고, 잔인한 정도나 규모와 횟수에서 공산군의 양민 학살은 민원으로 제기된 미군이나 한국군에 의한 민간인 피해 사건들과 비교가 안 될 정도라 하더라도 '교전자 평등의 원칙'에 따라 별도로 논의되어야 한다.[34]

3. 전시 긴급 상황하의 피해

1) 적 집결지 및 보급소에 대한 폭격으로 인한 민간인 피해

현재까지 제기된 민원 사건들 중에서 적 주둔지, 집결지 혹은 보급소에 대한 공습의 결과 어쩔 수 없이 초래된 민간인 피해 사건은 1951년 2월 10일 오전 8시경에 경기도 남양주군 내곡리에서 발생한 사건뿐인 것으로 판단된다.

---

33 민경길, 앞의 2001년 논문, 126쪽.

34 '교전자 평등의 원칙'에 대한 상세한 논의는 민경길, 「전시법상 교전자 평등의 원칙」, 『국제법논총』 제8권, 1996년 12월, 53~78쪽 참조.

성문기 씨가 민원으로 제기한 4건의 민간인 피해 사건들 중에서 남양주시 일패동 봉두부락에 대한 미 공군의 1951년 2월 21일 자 공습은 중국공산군이 점거하고 있던 산속 작은 마을이 아니라, 중국공산군이 없던 100여 호의 평지 마을에 대한 오판과 오폭이었던 것으로 보인다. 당시 중국공산군은 미 공군의 공습을 피해 평지 큰 마을에는 주둔해 있지 않았으며, 일패동 산속의 2~4호의 작은 촌락을 점거하고 있었다고 한다.[35] 그리고 김갑성(金甲成)과 그의 처 장성보(張姓甫)를 죽게 했던 1951년 3월 25일 오전 10시경의 폭격이나, 성백윤(成百允)을 죽게 했던 같은 날 오후 1시경의 와부면 율석리 폭격은 중국공산군이 물러가고 난 뒤에 이루어졌다. 더욱이 남양주 일패동 272번지에서 조부임(趙富妊)을 죽게 했던 1951년 4월 10일 오후 4시경의 미군 탱크 근거리 난사는 중국공산군이 철수하고 15일이 지난 후가 되므로 정보 부족과 상황 판단 잘못에 따른 오폭과 오인 사격이다.

각 사건별로 보다 자세한 조사를 실시해서 정확히 판단해야 되겠지만, 제3유형의 민원 사건들 대부분이 공습을 가한 미 공군에서는 적 집결지로 판단하고 공격했을지 모르지만, 민원인들이 제공한 정보에 따르면 피해자들은 비무장 민간인 피란민들이었다. 특히, 경기도 용인군 죽전리 감바위마을 사건(1951년 1월 15일), 경남 사천시 곤명면 조장리 사건(1950년 7월 29일, 8월 2일), 경남 사천시 곤명면 마곡리 사건(1950년 7월 31일) 등과 같이 중국공산군이나 북한 인민군이 마을을 점령하자 마을 주민들은 공습을 피하기 위해 강변이나 국도 변으로 나왔으며, 흰 옷을 입는다거나 지붕 위에 이불을 얹어놓는 등 자신들이 민간인임을 보이기 위해 일정한 표지도 했다고 한다.

특히, 조장리 사건의 경우, 1950년 7월 29일에 조장리 앞 지방도로에 인민군 차량 20여 대가 나타나자 오전 10시쯤부터 미군 폭격기 20여 대가 저녁 무렵까지 공습한 일이 있었다. 그 날 오후에 누군가 “우리가 흰 옷을 입고 한곳에 모여 있으면 양민으로 알 터이니 미군들이 총을 쏘지 않을 것”이라면서 동네 앞 하천 제방으로 모이자고 제안했다. 그래서 산이나 들에 피해 있던 주민들이 모여들었다. 7월 30일 아침에는 집에 들어가 잠을 잤던 주민들이 다시 하천 제방에 모였는데 전날보다 더 많은 400명 정도가 되었다. 주민들은 거기서 밥도 해 먹고 빨래도 했다고 한다.

---

35 미 공군의 공습이 있기 전날인 1951년 2월 20일 자정 경에 구연우 씨와 조광연 씨가 성원기 씨의 집에 있는데 중공군 한 명이 와서 다음날 폭격이 있으니 집에 있지 말고 방공호로 피신하라고 알려 줬다고 한다. 중공군이 미군의 공습을 미리 알았던 것이 미군의 공습예보가 있었는데 피해 당사자들이 제대로 전달 받지 못하여 모르고 있었던 것인지, 아니면 공산군의 첩보활동으로 미군의 공습을 미리 알게 된 것인지 현재로서는 알 수 없다. 그러나 어느 쪽인지에 따라 민간인 피해에 대한 책임 소재가 달라질 수 있다.

8월 2일에도 주민들이 제방에 모였는데, 점심시간 무렵에 미군정찰기 2대가 뽕나무, 버드나무 등 큰 나무들이 몹시 흔들릴 정도로 저공비행을 하며 정찰하고 간 30분 쯤 뒤에 폭격기 4대가 와서 기총소사를 하여 54명이 사망하고 47명이 중상을 입었다.

이와 같이 피해자 자신들이 민간인임을 충분히 알 수 있었음에도 불구하고 미 공군이 공습을 한 것은 의도적이라고 민원인들은 분개하고 있다.

그런데 6·25전쟁에서 발생한 민간인 피해 사건들을 이해하기 위해서는 이 전쟁이 발발하기 전에 남한 사회는 "내전 상태에 돌입했다."라고 규정할 수 있을 만큼 공산게릴라들의 준동이 심했고, 이로 인한 극심한 혼란 상황에서 자체 방위력이나 위기관리 능력을 제대로 갖추지 못한 신생 대한민국 정부가 공산군의 남침을 받아 존망의 위기를 경험하고 있었다는 사실을 유념해야 된다.

산성리 폭격 사건을 비롯한 제3유형의 민간인 피해 사건들이나 포항 여남동 함포 사격 등은 이런 맥락에서 이해되어야 할 사건들이다.

"1907년 헤이그 육전규칙이나 공전규칙 등 전쟁법은 기본적으로 적국에 대한 규정들이므로 자국 민간인에 대해 적용될 수 있는가?"라는 회의론을 제기할 수 있다. 그러나 결과적으로 피해자들이 남한 주민들이지만, 전선이 유동적이었고 비록 우방국 남한의 영토 내에서 발생한 사건들이지만, 피해 사건 발생 시점을 전후하여 일시적으로 적의 점령하에 있었기 때문에 헤이그 전쟁법들을 적용하는 데 무리는 없을 것으로 판단된다. 그런데 유엔이 50여 년 노력한 끝에 2001년에 그 기본 지침을 마련한 "국제적 위법 행위에 대한 국가 책임에 관한 규정초안(Draft Articles on Responsibility of States for Internationally Wrongful Acts)", 제25조 1. (a)에 긴급피난(necessity)의 요건으로 "관련 국가 행위가 중대하고도 절박한 위험에 대항하여 국가의 본질적 이익을 수호하기 위한 유일한 방법"을 규정하고 있다. 전쟁 수행 과정에서, 특히 개전 후 전황이 아군에게 극도로 불리했던 때에 일부 민간인 피해를 감수하고서도 적 집결지와 보급소에 대해 감행한 폭격들은 "국가의 본질적 이익을 수호하기 위한 유일한 방법"이었기 때문에 국가가 긴급피난(necessity) 조치를 취한 것으로 해석해야 된다.

2) 주민 소개 및 적 게릴라 소탕 작전에서의 민간인 피해

(1) 석봉리 사건

전술한 바와 같이 6·25전쟁 개전을 전후하여, 전쟁이 진행되는 동안에 게릴라전은 공산군의 전쟁 수행 방식에서 큰 비중을 차지하고 있었다. 공산게릴라 소탕 작전에서 한국 군경이 많은 피해를 입게 되었고, 그 영향은 작전 수행 과정에서 주민들에게 피해를 주는 사건들을 초래했다.

1949년 12월 24일 문경군 산북면 석봉리 석달마을에서 국군 제2사단(사단장 송호성 준장) 제25연대(연대장 유해준 중령) 제2대대(대대장 권정식 대위, 군번 11701, 육사7기) 제7중대(중대장 유응철 대위) 제2소대(소대장 대리 안택효 중사) 및 제3소대(소대장 유진규 소위)가 주민들을 집단 처형하여 86명이 사망하고, 12명이 부상하였으며, 24호의 가옥이 모두 소실된 사건도 이런 맥락에서 발생한 것이다.[36]

현지 조사를 2000년에 실시한 국방부 관계자들은 이곳이 사건 전에 통비 분자와 부역자들의 활동이 심했던 지역이어서 "재발생에 대한 불안감"을 토벌군들이 갖고 있었으며, 공비(공산게릴라)의 수시 출몰 지역으로, 특히 주월산에 공비들의 아지트가 있어서 그들의 보급원을 차단하기 위하여 가옥 방화와 주민 사살이 있었던 것으로 판단한다.

석달마을은 지형적으로 서북쪽의 주월산(813미터) 아래 첫 동네이고, 조령의 주흘산(1106미터)과 10킬로미터 북쪽의 문수산(1167미터) 등 소백산맥의 험준한 산간 지역에 위치하고 있으며, 그 일원은 당시 북한에서 침투한 공산게릴라들('인민유격대')과 여·순반란사건 및 대구 10·1사건의 반란군 잔당들이 수시로 출몰하여 보급품을 약탈해 가곤 했던 지역이다. 석달마을은 산간 마을이었지만 세대수가 많아서 사건 당시 소개령은 내려지지 않았다고 한다. 사건 당시 마을에는 좌익분자나 부역자는 없었고, 다만 3개월 전에 마을 주민들 중에서 정만기, 채기진, 황동주가 부역자로 지목되어 상주(尙州)지원에서 재판을 받고 3년형을 선고받아 사건 당시에는 진주교도소에서 복역 중이었다.

1949년 후반기의 전황은 그해에 들어와서만 북한에서 8회에 걸쳐 1465명의 게릴라가 남한에 침투하였고, 1949년 후반기에, 특히 '9월공세' 때에는 남한 전체가 내전에 돌입했다고 말할 수 있을 만큼 게릴라 활동이 격심해졌다. 공산게릴라들은 경북의 영양, 예천, 청송, 안동, 점촌 등의 산악 지대에서 활동을 하였는데, 그 과정에서 석달마을 사건에 지대한 영향을 준 것으로 추정되는 '9·16사건'도 발생하였다.

---

36 당시 지휘 체계상의 변화는 다음과 같다. 사단장: 송호성 준장, 후임에 유재흥 준장(1950년 1월 5일), 연대장: 유해준 중령, 후임에 장두권 중령(1950년 1월 21일), 대대장: 권정식 대위, 후임에 허순오 대위, 중대장: 유응철은 계속 근무. 이로써 현장에서의 실제적인 최고 지휘권자는 권정식 대위였다는 사실을 알 수 있다. 그리고 허순오(許順五) 예비역 육군준장이 당시 국군 제2사단 제25연대 작전주임이었고, 권정식의 후임 대대장이었으므로 본 사건에 대한 많은 정보를 제공할 수 있을 것이다.

1949년 9월 16일에 문경군 내화면 노루목 고개에서, 동로지서 피습 소식을 듣고 지원하기 위해 차량 두 대에 분승하여 이동하고 있던 경찰과 민보대원들이 공산게릴라들의 매복 습격을 받아 경찰서장 이무옥 경감 등 경찰서 간부 12명이 전사하고, 동로면장과 민보대원 2명이 사망하였다. 게릴라들은 부상을 입은 나머지 생존자들을 러닝셔츠와 팬티만 입힌 채 "이승만 괴뢰 정부 밑에서 닭이나 잡아먹는 놈들"이라며 돌려보냈다.[37] 아울러 석달마을 사건이 발생하기 전에 공산게릴라들은 토벌군인 국군 제25연대 부연대장 정종근 중령을 납치하여 목을 잘라 2킬로미터 떨어진 곳에 버려둘 정도로 잔혹하였기 때문에 토벌군의 심리 상태가 평화 시의 안정 상태는 아니었을 것이 분명하다. 이런 일련의 사건들을 통해 받은 토벌군의 상처와 분노가 상황 판단을 흐리게 했을 것이라고 관찰자들은 추정한다.

그러나 피학살자 86명 중에는 김원지 씨(여, 당시 85세)를 포함하여 60세 이상의 노인이 13명, 1~3세의 유아(乳兒)들 11명을 포함한 12세 이하의 어린이가 22명 있었다는 것은 그 어떤 이유로도 정당화될 수 없는 전쟁범죄 행위다.[38]

(2) 함평 사건

국군 제11사단 제20연대 제2대대 제5중대(중대장 권준옥 대위)는 1950년 10월 22일 새벽에 광주에서 광산군 삼도면을 거쳐 함평 월야면 외치재 산봉우리에 진지를 구축함으로써 함평에 첫발을 디뎠다.

해보와 월야에는 군인들만 진주하고 경찰은 11월 5일까지 들어오지 못했다. 그나마 군인들도 낮에만 머물고 밤에는 철수했다. 이런 기간이 1주일이나 지속되었다. 인근 불갑산과 태청산에 공산게릴라들이 워낙 많았고, 1개 중대 병력으로 감당하기에는 너무 넓은 지역이었다.[39] 제20연대가 광주를 중심으로 한 영암, 담양, 순창, 화순, 나주, 무등산 지역과 지리산 일대를 담당하고 있었기 때문에 해보와 월야에는 많은 병력을 투입할 수 없었다.

마침내 1950년 10월 30일, 제20연대 제5중대는 해보 문장장터에 진지 구축을 완료했다. 그런데 5중대는 '적지(敵地)'에 진지를 구축한 셈이었다. 왜냐하면 앞에는 불갑산이 펼쳐져 있었고, 오른쪽에는 25개 남짓한 산봉우리로 30여 리의 길을 잇는 태청산이 있었다.

---

37 참전 경찰관 김장술, 김재도 순경의 진술.

38 자세한 사건 경과 및 사망자 명단은 다음을 참조하시오. 정희상, 『이대로는 눈을 감을 수 없소 - 6·25 전후 민간인 학살사건 발굴 르뽀』, 돌베개, 1990, 22~40쪽, 124쪽.

39 당시 불갑산에 유격대 가족, 좌익 세력, 열성 공산주의자, 반강제로 끌려온 우익 인사들, 피란민들 5만 7000여 명이 있었지만, 실제 무장 게릴라들은 1000여 명에 불과했다고 한다.

낮에는 국군과 경찰이 관할하고, 밤에는 공산게릴라들이 준동·장악하는 상황이 지속되는 가운데 공산게릴라들이 겨울 양식과 기타 보급품을 주민들에게 약취(掠取)해 가는 일이 빈발하자 군인들은 마침내 대광, 산내, 광암 주민들에게 소개(疏開) 명령을 내리며 발각되면 사살하겠다고 경고하였다.[40] 그리고 이 지역들과 대각리의 가옥들, 그리고 용천사 등을 공산게릴라들이 밤에 들어와 자지 못하게 소각하였다. 이어서 모평과 성대 마을에도 소개 명령을 내렸다.

1950년 12월 2일에 신기마을과 시목마을 중간의 다리목에서 주둔군과 공산게릴라 간에 처음으로 접전(接戰)이 있었다. 이날 국군 측에 김영광 하사(경북 영천)와 김추길 일병(경북 의성)의 전사를 비롯하여 10여 명의 사상자가 발생했다. 그 외 경상자도 15명 정도 되었다고 한다.[41]

그날 군인들을 습격했던 공산게릴라 5명이 산으로 가지 않고 어디에 숨어 있다가 밤에 접전지(接戰地) 인근 동촌마을 박소남(당시 44세)의 집에 와서 마침 저녁 국거리로 장만하고 있던 죽은 새끼 돼지를 빼앗아 먹고 갔다. 그날 밤, 낮에 두 번째 총격전이 있었던 동촌과 신기마을 사이의 작은 동산에서 공산게릴라들은 주민들을 모아 놓고 장작불을 피운 뒤에 "인민공화국 만세!", "김일성 장군 만세!", "노랑개들(국군)은 물러가라!"를 외치게 했다. 그리고 동원된 주민들을 장작불 주위를 돌며 징과 꽹과리를 치고 노래를 부르게 했다. 그런데 이 동산은 제5중대의 본부와 불과 2킬로미터도 안 떨어진 곳이어서 중대장과 처음 기습을 당했던 소대의 소대장이 이를 충분히 관찰할 수 있었다. 그래서 이 공산게릴라들의 '승전 잔치'는, 이를 지켜보고 있던 제5중대의 지휘관들과 휘하 군인들에게 강한 진압을 결심하기에 충분했을 것이다.

첫 접전이 있었던 다음날인 1950년 12월 3일 이른 아침에 제5중대의 1개 소대 병력이 동산 근처에 위치한 장교마을에 출동하여 가옥을 소각하고, 강영주(여, 28세)와 6세, 2세의 두 아들, 박두남(61세)과 그의 아들, 딸, 며느리, 생후 8개월의 손녀, 박진찬(29세)과 큰딸 이공님(13세), 둘째 딸 이이순(5세), 젖먹이 아들 등 24명의 주민을 사살하였다. 이날 군인들은 확인사살까지 했지만, 강영주, 박두남, 이공님, 이이순, 이공님의 어머니가 업고 있던 젖먹이 동생

---

40 그러는 사이 군인들의 직권을 이용한 개인적 범죄행위들(부녀자 강간 등)이 빈발했으며, 공산게릴라들의 야간 침투를 막기 위해 비무장 민간인들을 월야지서의 야경(夜警)과 같은 경찰들의 방패막이로 활용하는 비도덕적 일들이 있었다.

41 내동마을 주민들의 말로는, 이날 부상병을 실은 자동차가 전복되어 전체적으로 국군 제5중대원 25명이 공산게릴라들의 매복·공격으로 희생된 셈이라고 한다. 그러나 이에 대해서는 확인되지 않고 있으며, 1950년 12월 3일에 수거된 김영광 하사와 김추길 일병의 시신이 공산게릴라들에 의해 잔혹하게 난도질되어 있었는데, 그것이 중대장 권준옥 대위를 비롯한 5중대의 보복을 결심하게 한 것으로 관찰자들은 추정하고 있다.

(젖이 없어 10여 일 후에 사망), 강금연(9세)과 이종형 한대길(16세)은 살았다. 국군에 입대한 오빠의 사진을 제시한 곽규례(16세)도 화를 면할 수 있었다.

80여 호가 넘는 동촌마을에서도 비슷한 일이 있었다. 그러나 경찰 가족임을 어머니가 조리 있게 밝힌 곽상일(16세)의 식구들과 처남이 나주경찰청에서 써준 메모를 제시한 백윤옥(25세)은 화를 면할 수 있었지만, 자신의 아들이 국군 제20연대에서 전사한 사실을 밝힌 곽상태(43세)와 동생이 경찰임을 밝힌 서재일(31세)은 지휘자의 권총에 희생되었다. 그런데 동촌마을에서는 박소남을 포함한 90여 명의 성인 남자들만 사살하고 어린이, 여성, 노인과 2명의 양반[한진양반 강종택과 뒤춘양반 김은숙(40세)]은 살려 주었다. 그러나 김판근의 딸 김초순(16세)과 이학실의 딸 이막동(16세)은 살해된 채로 인민군들이 파 놓은 참호 속에서 발견되었는데, 가족들의 시체를 수습했던 박소남의 두 아들 종문, 종인은 군인들이 강간·살해한 것이 아닌가 추정한다.

1950년 12월 6일 밤에도 월악산과 내동마을 뒷산 소동재에 봉화가 오르고, 공산게릴라들의 주민을 동원한 '승전 잔치'가 벌어졌다. 다음날(12월 7일, 음력 10월 28일) 아침에 월악산에 감싸인 형세를 한 다래기의 일곱 마을(내동, 지변, 성주, 괴정, 순촌, 송계, 동신마을로 실제로는 12개로 산개해 있었음) 주민들을 제5중대 병력의 2개 소대가 소위 2명, 중위 1명, 대위 1명의 지휘에 따라 학도병과 경찰들의 도움을 받아 처형하였다. 그러나 이때는 다래기 가운데 위치한 남산뫼에 일곱 마을 주민들을 집결시킨 뒤에 15세부터 45세까지의 남녀 주민들 300여 명을 선발하여 진털밭에서 처형하였다.[42] 물론 그 과정에서 실제 나이가 그 범주에 들어가지 않는 사람들과 군경가족(현직 경찰의 부인 정귀남 20세)도 처형된 사례들이 있다. 그리고 방위군 소위라고 밝힌 정병오도, "중대본부로 진작 오지 않았기 때문에 사상이 의심스럽다."라며 지휘관 대위가 직접 사살하였다.

군인들은 기관총으로 300여 명을 사살하면서 중간에 세 차례에 걸쳐 "산 사람은 살려 주겠다."라며 나오게 한 뒤에 다시 사살하고, 그 사이사이에 피살자들을 확인 사살까지 했다.[43] 그러나 시체 더미에 깔려있던 양채문, 정연옥, 정남숙, 맥동댁, 정달모, 정기찬, 정진섭, 정진기, 이상숙, 정진동, 정용섭, 정상열, 윤대중 등은 살아남았다.

---

42 피살자 명단에 등재된 사람만 308명이고, 이름이 파악되지 않은 피살자들도 있었다고 한다.

43 1차 사격 후, 살려줄 터이니 나오라고 했을 때 50여 명이 살아 나왔으며, 2차 사격 후, "하느님이 돌봐서 살았으니 살려 주겠다."라고 해서 30여 명 나왔고, 3차 사격 후, "명당의 자손이라 살려 주겠다."라고 하여 12명 정도가 나왔다고 한다. 세 번째 나온 12명은 "집에 불을 끄러 가라."라고 해 놓고 뒤에서 M1소총으로 사격을 가했다고 한다.

1950년 12월 9일(음력 11월 1일)에는 25가구 120여 명이 살고 있던 외치마을의 청년들을, 전날 밤에 공산게릴라들이 주민들을 동원하여 군용 트럭들이 지나가지 못하게 외치재의 세 곳을 파서 절개해 놓았다고 처형하였다. 무고한 이계주(24세)라는 청년을 무자비하게 폭행한 뒤에 "같이 판 사람들을 지목하라."라고 하여 임의적으로 지목된 청년들 중에서 정기복(18세)은 현장에서 사살하고, 12명의 청년들(이남열, 정기봉, 정기우, 정기업, 이계주, 정기동, 조금석, 정기복, 조정석, 백기남, 정○○, 정○○)과 8명의 15~16세 학생들(정기선, 이상근, 정기순, 정갑현, 정석봉, 정상현, 정달선, 정만선) 총 20명을 어디론가 끌고 가서 처형하였는데, 생환자는 없다.[44] 그러나 전날 밤에 도로에 구덩이를 판 사람들은 나주에서 공산게릴라들이 몰고 온 사람들이었다고 한다.

1950년 12월 31일 오전 10시경에 해보면 대청리 성대마을 가옥들에 군인, 학도병, 청년 방위대원들이 불을 지르며 60호 가까운 성대 주민 100여 명과 대광, 산내, 광암리에서 피란 온 70여 명을 "작전상 마을을 비워야 하기 때문에 면소재지로 피란을 가라."라고 하며 소개시켰다.[45] 그러나 군인들은 주민들이 쌍구룡 산자락에 도착하자 늙은 여자들은 도로 변에 따로 앉게 하고, 아주 젊은 사람들은 쌍구룡 밑의 20평 되는 연못(둠벙)에, 좀 나이든 남자들은 도로 아래쪽에, 나머지는 도로 밑 진털밭에 앉게 했다. 그리고 1차로 연못에 집결시킨 청년들을 사살했다. 이어서 이에 항의하던 장진섭(장재수의 아버지)을 대검과 총으로, 김재만(45세)을 총으로 각각 살해했다. "군인 가족도 죽이느냐!"라는 전학천(61세) 할머니의 항의에 따라 군인들은 군경 가족 150여 명을 제외시켰다.[46] 그리고 불타는 집에서 가재도구를 꺼내느라 늦게 도착한 김형술의 아버지 김영만(50세, 작은 사위가 군인)을 비롯한 20여 명을 도착 직전에 사살하였다. 이어서 군인들은 늙은 여자들만 제외한 다른 집단들에 사격을 가했다. 그래서 할머

44 처형장으로 끌려가던 행렬이 외치재를 넘어 백야마을을 지나 돌포 입구에 도착했을 때, 몸이 호리호리한 한 군인이 자신을 아는 사람은 나오라고 하여 삼도학교 교사 정기홍(26세)이 생환할 수 있었다. 그러자 한 학도병도 정석봉(18세)을 지인(知人)으로 지목하였으나 그는 행렬에서 나오지 않았다. 또 다른 학도병이 정태진(17세)을 지인(知人)이라고 대열에서 끌어내 그도 생환할 수 있었다. 이처럼 처형의 기준이 지극히 임의적이었다. 40일 후에 학생들의 시체는 금석동에서, 청년들의 시체는 금덕리 산11번지 공동묘지에서 각각 발견되었다. 그런데 시신들 중에는 머리가 도끼로 맞았는지 빠개진 경우, 목이 죽창에 찔린 경우, 눈과 귀가 제자리에 있지 않은 경우도 있어 총으로만 처형한 것이 아니라고 목격자들을 증언한다.

45 같은 성대마을이라도 큰 도로 밑의 창서에는 군경 가족이 많이 살고 있어서 군인들이 가옥도 소각하지 않았고, 사람도 해치지 않았다. 단순히 공산게릴라의 배후 지역이 되는 것을 막기 위해서라면 이 마을도 같은 운명이었어야 할 것이고, 공산게릴라에 협력한 사람들을 처형하는 것이었다면 처형 전에 그 진위를 가렸어야 할 것이다.

46 군경 가족을 문장으로 피란 가라고 해놓고 그들이 너무 많다고 판단한 군인들은 쌍구룡재에서 그들을 다시 사살했다. 이때 피란길에 오른 박종순(42세), 1차 사살에서 부상당한 그의 아들 박희관, 3세의 딸 박회관 그리고 박종순의 처, 또 다른 딸이 모두 사살되었다. 이때 박희관의 식구들과 피란 가던 장재수는 군인들이 "저놈들은 왜 데려가? 없애 버려야 해!"라고 말하는 것을 듣고 도로가 도랑으로 피해 살 수 있었다고 한다.

니 손길풍(61세)의 치마에 숨어 살아난 박용원(13세)의 어머니와 젖먹이 동생도 살해되었다.

광암리의 장재수(14세)는 먼저 총을 맞고 쓰러진 뒤에 어머니와 동생들의 시체가 덮어 주어 살 수 있었다. 대광리 이도범(31세)은 총알 여덟 발을 맞고도 살았다. 성대마을의 이금남(17세)과 함평양반(60세)은 총을 한 발도 안 맞았다. 성대에 사는 덕산댁(50세)은 세 발을 맞았으나 살았고, 김형술의 증조할머니인 원산댁(58세)은 두 발을 맞았으나 군인 가족이라 하여 치료해 주어 살 수 있었다. 그래서 쌍구룡 비무장 민간인 집단 사살 사건에서 7명이 살아남아 증언을 할 수 있었다.

아울러 모평, 성대, 나산, 우치리 등 불갑산 지역과 일부 마을에 재차 소개 명령이 떨어졌다. 그런데 주민들은 그 일대를 멀리 벗어나지 못하고 이웃 동네 일가 친척집을 전전하고 있었다. 그래서 광암리, 대광리, 산내리 등의 주민들이 국군 5중대의 소개 명령을 받고 상곡리 모평마을과 성대마을에 와서 피란살이를 하고 있었다.

새해 들어 모평, 성대 등 나산면 일부 지역에도 소개 명령이 내려져 피란을 갔었는데, 국군 제8중대가 모평마을에는 들어와 살아도 된다고 하여 일부 주민들이 다시 들어와 살고 있었다. 그런데 1951년 1월 11일 밤에 모평마을 뒷산인 인천산에서 공산게릴라들이 봉화를 올렸다. 이 시점은 1·4후퇴로 불갑산에 주둔하고 있던 공산게릴라 서남지구 사령부의 사기가 크게 올라 활동이 강화되고 있던 시기였다. 그 다음날인 1월 12일(음력 12월 5일)에 국군 제5중대가 모평마을에 와서 집에 불을 지르며 "살려면 쌍구룡으로 가라."라고 해 놓고 쌍구룡으로 몰려나오는 마을 주민 200여 명을 쌍구룡 비탈길 소나무밭에 설치해 놓은 기관총으로 사살하였다. 잘 걷지 못하여 늦게 나온 임신부들은 마을 어귀에서 사살하였다. 이때 윤오중(9세)은 군인의 개머리판으로 어깨를 맞고 뒤처져 오다가 논두렁으로 넘어지는 바람에 사살 현장에서 빠져 나와 살 수 있었다.

임춘자(15세)는 사건 당일 아침에 총소리가 나자 만삭이었던 어머니 윤선순(38세)의 강권으로 동생 임기운(4세)을 업고 쌍구룡 넘어 성뫼마을에 사는 친척 아저씨 천상옥의 집에 피신해 있어서 화를 면할 수 있었으며, 천상옥과 함께 사건 현장을 제일 먼저 목격한 증인이 되었다. 이날 사살된 주민들은 230여 명이나 되었다고 한다. 그중에는 아기를 업은 어머니의 시체 20구, 1~15세의 유아와 미성년자의 시체 50구 이상, 임산부 시체 30구 이상, 처녀·총각의 시신도 30구가 넘었다고 한다.[47]

---

47 윤병용(14세)은 동생 둘과 문장 장터 고모네 집에 왔다가 친척들과 함께 사건 소식을 듣고 달려가 어머니, 아버지, 형, 동

1951년 1월 14일(음력 12월 7일) 아침에 "소개 명령 지역에 공비들이 숨어 있다는 정보가 있다. 즉시 출동하여 사살하라!"라는 중대장의 작전 명령이 하달되었다. 그래서 제5중대의 1개 소대 병력이 해보면 성대마을에 와서 완전히 타지 않은 집들을 마저 태우고, 돌아와 살고 있던 주민들과 소개된 지역인 것을 모르고 서울 등 타지에서 피란 와서 살고 있던 주민들 15명을 마을 앞에 모아 놓고 사살하였다. 이때 김종희(17세)와 그의 아버지는 조 낟가리(서숙대 벼늘)에 숨어 있다가 면식이 있는 한 청년 방위대원의 도움으로 살 수 있었고, 어머니 노월산(35세)과 여동생 김맹순(6세 혹은 7세)과 김순덕(11세)은 사살되었다.

이어서 군인들은 나산면 계동마을로 옮겨가 오전 10시경에 김기복(54세), 김용길(57세)과 그의 부인 이계례(50세), 딸 김양림(14세), 그리고 김담봉(61세)과 그의 부인 박삼봉(61세), 정갑산(여, 58세), 몸이 불편한 임정현(여, 27세)을 사살하였다.

그리고 군인들은 소재마을로 이동하여 김광신(61세), 김증산(59세), 안귀순(34세) 등 여자 16명, 11개월짜리 젖먹이와 아이 각 1명, 다리를 저는 안귀식(29세, 안귀순의 남동생), 모두 19명의 주민들을 사살하였다.

그러나 나산면장 이오섭의 노력으로 성대마을에서 총탄 세 발을 맞고 살아난 김맹순(김종희의 여동생)과 소재마을에서 각각 총탄 세 발을 맞고 살아난 백동댁 정윤예(41세)와 구산댁(28세)과 그녀의 아기, 모두 네 명을 구할 수 있었다.

이와 같이 불갑산과 태청산에 거점을 두고 있던 공산게릴라들의 충원과 보급품 조달원을 차단하기 위해 주민들을 소개하고, 마을들을 초토화하는 과정에서 권준옥 대위의 지휘하에 국군 제11사단 제20연대 제2대대 제5중대는 1950년 10월 22일부터 1951년 1월 22일까지 92일간 524명의 양민을 살해하고 1454호의 주택을 소실한 것으로 1960년 제4대 국회 특위조사단은 밝히고 있다.[48]

생의 시체는 찾았으나 누나 윤복덕(16세)은 찾지 못했다. 당시 문장에서 살고 있었던 이이범(23세)은 소식을 듣고 사건 현장에 가서 숙부 이갑열(49세), 숙모와 2살 젖먹이에서 18살까지 나이 먹은 7명의 종제들, 모두 9구의 시체를 찾았다. 피란 갔다 3일 만에 돌아온 윤석동(13세) 6남매는 사건 당일 아침에 어머니와 함께 급히 마을을 떠났다. 이유는 어머니의 지난 밤 꿈이 나빠서였는데, 윤석동의 아버지 윤옥중(49세)은 남아 있다가 군인들의 대검과 총에 희생되었다. 윤석환(26세)은 선무공작대원 윤인식 장로의 권유로 윤세기 등 17명과 함께 학교역 옆 정미소로 피란 갔다가 3일 만에 사건 소식을 듣고 돌아와 출산을 며칠 앞둔 아내 김용순(21세)과 딸 윤명란(3세)의 시신을 찾게 되었다. 그런데 윤석환은 어머니 김처녀(46세)의 시신을 못 찾다가 사건 발생 10일 만에 기왓막(기와 굽는 가마) 안에서 불에 탄 어머니의 시신을 발견하였다.

48 당시 국회특위조사단의 피해 규모 파악에 대해 강한 불만을 제기하는 유족들도 있다. 먼저, 조사단은 단 하루 지서장이나 면장 등을 상대로 진상에 대해 들었을 뿐, 현장 실사도 제대로 하지 않았다는 것이다. 그리고 1999년 6월에 조사한 바에 따르면, 809명(장교 앞 24명, 동촌 앞 90명, 남산뫼 308명, 외치 20명, 성대 쌍구룡 도로 95명, 모평 쌍구룡 입구 230명, 성대 앞 15명, 계동 앞 8명, 소재 앞 19명)이 살해되고, 1962호의 가옥이 소실되었다고 주장한다. 정찬동, 『함평양민

(3) 산청·함양·거창 사건

경상남도 산청, 함양, 거창에서는 국군 11사단 9연대가 인민군의 퇴로를 차단하기 위해 견벽청야(堅壁淸野) 작전을 실시하며 1951년 2월 8일부터 2월 11일 사이에 1500여 명의 주민들을 집단 살해했다.

'거창양민학살사건'으로 알려진 거창군 신원면에서의 719명 학살은 11사단 9연대가 저지른 만행의 마지막 부분에 불과하다. 11사단의 견벽청야 작전의 경로는 산청군 금서면 → 함양군 유림면 → 거창군 신원면이었는데, 기본 작전 명령은 다음과 같았다. 첫째, 소개 명령에 불응하고 작전 지역 내에 있는 사람은 전원 총살하라. 둘째, 공비의 근거지가 되는 가옥은 전부 소각하라. 셋째, 공비가 이용할 수 있는 식량·물품은 안전 지역으로 운반하여 확보하라. 이 작전 명령에 따라 1951년 2월 초순부터 중순까지 11사단 9연대의 제1대대는 함양에서 산청으로, 제2대대는 하동에서 산청으로, 제3대대는 거창에서 산청으로 진격하였다.[49] 그러나 유격대는 피하고 없고, 주민들만 재산을 빼앗기고 살해되었던 것이다.

9연대원들은 작전을 수행하며 산청군 금서면 고동재 아래의 가현부락, 방곡부락, 점촌부락에서 주민들에 대한 선별 작업도 없이 무차별적으로 살해하고, 마을을 초토화시켰다. 그런데 이런 순차적 초토화 작전이 너무 시간이 많이 걸리고, 주민 희생이 많다고 판단했는지, 함양군 유림면 손곡리의 2개 부락(손곡, 지곡)과 그 동쪽에 위치한 산청군 금서면 자혜리의 2개 부락(상촌, 자혜), 금서면 화계리의 3개 부락(화계, 화산, 주상) 주민들에 대해서는 집단적으로 선별, 살해하였다. 즉, 7개 부락 주민 700여 명을 함양군 유림면 서주리 밭둑에 모아 놓고, 그중 450여 명은 국계 방면으로 소개시키고, 219명은 남녀로 분리하여 교실만한 크기의 두 구덩이에 밀어 넣은 뒤 무차별 사격, 수류탄 투척 후 휘발유를 붓고 불을 지르는 방법으로 살해하였다.[50]

이렇게 하여 1951년 2월 8일에 불과 10시간 동안에 10개 부락이 소각되고, 800여 명의 비무장 민간인이 살해된 것이다. 그리고 이어서 2월 10일과 11일에 거창군 신원면에서 719명이 같은 부대에 의해 살해되었다.

학살』, 시와사람, 1999. 당시 국군 제11사단의 사단장은 최덕신이었는데, 그는 김일성이 1년간 재학했던 만주의 화성의숙 교장 최동오의 아들로서 김일성의 부름으로 1986년에 북한에 가서 1989년에 사망했다. 당시 20연대의 연대장 박기병과, 2대대의 대대장 유갑열(柳甲烈)은 행적이 밝혀져 있지 않으나, 5중대의 중대장 권준옥은 후에 권영수로 호적 이름을 고쳐서 살다가 62세에 사망하였다.

49 정희상, 앞의 책, 173쪽, 177~178쪽에 기술된 내용을 군사 전문가들의 자문에 따라 수정·보완하였다.

50 정점주 씨의 증언. 정희상, 위의 책, 199~200쪽.

문경 석봉리 석달마을 사건이나 함평사건[여섯 차례에 걸친 일련의 사건들: 장교·동촌 사건, 남산뫼 사건(지변, 내동, 동산, 순촌, 송계, 괴정, 성주), 외치 사건, 성대 사건(쌍구룡 도로변), 모평 사건, 성대·계동·소재 사건], 산청·함양·거창 사건 등은 전시에 군인들이 자국의 비무장 민간인들을 살상했다는 측면에서 사건 당시의 상황과 진실성에 따라 군형법을 적용하여 범죄 여부를 판단한 후에 가해자들을 처벌하고, 피해자들에 대해 적절한 배상 및 보상을 해서 종결지었어야 했다. 그런데 범죄행위와 가해 정도에 비해 극히 미미하지만 석달마을 사건에 대해서는 관련자들에 대해 직간접적인 책임을 물어 전출시키기도 하고, 신성모 국방장관이 100만 원의 위로금을 내 놓는 등 최소한의 '처벌과 보상'이라도 했다. 그리고 거창 사건에 대해서는 피해 지역 출신의 국회의원이 있어 공론화도 될 수도 있었고, 가해자들에 대해 가벼운 형벌도 내려졌지만, 나머지 사건들에 대해서는 지금까지 그 어떤 처벌이나 배상 및 보상 조치가 이루어지지 않았다. 이는 전시에 긴요했던 작전의 수행 과정에서 어쩔 수 없이 야기된 민간인 피해 사건들마저도 총체적으로 백안시하게 만드는 결과를 초래해서 공산군의 침략으로부터 자유민주주의 체제를 수호해 낸 우리 군의 긍정적인 역할까지도 폄하하게 만들고 있다. 따라서 당시의 전황을 충분히 고려하여 불필요하게 행사된 과도한 폭력의 행사와 개인적인 범죄행위들은 철저하게 가려서 부분적인 병리현상(pathology)이 정상(normalcy)을 부정하는 일은 없도록 해야 된다.

3) 전시 부역 및 이적 행위자에 대한 즉결 처형 및 기타

6·25전쟁에서 전시 부역자 혹은 이적 행위자들에 대한 즉결 처형 사건들(전라남북도에서 발생한 제2유형의 사건들 거의 전부와 경상남도에서 발생한 제2유형의 사건들 일부)의 대표적인 사례로 민원으로 제기된 1950년 11월 18일(음력 10월 9일) 전북 남원시 대강면 강석마을에서 국군 제11사단 예하 남원에 주둔하고 있던 1개 대대(이 지역에서 1950년 10월 13일부터 11월 23일까지 '공비소탕작전'을 수행했던 제13연대 1대대로 추정)가 강석마을 주민 90여 명을 살해하고, 가옥 70여 채를 불태운 사건과 1951년 1월 20일에 육군 제11사단 제20연대 제5중대(중대장 대위 권준옥)가 전남 나주군 세지면 동창교 등에서 138명을 살해한 '나주 사건'을 들 수 있다.

먼저 '강석마을 사건'의 배경은 다음과 같다. 1950년 8, 9월경 인접마을인 송내마을에 인민군 소대가 주둔하였으며, 강석마을에까지 와서 식량을 약탈하고, 동네 사랑방에서 마을 주민들을 교육시킨 뒤에 간부로 임명하기도 하였다. 이로 봐서 이 공산군 소대는 9월 15일 인천상륙작전 이후 고립된 패잔병으로 보이며, 이 지역을 '준(準)해방구'로 만들어 가고 있었던 것으로 추정된다. 그런데 음력 9월 30일에는 공산군 잔당들이 송내 산골짜기에서 김상섭, 여수댁 임정현, 임재규, 임병옥, 임병기 등 7명을 경찰과 내통했다는 이유로 총검으로 살해하기까지 했다. 이 공산군 패잔병들의 주민 살해 사건이 그 후의 '강석마을 사건'과 어떤 직접적인 인과관계가 있는지에 대해서는 구체적으로 알려진 바가 없지만, 일정 부분 작용했을 것으로 짐작된다.

1950년 11월 17일(음력 10월 9일) 새벽 야음을 틈타 남원 주둔 국군 제11사단 예하 205부대 1개 대대 병력(500~600여 명)이 기러기재(강석마을 동쪽)를 넘어 무차별 사격을 하며 지방 호국군과 함께 남원군 대강면 강석리 마을을 점령했다. 토벌군은 기러기재 뒤에 있는 송내마을의 공산군 잔당(공산게릴라들)을 쫓아 내려온 것이었다.

그런데 목격자 최철우 씨(증언 당시 70세, 사건 당시 순창농림중학교 4학년 재학생)의 증언에 의하면, 토벌대는 작전 개시 전날 밤에도 총소리를 많이 냈고, 당일 아침에 마을에 진입할 때에도 마을 앞으로 퇴로를 비워둔 채 포위해 들어와 그들이 마을을 점령했을 때에는 공산게릴라들이 이미 퇴로를 이용해 모두 도주하고 난 뒤였다고 한다. 그러나 박상진 씨(증언 당시 76세, 목격자)는 마을에서 공산게릴라들이 일부 살해되었다고 증언한다.

최철우 씨의 증언에 따르면, 국군은 마을을 점령하자 90여 호의 100여 가구 주민들과 이 마을에 피란 온 사람들까지 합하여 500여 명을 마을 앞 700여 평의 언 논에 집합시켰다. 그리고 총대로 집결한 주민들을 구타해 가며 '통비 분자'를 색출하기 시작했다. 긴 칼을 빨간 보자기에 싼 채로 든 한 장교(대위로 추정)가 "17세 이상 35세 이하는 왼쪽으로 나오시오."라고 명령한 뒤에, "전쟁은 끝났다. 하나 국군의 수가 워낙 부족해 남원부대로 가서 군에 입대하라."라고 했다. 이렇게 '차출'된 남자 60여 명을 토벌대가 3열종대로 세워 마을 뒷산 기러기재를 향해 100여 미터 끌고 갔을 무렵에, "여자들은 왼쪽으로 서시오."라고 그 장교가 다시 명령을 내리자 토벌군들이 여자들을 무리에서 끌어내어 오솔길 옆 밤나무 밑으로 끌고 갔다. 그리고 40세 이상 중년층 주민 19명은 마을회관 앞으로 끌고 갔다. 이렇게 "통비분자"를 색출한 뒤에 마을을 불태웠다. 그리고 기러기재로 끌고 가던 60여 명의 남자들은 마을을 벗어나자 논바닥에 엎드리게 한 후에 총살하였다. 40세 이상 중년층 주민 19명은 마을회관으로 쓰던 집으로 데려가 대위로 추정되는 그 지휘관이 지니고 있던 일본도로 한 명씩 참수를 했다. 이때 최철우 씨의 숙모 장귀예(당시 42세)도 인민위원회의 부녀회원이었기 때문에 일본도로 처형되었다고 한다.

당시 서울 대동신문사에서 근무했던 허용 씨(증언 당시 62세. 남원군 대강면 강석리 285)는 적 치하의 서울에서 숨어 지내기도 했는데, 1·4후퇴 때 고향에 내려와서 아버지 허기 씨(당시 64세로, 적 치하에서 부농이었다고 인민위원회에 회부된 적도 있다고 함)와 형 허협 씨(당시 29세, 광주전매청 공무원) 등 6명을 잃은 비보를 접하였다고 한다. 그런데 허용 씨의 가족들 중에는 일본도에 목이 잘린 처참한 죽음을 맞은 사람도 있었다고 한다.

국군 제11사단 제13연대 1대대 군인들은 이렇게 극히 임의적인 기준에 따라 마을 주민들을 '성분 조사', '통비 분자 색출' 등으로 분류하여 일본도, MI소총 등으로 90여 명을 살해했다. 이런 유형의 전쟁범죄는 '인도에 반한 죄'의 전형적인 예로서 당시 군형법으로 처벌되었어야 했다. 물론 당시의 전황과 사건의 전후 맥락이 더 고려되어야 하고, 전쟁의 상대인 공산게릴라들이 납치해온 우익 인사를 총검으로 살해한 후에 간까지 뽑아 씹는 상황이었지만, 비무장 민간인들을 이와 같이 잔혹하게 처형한 것이 과연 부득이했던가에 대해서는 여전히 회의적이다.[51]

1951년 1월 20일에 육군 제11사단 제20연대 제5중대(중대장 대위 권준옥) 150명이 나주경찰서 직원 및 구국총연맹(救國總聯盟) 임원과 같이 함평에서 영산포를 경유하여 세지면 쪽으로 진군(進軍)해 왔다.

세지면 소재지 동창(東倉)과 섬말의 입구인 월대마을에서 지나가던 행인 2명을 검문하여 사살했다. 이어서 오봉리 동창마을과 인접한 벽산리 섬말 사람들을 동창교(東倉橋) 밑으로 모이게 하고, 노약자, 군경 가족을 분리시킨 다음 다리 위쪽 밭으로 끌고 가 1열 12명씩 8열종대로 세워놓고 각 열에 병사 1명씩 배치하여 아기를 업고 나온 노점숙 씨(국민학교 교사 박영만 씨의 부인)를 시작으로 총 96명을 사살한 뒤, 확인 사살까지 하였다.

이어서 동창, 섬말 주변 산야에서 농사 준비 작업을 하던 농부 40명을 산야에 배치된 군인들이 사살하였다.

목격자 남영규 씨의 증언에 따르면, 군인들이 올 때 젊은 사람 1명을 손을 묶어 데려왔는데, 다리 위에서 그 사람을 먼저 죽였다고 한다. 그런데 나중에 남영규 씨가 들으니까 그 젊은이가 죽기 전에 "동창마을 젊은이들 중에 공비와 내통한 사람이 많다."라고 자백해서 그런 사

---

51 당시 회문산의 공산게릴라(전북도당 특공대)였던 이승기 씨의 목격담에 의하면, 전북도당위원장 방준표는 정읍 외산면에서 납치해온 면장(혹은 이장)이었던 노인을 부하들이 총검술로 살해하게 한 뒤에 적개심을 높이자는 연설과 함께 그 노인의 간을 뽑아 소주를 들이켜며 질겅질겅 씹었다고 한다. 임성연 외, 『육군 일등병 남편의 유골을 안았을 때』, 『월간조선』 2000년 6월 호 별책 부록, 200쪽.

건이 생겼다고 한다. 그러나 남영규 씨는 당시 동창·섬말에서는 공산게릴라들이 식량을 약탈해 가거나 젊은 사람들을 끌고 간 일이 없다고 하며, 다만 주변 마을에서 그런 일들이 있었는데, 먼저 사살된 젊은이의 거짓 자백에 따라 마을 사람들이 처형된 것으로 추정한다.

민원으로 제기된 이 두 사건의 실제 상황이 그러했다면 이는 국가 폭력의 과도한 행사이며 명백한 범죄행위이다. 그런데 당시 북한 인민군이나 공산게릴라들이 어느 마을을 점령했을 경우 마을 주민들에게 제일 먼저 요구했던 것이 인근 지역의 한국 군경의 주둔 상황을 비롯한 토벌 관련 정보였다. 민원으로 제기된 사건들에서는 이런 점이 충분히 부각되어 있지 않은데, 물론 주민들은 살아남기 위해서 어쩔 수 없이 적에게 도움을 주었다 하더라도 전선(戰線)이 매우 급박한 상황에서는 이런 도움이 국군에게 치명적인 결과를 초래할 수 있었다. 즉, 6·25전쟁의 성격이 전선이 형성된 전방에서의 전쟁과 전선이 없던 후방에서의 대(對)게릴라전으로 구성된 이원적 전쟁이었다는 점에서 이와 같은 이적 행위와 공산군에 대한 부역의 결과는 당사자들의 판단 이상으로 큰 결과를 초래할 수 있었다. 이런 이적 행위와 부역 행위가 평시에 이루어졌으면 그에 대해 수사와 심문을 통해 진위(眞僞)와 경중(輕重)을 가리고, 합당한 처벌을 하는 것이 가능하였겠지만 국가의 운명이 풍전등화(風前燈火)와 같은 상황에서는 그럴 여력이 없었으므로 많은 민간인 피해 사건들이 발생했던 것은 불가피했던 측면도 있다.

더욱이 1951년 1월은 한국군과 유엔군이 1·4후퇴를 하던 시기로 중국공산군이 남한 전체를 점령할 기세였다. 당시 미국 국방성이 도쿄 맥아더 사령부에 보낸 1950년 12월 29일 자 철수 준비 메시지[52]는 이런 전황(戰況)을 극명하게 보여 준다.

전선(戰線)의 상황이 이런 가운데 후방에서는 한국군 및 유엔군의 전력을 분산·약화시키기 위해 토착 좌익 세력과 인민군 패잔병들이 전국에 걸쳐 발호(跋扈)하며, 유격전을 펴고 있었다. 특히, 나주군 세지면 국사봉(613미터) 일대는 비교적 공산게릴라의 준동이 많았던 화순, 영암, 장흥 등 4개 군의 접경 지역에 위치함으로써 함평·영광의 불갑산과 영암 월출산에 근거지를 두고 있던 공산게릴라들과 연계되는 위치에 있었으며, 따라서 공산게릴라들의 민가 침입과 식량 약탈 등 양민들의 피해가 심했던 지역이다.

중국공산군은 1950년 12월 31일에 38선을 넘어 소위 '신정공세'를 감행하여 다음해 1월 24일에 남한 면적의 약 3분의 1을 차지하는 평택~제천~단양~삼척선까지 진격하였다. 그러자 미국 국방성은 전술한 바와 같이 도쿄의 맥아더 사령부에 중국공산군이 금강을 건너면 철수

52 본 서 제4장의 각주 48 참조.

를 하라고 지시했다.[53] 그러나 중국공산군은 금강을 건너지 않았다. 이때 김일성이 펑더화이에게 계속 남진할 것을 강력히 요구하자, 펑더화이는 이를 거부하며 원하면 혼자 하라고 했다고 한다. 따라서 나주군 세지면 동창교 등에서 138명이 처형된 1951년 1월 20일이라는 시점은 김일성이 금강선(錦江線) 이남 지역에서 북한 인민군과 토착 좌익 세력들로 전쟁을 종결하려 했을 것이므로 공산게릴라들의 준동이 정점에 이르렀을 것이다.

이상에서 살펴본 바와 같이 전시 부역자 혹은 이적 행위자들에 대한 즉결 처형 사건들은 그에 대한 보다 자세한 조사와 관계자들의 진술 확보로 진실에 가까운 복기(復棋)를 통해 범국민적인 이해를 구하고 공감대를 형성하는 것이 급선무다.

4) 소결론

6·25전쟁 당시 국군에 의한 민간인 피해는, 전쟁법 또는 국제인도법의 적용 가능성을 검토할 수도 있으나, 일반적으로 당시의 국내법에 따라 관련자의 처벌과 배상 청구가 가능했다.[54] 즉 군형법(당시의 국방경비법 또는 해안경비법), 형법(또는 구형법), 민법(당시의 의용민법), 국가배상법 등에 따라 국내 법원을 통해 전쟁범죄자에 대한 처벌이나 배상 청구가 가능했다. 그러나 당시에 제기되지 않은 사건의 경우에는 이미 공소시효나 소멸시효가 완성되어 현재의 시점에서 법적 책임을 묻는 일은 실정법상 시효의 완성이라는 높은 장벽이 가로 놓여 있으며,[55] 따라서 피해자 또는 유족의 명예 회복이나 보상을 위해서는 관련 법률의 제정이 현실적인 방안이었다.

6·25전쟁 당시에 발생했던 민간인 피해에 대한 법적 구제를 수십 년이 지난 후에 국내 법원을 통해 이루려는 피해자 또는 유족의 노력이 실정법상 시효의 완성이라는 장벽에 가로막혀 있다는 사실은 2004년에 선고된 부산고법의 항소심 판결에서도 확인할 수 있다.[56] 이 사건은 6·25전쟁 당시에 발생했던 거창 사건과 관련하여 국가를 상대로 제기한 국가배상청구소송으로 "거창 사건은 1951. 2. 9.부터 같은 달 11.까지 사이에 발생하였고, 그 학살 책임자

53 본 서 제4장의 각주 48 참조.

54 그러나 국제재판소가 설치되는 경우가 아니라면, 즉 국내 법원에 의한 전쟁법 또는 국제인도법의 적용 가능성을 검토하기 위해서는 선결되어야 할 부수적 문제가 제기될 수 있다. 예를 들어, 이행 입법 없이 단지 국제관습법의 국내법적 효력에 근거하여 전쟁범죄자의 형사책임을 인정할 것인가, 이런 경우 공소시효에 관한 형사소송법의 규정이 적용되는가, 국내 형법에 규정된 범죄와 구분되는 별도의 범죄를 구성하는가 등이다. 다른 한편으로 전쟁법 또는 국제인도법을 위반한 개인의 범죄행위는 일반적으로 기존의 국내법에 의해서도 처벌이 가능하다.

55 강금실, 앞의 논문, 59~61, 65쪽 참조.

56 부산고등법원 제5민사부 2004. 5. 7. 선고, 2001나15255 판결.

…… 에 대한 형사판결이 1951. 12. 16. 선고되어, 원고들은 적어도 위 판결 선고 당시에는 거창 사건으로 인한 손해 및 그 가해자를 알았다고 할 것이므로, 거창 사건으로 인한 정신적 고통에 대한 위자료 청구권은 위 판결 선고 시로부터 3년이 경과한 1954. 12. 16.경 시효로 소멸하였다고 할 것이고(의용민법 제724조 전문), 설령 그렇지 않더라도 거창 사건이 발생한 때로부터 5년이 경과한 1956. 2. 11.경 시효소멸 되었다고 할 것인데(1961. 12. 19. 법률 제849호로 폐지되기 전의 재정법 제58조), 이 사건 소가 2001. 2. 17.에 제기된 사실은 기록상 명백하므로, 피고의 시효소멸 주장은 이유 있다."라고 동 법원은 판결하였다.[57]

결론적으로 현시점에서 6·25전쟁 당시 국군에 의해 발생한 민간인 피해는 실정법상 시효의 완성이라는 장벽으로 인해 기존의 국내법 체계 내에서 법적 구제가 곤란하며, 따라서 입법조치를 통한 법적 구제가 현실적인 방안이라고 할 수 있다.[58] 다른 한편으로 형사책임의 경우에는 비록 우리나라가 국제형사재판소의 당사국이기는 하지만 불소급의 원칙을 규정한 제11조 제1항에 따라 6·25전쟁 시 발생한 전쟁범죄는 국제형사재판소의 재판관할권이 미치지 아니한다. 반면에 (전통적인) 전쟁범죄 또는 인도에 반한 죄의 혐의가 인정되는 자가 보편주의에 근거한 국가관할권의 행사에 적극적인 국가를 방문하거나 인도되는 경우 형사처분의 대상이 될 가능성을 배제할 수 없다.

과거 권위주의적인 체제하에서 전시 민간인에 대한 반인권적인 공권력의 행사 등으로 왜곡되거나 은폐된 진실을 철저히 밝혀 억울한 피해를 입은 희생자의 원한을 풀고, 과거 문제에 대한 반성과 평가가 제대로 이루어지도록 하며, 이를 바탕으로 국민의 화해와 통합을 이룩함으로써 역사와 국가 발전을 도모하려는 사회적 요구가, 특히 노근리 사건을 전후로 강화되어 왔다. 전시 민간인 피해에 대한 진실 규명과 명예 회복을 위한 노력은 또한 인권 국가로서 한국의 면모를 새롭게 할 수 있는 계기가 될 수 있다. 이러한 사회적 요구를 실현하고 시효의 완성으로 가로막혀 있는 피해자와 유족의 법적 구제를 위한 적극적인 시도의 하나가 바로 진실 규명과 명예 회복을 위한 관련 법률의 제정이다.[59]

---

57 위의 판결문, 11쪽.

58 강금실, 앞의 논문, 64~65쪽. "…… 국가가 거창 사건에 관하여 입법조치 등을 통하여 적절한 피해 배상을 해 줄 정치·도의적인 책임을 지는 것은 별론으로 하고, 국가의 소멸시효 주장이 신의성실의 원칙에 반한다고 할 수는 없다." 부산고등법원 제5민사부 2004. 5. 7. 선고, 2001나15255 판결, 12쪽.

59 전시 민간인 피해를 포함한 과거사 관련 법률로는 '광주민주화운동 관련자 보상 등에 관한 법률'(1990. 7. 14. 제정), '거창 사건 등 관련자의 명예 회복에 관한 특별조치법'(1996. 1. 5. 제정), '민주화운동 관련자 명예 회복 및 보상 등에 관한 법률'(2000. 1. 12. 제정), '제주4.3사건 진상 규명 및 희생자 명예 회복에 관한 특별법'(2000. 1. 12. 제정), '의문사 진상 규명에 관한 특별법'(2000. 1. 15. 제정), '일제강점하 강제 동원 피해 진상 규명 등에 관한 특별법'(2004. 2. 13. 제정),

그중에서도 2005년 12월 1일에 발효된 "진실·화해를위한과거사정리기본법"은 그 적용 대상을, 특정한 사건에 국한하여 진실 규명과 명예 회복 등을 추구하는 기존의 개별 법률과 달리, "1945년 8월 15일부터 한국전쟁 전후의 시기에 불법적으로 이루어진 민간인 집단 희생사건"(제2조 제1항 제3호)이라고 규정하여 6·25전쟁 당시에 발생했던 광범위한 민간인 피해를 포괄적으로 다룰 수 있는 법적 근거를 마련하였던 것이다.[60]

4. 국가의 국민 보호 책임과 체제 수호 임무

6·25전쟁 발발 직후에 대전과 대구, 부산 등지에서 있었던 대규모의 민간인 재소자 처형 사건들을 전시 국가 위기 상황하에서 체제 전복 세력으로부터 국가와 국민을 보호하고 체제를 수호해야 할 국가의 책임과 임무 수행이라는 관점에서 정당화될 수 있는가?

강금실 변호사는 "국가 공권력에 의한 조직적 인권유린 행위"는 "체제 유지 또는 정권 유지의 목적 아래 강력하고 조직적인 국가 공권력에 의하여 고의적으로 치밀하게 계획되는 것이기 때문에 조직된 개별자들의 의사뿐 아니라 그들의 의사를 통하여 관철된 군부와 국가 권력의 의사를 밝혀내는 것이 사건의 핵심"이며 "권력을 위임받은 정부에 불과한 정권주체가 권력의 위임을 벗어나 오히려 권력 주체인 인간의 인권을 조직적으로 유린하는 행위는 국가 권력 자체의 남용을 넘어 국가 권력의 유린이다."라고 주장하였다.[61] 그런데 재소자들과 국민보도연맹원들을 집단적으로 처형한 것은, 현상으로 나타난 모습은 국가 폭력의 과도한 행사이고, '인도에 반하는 죄'를 저지른 것으로 보이지만, '국가와 국민을 보호하고 체제를 수호해야 할 국가의 책임과 임무 수행'이라는 관점에서는 당시의 위기 상황이 법리적 판단을 압도할 정도로 심각하였다는 사실을 간과해서는 안 된다.

'일제강점하 친일 반민족행위 진상 규명에 관한 특별법'(2004. 3. 2. 제정), '노근리 사건 희생자 심사 및 명예 회복에 관한 특별법'(2004. 3. 5. 제정), '동학농민혁명군의 명예 회복에 관한 특별법'(2004. 3. 5. 제정)이 있으며, 상기의 법률들이 특정 사건에 관한 것이라면 2005년 5월 31일에 제정된 '진실·화해를위한과거사정리기본법'은 과거사 문제를 전반적으로 다룬 포괄적인 입법이라고 할 수 있다. 물론 다른 법률에서 피해 및 명예 회복 조치가 이루어지는 경우에는 동법이 적용되지 않는다(동법 제36조 2항).

60 국회 행정자치위원회 수석전문위원, 진실규명과 화해를 위한 기본법안(원혜영 의원 대표발의)·진실·미래를 향한 과거청산 통합특별법안(이영순 의원 대표발의) 검토보고서, 2004. 12, 12~13쪽 참조.

61 강금실, 앞의 논문, 48쪽, 51~53쪽.

1) 전시 국가 위기 상황하에서 체제 전복 세력에 대한 보호 의무

(1) 민간단체들의 주장

6·25전쟁이 발발하여 전황이 다급하게 전개되자, 이승만 정부는 수감되어 있던 정치범들과 북한군에 협력할 가능성이 있다고 판단되는 민간인들을 조직적으로 살해했다. 대전형무소 처형 사건을 비롯한 형무소 재소자들의 집단 살해 사건과 국민보도연맹원 학살 사건이 대표적인 예일 것이다.

전쟁이 발발하자 대전형무소 재소자 1800여 명을 대전시 동구 낭월동(당시 충남 대덕군 산내면 낭월리 골령골) 등지에서 군인과 경찰들이 불법적으로 처형하였다.[62] 대구에서도 10·1사건, 제주도 4·3사건 등과 관련하여 대구형무소에 수감되어 있던 6000여 명의 재소자들을 개전 직후에 전원 살해하였다. 이들 중에는 미결수도 있었으며, 제주도 4·3사건과 관련하여 수감되어 있던 300여 명은 비교적 가벼운 형을 언도 받은 사람들이었다.

부산형무소에도 기결수와 미결수가 6000여 명이 있었는데, 개전(開戰) 초에 모두 학살되었다. 이들에 대한 처형은 형무소 내에서 이루어졌고, 그 시체들은 영도 골짜기 등 인근 산악지대에 버려졌다.

6·25전쟁을 전후하여 단기간에 가장 광범위하게 이루어진 민간인 집단살해는 국민보도연맹원 학살 사건일 것이다.

이승만 정부는 국민보도연맹을 1949년 6월 5일에 결성하였다. 남로당 및 좌익 정당으로부터 탈당·전향한 사람들에게 '대한민국에 멸사봉공할 길을 열어 줄 포섭기관'으로 조직된 것이다. 그러나 가입 회원들의 소속 단체들은 좌익 단체들뿐만이 아니라 한독당과 같은 우익 단체도 있었다.[63] 즉, 이승만 정권에 반대할 수 있는 단체들은 총망라된 셈이다.

그런데 조직이 전국적으로 확대되면서 경우에 따라서는 본인뿐만 아니라 주위 사람들도 강제로 가입시키는 경우가 적지 않았다. 이 조직의 발안자인 오제도 씨는 맹원 수가 30만 명 이상이었을 것이라고 하나, 6·25전쟁 전까지 50만 명 정도는 되었을 것으로 민간단체들은 주장한다. 그런데 전쟁이 발발하자 이승만 정부는 '조국에 멸사봉공'하기로 맹세한 이들을 단

---

62 자세한 내용은 다음을 참조하시오. 심규상, 「1950년 7월 8일 낭월동을 기억하라」, 『월간 말』, 2000년 2월 호, 77~83쪽.

63 국민보도연맹 중앙본부가 1949년 11월 30일에 남로당 포섭 주간을 마감하면서 발표한 서울시 전향자들의 소속 단체는 다음과 같다. 남로당, 북로당, 조선민주애국청년동맹, 여성동맹, 민주학생연맹, 혁명단, 보건연맹, 인민당, 민중동맹, 인공당, 부녀동맹, 예술가동맹, 음악가동맹, 연극가동맹, 영화동맹, 과학자동맹, 전평, 전농, 출판노조, 근민당, 인민위원회, 신민당, 한독당. 『동아일보』 1949년 11월 16일 자. 정희상, 앞의 책, 222쪽.

기간에 조직적으로 처형하였다. 1950년 7, 8월 사이에 수원 이남지역 전역에서 자행된 이 학살은 그 규모와 진행 과정으로 보아 이승만 대통령과 조병옥 내무장관의 명령에 따라 이뤄진 것으로 추정된다.

이런 맥락에서 1950년 7, 8월에 대구와 그 인근 지역인 지묘동 현 공산댐 근처, 현 가창댐 수몰지역, 월배(송현동), 본리동, 성서 금호강-낙동강 합류지점, 칠곡 신동고개, 경산시 평산2동 코발트 광산 등지에서도 대규모의 학살이 자행되었다. 이 지역들 중에서 가장 큰 규모의 학살이 있었던 곳은 현 가창댐 계곡과 경산의 코발트 광산 및 인근 계곡인 것 같다. 4·19혁명 후에 유족회에서 유해를 발굴한 바에 의하면, 가창댐 자리에서는 60가마 분의 인골(人骨)이 수습되었다고 한다. 그리고 경산시 평산2동 코발트 광산에서는 깊이가 80~100미터 되는 수직갱에 사람들을 밀어 넣고는 총으로 위에서 사살하는 방법으로 처형하였는데, 그 수직갱이 다 차자 인근 계곡에서 총살한 후에 그대로 방치하여 10년간 피 썩은 물이 흘러내렸다고 한다. 유족회 측은 약 3500명이 그 일대에서 살해되었을 것으로 추정한다.[64]

경북 성주군에서도 1950년 음력 9월 17일 밤에 선남면 소재 강변에서 48명이 살해된 것을 비롯하여 벽진면의 달창골, 초전면의 너리골, 월항면의 가랑미골 등 8개 장소에서 약 600명이 학살되었다.[65]

4·19 직후 대구·경북유족회의 조사에 따르면, 6·25전쟁 개전을 전후하여 대구·경북 지역에서만 3만 명이 학살되었고, 그들 중에서 실제로 좌익 활동을 한 사람은 5분의 1도 안 될 것이라고 한다. 제주도 섯알오름 탄약고 터에서 1950년 8월 20일에 252명을 학살한 것도 이런 맥락에서 이뤄진 것이다.

이런 학살이 자행되는 과정에서 또 다른 형태의 인권유린이 동반되었다. 1950년 8월에 대구형무소에 수감되어 있던 미결수 300명을 진주형무소로 이감시킨다며 데려가 삼천포 앞바다에서 수장시켰다. 그런데 호송 헌병들은 이들을 살해하기 전에 남녀를 묶어두고 총구로 위협하며 강제로 성교를 갖도록 하고, 저항하는 사람은 즉시 총살하여 바다에 버렸다고 한다.[66]

이승만 정부는 부산을 임시 수도로 결정하면서 지역 내의 불안 요소를 제거하기 위해 헌병, 경찰, 청년 방위대원들과 민간 극우단체원들이 1950년 7월초부터 9·28수복 때까지 부산

---

64 경산 코발트 광산 학살사건에 대한 자세한 내용은 다음을 참조하시오, 김성환, 「50년 전 폐광 속 유골이 말하는 검은 역사의 진실」, 『월간 말』, 2000년 2월 호, 71~76쪽; 정희상, 앞의 책, 55~58쪽.

65 정희상, 위의 책, 67쪽.

66 위의 책, 54~55쪽 참조.

시 전체 가구를 세 번이나 훑으며 '좌익 활동'을 했던 경력이 약간이라도 있는 사람들은 모두 체포하여 특무대(CIC)로 넘겼다. 이렇게 잡혀온 사람들은 아무런 심사 기준도 없이 죽음의 행렬로 내몰려야 했다.

1960년 제35회 국회에서 당시 박찬현 의원(부산진 을구)은 "특무대가 수천 명씩을 긴급 구속해서 매일 저녁에 수십 대의 트럭에다가 가득 사람을 실어 가지고, 철사로 모두 묶어서 바다에 던져버리거나, 해운대, 김해, 양산 등지에서 기관총 등으로 학살하였다."라고 고발하였다.

실제로 이 시기에 특무대가 검거한 많은 민간인들을 부산 앞바다에서 산 채로 수장시켜서 철사로 엮인 시체들이 대마도 어장의 그물에 수없이 걸리기도 하였다고 한다.[67] 그리고 당시 경상남도 김해군 대동면 신어산 골짜기의 폐광산에서도 많은 민간인들이 살해·암장되어 그 유골들은 현재까지도 쉽게 발견되고 있다.[68]

(2) 국가 자위권의 행사

캐나다 내란 중인 1837년에 발생한 캐롤라인(Caroline)호 사건을 통해 확인된 국가 자위권 행사의 적법성은 ① 자위의 필요성이 급박하고 ② 당면한 공격이 압도적이며 ③ 다른 선택의 여지가 없는 경우에 ④ 자위권 행사에 투입된 무력이 당면한 공격에 비례하는가에 따라 판단된다.[69]

---

67 자세한 내용은 당시 부산일보 사회부 기자였던 김경렬 씨(증언 당시 71세, 영도구 동삼동 거주)의 증언 참조. 정희상, 위의 책, 76쪽.

68 6·25 피학살 양민 부산경남 유족회(회장 송철순)가 제출한 「한국전쟁 당시 자행된 국민보도연맹원 학살 진상 규명과 이에 따른 대책을 촉구하는 탄원서」(2001년 5월 8일 접수)에 따르면 현재까지 학살지로 밝혀진 곳은 다음과 같다.
·부산시 영도구 동삼동 미니공원, 선덤 골짜기(부산형무소에서 사살 후 시신 투기) ·부산시 금정구 오륜대 입구(부산형무소 수용자 20여 명 피살) ·부산시 서구 구평동 구평초등학교 뒤 동매산(미발굴, 부산형무소 수용자 또는 보도연맹원으로 추정) ·부산시 금정구 선동 컨트리클럽(동래경찰서 수용 보도연맹원 230여 명) ·부산시 기장군 정관면(미발굴) ·부산시 기장군 철마면(미발굴) ·부산시 기장군 장안면 남창경계선(미발굴) ·부산시 서구 구덕터널 옆 1개소 ·부산시 해운대구 반송동(동래경찰서 수용 보도연맹원 40여 명) ·부산시 해운대구 석대(형무소 수용자 70여 명 피살) ·부산시 해운대구 우동(형무소 수용자) ·부산시 남구 용호동(수장) ·부산시 서구 다대포(수장) ·경상남도 양산시 동면 부산 컨트리클럽(양산군 동면지역 보도연맹원 780여 명 피살) ·김해시 진례면 냉정고개(50여 구) ·김해시 건림면 독점골짜기(60여 구) ·김해시 생림면 나박고개, 나박골짜기(230여 구) ·김해시 대동면 주동리 독지골 주동광산 ·김해시 장유면 대청리 반룡골짜기 ·김해시 진영읍 덕산고개.

69 캐롤라인(Caroline)호 사건을 개괄하면 다음과 같다. 1837년 캐나다 내란 중에 반군(叛軍) 지지자들이 버펄로 근처에 집결하였고, 많은 미국인과 캐나다인이 캐나다 측 국경 근처에 반군을 원조하려는 분명한 의사를 가지고 야영하고 있었다. 영국 장교의 휘하에 있는 무장 집단은 물자 공급과 의사 전달을 위하여 사용하고 있던 미국 선박 캐롤라인호를 심야에 미국 항구에서 방화하여 나이아가라폭포에 표류시켜 버렸다. 그 과정에서 최소한 2명이 사망하였다. 미국이 이에 항의하자, 영국은 캐롤라인호가 해적선이며 미국법이 국경에서 적용될 수 없고 동 선박의 파괴는 자위권 행사의 일환이었다고 반박하였다. 이 사건을 1842년에 종결지으며 영·미 양국이 채택한 각서에서 미국의 웹스터(Webster) 국무장관은 "독립

이 판단 기준에 따른다면, 6·25전쟁 개전 당시 국민보도연맹원들이나 형무소 재소자들을 처형한 것이 '국가 자위권의 행사'로 정당화될 수 있는지 여부를 밝히기 위해서는 '그들의 폭동이 있었는가?', 그리고 '처형 이외에 다른 선택의 여지는 없었는가?' 등의 의문에 대한 답이 먼저 구해져야 될 것이다.

이에 대한 답은 간단하지가 않다. "북한군의 남침이 있자 서울 서대문 형무소에서는 재소자들이 폭동을 일으켜 서울이 적 수중에 들어가게 하는 데 일조한 측면이 있었다."라는 주장도 일부 제기되고 있으나 사실 관계는 이보다 더 복잡하고 복합적이다.

6·25전쟁이 발발했을 당시 서대문형무소(서울형무소)에는 670명의 직원과 다수의 좌익사범을 포함한 7000여 명의 재소자가 있었다. 1950년 6월 28일 오전 8시경 공산군의 전차부대가 광화문과 서울역에 진입하자, 서대문형무소에서는 김수복(金壽福) 부소장의 후퇴 명령으로 재소자 일부를 석방하고 직원들이 철수하였는데, 감시대(監視臺) 직원들과 강정구(康鼎九) 간수장이 마지막으로 철수했을 때 북한군은 서대문로터리에 도착하였다. 즉, 서대문형무소에서 폭동은 없었으며, 직원들이 철수한 수 분 뒤에 재소자들이 현관문을 부수고 나왔는데, 이때는 이미 공산군이 형무소 근처에 와 있었다. 그러나 출소한 재소자들이 다수의 우익인사들이나 퇴로가 막혀 서울에서 숨어 지내고 있던 형무소 직원들을 적발하여 공산군에 밀고함으로써 그들이 공산군에 의해 처형되게 했다.[70]

직원 약 200명과 3500명의 재소자(대부분 장기수)가 있던 마포형무소도 비슷한 운명에 처했다. 당시 급박한 상황에서 수천 명의 재소자와 장비를 싣고 이동한다는 것은 불가능하였다. 그래서 직원들은 상부의 지시를 기다리고 있다가 공산군의 탱크가 형무소에 진입했을 때 마지막 직원 일행이 철수할 정도로 속수무책이었다. 그 결과 서울을 벗어나지 못하고 숨어 지내던 마포형무소 직원들이 공산군에 체포되어 살해되는 비운을 맞게 되었는데, 170~180명이 전쟁 초기에 실종되었다.[71]

국가 영토의 불가침을 존중하는 것은 문명의 가장 필수적인 기초이다. …… 자위권이라는 대원칙에서 나온 예외가 있을 수 있다는 것을 인정하지만, 그러한 예외는 자위권 행사의 필요성이 급박하고(instant), 압도적이며(overwhelming), 다른 수단을 선택할 여지가 없고 숙고할 여유가 전혀 없을 경우에만 허용된다는 것은 의문의 여지가 없다."라고 말했다. 김정건, 『국제법』, 박영사, 2004, 178쪽.

70 전옥보(典獄補, 당시 계호과장) 정상근(鄭商根)은 평소 좌익 세포 조직 적발에 많은 공이 있었는데, 이때 숨어 다니다가 마침내 고양군 일산의 산중에서 자살하게 되었고, 간수부장 김좌호(金左鎬)는 노상에서 만난 출소자의 밀고로 북한군에게 구타당한 후 살해되었다. 이때 김홍태 간수장보와 권중환, 호기주, 김순철, 호기용, 김일남 등의 간수부장들이 북한군에 체포되어 서대문형무소에 수감되어 있다가 실종되었다. 그 외에도 수많은 형무소 직원들이 실종되었는데, 모두 공산군에 의해 살해되었거나 납북된 것으로 추정된다. 법무부, 『한국교정사』, 1987, 494쪽, 496~497쪽.

71 위의 책, 499~500쪽.

인천소년형무소에는 6·25전쟁 발발 당시 126명의 직원과 1300여 명의 소년 수형자들이 있었는데, 그중 200여 명은 여수·순천반란사건 관련 수형자들이었다. 상부로부터 아무런 지시가 없자 정부가 이동해 있던 수원으로 다수의 직원들이 떠나간 6월 30일에 수형자들이 집단 탈주를 하였다. 그 시점에 '한강방어작전'을 준비하고 있었던 국군 지휘부는 형무소 직원들의 직장 복귀를 지시하며 탈주 재소자들을 형무소 직원들과 함께 체포하여 수백 명이 재수감되는 일이 있었다. 그러나 인천소년형무소가 7월 3일에 북한군의 점령하에 들어가자 이 형무소의 직원들도 서대문형무소나 마포형무소의 직원들과 비슷한 운명에 처하게 되었다(간수부장 이태학, 간수 김용대, 이선호, 이태영 등). 그런데 소년 수형자들은 공산군에 의해 석방된 뒤에 공산 "의용군"에 편입되어 왜관 부근의 전투에 투입되었다고 한다.[72]

38선과 불과 13킬로미터 거리에 있던 춘천형무소에는 6·25전쟁 발발 당시 직원 130명과 1250명의 재소자(과반수가 좌익 사범)가 있었는데, 6월 26일에 철수를 결정하여 수형자들을 이동시키는 과정에서 중범 수형자들이 간수들의 총기를 탈취하여 교전을 하는 과정에서 7명이 죽거나 다친 일이 있었다. 간수 전태병, 박민호, 조내연은 중범자들을 수원까지 호송하고, 용인 장터에서 공산군에 잡혀 살해당했으며, 간수 이순구는 수원에서 숨어 지내다 내무서원에게 잡혀 행방불명되었고, 간수 성기상, 박상희, 정종복, 김운향, 장석홍은 본대에 합류하기 위해 남하하던 중 공산군에 잡혀 살해되었다.[73]

그런데 이와 같은 경험들 외에 대전형무소에서의 소요 위기 또한 좌익 사범들에 대한 처형을 결정하는 데 중요한 계기가 되었던 것으로 짐작된다. 6·25전쟁 당시 대전형무소에는 240명의 직원과 약 4000명의 재소자가 있었다. 6월 28일에 서울이 함락되면서 대전 이북지역에 있던 많은 형무소의 재소자들이 대전형무소로 이송되었다. 그런데 7월 1일 이른 새벽에 군 당국으로부터 대전의 국가 기관들은 긴급히 소개하라는 통보를 받고 형무소장[전옥(典獄) 김택일(金澤一)]은 특경대원(特警隊員) 22명과 소수의 경비직원들만 남기고 나머지 직원들에게 소개령(疏開令)을 내렸다(소위 '소개사건': 7월 1일 03시 00분~08시 00분). 많은 직원들이 대피를 서두르자 재소자들이 동요하기 시작하면서 점차 소요 위기는 고조되어 갔다. 잠시 후 군 당국의 개입으로 그날의 소요 위기는 극복될 수 있었다.[74]

---

72 위의 책, 503~505쪽.
73 위의 책, 506~509쪽.
74 위의 책, 515~517쪽.

이와 같이 한국정부는 경인지구에서 반국가사범을 포함한 모든 재소자들을 방치함으로써 이들이 출소한 후에 공산군 치하에서 우익 인사들을 색출하여 보복 살해하는 데 앞장서도록 한 결과를 초래하였다. 그리고 인천소년형무소의 탈주 사건과 여수·순천사건 주동자들을 포함한 수천 명의 좌익 사범들이 수용된 대전형무소에서 재소자 탈주 위기를 겪고 난 7월 1일 이후에 한국정부는 형무 시설에 대한 국가 안보상의 중요성을 인식하게 되었다.[75] 이러한 위기 경험과 급박하게 전개되었던 당시의 전황이 대한민국 정부로 하여금 좌익 사범들에 대한 처형 결정을 내리게 한 것으로 추정된다.

그리고 전남 함평 등 남부의 일부 지역에서는 국민보도연맹원들을 해당 지서에 소집하여 공산군이 그 지역을 점령해 들어오기 전까지 관리·감독만 하다가 후퇴하기 직전에 처형한 것으로 봐서 집단적으로 폭동을 일으키지는 않았던 것으로 파악된다. 그러나 6·25전쟁 발발 이전의 수많은 공산게릴라전이나 6·25전쟁의 상당 부분이 비정규전의 형태를 띠었던 점, 공산군의 점령 지역에서 좌익 인사들이 저지른 만행 등을 고려하면 당시 전쟁을 수행했던 한국의 위정자들이 국민보도연맹원들이 '적에게 협력할 가능성'을 내다보고 그들을 처형하기로 결정했을 것으로 짐작된다.

그런데 국민보도연맹원들이나 형무소 재소자들을 처형한 것은 군(軍)의 임의적 집행이나 일선 지휘관의 독단적 집행은 결코 아니었다. 따라서 이는 군의 명예나 책임과는 무관한 사안이라고 볼 수 있다. 물론 지시에 근거하였어도 헌법에 위배되는 위법한 지시일 경우에는 이를 집행한 사람도 처벌된 것이 뉘른베르크 국제군사재판과 극동 국제군사재판의 정신이지만, 6·25전쟁의 경우 당시 급박했던 전황은 집행자의 '저항권'을 행사하기 어렵게 했다.

특히, 대구형무소 재소자 처형 사건은 낙동강 전선의 상황과 깊은 관계가 있었던 것으로 보인다.

당시 미 제8군은 항공 정찰, 포로와 투항자의 진술, 노획 문서, 주민들의 협조 등을 종합하여 정보 판단을 한 결과, 적이 낙동강선 각 지역으로 정면 공격을 시도하되, 대구 정면과 마산 정면에 주공(主攻)을 둘 것이며, 어느 지역에서든 교두보가 돌파되면 즉각적인 전과 확대를 노릴 것이라고 분석하였다.[76] 그리고 이러한 작전 분석은 비교적 적중되고 있었다.[77]

75 위의 책, 484쪽.

76 Roy E. Appleman, *South to the Nakdong, North to the Yalu* (June - November 1950), Center of Military History, U.S. Army, 1961, pp. 292-303.

77 『경산 폐코발트 광산지역 조사연구 보고서』, 2005년 7월, 19쪽.

1950년 8월 초 인민군 전선사령부는 제2군단 예하의 제1, 제13, 제15 사단을 함창, 상주 일대에, 제3, 제10사단을 왜관 서쪽에 집결시켜 전체 5개 사단으로 대구 공격을 준비하고 있었다. 대구를 향한 적의 이런 주공에 대해 아군의 방어 병력은 고작 3개 사단뿐이었으며, 그중 하나인 국군 제1사단은, 미군 제25사단이 마산으로 이동함으로써 위천 하구에서 왜관 북쪽까지 정상 방어의 4배인 42킬로미터의 강 연안 지역에 배치되었고, 좌측 기병사단과는 연결이 되었으나 우측 제6사단과는 4킬로미터의 간격이 있었다.[78]

인민군 제13, 제15사단이 상주와 김천 일대에서 부대 재편을 마치고 낙정리와 그 남쪽 구미로 각각 진출하였다. 그리고 왜관 서쪽 대안에는 제3사단이 대구를 목표로 성주 일대에 집결하고, 이와 협조하기 위해 제10사단이 고령 일대로 이동 중이었다(이 10사단은 8월 8일에 왜관에 도착하였다).[79] 함창 일대에서 부대를 재편한 인민군 제1사단은 국군 제6사단을 추격하여 일부 병력의 은밀한 도하를 준비하고 있었다.

게다가 각 방어 지역 정면의 강은 30년 만의 혹심한 가뭄으로 인해 그 수심이 1~1.5미터밖에 되지 않아 도하 장비 없이 걸어서 충분히 건널 수 있었다. 그리고 작전 지역 내에는 고령, 왜관, 상주, 안동에서 대구로 이어지는 도로가 있어 적에게 유용한 대구 진입로가 될 수 있었다.

인민군은 마침내 1950년 8월 3일부터 강을 건너기 시작했다. 주접근로를 담당했던 국군 제1사단은 낙정리 부근으로 도하하는 인민군 제13사단을 맞아 몇 차례 격퇴하기도 했으나 보다 효과적인 방어를 위해 8월 4일에는 방어해야 될 정면을 축소하고 제12연대를 예비전력으로 전환했다. 이런 조정에도 불구하고 8월 5일부터 인민군 제13사단의 주력이 총공격을 가하는 가운데, 국군 제1사단 제12연대가 담당했던 지역으로 도하한 인민군 1개 연대가 공격을 하여 제11연대가 담당했던 낙산동 일대의 고지가 한때 피탈되기도 할 정도로 상황은 급박했다.

즉, ① 자위의 필요성이 급박했고 ② 당면한 공격이 압도적이었으며 ③ 다른 선택, 즉 제2차 세계대전 시 미국정부가 일본계 미국인들을 일정 기간 감금해 두었던 것과 같은 조치를 취할 수 있었던 시간, 공간 및 인력의 여유가 없었던 것은 인정되지만, 그렇다고 그들을 처형한 것은 ④ 자위권 행사에 투입된 무력이 당면한 공격에 비례한다고 보기는 어렵다.

---

78 위의 보고서, 21~22쪽.

79 HFFC G-2, *History of the North Korean Army*, 1952, 국방군사연구소 사료 No. 856, Section 5, pp. 69-70.

2) '교전자 평등의 원칙' 대 '평화에 대한 범죄'

6·25전쟁 동안에 발생한 모든 비극적 사건들의 근본적인 원인은 김일성이 남침을 해서 전쟁을 도발한 데 있다. 그래서 "침략자인 북한 인민군 및 중공군('중국인민지원군')과, 이에 맞서 싸운 한국군 및 유엔군에게 전쟁법규 준수를 동일한 수준으로 요구할 수 있는가?"라는 의문을 제기할 수 있다.

그런데 '인도주의'와 '군사적 필요성'이라는 두 가지 원칙을 지주(支柱)로 하여 발전되어 온 jus in bello의 규칙들은 jus ad bellum의 급격한 수정 과정에서도 근본적인 변화 없이 일관성을 유지하면서 jus ad bellum상 충돌 당사자가 어떠한 지위에 있든 상관없이 모든 충돌 당사자들에게 평등하게 적용될 것을 요구한다.[80]

유엔헌장 체제의 출범 이후 유엔 안전보장이사회의 결정에 따른 강제 행동의 경우에도 jus in bello의 규칙들이 충돌 당사자 쌍방에게 평등하게 적용된다. 강제 조치를 결정하는 유엔 안보리의 결의는 전통적인 중립법의 영역에 미치는 영향 이외에는 무력 충돌 당사자 간에 jus in bello 규칙의 적용상의 차별을 정당화할 수 없다.[81] 왜냐하면 유엔헌장의 어떤 규정에도 강제 행동의 대상 국가에 대한 jus in bello 규칙의 적용에 있어 차별을 허용하는 권한을 유엔 안보리에 부여하지 않고 있기 때문이다. 이와 같이 유엔이 구성 기관의 행위를 통하여 회원국들에게 jus in bello의 규칙 준수 의무를 면제해 줄 수 없기 때문에 강제 조치에 참여하는 국가들은 jus in bello 규칙의 위반에 대한 자신의 책임을 면제받을 수 없다.[82]

그런데 6·25전쟁 시 한국군과 미군에 의한 민간인 피해 사건들을 논하다 보면, 공산군이 저지른 만행을 간과하게 되어 전체를 파악하는 데 형평성을 상실하게 될 뿐만 아니라, 부분에

---

80 민경길, 「전시법상 교전자 평등의 원칙 - UN헌장 체제를 중심으로 -」, 『국제법논총』 제8권, 1996, 77쪽. 전쟁을 비롯한 무력분규와 관련하여 국제사회가 추구하는 목적은 비인간적이고 잔인한 결과를 최대한 줄이는 것이다. 그 목적을 위해 국제사회는 2부류의 규칙들을 제정하였다. 먼저, 침략국인지 아니면 침략을 받은 희생국인지를 가려 무력을 행사한 것이 적법한지 여부를 판단하는 법인 jus ad bellum과 민간인 보호와 포로 처우 등 전쟁을 실제 수행하는 데 적용되는 법인 jus in bello를 발전시켰다. jus ad bellum과 jus in bello의 차이는 침략국이 jus in bello에 호소할 수 있는가의 여부이다. 어떤 이들은 침략과 같은 무력행위는 인도적 규칙으로 보호될 수 없다고 주장한다. 실제 과거 전쟁법은 양자를 분리해야 하는 것으로 보았고, 공격자보다 희생자를 더 가치 있게 취급하였다. 그런데 전쟁이 종결되기 전에 전쟁 도발 국가를 가리고 그 책임을 물어 jus in bello를 적용할지 여부를 결정하는 것은 실제로 불가능하다. 전쟁법 가운데 〈헤이그법〉은 적대행위에 대한 법체제를 규정하고 있어서, 전쟁의 희생으로부터 보호하는 〈제네바 법〉과는 구분이 된다. 그러나 1949년 〈제네바 협약〉에 대한 2개의 추가의정서가 발효된 이후 이러한 구분은 의미가 없어졌다. Christian Tomuschat, *Human Rights Between Idealism and Realism*, Second Edition (Oxford: Oxford University Press, 2008), pp. 291-295.

81 민경길, 「전시법상 교전자 평등의 원칙 - UN헌장 체제를 중심으로 -」, 『국제법논총』 제8권, 1996.

82 위의 논문.

대한 과장에 의해 전체를 왜곡시키는 결과를 초래하게 된다. 공산군의 남침이 초래한 총체적 민간인 피해 규모는 정확한 실체를 파악하기도 힘들 정도로 크다. 한국정부의 자료를 원용한 『북한 30년사』에 따르면, 피학살자 12만 3936명, 사망자 24만 4663명, 부상자 22만 9625명, 피랍자 8만 4532명, 행방불명 33만 312명, 북한군으로의 강제 징집자 40만여 명, 경찰관 손실 1만 6816명 등 총 140여만 명에 이르고, 북한군으로의 강제 징집자와 경찰관의 손실을 제외한 민간인 손실만도 84만여 명에 이른다.[83] 일본 도쿄에서 발행된 「통일조선신문」 1970년 6월 27일 자는 강제 징집자와 경찰관 손실을 제외한 민간인 손실을 99만여 명으로 파악하고 있다.

한국군의 손실(유엔군 측 발표: 25만 7000여 명, 공산군 측 발표: 58만 6000여 명, 「통일조선신문」: 98만 8403명)까지 포함하면, 대한민국의 인적 손실은 약 200만 명(「통일조선신문」: 198만 명, 『북한 30년사』: 230만 명)에 이른다. 북한의 인적 손실 230만 명을 함께 고려하면 당시 남북한 인구 6명 중 한 명이 희생된 셈이다. 특히, 비전투 민간인의 피해 규모가 이처럼 큰 것은, 제2차 세계대전 이후에 발발했던 수많은 다른 지역 분규들과 비교해 볼 때 특이한 것은 아니라 하더라도, 이 전쟁의 잔혹성을 방증하는 것이다.[84] 따라서 공산측의 전쟁 도발에 대한 엄격한 법리 적용이 필요하다.

뉘른베르크 국제군사재판소 헌장이나 극동국제군사재판소 헌장 모두 '평화에 대한 범죄(crimes against peace)'를 규정하고 있다. 전자는 6조 (a)항에서 "주로 침략전쟁이나 국제적 조약, 협정 혹은 서약(assurance)을 위반한 전쟁의 계획, 준비, 시작 혹은 수행을 했거나, 전술(前述)한 어떤 것을 달성(accomplish)하기 위한 공동 계획이나 음모에 참여한 것"을 그 대상으로 규정하고 있다. 그에 비해 후자는 제5조 (a)항에 동일한 내용을 기술하며, "선포되었거나 선포되지 않은" 침략전쟁(a declared or undeclared war of aggression)이라는 규정을 첨가하고 있다. 이는 일본이 중국, 미국, 동남아 등지에서 선전포고 없이 침략한 전쟁들을 명시하기 위해서 부연(敷衍)한 규정으로 북한의 6·25전쟁 남침을 정의하기에 적합하다.

협의의 전쟁범죄에 대한 처벌은 예로부터 모든 문명 국민에 의해 인정되어 온 것이다. 이미 제2차 세계대전에 대한 전범 재판인 뉘른베르크 및 도쿄 국제군사재판에서도 전쟁 중 일부 교전국은 헤이그 및 제네바 조약들의 체약국이 아니었지만, 이 조약들은 충분히 확립된 기

---

83 유완식, 김태서, 『북한 30년사』, 현대경제일보사, 1975, 137~138쪽.
84 김학준, 『한국문제와 국제정치』, 박영사, 1987, 226쪽.

존의 전쟁법을 단순히 선언한 것이며, 특정 조약에 대한 비준 여부와는 상관없이 모든 국가들을 구속한다고 판결하였다. 이 조약들의 위반이 범죄를 구성하고 그것에 대해서 책임 있는 개인이 처벌되는 것은 논의의 여지가 없을 정도로 확립된 국제 법규였다는 것이다.[85] 따라서 그로부터 5년 이상이 경과한 시점에 발생한 6·25전쟁과 관련하여서는 김일성과 당시 전쟁의 계획, 준비, 시작 혹은 수행에 참여한 북한의 위정자들 모두가 전범이다. 더 나아가 중국과 구소련의 지도부도 전범으로 규정할 수 있다. 물론 당사자들 중 대부분은 사망했고, 특히 소련은 체제 자체가 붕괴되어 없어졌지만, 법 이론이나 도덕적으로는 단죄(斷罪)의 대상이 될 수 있다.

5. 결론

어느 민족이든 근대적 정체(modern polity)를 형성하면서 격렬하든 완만하든 일정 수준의 정치적 폭력을 경험하게 되었던 것은 공통적인 현상이다. 6·25전쟁 개전을 전후해 발생한 대규모의 민간인 피해 사건들 중에서 상당한 부분은 위기관리 능력을 충분히 갖추지 못한 신생국가의 공권력 집행자들이 무질서와 혼란 속에서 국가 폭력을 과도하게, 혹은 잘못 사용한 결과로 발생한 것임에는 틀림없다. 그러나 일부 일탈적인 사례들을 제외한 대부분의 국가 폭력은 집행자들의 '자의적(恣意的) 선택'보다 일제 치하에 배태된 구조적 폭력과 해방 후 민족국가 건설이라는 정치변동 속에서 한민족이 처한 지정학적 구속에 의해 '강요된 선택'의 결과로 사용된 것이다.

클라우제비츠가 주장하는 바와 같이 전쟁에서 "부분은 전체와 함께 고려되어야 한다." 즉, 전쟁은 거시적 시야에서 전체적으로 접근하지 않을 수가 없는 것이다. 1950년 6월 25일에 기습 침략을 받은 신생 대한민국 정부가 전쟁을 수행하는 데 필요한 공권력을 행사하면서 과도한 폭력을 행사한 사례들이 많이 있다. 그러나 위기 상황 속에서 대한민국의 국체와 자유민주주의 체제를 지키기 위해 불가피했다는 점도 고려해야 되기 때문에 이를 순수 법리 해석에 따라서만 논할 수는 없다.

아울러 당시 한국정부의 인적·물적 가용 자원의 한계도 반드시 고려되어야 한다. 즉, 6·25

85 장신 편저, 『국제법판례 요약집』, 전남대학교 출판부, 2004, 360~361쪽.

전쟁은 정부 수립 후 겨우 1년 10개월여 만에 발발하여 수사 소추의 체계가 제대로 갖추어지기도 전에 민간인 피해 사건들이 발생하였으며, 대한민국이 거의 패망에 가까운 타격을 입은 상태에서 이 사건들이 발생하였다는 사실이 국가 책임의 한계를 규명하는 데 필수적으로 고려되어야 한다.

6·25전쟁 당시에 발생했던 민간인 피해의 유형은 아군에 의한 경우와 적군에 의한 경우로 나눠 볼 수 있다. 그런데 전쟁범죄에 대한 책임자의 처벌이나 전후 보상 문제는 교전 당사자 상호 간에 주로 상대방이 저지른 전쟁범죄나 피해에 대한 처벌이나 보상이 문제가 된다. 국제법적 관점에서 볼 때, 교전 당사자가 상대방이 저지른 행위에 대한 처벌 또는 책임 문제에 주로 적용되는 전쟁법 또는 국제인도법의 적용 가능성을 아군이 저지른 민간인 피해 사건들에 대해 검토하는 것은 부적절한 측면이 있다.

6·25전쟁 당시에 발생했던 민간인 집단 희생 사건들은 이미 60년 이상 경과하여 관련국의 국내법에서 시행하고 있는 공소시효나 소멸시효가 완료되어 기존의 법체계 내에서 형사처분이나 손해배상을 통한 피해자 또는 유족의 법적 구제가 어려운 것이 현실이다. 그리고 시효의 문제가 해결되더라도 입증이 곤란한 경우가 발생할 수 있다.

특히 민간인의 피해 주장에 대한 증거가 주로 당사자나 목격자의 진술에 기초하고 있고, 관련 사실을 입증할 만한 정부 측의 문서나 기록의 확인 또는 접근이 쉽지 않으며, 형사책임 또는 관련자 처벌의 경우 60여 년 전에 있었던 사건의 발포자나 명령자의 신원 확인이나 고의 또는 과실의 입증이 어려울 수 있다.

1) 아군에 의한 경우

(1) 국군에 의한 경우

거창 사건의 경우에는 형사처분이 이미 이루어졌다. 그러나 아직까지 형사처분이 이루어지지 않은 민간인 피해 사건들은 공소시효 또는 (국가배상청구를 포함한) 소멸시효가 완성되었기 때문에 국내법에 따라 한국법원에서 그 책임을 추궁하기가 곤란하다. 다만, 국가 책임의 경우 관련 법령의 제정으로 동 법률이 제정한 범위 내에서 제정한 내용에 따른 피해자의 권리 구제가 가능하다.

전쟁범죄자에 대해 국제재판소에 의한 처벌이 이론상으로는 가능하나 6·25전쟁의 경우 국제재판소가 설립된 적이 없다. 다만, 보편주의를 적용하는 제3국 법원에 의한 처벌 가능성은 배제할 수 없다.

(2) 미군에 의한 경우

대전협정에 따라 6·25전쟁 당시 전쟁범죄를 저지른 미군들에 대한 형사재판이 미 군법회의에 의해 이루어졌다. 당시 처벌되지 않은 미군의 경우에는 국군에 의한 경우와 마찬가지로 국제재판소 또는 보다 현실적으로, 제3국 법원에 의한 처벌 가능성을 배제할 수 없다. 다른 한편으로 민사책임의 경우에는 6·25전쟁 당시 형사처분이 이루어진 사건이나 기타의 사유에 의한 배상 청구를 다룬 선례에 대해 충분한 자료를 추가적으로 수집·분석할 필요가 있다.

국제법상 미국의 국가 책임 성립 여부는 6·25전쟁 당시 미군에 의해 발생한 민간인 피해에 대하여 피해자 또는 유족이 배상 청구를 하는 데 필요한 재판을 미국이 거절한 적이 있었는가에 따라 결정된다. 따라서 이에 대해 우선적으로 검토할 필요가 있다.

2) 적군에 의한 경우

6·25전쟁 당시에 발생한 민간인 피해에 대한 논의가 노무현 정부 시절에 아군에 의한 경우를 중심으로 진행되었으나, 북한군 등의 적군에 의한 민간인 피해 사례에 대한 조사와 자료 수집도 같은 맥락에서 필요했다.

6·25전쟁 당시 북한군 등의 적군에 의한 민간인 피해에 대한 법적 책임의 성립 여부는 전쟁법 또는 국제인도법이 그 기준이 된다. 따라서 6·25전쟁 당시 적용될 수 있는 전쟁법 또는 국제인도법이 무엇인가가 문제되는데, 특히 논의의 대상이 되는 것이 바로 1949년 제네바협약이다.

그러나 한 가지 분명한 것은 1907년 헤이그육전규칙의 경우 6·25전쟁 이전에 국제관습법으로서의 지위를 갖는 것으로 인정되기 때문에 제네바협약의 적용 여부와 관계없이 1907년 헤이그육전규칙과 그 밖의 전쟁법 또는 국제인도법에 대한 국제관습법이 6·25전쟁의 경우에 적용될 수 있다.

6·25전쟁은 북한 김일성 정부의 도발로 시작된 전쟁이더라도 피침략 국가가 전쟁을 수행하면서 '교전자 평등의 원칙'에 따라 전쟁법규를 준수해야 되는 것은 당연하다. 그런데 전쟁은 심판의 제제와 간섭이 있는 운동경기가 아니다.

이런 관점에서 먼저 6·25전쟁은 자위력과 위기관리 능력을 충분히 갖추지 못한 신생 정부가 모든 수단을 다 동원하여 전쟁법규를 위반하는 온갖 형태의 침략 행위를 하던 적에 맞섰던 전쟁이라는 사실을 환기할 필요가 있다. 그리고 북한 정규군뿐만 아니라 전선(戰線)과 그 존재가 분명하지 않은 공산게릴라에 맞서기 위해 취한 어쩔 수 없었던 조치는 국가의 '자위권 행사'라는 관점에서 일단 받아들인 후에, 과도한 폭력 행사가 있었는지 여부에 대해 정교한 사실 규명과 그에 대한 세세한 법 해석을 하는 것이 합당하다.

그런데 그 무엇보다 북한정부의 '평화에 반한 죄'를 자세히 규명할 필요가 있다. 비록 김일성이 죽고, 이제는 그 아들에 이어 손자가 권력을 물려받았지만 정부의 정통성은 권리와 의무를 모두 승계했을 때 인정될 수 있는 것이므로 개인 차원의 단죄는 불가능할지 모르지만 북한정부에 대한 책임과 도덕성 추궁은 할 수 있고, 해야 된다.

한국이 6·25전쟁으로 공산화되었다면 더욱 심한 인권 침해가 있었을 것이다. 이는 중국 본토와 베트남이 공산화된 뒤에 어떤 인권유린이 뒤따랐는지를 보면 알 수 있다. 따라서 6·25전쟁에서 발생한 수많은 민간인 피해 사건들을 해결하는 데 대승적(大乘的) 차원의 정치적 고려가 최종적인 판단 기준이 될 수밖에 없을 것이다.

그런데 6·25전쟁 시 민간인 피해 사건들에 대한 국가 책임의 한계를 규정하는 데 우리는 미국정부의 부당한 공권력 행사에 맞서온 미국의 한 법학자가 일갈(一喝)한 다음과 같은 말에 주목할 필요가 있다.

> 법을 집행하는 데 있어 정부가 법을 양심적으로 준수하는 데 실패하면 정부의 존재는 위협을 받을 것이다. 좋은 것이든, 나쁜 것이든 정부는 자신의 예를 통해 국민 전체를 가르치게 된다. 범죄라는 것은 쉽게 전염된다. 만약 정부가 범법자가 된다면, 정부는 법률 모욕을 양산할 것이고, 법이 자기 자신의 법이 되도록 모든 사람을 초대할 것이며, 그것은 무정부를 초래할 것이다.[86]

사건성이 성립되는 데 필요한 기본적인 정보와 증거는 60여 년 세월의 강압 속에 많이 사라졌다. 이를 만약 사건 부정의 호재(好材)로 활용하려 든다면, 이는 우리 군의 호국(護國)과 국가 건설의 공을 깎아내리고, 군에 대한 국민적 신뢰를 감소시키는 결과를 초래할 것이다. 진실에 접근하려는 적극적인 자세, 잘못이 있을 경우 진솔한 인정과 과감한 보상·배상이 오

---

86 "In a government of laws, the existence of the government will be imperilled if it fails to observe the law scrupulously. Our government is the potent, the omnipresent, teacher. For good or ill, it teaches the whole people by its example. Crime is contagious. If government becomes a lawbreaker, it breeds contempt for law; it invites every man to become a law unto himself; it invites anarchy." Olmstead v. United States, 277 U.S. 438, 485 (1929) (Brandeis, J., dissenting), in Peter H. Schuck, *Suing Government, Citizen Remedies for Official Wrongs* (New Haven and London: Yale University Press, 1983), p. xii.

히려 더 떳떳한 대처 방법이 될 것이다. 당시 군인들이 현장에서 행사한 과도한 폭력과 개인적으로 저지른 범죄행위가 군 전체의 일로 매도되는 일이 있어서는 결코 안 된다. 이런 범죄행위와 정당한 작전 수행이 구별된다면 군으로서는 도덕적 지탄이나 책임을 추궁 받을 이유가 없을 것이다.

아울러 당시의 상황을 최대한 복기(復棋)하여 국민들의 이해를 구해야 된다. 특히, 이는 역사교육이 빈약한 신세대를 위해서 반드시 필요한 작업이다. 그런데 '전쟁범죄'와 관련해서 보다 근본적인 문제는 '누구에게 전쟁 발발의 책임이 있는가?'이다. 민간인 집단 희생 사건들은 그러한 전쟁 발발의 결과로 발생한 것이다.

6·25전쟁과 관련한 법적 책임을 논할 때 우리는 전쟁의 발발과 관련한 국제법 위반, 전쟁의 수행 방법과 관련한 국제법 위반, 포로 등의 인도적 처우에 관한 국제법 위반, 민간인 희생에 관한 국제법 위반 등 여러 문제를 포괄적으로 고려해야 된다. 이 중 어느 하나만을 문제 삼아 이와 관련된 국제법 위반과 손해배상을 논의한다면 이는 문제를 인식하는 데 있어 '단순화에 의한 사실 왜곡'을 범하는 것이 된다.

에필로그

본 서에서 필자는 한국에서 근대적 정체(modern polity)가 형성되는 과정에서 한민족이 경험하게 된 한반도의 분단과 6·25전쟁의 기원, 전개 과정 및 해결 과제를 조명하였다. 전체 서론에서 밝힌 바와 같이, 본 연구는 한국에 근대적 민족국가가 형성되는 데 미국과 중국의 지리 전략, 소련의 혁명 전략이 한국 사회에 도입되는 과정에서 한국의 지배 엘리트 집단들은 이러한 주변세계의 서로 다른 목적들을 자기들의 이해타산에 부합시켜 어떻게 한민족의 통일성을 파괴하고 분단 체제를 구축하였는가를 전체적인 연구 논제(research question)로 설정하여 답을 얻고자 하였다. 아울러 다분히 저항적 성격을 띠고 한민족의 통일성을 추구했던 세력들은 어떤 정치·사회적 맥락에서 생성되어 어떤 정치적·전략적 선택을 하였는가를 규명하였다.

이런 문제의식을 갖고 본 연구는 분단 체제의 구축 과정에서 촉매제 역할을 했던 사회·경제적 모순들과 민족 통일성을 회복하기 위한 운동들을 조명함으로써 6·25전쟁의 여러 속성들 중에서 내전적 속성을 규명하고자 했다. 그런 목적에서 본 연구는 남한에서 발생했던 대중폭동들과 게릴라 운동의 발생 배경 및 6·25전쟁과 이 운동들의 연관성에 대해 규명하였다.

본 연구에서는 분단 체제의 구축과 6·25전쟁이라는 '역사적 사실'을 규명하는 데 구성 요인들과 행위자들의 역할 모두 분석의 대상으로 삼음으로써 분단 체제의 정립 과정에서 통일을 추구했던 정치·전략가들이 사회·경제적 제 문제들을 정치화하는 과정에서 생성되었던 많은 분쟁 현상들이 발전하여 국가적 장치가 전면적으로 개입된 6·25전쟁으로 발전된 것을 밝혀낼 수 있었다.

본 서 제4장의 결론에서 밝힌 바와 같이, 제2차 세계대전의 종전은 세계 체제가 미국과 소련의 절대적 주도로 재구성되면서 지리적 공간이 재편성되는 결과를 낳았다. 이는 달리 말하면 "자본주의 세계경제의 정치적 하부구조로서 반주권 국가, 반식민지 국가들로 구성된 국가

간 체계(inter-states system)"를 미국이 새로이 건립했던 것이다. 그리고 소련도 "자본주의 국가들의 포위에서 벗어나 보호의 방파제를 건설하고", "제국주의 세력들을 그들의 힘의 원천인 식민지로부터 유리시켜 약화시킨다."라는 교조적 혁명 수출 내지 영향권 확대를 시도했던 것으로 해석할 수 있을 것이다. 그러나 6·25전쟁에서 담당했던 소련의 역할은 결코 이렇게 소극적인 해석을 허용하지 않는다. 미국과 소련의 의도가 어떠했든 한반도에 대한 그들의 정책은 한국인들이 통일된 민족국가를 건설하는 데 극복하기 힘든 외적 구속과 큰 장애로 작용했다. 이는 한민족에게 구조적 모순과 배경 요인으로만 머물러 있지 않고 6·25전쟁을 초래했고, 종전 후에는 그 구속과 장애를 내면화시켜 확대·재생산되도록 했다.

식민 통치를 경험한 사회에서는 공통적으로 발생하는 사회·경제적 모순들이 한국에서도 근대적 민족국가 건설 과정에서 분출되어 민족적 통일성을 파괴하였고, 한국인들이 이 모순들을 단기간 내에 해소할 수는 없었다. 그러나 시간과 함께 이 모순들은 해소될 수 있었고, 실제 해소되었다. 그토록 강하게 작용하였던 외적 구속도 현시점에서는 민족적 통일성을 회복하고 통일된 민족국가를 건설하는 데 결정적인 장애가 된다고 보기는 힘들다. 이런 관점에서 통일된 민족국가 건설이라는 목적을 달성하기 위해 한국의 행위자들이 선택한 6·25전쟁이라는 폭력적 방법은 잘못된 선택이었고, 이는 목적을 변형·왜곡시켰다.

지난 70년 동안 국제 환경과 남북한 사회가 현저히 변하여 한국의 분단을 초래했던 요인들이 더 이상 같은 요인으로 머물러 있지 않다. 그러나 일부는 남북한 사회에 내재화되어 민족적 통일성을 회복하는 데 또 다른 구속으로 작용하고 있다. 전술한 바와 같이 민족 분단에 대한 저항의 원천이 민족적 단일성의 역사적 지속성에서 찾아지고, 이 저항의 힘이 사회 구성 혹은 분단 구조에서 도래한 것이라면, 이 투쟁에서 기선을 잡고 그 형태를 결정한 것은 행위자들이었다. 이런 측면은 제2차 세계대전 후 분단국가들이 통일을 달성하는 데에서도 확인된다. 따라서 많은 극복 과제와 부정적 요소들이 있지만 행위자들이 내·외적 역학 관계의 변화를 적극적으로 수용하며 합리적이고 효과적인 정책과 전략을 개발하는 것이 요청된다.

[부 록]

국제연합군 총사령관(國際聯合軍 總司令官)을 일방으로 하고 조선인민군 최고사령관(朝鮮人民軍 最高司令官) 및 중국인민지원군 사령관(中國人民志願軍 司令官)을 다른 일방으로 하는 한국 군사정전(韓國 軍事停戰)에 관한 협정(協定)[1]

서 언

국제연합군 총사령관을 일방으로 하고 조선인민군 최고사령관 및 중국인민지원군 사령관을 다른 일방으로 하는 하기의 서명자들은 쌍방에 막대한 고통과 유혈을 초래한 한국충돌을 정지시키기 위하여서 최후적인 평화적 해결이 달성될 때까지 한국에서의 적대행위와 일체 무력행위의 완전한 정지를 보장하는 정전을 확립할 목적으로 하기조항에 기재된 정전조건과 규정을 접수하며 또 그 제약과 통제를 받는데 각자 공동 상호 동의한다. 이 조건과 규정들의 의도는 순전히 군사적 성질에 속하는 것이며 이는 오직 한국에서의 교전 쌍방에만 적용한다.

제1조 군사분계선과 비무장지대

제1항. 한 개(個)의 군사분계선을 확정하고 쌍방이 이 선으로 부터 각기 2km씩 후퇴함으로써 적대 군대 간에 한 개의 비무장지대를 설정한다. 한 개의 비무장지대를 설정하여 이를 완충지대로 함으로써 적대행위의 재발을 초래할 수 있는 사건의 발생을 방지한다.

1 본 휴전협정문은 『軍事停戰委員會便覽』, 國防情報本部, 1986, 31~53쪽에 수록된 원문에서 한자를 한글로 수정, 일부 병기 및 해석을 첨가한 것이다. 이 협정문은 공산측이 준비한 한글 본, 즉 북한 본이다. 그래서 영어본의 휴전(armistice)이라는 단어가 모두 정전(truce)으로 기술되어 있다.

제2항. 군사분계선의 위치는 첨부한 지도에 표시한 바와 같다.(지도 생략)

제3항. 비무장지대는 첨부한 지도에 표시한 북방 경계선 및 남방 경계선으로써 이를 확정한다.(지도 생략)

제4항. 군사분계선은 하기와 같이 설립한 군사정전위원회의 지시에 따라 이를 명백히 표지(標識)한다. 적대 쌍방 사령관들은 비무장지대와 각자의 지역 간의 경계선에 따라 적당한 표지물을 세운다. 군사정전위원회는 군사분계선과 비무장지대의 양 경계선에 따라 설치한 일체 표지물의 건립을 감독한다.

제5항. 한강 하구의 수역으로서 그 한쪽 강안(江岸)이 일방의 통제하에 있고 그 다른 한쪽 강안이 다른 일방의 통제하에 있는 곳은 쌍방의 민용선박(民用船舶)의 항행(航行)에 이를 개방한다. 첨부한 지도(지도 생략)에 표시한 부분의 한강하구의 항행규칙은 군사정전위원회가 이를 규정한다. 각방(各方) 민용선박이 항행함에 있어서 자기측의 군사통제하에 있는 육지에 배를 대는 것은 제한받지 않는다.

제6항. 쌍방은 모두 비무장지대 내에서 또는 비무장지대로부터 또는 비무장지대에 향하여 어떠한 적대행위도 강행하지 못한다.

제7항. 군사정전위원회의 특정한 허가(許可) 없이는 어떠한 군인이나 민간인이나 군사분계선을 통과함을 허가하지 않는다.

제8항. 비무장지대내의 어떠한 군인이나 민간인이나 그가 들어가려고 요구하는 지역사령관의 특정한 허가없이는 어느 일방의 군사통제하에 있는 지역에도 들어감을 허가하지 않는다.

제9항. 민사행정 및 구제사업의 집행에 관계되는 인원과 군사정전위원회의 특정한 허가를 얻고 들어가는 인원을 제외하고는 어떠한 군인이나 민간인이나 비무장지대에 들어감을 허가하지 않는다.

제10항. 비무장지대 내의 군사분계선 이남의 부분에 있어서의 민사행정 및 구제사업은 국제연합군 총사령관이 책임진다. 비무장지대 내의 군사분계선 이북의 부분에 있어서의 민사행정 및 구제사업은 조선인민군 최고사령관과 중국 인민지원군 사령관이 공동으로 책임진다. 민사행정 및 구제사업을 집행하기 위하여 비무장지대에 들어갈 것을 허가받은 군인 또는 민간인의 인원수는 각방 사령관이 각각 이를 결정한다. 단 어느 일방이 허가한 인원의 총수는 언제나 일천(一千) 명을 초과하지 못한다. 민사행정, 경찰의 인원수 및 그가 휴대하는 무기는 군사정전위원회가 이를 규정한다. 기타 인원은 군사정전위원회의 특정한 허가 없이는 무기를 휴대하지 못한다.

제11항. 본 조의 어떠한 규정이든지 모두 군사정전위원회, 그의 보조인원, 그의 공동감시소조 및 소조(小組)의 보조인원, 그리고 하기와 같이 설립한 중립국 감시위원회, 그의 보조인원, 그의 중립국감시소조 및 소조의 보조인원과 군사정전위원회로부터 비무장지대로 들어갈 것을 특히 허가받은 기타의 모든 인원, 물자 및 장비의 비무장지대 출입과 비무장지대 내에서의 이동의 완전한 자유를 방해하는 것으로 해석하여서는 안 된다. 비무장지대내의 두 지점이 비무장지대 내에 전부 들어 있는 통로로서 연결되지 않는 경우에 반드시 경과하여야 할 통로를 왕래하기 위하여 어느 일방의 군사통제하에 있는 지역을 통과하는 이동의 편리를 허용한다.

제2조 정화(停火) 및 정전의 구체적 조치

가. 총 칙

제12항. 적대 쌍방 사령관들은 육해공군의 모든 부대와 인원을 포함한 그들의 통제 하에 있는 모든 무장역량(武裝力量)이 한국에 있어서의 일체 적대행위를 완전히 정지할 것을 명령하고 또 이를 보장한다. 본 항의 적대행위의 완전정지는 본 정전협정이 조인된 지 12시간 후부터 효력을 발생한다. (본 정전협정의 기타 각항의 규정이 효력을 발생하는 일자(日字)와 시간에 대하여서는 본 정전협정 제63항 참조.)

제13항. 군사정전의 확고성을 보장함으로써 쌍방의 한급(級) 높은 정치회담을 진행하여 평화

적 해결을 달성하는 것을 이롭게 하기 위하여 적대 쌍방 사령관들은

(ㄱ) 본 정전협정 중에 따로 규정한 것을 제외하고 본 정전협정이 효력을 발생한 후 72시간 내에 그들의 일체 군사역량, 보급 및 장비를 비무장지대로부터 철거한 후 비무장지대 내에 존재한다고 알려져 있는 모든 폭발물, 지뢰원, 철조망 및 기타 군사정전위원회 또는 공동감시소조인원의 통행안전에 위험이 미치는 위험물들은 이러한 위험물이 없다고 알려져 있는 모든 통로와 함께 이러한 위험물을 설치한 군대의 사령관이 반드시 군사정전위원회에 이를 보고한다. 그 다음에 더 많은 통로를 청소하여 안전하게 만들며 결국에 가서는 72시간의 기간이 끝난 후 45일 내에 모든 이러한 위험물은 반드시 군사정전위원회 지시에 따라, 또 그 감독하에 비무장지대 내로부터 이를 제거한다. 72시간의 기간이 끝난 후 군사정전위원회의 감독하에서 45일의 기간 내에 제거 작업을 완수할 권한을 가진 비무장부대(非武裝部隊)와 군사정전위원회가 특히 요청하였으며 또 적대 쌍방 사령관들이 동의한 경찰의 성질을 가진 부대 및 본 정전협정 제10항과 제11항에서 허가한 인원 이외에는 쌍방의 어떠한 인원이든지 비무장지대에 들어가는 것을 허가하지 않는다.

(ㄴ) 본 정전협정이 효력을 발생한 후 10일 이내에 상대방은 한국에 있어서의 후방과 연해도서(沿海島嶼) 및 해면으로부터 그들의 모든 군사역량·보급 물자 및 장비를 철거한다. 만일 철거를 연기할 쌍방이 동의한 이유 없이 또 철거를 연기할 유효한 이유 없이 기한이 넘어도 이러한 군사역량을 철거하지 않을 때에는 상대방은 치안을 유지하기 위하여 그가 필요하다고 인정하는 어떠한 조치라도 취할 권리를 가진다. 상기한 연해도서라는 용어는 본 정전협정이 효력이 발생할 때에 비록 일방이 점령하고 있더라도 1950년 6월 24일에 상대방이 통제하고 있던 도서를 말하는 것이다. 단 황해도(黃海道)와 경기도(京畿道)의 도계선(道界線) 북쪽과 서쪽에 있는 모든 도서(島嶼) 중에서 백령도(白翎島 : 북위 37°58′. 동경 124°40′), 대청도(大青島 : 북위37°50′. 동경 124°42′), 소청도(小青島 : 북위 37°46′. 동경 124°46′), 연평도(延坪島 : 북위 37°38′. 동경 125°40′) 및 우도(隅島 : 북위 37°36′. 동경 125°58′)의 도서군(島嶼群)들을 국제연합군 총사령관의 군사통제하에 남겨두는 것을 제외한 기타 모든 도서는 조선인민군 최고사령관과 중국인민지원군사령관의 군사통제하에 둔다. 한국 서해안에 있어서 상기 경계선 이남에 있는 모든 도서는 국제연합군 총사령관의 군사통제하에 남겨 둔다.(지도 생략)

(ㄷ) 한국 경(境) 외로부터 증원하는 군사인원을 들여오는 것을 중지한다. 단 아래에 규정한 범위 내의 부대와 인원의 윤환임시임무(輪還臨時任務)를 담당한 인원의 한국에의 도착

및 한국 경(境) 외에서 단기휴가(短期休暇)를 하였거나 혹은 임시임무를 담당하였던 인원의 한국에의 귀환(歸還)은 이를 허가한다. 「윤환(輪還)」의 정의는 부대 혹은 인원이 한국에서 복무를 개시하는 다른 부대 혹은 인원과 교체하는 것을 말하는 것이다. 윤환인원은 오직 본 정전협정 제43항에 열거한 출입항을 경유하여서만 한국으로 들어오며 또 한국으로부터 내어 갈 수 있다. 윤환은 1인대 1인의 교환 기초 위에서 진행한다. 단 어느 일방이든지 1역월(一曆月) 내에 윤환정책하에서 한국경외로부터 35,000명 이상의 군사인원을 들여오지 못한다. 만일 일방의 군사인원을 들여오는 것이 해당 측이 본 정전협정 효력발생일로부터 한국으로 들어온 군사인원의 총수로 하여금 같은 날짜로부터 한국을 떠난 해당 측 군사인원의 누계 총수를 초과하게 할 때는 해당 측의 어떠한 군사인원도 한국으로 들여올 수 없다. 군사인원의 한국에의 도착 및 한국으로부터의 이거(離去)에 관하여 매일 군사정전위원회와 중립국감시위원회에 보고한다. 이 보고는 입국과 출국의 지점 및 매개(每個) 지점(地點)에서 입국하는 인원과 출국하는 인원의 숫자를 포함한다. 중립국감시위원회는 그의 중립국감시소조를 통하여 본 정전협정 제43항에 열거한 출입항에서 상기의 허가된 부대 및 인원의 교체를 감시하며 시찰한다.

(ㄹ) 한국 경(境) 외로부터 증강하는 작전비행기, 장갑차량, 무기 및 탄약을 들여오는 것을 정지한다. 단 정전기간에 파괴, 파손, 손모(損耗) 또는 소모된 작전비행기, 장갑차량, 무기 및 탄약은 같은 성능과 같은 유형의 물건을 1대1로 교환하는 기초 위에서 교체할 수 있다. 이러한 작전비행기, 장갑차량, 무기 및 탄약은 오직 본 정전협정 제43항에 열거한 출입항을 경유하여서만 한국으로 들여올 수 있다. 교체의 목적으로 작전비행기, 장갑차량, 무기 및 탄약을 한국으로 반입할 필요를 확증하기 위하여 이러한 물건의 매차(每次) 반입을 위하여 군사정전위원회와 중립국감시위원회에 보고한다. 이 보고 중에서 교체되는 물건의 처리정황(處理情況)을 설명한다. 교체되어 한국으로부터 내어가는 물건은 오직 본 정전협정 제43항에 열거한 출입항을 경유하여서만 내어갈 수 있다. 중립국감시위원회는 그의 중립국감시소조를 통하여 본 정전협정 제43항에 열거한 출입항에서 상기의 허가된 작전비행기, 장갑차량, 무기 및 탄약의 교체를 감시하며 시찰한다.

(ㅁ) 본 정전협정 중의 어떠한 규정이든지 위반하는 각자의 지휘하에 있는 인원을 적당히 처벌할 것을 보장한다.

(ㅂ) 매장지점(埋葬地點)이 기록에 있고 분묘(墳墓)가 확실히 존재하고 있다는 것이 판명된 경우에는 본 정전협정이 효력을 발생한 후, 일정한 기한 내에 그의 군사적 통제하에 있는

한국지역에 상대방의 분묘등록 인원이 들어오는 것을 허가하여 이러한 분묘 소재지에 가서 해당 측의 이미 죽은 전쟁포로를 포함한 죽은 군사인원의 시체(屍體)를 발굴(發掘)하고 또 반출(搬出)하여 가도록 한다. 상기 사업을 진행하는 구체적 방법과 기한은 군사정전위원회가 이를 결정한다. 적대 쌍방 사령관들은 상대방의 죽은 군사인원의 매장지점에 관계되는 얻을 수 있는 일체 재료(材料)를 상대방에 제공한다.

(ㅅ) 군사정전위원회와 그의 공동감시소조가 하기와 같이 지정한 그들의 직책과 업무를 집행할 때에 충분한 보호 및 일체의 가능한 방조(幇助)와 협력을 한다. 중립국감시위원회 및 그의 중립국감시소조의 쌍방이 합의한 주요 교통선(交通線)을 경유하여 중립국감시위원회본부와 본 정전협정 제 43항에 열거한 출입항 간을 왕래할 때와 또 중립국감시위원회본부와 본 정전협정 위반사건이 발생하였다고 보고된 지점 간을 왕래할 때에 충분한 통행상의 편리를 준다. 불필요한 지연을 방지하기 위하여 주요 교통선이 막히든지 통행할 수 없는 경우에는 다른 통로와 모든 수송기재(輸送機材)를 사용할 것을 허가한다.

(ㅇ) 군사정전위원회 및 중립국감시위원회와 그 각자에 속하는 소조에 요구되는 통신 및 운수상(運輸上) 편리를 포함한 보급상의 원조를 제공한다.

(ㅈ) 군사정전위원회 본부 부근(附近) 비무장지대 내의 자기 측 지역에 각각 한 개의 적당한 비행장을 건설, 관리 유지한다. 그 용도(用途)는 군사정전위원회가 결정한다.

(ㅊ) 중립국감시위원회와 중립국송환위원회의 전체위원 및 기타 인원이 모두 자기의 직책을 적당히 집행함에 필요한 자유와 편리를 가지도록 보장한다. 이에는 인가된 외교인원이 국제관례에 따라 통상적으로 향유하는 바와 동등한 특권, 대우 및 면제권을 포함한다.

第14항. 본 정전협정은 쌍방의 군사통제하에 있는 적대(敵對) 중의 일체 지상군사역량에 적용되며, 이러한 지상군사역량은 비무장지대와 상대방의 군사통제하에 있는 한국지역을 존중한다.

第15항. 본 정전협정은 적대 중의 일체 해상군사역량은 비무장지대와 상대방의 군사통제하에 있는 한국육지에 인접한 해면을 존중하며 한국에 대하여 어떠한 종류의 봉쇄(封鎖)도 하지 못한다.

第16항. 본 정전협정은 적대 중의 일체 공중군사역량은 비무장지대와 상대방의 군사통제하에 있는 한국지역 및 이 지역에 인접한 해면의 상공을 존중한다.

제17항. 본 정전협정의 조항과 규정을 준수하며, 집행하는 책임은 본 정전협정에 조인(調印)한 자와 그의 후임 사령관에게 속한다. 적대 쌍방 사령관들은 각각 그들의 지휘하에 있는 군대 내에서 일체의 필요한 조치와 방법을 취함으로써 그 모든 소속부대 및 인원이 본 정전협정의 전체 규정을 철저히 준수하는 것을 보장한다. 적대 쌍방 사령관들은 상호 적극 협력하며 군사정전위원회 및 중립국감시위원회와 적극 협력함으로써 본 정전협정 전체규정의 문구와 정신을 준수하도록 한다.

제18항. 군사정전위원회와 중립국감시위원회 및 그 각자에 속하는 소조의 사업비용은 적대 쌍방이 균등하게 부담한다.

나. 군사 정전 위원회

(1) 구성

제19항. 군사정전위원회를 설립한다.

제20항. 군사정전위원회는 10명의 고급장교로 구성하되 그중의 5명은 국제연합군 총사령관이 이를 임명하며 그중의 5명은 조선인민군 최고사령관과 중국인민지원군 사령관이 공동으로 이를 임명한다. 위원 10명 중에서 각방(各方)의 3명은 장군 또는 장급(將級)에 속하여야 하며 각방의 나머지 2명은 소장, 준장, 대령 혹은 그와 동급인 자로 할 수 있다.

제21항. 군사정전위원회의 위원은 그 필요에 따라 참모 보조위원을 사용할 수 있다.

제22항. 군사정전위원회는 필요한 행정인원을 배치하여 비서처를 설치하되, 그 임무는 동 위원회의 기록, 서기, 통역 및 동 위원회가 지정하는 기타 직책의 집행을 협조하는 것이다. 쌍방은 각기 비서처에 비서장 1명, 보조비서장 1명 및 비서처에 필요한 서기, 전문기술인원을 임명한다. 기록은 영문, 한국문 및 중국문으로 작성하되 세 가지 글은 동등한 효력을 가진다.

제23항

(ㄱ) 군사정전위원회는 처음엔 10개의 공동감시소조를 두어 그 협조를 받는다. 소조의 수는 군사정전위원회의 쌍방 수석위원의 합의를 거쳐 감소할 수 있다.

(ㄴ) 매개(每個)의 공동감시소조는 4명 내지 6명의 영관급(領官級) 장교로 구성하되 그중의 반수는 국제연합군 총사령관이 이를 임명하며 그중의 반수는 조선인민군 최고사령관과 중국인민지원군 사령관이 공동으로 이를 임명한다. 공동감시소조의 사업상 필요한 운전수, 서기, 통역 등의 부속인원은 쌍방이 이를 제공한다.

(2) 기능과 권한

제24항. 군사정전위원회의 전반적 임무는 본 정전협정의 실시를 감시하며 본 정전협정의 어떠한 위반사건이든지 협의하여 처리하는 것이다.

제25항. 군사정전위원회는

(ㄱ) 본부를 판문점(북위 37°57′29″, 동경 126°40′00″) 부근에 설치한다. 군사정전위원회는 동 위원회의 쌍방 수석위원의 합의를 거쳐 그 본부를 비무장지대 내의 다른 한 지점에 이설(移設)할 수 있다.

(ㄴ) 공동기구로서 사업을 진행하며 의장을 두지 않는다.

(ㄷ) 그가 수시로 필요하다고 인정하는 절차규정을 채택한다.

(ㄹ) 본 정전협정 중 비무장지대와 한강하구에 관한 각 규정의 집행을 감독한다.

(ㅁ) 공동감시소조의 사업을 지도한다.

(ㅂ) 본 정전협정의 어떠한 위반사건이든지 협의하여 처리한다.

(ㅅ) 중립국감시위원회로부터 받은 본 정전협정 위반사건에 관한 일체 조사보고 및 일체 기타 보고와 회의기록은 즉시로 적대 쌍방 사령관들에게 이를 전달한다.

(ㅇ) 하기(下記)한 바와 같이 설립한 전쟁포로송환위원회와 실향사민귀향협조위원회(失鄕私民歸鄕協調委員會)의 사업을 전반적으로 감독하며 지도한다.

(ㅈ) 적대 쌍방 사령관 간에 통신을 전달하는 중개역할(仲介役割)을 담당한다. 단 상기의 규정은 쌍방 사령관들이 사용하고자 하는 어떠한 다른 방법을 사용하여 상호 통신을 전달하는 것을 배제하는 것으로 해석할 수 없다.

(ㅊ) 그의 실무직원과 그의 공동감시소조의 증명, 문서 및 휘장 또 그 임무집행 시에 사용하는

일체의 차량, 비행기 및 선박의 식별표지를 발급한다.

제26항. 공동감시소조의 임무는 군사정전위원회가 본 정전협정 중의 비무장지대 및 한강 하구에 관한 각 규정의 집행을 감독함을 협조하는 것이다.

제27항. 군사정전위원회 또는 그중 어느 일방의 수석위원은 공동감시소조를 파견하여 비무장지대나 한강 하구에서 발생하였다고 보고된 본 정전협정 위반사건을 조사할 권한을 가진다. 단 동(同) 위원회 중의 어느 일방의 수석위원이든지 언제나 군사정전위원회가 아직 파견하지 않은 공동감시소조의 반수(半數) 이상(以上)을 파견할 수 없다.

제28항. 군사정전위원회 또는 동 위원회의 어느 일방의 수석위원은 중립국감시위원회에 요청하여 본 정전협정 위반사건이 발생하였다고 보고된 비무장지대 이외의 지점에 가서 특별한 감시와 시찰을 행할 권한을 가진다.

제29항. 군사정전위원회가 본 정전협정 위반사건이 발생하였다고 확정한 때에는 즉시로 그 위반사건을 적대 쌍방 사령관들에게 보고한다.

제30항. 군사정전위원회가 본 정전협정의 어떠한 위반사건이 만족하게 시정되었다고 확정한 때에는 이를 적대 쌍방 사령관들에게 보고한다.

(3) 총칙

제31항. 군사정전위원회는 매일 회의를 연다. 쌍방의 수석위원은 합의하여 7일을 넘지 않는 휴회(休會)를 할 수 있다. 단 어느 일방의 수석위원이든지 24시간 전의 통고로써 이 휴회를 끝낼 수 있다.

제32항. 군사정전위원회의 일체 회의기록의 부본(副本)은 매번 회의 후 될 수 있는 대로 속히 적대 쌍방 사령관들에게 송부한다.

제33항. 공동감시소조는 군사정전위원회에 동 위원회가 요구하는 정기보고를 제출하며 또

이 소조들이 필요하다고 인정하거나 또는 동 위원회가 요구하는 특별 보고를 제출한다.

第34항. 군사정전위원회는 본 정전협정에 규정한 보고 및 회의기록의 문건철 두 벌을 보관한다. 동 위원회는 그 사업진행에 필요한 기타의 보고기록 등의 문건철 두 벌을 보관할 권한을 가진다. 동 위원회의 최후 해산 시에는 상기 문건철을 쌍방에 각 한 벌씩 나누어 준다.

第35항. 군사정전위원회는 적대 쌍방 사령관들에게 본 정전협정의 수정 또는 증보에 대한 건의를 제출할 수 있다. 이러한 개정(改正) 건의(建議)는 일반적으로 더 유효한 정전을 보장할 것을 목적으로 하는 것이어야 한다.

다. 중립국감시위원회

(1) 구성

第36항. 중립국감시위원회를 설립한다.

第37항. 중립국감시위원회는 4명의 고급장교로 구성하되, 그중의 2명은 국제연합군 총사령관이 지명한 중립국 즉 스웨덴 및 스위스가 이를 임명하며, 그중의 2명은 조선인민군 최고사령관과 중국인민지원군 사령관이 공동으로 지명한 중립국 즉 폴란드 및 체코슬로바키아가 이를 임명한다. 본 정전협정에서 쓴 「중립국」이라는 용어의 정의는 그 전투부대가 한국에서의 적대행위에 참가하지 않은 국가를 말하는 것이다. 동 위원회에 임명되는 위원은 임명하는 국가의 무장부대(武裝部隊)로부터 파견될 수 있다. 매개(每個) 위원은 후보위원 1명을 지정하여 그 정위원이 어떠한 이유로 출석할 수 없게 되는 회의에 출석하게 된다. 이러한 후보위원은 그 정위원과 동일한 국적에 속한다. 일방이 지명한 중립국 위원의 출석자 수와 다른 일방이 지명한 중립국 위원의 출석자 수가 같을 때에는 중립국감시위원회는 곧 행동을 취할 수 있다.

第38항. 중립국감시위원회의 위원은 그 필요에 따라 각기 해당 중립국가가 지원한 참모보조인원을 사용할 수 있다. 이러한 참모보조인원은 본 위원회의 후보위원으로 임명될 수 있다.

제39항. 중립국감시위원회에 필요한 행정인원을 제공하도록 중립국에 요청하여 비서처를 설치하되 그 임무는 동 위원회에 필요한 기록, 서기, 통역 및 동 위원회가 지정하는 기타 직책의 집행을 협조하는 것이다.

제40항

(ㄱ) 중립국감시위원회는 처음엔 20개의 중립국감시소조를 두어 그 협조를 받는다. 소조의 수는 군사정전위원회의 쌍방 수석위원의 합의를 거쳐 감소할 수 있다. 중립국감시소조는 오직 중립국감시위원회에 대하여서만 책임을 지며 그에 보고하며 또 그 지도를 받는다.

(ㄴ) 매개 중립국감시소조는 최소 4명의 장교로 구성하되 이 장교는 영관으로 하는 것이 적당하며, 이중의 반수는 국제연합군 총사령관이 지명한 중립국에서 내고, 그중의 반수는 조선인민군 최고사령관과 중국인민지원군 사령관이 공동으로 지명한 중립국에서 낸다. 중립국감시소조에 임명되는 조원은 임명하는 국가의 무장부대에서 이를 낼 수 있다. 각 소조의 직책집행을 편리하게 하기 위하여 정황의 요구에 따라 최소 2명의 조원으로 구성되는 분조를 설치할 수 있다. 그 두 조원 중의 1명은 국제연합군 총사령관이 지명한 중립국에서 내며 1명은 조선인민군 최고사령관과 중국인민지원군 사령관이 공동으로 지명한 중립국에서 낸다. 운전수, 서기, 통역, 통신원과 같은 부속인원 및 각 소조의 임무집행에 필요한 비품은 쌍방 사령관이 비무장지대 내 및 자기 측 군사통제지역내 에서 수요에 따라 이를 공급한다. 중립국감시위원회는 동 위원회 자체와 중립국감시소조들에 그가 요망하는 상기의 인원 및 비품을 제공할 수 있다. 단 이러한 인원은 중립국감시위원회를 구성한 중립국의 인원이어야 한다.

(2) 기능과 권한

제41항. 중립국감시위원회의 임무는 본 정전협정 제13항(ㄷ)목, 제13항(ㄹ)목 및 제28항에 규정한 감독, 감시, 조사 및 시찰의 기능을 집행하며 이러한 감독, 감시, 조사 및 시찰의 결과를 군사정전위원회에 보고하는 것이다.

제42항. 중립국감시위원회는

(ㄱ) 본부를 군사정전위원회 본부의 부근에 설치한다.

(ㄴ) 그가 수시로 필요하다고 인정하는 절차규정을 채택한다.

(ㄷ) 그 위원 및 그 중립국감시소조를 통하여 본 정전협정 제13항(ㄷ)목, 제13항(ㄹ)목에 규정한 감독과 시찰을 진행하며 또 본 정전협정 위반사건이 발생하였다고 보고된 지점에서 본 정전협정 제28항에 규정한 특별감시와 시찰을 진행한다. 작전비행기, 장갑차량, 무기 및 탄약에 대한 중립국감시소조의 시찰은 소조로 하여금 증원하는 작전비행기, 장갑차량, 무기 또는 탄약을 한국으로 들여옴이 없도록 확실히 보장할 수 있게 한다. 단 이 규정은 어떠한 작전비행기, 장갑차량, 무기 또는 탄약의 어떠한 비밀설계 또는 특점(特點)을 시찰 혹은 검사할 권한을 주는 것으로 해석할 수 없다.

(ㄹ) 중립국감시소조의 사업을 지도하며 감독한다.

(ㅁ) 국제연합군 총사령관의 군사 통제지역 내에 있는 본 정전협정 제43항에 열거한 출입항에 5개의 중립국감시소조를 주재시키며 조선인민군 최고사령관과 중국인민지원군 사령관의 군사 통제지역 내에 있는 본 정전협정 제43항에 열거한 출입항에 5개의 중립국감시소조를 주재시킨다. 처음에는 따로 10개의 중립국이동감시소조를 후비(後備)로 설치하되 중립국감시위원회 본부 부근에 주재시킨다. 그 수는 군사정전위원회의 쌍방 수석위원의 합의를 거쳐 감소할 수 있다. 중립국이동감시소조 중 군사정전위원회의 어느 일방 수석위원의 요청에 응하여 파견하는 소조는 언제나 그 반수를 초과할 수 없다.

(ㅂ) 보고된 본 정전협정 위반사건을 전목(前目) 규정의 범위 내에서 지체 없이 조사한다. 이에는 군사정전위원회 또는 동 위원회 중의 어느 일방 수석위원이 요청하는 보고된 본 정전협정 위반사건에 대한 조사를 포함한다.

(ㅅ) 그의 실무인원과 그의 중립국 감시소조의 증명문건 및 휘장, 또 그 임무집행 시에 사용하는 일체 차량, 비행기 및 선박의 식별표지를 발급한다.

제43항. 중립국 감시소조는 하기한 각 출입항에 주재한다.

[국제연합군의 군사통제 지역]

○ 인천…………(북위 37° 28′, 동경 126° 38′)

○ 대구…………(북위 35° 52′, 동경 128° 36′)

○ 부산…………(북위 35° 06′, 동경 129° 02′)

○ 강릉…………(북위 37° 45′, 동경 128° 54′)

○ 군산…………(북위 35° 59′, 동경 126° 43′)

[조선인민군과 중국인민지원군의 군사통제 지역]

○ 신의주…………(북위 40° 06′, 동경 124° 24′)

○ 청　진…………(북위 41° 46′, 동경 129° 49′)

○ 홍　남…………(북위 39° 50′, 동경 127° 37′)

○ 만　포…………(북위 41° 09′, 동경 126° 18′)

○ 신안주…………(북위 39° 36′, 동경 125° 36′)

중립국감시소조들은 첨부한 지도에 표시한 지역 내와 교통선에서 통행상 충분한 편리를 받는다.(지도 생략)

(3) 총칙

제44항. 중립국감시위원회는 매일·회의를 연다. 중립국감시위원회는 합의하여 7일을 넘지 않는 휴회를 할 수 있다. 단 어느 위원이든지 24시간 전의 통고로써 이 휴회를 끝낼 수 있다.

제45항. 중립국감시위원회의 일체 회의기록 부본(副本)은 매번 회의 후 가급적 속히 군사정전위원회에 송부한다. 기록은 영문, 한국문 및 중국문으로 작성한다.

제46항. 중립국감시소조는 그의 감독, 감시, 조사 및 시찰의 결과에 관하여 중립국감시위원회가 요구하는 정기보고를 동 위원회에 제출하며 또 이 소조들이 필요하다고 인정하거나 동 위원회가 요구하는 특별보고를 제출한다. 보고는 소조 자체가 이를 제출한다. 단 그 소조의 개별적 조원 1명 또는 수명이 이를 제출할 수 있다. 개별적 조원 1명 또는 수명이 제출한 보고는 다만 참고적 보고로 간주한다.

제47항. 중립국감시위원회는 중립국감시소조가 제출한 보고의 부본을 그가 접수한 보고에 사용된 글로써 지체없이 군사정전위원회에 송부한다. 이러한 보고는 번역 또는 심의, 결정, 수속 때문에 지체시킬 수 없다. 중립국감시위원회는 실제 가능한 한 속히 이러한 보고를 심의결정하며 그의 판정서(判定書)를 우선 군사정전위원회에 송부한다. 중립국감시위원회의 해당 결정을 접수하기 전에는 군사정전위원회는 이런 어떠한 보고에 대하여서도 최종적 행동을 취하지 못한다. 군사정전위원회의 어느 일방 수석위원의 요청이 있을 때에

는 중립국감시위원회의 위원과 그 소조의 조원은 곧 군사정전위원회에 출두하여 제출된 어떠한 보고에 대하여서든지 설명한다.

第48항. 중립국감시위원회는 본 정전협정이 규정하는 보고 및 회의기록의 문서철 두 벌을 보관한다. 동 위원회는 그 사업진행에 필요한 기타의 보고, 기록 등의 문건철 두 별을 보관할 권한을 가진다. 동 위원회의 최후 해산 시에는 상기 문건철을 쌍방에 각 한 벌씩 나누어 준다.

第49항. 중립국감시위원회는 군사정전위원회에 본 정전협정의 수정 또는 증보에 대한 건의를 제출할 수 있다. 이러한 개정 건의는 일반적으로 더 유효한 정전을 보장할 것을 목적으로 하는 것이어야 한다.

第50항. 중립국감시위원회 또는 동 위원회의 매개 위원은 군사정전위원회의 임의의 위원과 통신 연락을 취할 권한을 가진다.

제3조 전쟁포로에 관한 조치

第51항. 본 정전협정이 효력을 발생하는 당시에 각방(各方)이 수용하고 있는 전체 전쟁포로의 석방과 송환은 본 정전협정 조인 전에 쌍방이 합의한 하기 규정에 따라 집행된다.

(ㄱ) 본 정전협정이 효력을 발생한 후 60일 이내에 각방은 그 수용하에 있는 송환을 견지(堅持)하는 전체 전쟁포로를 포로된 당시에 그들이 속한 일방에 집단적으로 나누어 직접 송환 인도되며 어떠한 저애(沮碍, 방해)도 가하지 못한다. 송환은 본 조의 각항 관계 규정에 의하여 완수한다. 이러한 인원의 송환수속을 촉진시키기 위하여 각방은 정전협정 조인 전에 직접 송환될 인원의 국적별로 분류한 총수를 교환한다. 상대방에 인도되는 전쟁포로의 각 집단은 국적별로 작성한 명부를 휴대하되 이에는 성명·계급(계급이 있으면) 및 수용번호 또는 군번호(軍番號)를 포함한다.

(ㄴ) 각방은 직접 송환하지 않은 나머지 전쟁포로를 그 군사통제와 수용하로부터 석방하여 모두 중립국송환위원회에 넘겨 본 정전협정 부록 「중립국송환위원회 직권의 범위」의 각

조 규정에 의하여 처리케 한다.

(ㄷ) 세 가지 글을 병용함으로 인하여 발생할 수 있는 오해를 피하기 위하여 본 정전협정의 용어로서 일방이 전쟁포로를 상대방에 인도하는 행동을 그 전쟁포로의 국적과 거주지의 여하를 불문하고 영문 중에서는 'REPATRIATION' 한국문 중에서는 「송환」, 중국문 중에서는 '치엔판(遣返)'이라고 규정한다.

第52항. 각방은 본 정전협정의 효력 발생에 의하여 석방되며 송환되는 어떠한 전쟁포로든지 한국전쟁 중의 전쟁행동에 사용하지 않을 것을 보장한다.

第53항. 송환을 견지(堅持)하는 전체 병상전쟁포로(病傷戰爭捕虜)는 우선적으로 송환한다. 가능한 범위 내에서 포로된 의무인원을 병상전쟁포로와 동시에 송환하여 도중에서 의료와 간호를 제공하도록 한다.

第54항. 본 정전협정 제51항 (ㄱ)목에 규정한 전체 전쟁포로의 송환은 본 정전협정이 효력을 발생한 후 60일의 기한 내에 완료한다. 이 기한 내에 각방은 책임지고 그가 수용하고 있는 상기 전쟁포로의 송환을 가능한 한 속히 완료한다.

第55항. 판문점을 쌍방의 전쟁포로의 인도인수지점으로 정한다. 필요한 때에는 전쟁포로 송환위원회는 기타의 전쟁포로 인도인수지점을 비무장지대 내에 증설할 수 있다.

第56항

(ㄱ) 전쟁포로송환위원회를 설립한다. 동 위원회는 영관급장교 6명으로 구성하되 그중 3명은 국제연합군 총사령관이 이를 임명하며, 그중 3명은 조선인민군 최고사령관과 중국인민지원군 사령관이 공동으로 이를 임명한다. 동 위원회는 군사정전위원회의 전반적 감독과 지도하에서 책임지고 쌍방의 전쟁포로 송환에 관계되는 구체적 계획을 조절하며 쌍방이 본 정전협정 중의 전쟁포로 송환에 관계되는 일체 규정을 실시하는 것을 감독한다. 동 위원회의 임무는 전쟁포로들이 쌍방 전쟁포로수용소로부터 전쟁포로 인도인수지점에 도달하는 시간을 조절하며 필요할 때에는 병상 전쟁포로의 수송 및 후생에 요구되는 특별한 조치를 취하며 본 정전협정 제57항에서 설립된 공동적십자소조의 전쟁포로송환 협조사업을 조절

하며 본 정전협정 제53항과 제54항에 규정한 전쟁포로 실제 송환조치의 실시를 감독하며 필요할 때에는 추가적 전쟁포로 인도인수지점을 선정하여 전쟁포로 인도인수지점의 안전조치를 취하며 전쟁포로송환에 필요한 기타 관계임무를 집행하는 것이다.

(ㄴ) 전쟁포로송환위원회는 그 임무에 관계되는 어떠한 사항에 대하여 합의에 도달하지 못할 때에는 이러한 사항을 즉시로 군사정전위원회에 제기하여 결정하도록 한다. 전쟁포로송환위원회는 군사정전위원회 본부 부근에 그 본부를 설치한다.

(ㄷ) 전쟁포로송환위원회가 전쟁포로 송환계획을 완수한 때에는 군사정전위원회가 즉시로 이를 해산시킨다.

제57항

(ㄱ) 본 정전협정이 효력을 발생한 후 즉시로 국제연합군에 군대를 제공하고 있는 각국의 적십자 대표를 일방으로 하고 조선민주주의 인민공화국 적십자 대표와 중화인민공화국 적십자 대표를 다른 일방으로 하여 조직되는 공동 적십자소조를 설립한다. 공동적십자소조는 전쟁포로의 복리에 요망되는 인도주의적 봉사로서 쌍방이 본 정전협정 제51항 (ㄱ)목에 규정한 송환을 주장하는 전체 전쟁포로의 송환에 관계되는 규정을 집행하는 것을 협조한다. 이 임무를 완수하기 위하여 공동 적십자소조는 전쟁포로 인도인수지점에서 쌍방의 전쟁포로 인도인수사업을 협조하며 쌍방의 전쟁포로수용소를 방문하여 위문하며 전쟁포로의 위문과 전쟁포로의 복리를 위한 선물을 가지고 가서 분배한다. 공동적십자소조는 전쟁포로수용소에서 전쟁포로 인도인수지점으로 가는 도중에 있는 전쟁포로에게 봉사를 제공할 수 있다.

(ㄴ) 공동 적십자소조는 다음과 같은 규정에 의하여 조직한다.

1) 한 소조는 각방의 본국 적십자사로부터 각기 대표 10명씩을 내어 쌍방 합하여 20명으로 구성하며 전쟁포로 인도인수지점에서 쌍방 전쟁포로의 인도인수를 협조한다. 동 소조의 의장은 쌍방 적십자사 대표가 매일 윤번으로 담당한다. 동 소조의 사업과 봉사는 전쟁포로송환위원회가 이를 조절한다.

2) 한 소조는 각방의 본국 적십자사로부터 각기 대표 30명씩을 내어 쌍방 합하여 60명으로 구성하며 조선인민군 및 중국인민지원군 관리하의 전쟁포로수용소를 방문하며 또 전쟁포로수용소에서 전쟁포로 인도인수지점으로 가는 도중에 있는 전쟁포로에게 봉사를 제공할 수 있다. 조선민주주의 인민공화국 적십자사 또는 중화인민공화국 적

십자사의 대표가 동 소조의 의장을 담당한다.

3) 한 소조는 각방의 본국 적십자사로부터 각기 대표 30명씩을 내어 쌍방 합하여 60명으로 구성하며 국제연합군 관리하의 전쟁포로수용소를 방문하며 또 전쟁포로수용소에서 전쟁포로 인도인수지점으로 가는 도중에 있는 전쟁포로에게 봉사를 제공할 수 있다. 국제연합군에 군대를 제공하고 있는 한 나라의 적십자 대표가 동 소조의 의장을 담당한다.

4) 각 공동 적십자소조의 임무집행의 편의를 위하여 정황(情況)이 필요로 할 때에는 최소 2명의 소조원으로 구성하는 분조(分組)를 설립할 수 있다. 분조 내에서 각방은 동등한 수의 대표를 가진다.

5) 각방 사령관은 그의 군사통제 지역 내에서 사업하는 공동 적십자소조의 운전수, 서기 및 통역과 같은 부속인원 및 각 소조가 그 임무집행 상 필요로 하는 장비를 공급한다.

6) 어떠한 공동적십자소조든지 동 소조의 쌍방 대표가 동의하는 때에는 그 인원수를 증감할 수 있다. 단 이는 전쟁포로송환위원회의 인가를 거쳐야 한다.

(ㄷ) 각방 사령관은 공동 적십자소조가 그의 임무를 집행하는데 충분한 협조를 주며, 또 그의 군사통제 지역 내에서 책임지고 공동적십자소조 인원들의 안전을 보장한다. 각방 사령관은 그의 군사통제 지역 내에서 사업하는 이러한 소조에 요구되는 보급, 행정 및 통신상의 편의를 준다.

(ㄹ) 공동 적십자소조는 본 정전협정 제51항 (ㄱ)목에 규정한 송환을 주장하는 전체 전쟁포로의 송환계획이 완수되었을 때에는 즉시로 해산한다.

제58항

(ㄱ) 각방 사령관은 가능한 범위 내에서 속히 그러나 본 정전협정이 효력을 발생한 후 10일 이내에 상대방 사령관에게 다음과 같은 전쟁포로에 관한 자료를 제공한다.

1) 제일 마지막 번에 교환한 자료의 마감한 일자 이후에 도망(逃亡)한 전쟁포로에 관한 완전한 자료.

2) 실제로 실행할 수 있는 범위 내에서 수용기간 중에 사망한 전쟁포로의 성명, 국적, 계급별 및 기타의 식별자료 또한 사망일자, 사망원인 및 매장지점에 관한 자료.

(ㄴ) 만일 위에 규정한 보충자료의 마감한 일자 이후에 도망하였거나 또는 사망한 어떠한 전쟁포로가 있으면 수용한 일방은 본조 제58항 (ㄱ)목의 규정에 의하여 관계자료를 전쟁포

로송환위원회를 거쳐 상대방에 제공한다. 이러한 자료는 전쟁포로 인도인수계획을 완수할 때까지 10일에 한 번씩 제공한다.

(ㄷ) 전쟁포로 인도인수계획을 완수한 후에 본래 수용하고 있던 일방에 다시 돌아온 어떠한 도망 전쟁포로도 이를 군사정전위원회에 넘기어 처리한다.

제59항

(ㄱ) 본 정전협정이 효력을 발생하는 당시에 국제연합군 총사령관의 군사 통제 지역에 있는 자로서 1950년 6월 24일에 본 정전협정에 확정된 군사분계선 이북에 거주한 전체 사민(私民)에 대하여서는 그들이 귀향하기를 원한다면 국제연합군 총사령관은 그들이 군사분계선 이북지역에 들어가는 것을 허용하며 협조한다. 본 정전협정이 효력을 발생하는 당시에 조선인민군 최고사령관과 중국인민지원군 사령관의 군사통제지역에 있는 자로서 1950년 6월 24일에 본 정전협정에 확정된 군사분계선 이남에 거주한 전체 사민에 대하여서는 그들이 귀향하기를 원한다면 조선인민군 최고사령관과 중국인민지원군 사령관은 그들이 군사분계선 이남지역에 들어가는 것을 허용하며 협조한다. 각방 사령관은 책임지고 본목 규정의 내용을 그의 군사통제지역에 광범히 선포하며 또 적당한 민정당국을 시켜 귀향하기를 원하는 이러한 전체 사민에게 필요한 지도와 협조를 주도록 한다.

(ㄴ) 본 정전협정이 효력을 발생하는 당시에 조선인민군 최고사령관과 중국인민지원군 사령관은 군사통제지역에 있는 전체 외국적(外國籍)의 사민 중 국제연합군 총사령관의 군사통제 지역으로 가기를 원하는 자에게는 그가 국제연합군 총사령관의 군사통제 지역으로 가는 것을 허용하며 협조한다. 본 정전협정이 효력을 발생하는 당시에 국제연합군 총사령관의 군사통제 지역에 있는 전체 외국적의 사민 중 조선인민군 최고사령관과 중국인민지원군 사령관은 군사통제 지역으로 가기를 원하는 자에게는 그가 조선인민군 최고사령관과 중국인민지원군 사령관의 군사통제 지역으로 가는 것을 허용하며 협조한다. 각방 사령관은 책임지고 본목 규정의 내용을 그의 군사통제 지역에 광범히 선포하며 적당한 민정당국을 시켜 상대방 사령관의 군사통제 지역으로 가기를 원하는 이러한 전체 외국적의 사민에게 필요한 지도와 협조를 주도록 한다.

(ㄷ) 쌍방의 본조 제59항 (ㄱ)목에 규정한 사민의 귀향과 본조 제59항 (ㄴ)목에 규정한 사민의 이동을 협조하는 조치는 본 정전협정이 효력을 발생한 후 될 수 있는 한 속히 개시한다.

(ㄹ) 1) 실향사민귀향협조위원회를 설립한다. 동 위원회는 영관급장교 4명으로 구성하되 그

중 2명은 국제연합군 총사령관이 이를 임명하며 그중 2명은 조선인민군 최고사령관과 중국인민지원군 사령관이 공동으로 이를 임명한다. 동 위원회는 군사정전위원회의 전반적 감독과 지도 밑에 책임지고 상기 사민의 귀향을 협조하는데 관계되는 쌍방의 구체적 계획을 조절하며 또 상기 사민의 귀향에 관계되는 본 정전협정 중의 일체 규정을 쌍방이 집행하는 것을 감독한다. 동 위원회의 임무는 운송조치를 포함한 필요한 조치를 취함으로써 상기 사민의 이동을 촉진 및 조절하며 상기 사민의 군사분계선을 통과하는 월경지점(越境地點)을 선정하며 월경지점의 안전조치를 취하며 또 상기 사민귀향을 완료하기 위하여 필요한 기타 임무를 집행하는 것이다.

2) 실향사민귀향협조위원회는 그의 임무에 관계되는 어떠한 사항이든지 합의에 도달할 수 없는 때에는 이를 곧 군사정전위원회에 제출하여 결정하게 한다. 실향사민귀향협조위원회는 그의 본부를 군사정전위원회의 본부 부근에 설치한다.

3) 실향사민귀향협조위원회가 그의 임무를 완수한 때에는 군사정전위원회가 즉시로 이를 해산시킨다.

제4조 쌍방 관계 정부들에의 건의

제60항. 한국문제의 평화적 해결을 위하여 쌍방 군사령관은 쌍방의 관계 각국 정부에 정전협정이 조인되고 효력을 발생한 후 3개월 내에 각기 대표를 파견하여 쌍방의 한 급 높은 정치회담을 소집하고 한국으로부터의 모든 외국군대의 철수 및 한국문제의 평화적 해결문제들을 협의할 것을 이에 건의한다.

제5조 부칙

제61항. 본 정전협정에 대한 수정과 증보는 반드시 적대 쌍방 사령관들의 상호합의를 거쳐야 한다.

제62항. 본 정전협정의 각 조항은 쌍방이 공동으로 접수하는 수정 및 증보 또는 쌍방의 정치

적 수준에서의 평화적 해결을 위한 적당한 협정 중의 규정에 의하여 명확히 대체될 때까지는 계속 효력을 가진다.

제63항. 제12항을 제외한 본 정전협정의 일체 규정은 1953년 7월 27일 22시부터 효력을 발생한다. 1953년 7월 27일 10시에 한국 판문점에서 영문·한국문 및 중국문으로써 작성한다. 이 3개 국어에 의한 각 협정의 본문은 동등한 효력을 가진다.

國際聯合軍總司令官
美　陸軍大將
마크　W·클라크

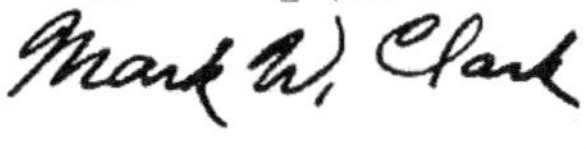

朝鮮人民軍最高司令官
朝鮮民主主義人民共和國元帥
金　日　成

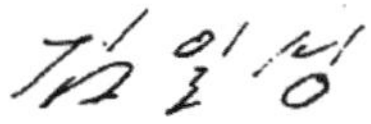

中國人民志願軍司令官
彭　德　懷

<參　席　者>

國際聯合軍代表　美陸軍中將
윌리암K·해리슨

朝鮮人民軍　및　中國人民志願軍代表
朝鮮人民軍　大將
南　日

국제연합군총사령관: 미국 육군대장 마크 W. 클라크

조선인민군최고사령관: 조선민주주의인민공화국 원수 김일성

중국인민지원군사령관: 펑더화이(彭德懷)

[참석자]

국제연합군대표: 미육군중장 윌리암 K. 해리슨

조선인민군 및 중국인민지원군 대표: 조선인민군 대장 남일

전쟁 관련 민간인 사망자 비율(1945~1992)

국가	연 도	사망자 수			민간인 사망 비율
		민간인	군인	계	
재래식 전쟁					
알제리	1945	2,000	0	2,000	100
인도네시아	1945~46	4,000	1,000	5,000	80
베트남	1945~54	300,000	300,000	600,000	50
중국	1946~50	500,000	500,000	1,000,000	50
마다가스카르	1947~48	10,000	5,000	15,000	67
인도 : 파키스탄	1947~49	1,000	2,000	3,000	33
예멘	1948	2,000	2,000	4,000	50
이스라엘 : 아랍	1948	0	8,000	8,000	0
코스타리카	1948	1,000	1,000	2,000	50
콜롬비아	1949~62	200,000	100,000	300,000	67
필리핀	1950~52	5,000	4,000	9,000	56
한국	1950~53	1,500,000	1,500,000	3,000,000	50
볼리비아	1952	1,000	1,000	2,000	50
케냐	1952~63	3,000	12,000	15,000	20
튀니지	1952~54	3,000	0	3,000	100
모로코	1935~56	3,000	0	3,000	100
알제리	1954~62	82,000	18,000	100,000	82
아르헨티나	1955	2,000	2,000	4,000	50
헝가리 : 소련	1956	10,000	10,000	20,000	50
이집트, 시리아 : 이스라엘	1956	1,000	3,000	4,000	25
레바논	1958	1,000	1,000	2,000	50
베트남	1960~65	200,000	100,000	300,000	67
라오스	1960~73	18,000	12,000	30,000	60
앙골라	1961~75	30,000	25,000	55,000	55
중국 : 인도	1962	1,000	1,000	2,000	50
알제리	1962~63	1,000	1,000	2,000	50
기니 비사우	1962~74	5,000	10,000	15,000	33
파키스탄 : 인도	1965	13,000	7,000	20,000	65
도미니카	1965	1,000	2,000	3,000	66
베트남 : 미국	1965~75	1,000,000	1,058,000	2,058,000	49
이집트 : 이스라엘	1967~70	50,000	25,000	75,000	67
중국	1967~68	450,000	50,000	500,000	90
중국 : 소련	1969	0	1,000	1,000	0
엘살바도르 : 온두라스	1969	3,000	2,000	5,000	60
요르단	1970	5,000	5,000	10,000	50
캄보디아 : 미국, 베트남	1970~75	78,000	78,000	156,000	50

국가	연 도	사망자 수			민간인 사망 비율
		민간인	군인	계	
파키스탄 : 인도	1971	0	11,000	11,000	0
스리랑카	1971	5,000	5,000	10,000	50
필리핀	1972~92	20,000	20,000	40,000	50
칠레	1974	20,000	0	20,000	100
키프로스 : 터키	1974	3,000	2,000	5,000	60
캄보디아	1975~78	750,000	250,000	1,000,000	75
서부 사하라	1975~87	3,000	13,000	16,000	19
아르헨티나	1976~79	12,000	3,000	15,000	80
에티오피아 : 소말리아	1976~83	15,000	24,000	39,000	38
우간다 : 탄자니아	1978~79	0	3,000	3,000	0
니카라과	1978~79	25,000	25,000	50,000	50
캄보디아 : 베트남	1978~89	14,000	51,000	65,000	22
아프가니스탄	1978~91	1,000,000	5,000	1,500,000	67
중국 : 베트남	1979	9,000	26,000	35,000	26
엘살바도르	1979~91	50,000	25,000	75,000	67
자메이카	1980	1,000	0	1,000	100
차드	1980~87	2,000	5,000	7,000	29
이란 : 이라크	1980~88	50,000	450,000	500,000	10
우간다	1981~87	300,000	8,000	308,000	97
니카라과	1981~88	15,000	15,000	30,000	50
모잠비크	1981~92	1,000,000	50,000	1,050,000	95
아르헨티나 : 영국	1982	0	1,000	1,000	0
짐바브웨	1983	2,000	0	2,000	100
중국	1983~84	5,000	0	5000	100
라이베리아	1985~88	5,000	0	5,000	100
콜롬비아	1986~92	14,000	8,000	22,000	64
남예멘	1986~87	7,000	4,000	11,000	64
중국	1989	1,000	0	1,000	100
파나마 : 미국	1989	1,000	0	1,000	100
루마니아	1989	1,000	0	1,000	100
중국 : 베트남	1987	0	1,000	1,000	0
중국	1990	1,000	0	1,000	100
쿠웨이트, 미국 : 이라크	1990~91	100,000	100,000	2300,000	50
나이지리아	1991~92	5,000	0	5,000	100
르완다	1992	2,000	0	2,000	100

국가	연 도	사망자 수			민간인 사망 비율
		민간인	군인	계	
문화적 분쟁					
인도	1946~48	8,000,000	0	8,000,000	100
대만	1947	20,000	0	20,000	100
중국 : 티베트	1950~51	2,000	0	2,000	100
티베트	1956~59	60,000	40,000	100,000	60
르완다	1956~65	102,000	3,000	105,000	97
이라크	1959	1,000	1,000	2,000	50
이라크	1961~70	100,000	5,000	105,000	95
수단	1963~72	250,000	250,000	500,000	50
인도네시아	1965~66	500,000	0	500,000	100
우간다	1966	1,000	1,000	2,000	50
과테말라	1966	100,000	40,000	140,000	71
나이지리아	1967~70	1,000,000	1,000,000	2,000,000	50
파키스탄	1971	500,000	500,000	1,000,000	50
우간다	1971~78	300,000	0	300,000	100
부룬디	1972	100,000	10,000	110,000	91
필리핀	1972~92	20,000	15,000	35,000	57
파키스탄	1973~77	6,000	3,000	9,000	67
에티오피아	1974~92	500,000	75,000	575,000	87
레바논	1975~76	75,000	25,000	100,000	75
인도네시아	1975~82	100,000	50,000	150,000	67
남아프리카공화국	1976	1,000	0	1,000	100
이란	1978~89	70,000	18,000	88,000	80
시리아	1980	20,000	0	200,000	100
짐바브웨	1983~84	2,000	0	2,000	100
인도	1983~92	13,000	5,000	18,000	72
페루	1983~92	20,000	6,000	26,000	77
남아프리카공화국	1983~92	15,000	0	15,000	100
수단	1984~92	500,000	6,000	506,000	99
스리랑카	1984~92	18,000	14,000	32,000	56
부룬디	1988~92	8,000	0	8,000	100
소말리아	1988~92	350,000	5,000	355,000	99
라이베리아	1990~92	10,000	10,000	20,000	50

출처: Ruth Leger Sivard, *World Military and Social Expenditures 1993* (Washington: World Priorities, 1993), p. 21.

참고문헌

[한국어 논문 및 단행본]

강금실, 「민간인 학살 사건에 관한 법적인 문제점과 해결 방향」, 한국전쟁 전후 민간인학살 진상규명을 위한 모임 주관, 한국전쟁 전후 민간인학살 심포지엄 「전쟁과 인권」, 서울: 프레스센터, 2000년 6월 21일.

강혁, 「탈북대학생 강혁의 수기 (상), 굶주림의 땅에 쓰러져 죽음의 강을 건너다」 『신동아』, 1999년 8월.

경북대학교 평화문제연구소, 통일안보 Forum: 「북한의 인권문제」, 1997년 11월 21일.

古筠紀念會, 『金玉均傳 (上)』, 東京: 慶應出版社.

고영환, 「북한의 관점에서 본 대남 협상 전략 및 기술」, 3/4분기 군비통제 학술간담회 발표자료, 1993년 8월 26일.

고태우, 『북한의 종교정책』, 민족문화사, 1989.

과학·백과사전출판사, 『현대조선말사전』, 1981.

국가정보원, 『남북한 합의문건 총람』, 2005.

국방군사연구소, 『한국전쟁의 포로』, 1996.

국방부, 『국방백서 2000』, 국방부, 2000.

_____, 『국군 포로 문제: 실상과 대책』, 2004.

_____, 『국군 포로문제』, 1999.

국방부전사편찬위원회 역, 『한국전쟁포로』, 1986. [White, William Lindsay, *The Captives of Korea*]

국방정보본부, 『군사정전위원회편람』, 1986.

___________, 『군사정전위원회편람』 제2집, 1993년 12월.

국사편찬위원회, 『남북한관계사료집』, 5권(휴전회담회의록 5: 제4의제에 관한 제1~71차 분과위원회 기록), 1994.

국제인권옹호한국연맹, 「북한억류 한국군 포로들의 실태보고서」, 단국대학교 정책과학연구소, 1994.

軍事科學院軍事歷史研究所 編著, 한국전략문제연구소 역, 『중공군의 한국전쟁사』, 세경사, 1991.(원저: 軍事科學院軍事歷史研究所 編著, 『中國人民志願軍 抗美援朝戰史』, 軍事科學出版社, 1988.)

권혁, 『고난의 강행군』, 정토출판, 1999.

김구, 『백범일지』, 교문사, 1987.

金綺秀, 「修信使日記」, 卷1, 修信使記錄, 국사편찬위원회, 1971.

김남식, 『남로당 연구 I』, 돌베개, 1984.

_____, 『남로당 연구 II』, 돌베개, 1988.

김도태, 『徐載弼博士自敍傳』, 을유문화사, 1972.

김명기, 『한반도 평화조약의 체결 -휴전협정의 평화조약으로의 대체를 위하여』, 국제법출판사, 1994.

_____, 「정전체제의 전환: 법적 문제와 국제구도」, 『평화연구』 제21집, 경북대학교 평화문제연구소, 1996년 12월.

김보영, 「한국전쟁 휴전회담 초기 '개성사건'과 군사분계선 협상」, 국방부 군사편찬연구소, 『軍史』 제67호, 2008.

김부성, 『내가 판 땅굴』, 갑자문화사, 1976.

김성철 외, 『북한 사회주의체제의 위기수준 평가 및 내구력 전망』, 민족통일연구원, 1996.

김성환, 「50년 전 폐광 속 유골이 말하는 검은 역사의 진실」, 『월간 말』 2000년 2월 호.

김영윤 외, 『통일독일의 분야별 실태』, 민족통일연구원, 1992.

김영진, 「고대 중국의 지리적 크기와 구조 관념에 대한 고찰」, 『국제정치논총』 제51집 제2호, 2011.
김용기, 「계급의 불평등구조와 계급정책」, 고현욱 외, 『북한사회의 구조와 변화』, 경남대학교 극동문제연구소, 1987.
김운태, 「한국정치학연구의 발전과 현황」, 『한국정치학회보』 제21집 제2호, 1987.
김윤식, 『續陰晴史(下)』 부록, 국사편찬위원회, 1971.
김정건, 『국제법』, 박영사, 2004.
김학준, 『한국문제와 국제정치』, 박영사, 1987.
_____, 『한국전쟁- 원인·과정·휴전·영향』, 박영사, 1989.
_____, 『한국전쟁- 원인·과정·휴전·영향』 제4수정 증보판, 박영사, 2010.
노용필, 『'동학사'와 집강소 연구』, 국학자료원, 2001.
대한변호사협회, 『2006 북한인권백서』, 대한변호사협회, 2006.
도경옥, 김수암, 이금순, 한동호, 홍민, 『2015 북한인권백서』, 통일연구원, 2015.
문익승, 「한국정치학의 정립문제」, 『한국정치학회보』 제13집, 1979.
문일평, 『韓米五十年史: 湖岩全集(1), 조광사, 1945.
민경길, 「전시 민간인 보호에 관한 국제법규 연구(노근리 사건을 중심으로)」, 『인도법 논총』 제21권, 2001.
_____, 「전시법상 교전자 평등의 원칙 - UN헌장 체제를 중심으로 -」, 『국제법논총』 제8권, 1996.
_____, 「전쟁범죄의 성립과 처벌에 관한 연구– 노근리 사건을 중심으로」, 『육사논문집』 제58집 제1권, 2002.
박갑동, 『박헌영』, 인간사, 1984.
박영효, 『甲申政變』, 純宗實紀(新民 제14호), 신민사, 1926.
_____, 「內政改革에 關한 建白書 八個條」, 韓國史資料選集(V), 一潮閣, 1975.
박정환, 『느시』 I 권, II 권, 문예당, 2000.
박종성, 「갑오농민봉기의 혁명성 연구 - 회고와 성찰: 호칭과 관련하여」, 한국정치외교사학회(편), 『갑오동학농민혁명의 쟁점』, 집문당, 1994.
법무부, 『한국교정사』, 1987.
브레진스키(Brzezinski, Zbgniew) 저, 명순희 역, 『대실패』, 을유문화사, 1989.
사회과학출판사, 『정치사전』, 1973.
서대숙 지음, 현대사연구회 옮김, 『한국공산주의 운동사 연구』, 화다, 1985.
서재진, 『또 하나의 북한사회, 사회구조와 사회의식의 이중성 연구』, 나남출판, 1995.
서주석, 「한국전쟁의 전개과정연구: 미국의 전쟁제한정책 결정과정과 그 원인을 중심으로」, 서울대학교 대학원 외교학과 석사학위논문, 1986.
신복룡 역주, 『대한제국의 비극』, 평민사, 1985.: McKenize, F. A.. *The Tragedy of Korea* (New York: E. P. Dutton Co., 1908)
신복룡, 「한국전쟁의 원인에 관한 한 고찰: D. 애치슨의 연설을 둘러싼 논쟁을 중심으로」 건국대학교 부설 사회과학연구소, 『사회과학』 제12집 별책, 1988.
_____, 『한말 개화사상 연구」, 평민서당, 1987.
愼鏞廈, 「甲午農民戰爭의 主體勢力과 社會身分」, 『韓國史硏究』 제50~51 합집, 1985.
_____, 「서세와 체제에 대한 동학의 대응」 한국정신문화연구원, 『韓國의 社會와 文化』 제19집(조선 후기의 근대적 사회의식), 1992.
_____, 『동학과 갑오농민전쟁연구』, 일조각, 1993.
심규상, 「1950년 7월 8일 낭월동을 기억하라」, 『월간 말』 2000년 2월 호.
야오쉬(姚旭), 「미국에 대항하고 조선을 지원한 현명한 정책, 중국 인민지원군이 출국하여 참전한 30주년을 기념하며」, 『중소연구』 제8권 제4호, 1984/85.

오연호, 『노근리 그 이후』, 말, 1999.
오영교, 『조선후기 사회사 연구』, 혜안, 2005.
吳知泳 著, 李章熙 校註, 『東學史』, 博英社, 1982(원 저서는 1940년에 서울 영창서관에서 출판).
와다 하루키 지음, 서동만 옮김, 『한국전쟁』, 창작과비평사, 1999.
외무부, 『월남전포로 및 실종자 송환(1969~1982)』.
유병화, 「북한 억류자 송환의 법적 문제와 해결방안」, 최성철 편, 『북한인권의 이해』, 한양대학교 통일전략연구소, 1997.
유완식·김태서, 『북한 30년사』, 현대경제일보사, 1975.
尹致昊, 「獨立協會의 始終」, 『純宗實紀(新民 第14號)』, 서울: 新民社, 1926.
이광린, 『개화당연구』, 일조각, 1973.
이광수, 「박영효 씨를 만난 이야기」, 이광수전집(17), 삼중당, 1962.
이기봉, 「지하실에서는 포로가 된 국군장교들의 비명소리가 수시로 새어 나왔다」, 『월간중앙』 1995년 2월 호, 중앙일보사.
_____, 「6·25 전쟁포로 출신 전문가 진단, '북한 달러박스' 미군유해 발굴, 몇 구나 가능할까」, 『신동아』 1996년 8월 호.
이영호, 「1894년 농민전쟁의 사회경제적 배경과 변혁주체의 성장」, 한국역사연구회, 『1894년 농민전쟁연구 1 - 농민전쟁의 사회경제적 배경 -』, 역사비평사, 1991.
이우홍, 『가난의 공화국』, 통일일보사, 1990.
_____, 『어둠의 공화국』, 통일일보사, 1990.
이장희, 「전시 민간인 피해에 대한 국제인도법적 검토」, 『근현대사 강좌』 통권 제12호(2001년 2월).
이종석, 『북한-중국관계 1945~2000』, 2004.: 紫成文, 『板門店談判』, 北京: 解放軍出版社, 1989.
이한섭 편저, 『서유견문(전문)』, 도서출판 박이정, 2000.
이희승 편저, 『국어대사전』, 민중서림, 1994.
임성연 외, 『육군 일등병 남편의 유골을 안았을 때』 월간조선 2000년 6월 호 별책 부록.
임현진 외, 「한국에서의 민족형성과 국가건설 - '결손국가론' 서설」, 『전환기 한국정치학의 새지평』, 나남출판사, 1994.
자유평론사, 「북한억류 한국군 포로들의 실태 보고서」, 『새물결』 1995년 10월 호.
장경섭, 「북한의 잠재적 시민사회: 이차 의식, 이차 경제, 이차 사회」, 『현상과 인식』 제18권 제4호, 1994.
장신 편저, 『국제법판례 요약집』, 전남대학교 출판부, 2004.
전재성, 「한반도 평화체제: 국제정치이론적 접근」, 한국정치학회 정전체제 55주년 특별학술회의, 서울: 2008년 07월 10일.
鄭喬, 『大韓季年史(上)』, 한국사학회, 國史編纂委員會, 단기4291[1958], 韓國史料叢書 5.
정세진, 「북한의 이차경제 발흥과 정치적 변화에 관한 연구」, 통일부, 『'99 신진연구자 북한 및 통일관련 논문집, 북한실태·인도지원(Ⅱ)』, 1999.
정찬동, 『함평양민학살』, 시와사람, 1999.
정희상, 『이대로는 눈을 감을 수 없소: 6·25 전후 민간인 학살사건 발굴 르뽀』, 돌베개, 1990.
제성호, 『남북한 특수관계론, 법적 문제와 그 대책』, 도서출판 한울, 1995.
조선인민군출판사, 『학습참고자료-병사, 사관용』, 주체89, 『월간조선』 2002년 3월 호.
조순승, 「한국분단사」, 형성사, 1983.
조지 O. 타튼 지음, 정광하·이행 옮김, 『일본의 사회민주주의운동 1870~1945』, 한울아카데미, 1997.
조찬래, 「한국정치사연구의 현황과 문제점」, 김계수 외 지음, 『한국정치연구의 대상과 방법』, 한울아카데미, 1993.
조철, 『죽음의 세월』, 성봉각, 1964.
좋은벗들, 『북한난민 1855명 증언, 사람답게 살고 싶소』, 정토출판, 1999.
_______, 『중국 동북부지역 2479개 마을 북한 '식량난민' 실태 조사, 두만강을 건너온 사람들』, 정토출판, 1999.

중앙정보부, 「북한의 인권탄압실태」, 발행연도 미상(1970년대 초로 추정).
_________, 『군사정전회담자료집(1951. 7~1974. 9)』, 발행연도 미상.
진실·화해를위한과거사정리위원회, 『2007년 상반기 조사보고서(2007. 1. 1.~2007. 6. 30)』, 2007.
최원기 외, 『남북정상회담 600일』, 김영사, 2000.
최창규, 『근대 한국정치사상사』, 일조각, 1991.
최춘흠, 『중국의 대북정책과 2·13합의에 대한 입장』, 통일연구원, 2007.
최태환의 증언, 「6·25 전쟁 발발의 실상을 밝힌다」, 『역사비평』, 역사문제연구소, 1988.
테다 스카치폴 저, 한창수·김현택 옮김, 『국가와 사회혁명, 혁명의 비교연구(프랑스, 러시아, 중국)』 5판, 까치, 1989.
통일부 통일정책실, 『2001 통일백서』, 통일부, 2001.
한국국방연구원, 「북측 군정위 해체주장과 관련한 대응방안」, 1992년 6월.
한국역사연구회, 『1894년 농민전쟁연구 1 -농민전쟁의 사회경제적 배경 -』, 역사비평사, 1991.
한창수 편, 『한국공산주의운동사』, 지양사, 1984.
합참정보참모본부, 『군사정전위원회편람』 제4집, 1999년 8월.
허만호, 「해방부터 한국전쟁까지의 한국의 대북방관계: 분단 체제의 구축과 한국전쟁에서의 소·중의 개입요인을 중심으로」, 『한국정치외교사학회 논총』 제6집(「한국북방관계의 정치외교사적 재조명」, 평민사), 1990.
_____, 「남북한 군사관계발전 속에서의 군사정전위원회」, 『한국정치의 쟁점과 이해』, 박영사, 1993.
_____, 「한반도 정전체제의 전환: 현안과 대책」, 『대구·경북정치학회보』 제3집, 대구·경북정치학회, 1995.
_____, 「북한의 협상행위의 특징- 이론적 괴리와 규칙성-」, 韓國國際政治學會, 『國際政治論叢』 제36집 제2호, 1996.
_____, 「휴전체제의 등장과 변화: 통일조건의 역사적 모색」, 『한국정치외교사학회 논총』 제16집, 한국정치외교사학회, 1997.
_____, 「북한억류 한국군 포로의 송환: 법리적 판단과 협상론의 한계를 넘어」, 『省谷論叢』 제29집, 성곡학술문화재단, 1998.
_____, 「북한의 2분법적 사회분화와 한반도 평화 정착의 제도화」, 국방대학교 안보문제연구소 『안보학술논집』 제12집 제2호, 2001.
_____, 「베트남과 북한에서의 2분법적 사회분화와 정치변동: 유교적 가치와 사회통제에 대한 비교연구」, 한국정치학회 『한국정치학회보』 제38집 제1호, 2004.
_____, 「6·25전쟁의 유산: 한반도에서의 평화의 제도화」, 한국전쟁학회 편, 『한국 현대사의 재조명』, 명인문화사, 2007.
_____, 『북한의 개혁·개방과 인권: 후기 공산사회에서의 사회통제와 정치변동에 대한 비교론적 접근』, 명인문화사, 2008.
허만호·김민서, 「전시 민간인 피해에 대한 국가 책임 한계」, 국방부 군사편찬연구소, 『2005 민 군 관련사건 연구 논문집』 제1집, 2006.

[외국어 논문 및 단행본]

Appleman, Roy E., *South to the Nakdong, North to the Yalu: June-November 1950* (Center of Military History, U.S. Army, 1961).
Aron, Raymond, *Dimensions de la Conscience Historique* (Paris: Plon), 1964.
_____________, "Qu'est-ce qu'une théorie des relations internationales?", *Revue Française de Science Politique*. Vol. XVII. 1967.
_____________, *Paix et guerre entre les nations* (Paris: Calmann- Lévy, 1984).

Azar, Edward E., *The Management of Protracted Social Conflict* (Hampshire: Dartmouth Press, 1990).

Bailey, Sydney D., "Cease-Fires, Truces, and Armistices in the Practice of the UN Security Council", The American Society of International Law, *American Journal of International Law*, Vol. 71 (1977).

Beloff, Max, *Soviet Policy in the Far East 1945-51* (London: Oxford Univ., 1953).

Benda, Václav et. al., "Parallel Polis, or An Independent Society in Central and Eastern Europe: An Inquiry", *Social Research*, Vol. 55 Nos. 1-2(Spring/Summer), 1988.

Badie, Bertrand & Pierre Birnbaum, *The sociology of the State* (Chicago: University of Chicago Press, 1983).

Birnbaum, Pierre, *La Logique de l'État* (Paris: Fayard, 1982).

Brzezinski, Zbgniew, *THE GRAND FAILURE, The Birth and Death of Communism in the Twentieth Century* (New York: Charles Scribner's Sons, 1989).

Chaliand, Gérard, *Mythes révolutionnaires du tiers monde, Guérillas et socialisme*, Points (Paris: Editions du Seuil, 1979).

Clausewitz, Carl von, *De la guerre* (Les Editions de Minuit, 1955).

Clark, Mark W., *From the Danube to the Yalu* (New York: Harper & Brothers, 1954).

Cummings, Bruce, *The Origins of the Korean War* (Princeton: Princeton Univ. Press, 1981).

Devillers, Philip, "L'Union Soviétique, la Chine et les Origines de la guerre de Corée", *Revue Française des Sciences Politiques*, déc. 1964.

Dobry, Michel, *Sociologie des crises politiques* (Paris: Presses de la Fondation Nationale des Sciences Politiques, 1992).

Eisenstadt, S. N., "Social Institutions", *International Encyclopedia of the Social Science*, 2nd ed. (New York: Macmillan & Free Press, 1968).

Etzold, T. H. and J. L. Gaddis (ed.), *Containment: documents on American Policy and Strategy, 1945-50* (New York: Columbia Univ. Press, 1978).

Fu, Menzi, "China's Strategy for the Implementation of a Framwork for Peace on the Korean Peninsula", 『6.15 정상회담과 한반도 평화체제』, 통일연구원 주최 국제세미나 발표논문. 2007년 6월 7일.

Cho, Soon-Sung. *Korea In World Politics 1940-1950*: an evaluation of American responsibility (Berkeley and L.A.: Univ. of California Press, 1967).

Dupont, Christopher and Guy-Olivier Faure, "The Negotiation Process", in Victor A. Kremenyuk ed. *International Negotiation* (San Francisco: Jossey-Bass Publisher, 1991).

Ginsberg, Norton, "On the Chinese Perception of a World Order", in Tang Tsou(ed.), *China in Crisis* (2vols) (Chicago: Univ. of Chicago Press, 1968), vol. Ⅱ, China's Policies in Asia and America's Alternatives.

Grossman, Gregory, "The 'Second Economy' of USSR", *Problems of Communism*, Vol. 26(September-October, 1977).

Gurr, Ted, *Why Men Rebel* (NJ: Princeton University Press, 1970).

Hankiss, Elemér, "The 'Second Society': Is there an alternative social model emerging in contemporary Hungary?", *Social Research*, Vol. 55 Nos. 1-2(Spring/Summer, 1988).

Haraszti, Miklos, "The Beginning of Civil Society: The Independent Peace Movement and the Danube Movement in Hungary", in Vladimir Tismaneanu (ed.), *Search of Civil Society: Independent Peace Movement in the Soviet Bloc* (New York: Routledge, 1990).

Heo, Man-Ho, "La Constance de l'Unité Nationale Coréenne: essai d'une nouvelle interprétation de la guerre de Corée", Thèse pour le Doctorat Nouveau Régime. Ecole des Hautes Etudes en Sciences Sociales. 1988.

____________, "Les prisonniers de guerre sud-coréens retenus en Corée du Nord: LES HOMMES DANS L'HISTOIRE?", in Yim Seong-Sook. *La Corée, le peuple et ses valeurs culturelles: d'hier à aujourd'hui* (Québec: LES PRESSES DE L'UNIVERSITE DE MONTREAL, 2000).

__________, "Contrôle social et changement politique dans les sociétés communistes subsistantes: une application des cas chinois et est-allemand à la Corée du Nord", *Revue Internationale de Politique Comparée*, Vol. 9 No. 3(2002).

HFFC G-2, *History of the North Korean Army, 1952* (국방군사연구소 사료 No. 856, Section 5).

Huntington, Samuel. P., *Political Order in Changing Societies* (New Haven: Yale University Press, 1968).

__________________, *The Third Wave: Democratization in the Late Twentieth Century* (Norman: University of Oklahoma Press, 1991).

Iklé, Fred Charles, *How Nations Negotiate* (New York: Frederick A. Praeger Publishers, 1964).

Joy, Admiral C. Turner, *How Communists Negotiate* (New York: The Macmillan Company, 1955).

Khrushchev, Nikita, *Remembers*, translated and edited by Strobe Talbott (Boston: Little, Brown and Company, 1970).

Kim, Myung-Ki, *The Korean War and International Law* (Claremont, CA: Paige Press, 1991).

____________, "Application of the Geneva Conventions of 1949 in the Korean War", 『인도법논총』 제13호, 1993년 11월, 대한적십자사 인도법연구소.

Keohane, Robert O. and Joseph S. Nye, *Power and Interdependence, World Politics in Transition* (Boston, Toronto: Little, Brown and Company, 1977).

Library of Congress, *Soviet Diplomacy and Negotiating Behavior: Emerging New Context For U.S. Diplomacy* (Study Prepared by the Senior Specialists Division, Congressional Research Service) (Washington D.C.: Library of Congress, 1979).

Lim, Soon-Hee et al., *White Paper on Human Rights in North Korea* (Seoul: Korea Institute for National Unification, 2008).

Lyou, Byung-Hwa, *PEACE AND UNIFICATION IN KOREA AND INTERNATIONAL LAW, Occasional Papers /* Reprints Series in Contemporary Asian Studies. No. 2 - 1986 (73) (School of Law, University of Maryland, 1986).

Mastenbroek, Willem F. G., "Development of Negotiating Skills", in Victor A. Kremenyuk (ed.), *International Negotiation* (San Francisco, Oxford: Jossey-Bass Publisher, 1991).

McCune, G. M. & J. A. Harrison (ed.), *Korean-American Relations*. Vol. Ⅰ (Berkeley and Los Angeles: University of California Press, 1951).

Merle, Marcel, *Sociologie des relations internationales*, 2ème édition (Paris: Dalloz, 1981).

(The) Ministry of National Defense, The Republic of Korea, *Defense White Paper 1991-1992*, 1992.

Moïsi, Dominique, "De la négociation internationale", *POUVOIR, Revue Française d'Etudes Constitutionnelles et Politiques*, No. 15 (La négociation, 1980), PUF.

Nee, Victor and Peng Lian, "Sleeping with the enemy: why communists love the market", *Theory and Society*, Vol. 23 No. 2 (April 1994).

Nutt, Anita Lauve, *All POW-MIA ARPA Report*, Memorandum RM5729-1 ARPA, January 1969.

Raiffa, Howard, *The Art and Science of Negotiation* (Cambridge, M.A.: The Balknap Press of Havard Univ. Press, 1982).

Roth, Guenther and Wolfgang Schluchter, *Max Weber's Vision of History, Ethics and Methods* (Berkeley: Univ. of California Press, 1979).

Rothfels, H. "Clausewitz" in Edward Mead Earle, *LES MAITRES DE LA STRATEGIE*, Vol. 1 (Nancy: Stratégies Bibliothèque Berger- Levrault, 1980).

Scalapino, Robert A. & Chong-sig Lee, "The Origins of the Korean Communist Movement(Ⅰ)", *The Journal of Asian Studies*, Vol. XX No. 1(1960).

Schöpflin, George, *Politics in Eastern Europe 1945-1992* (Oxford: Blackwell Publishers, 1993).
Schram, Stuart (présenté par), *Mao Tse-toung* (Paris: Armand Colin, 1972).
Seton-Watson, Hugh, *The East European Revolution* (New York: Praeger, 1961).
Simmons, Robert R., *The Strained Alliance: Peking, Pyongyang, Moscow and the Politics of the Korean Civil War* (New York: Free Press, 1975).
Skocpol, Theda, *States and Social Revolutions, A Comparative Analysis of France, Russia & China* (Cambridge: Cambridge Univ. Press, 1979).
Starke, Joseph G., *Introduction to International Law*, 9th ed. (London: Butterworths, 1984).
Stone, Julius, *Legal Controls of International Conflict* (New York: Holt, 1954).
Suh, Dae-sook, *Documents of Korean Communism 1918-48* (New Jersey: Princeton Univ. Press, 1970).
Peter H. Schuck, *Suing Government, Citizen Remedies for Official Wrongs*, New Haven and London: Yale University Press, 1983.
Thompson, W. Scott and Kenneth M. Jensen (ed.), *Approaches to Peace: An Intellectual Map* (Washington, D.C.: The United States Institute of Peace, 1991).
Touraine, Alain, *Le retour de l'acteur, Essai de sociologie* (France: Fayard, 1984).
Touzard, Hubert, "Psycosociologie de la négociation, Etat de recherches", *Pouvoir, Revue Française d'Etudes Constitutionnelles et Politiques*. No. 15 (La négociation, 1980), PUF.
Waldheim, Kurt, *Le Miracle Autrichien* (Denoël, 1973).
Whitney, Courteney, *McArthur, His rendez-vous with Destiny* (New York: Knof, 1956).
菊池謙讓·田內武, 『近代朝鮮裏面史』, 東亞拓殖公論社, 1936.
巴溪生, 「全羅道古阜民擾」, 『駐韓日本公使館記錄』 1, 國史編纂委員會, 1986.

[자료집]

『고종실록』, 1889년 7월 24일 조.
국방부 군사편찬연구소, 「한국전쟁 포로관련 자료집」, 2001년 10월 25일.
『조선중앙연감』 1951~1952, 평양: 1952.
한국전쟁납북사건자료원, 『한국전쟁납북사건사료집』, 2006.
Foreign Relations of the United States, 1951. Vol. Ⅶ. (Washington D.C.: U.S.G.P.O., 1976).
G-2 "Weekly Report", No. 56, Sept. 29 - Oct. 6, 1946.
NSC 48/5, *Foreign Relations of the United States, 1951*, Vol. Ⅶ. (Washington D.C.: U.S.G.P.O., 1976).
NWC lecture, "Contemporary Problems of Foreign Policy", September 17, 1948, Kennan Papers, Box 17.
Reference Information Paper 90, Records Relating to American Prisoners of War and Missing in Action from Vietnam War Era, 1960-1994 (Washington D.C.: National Archives and Records Administration, 1995).
US Department of Defense, *Defense Prisoner of War/Missing in Action Office Reference Document, U.S. Personal Missing, Southeast Asia (and Selected Foreign Nationals)* (U). Alpha, Chronological and Refno Reports. Unclassified. May 1996. DPMO/RD.
US Department of State, *Foreign Relations of the United States, 1951*, Vol. Ⅶ(Korea and China), Part 1, 1983.
US. Dept. of State Bulletin, 1953.

[신문 및 인터넷 자료]

『국사사전』, http://blog.naver.com/seoulb?Redirect=Log&logNo=60020955 448(검색일: 2009년 9월 9일).

「대구매일신문」, '慶北出身 拉致者 釜山收容所서 保護中', 1951년(단기 4284년) 5월 1일 자.

「독립신문」, 1896년 4월 21일 자, 1896년 9월 8일 자.

「東京朝日新聞」, 1895(明治 28)년 3월 6일 자, '東學首領と合意政治', 姜昌一, 「甲午農民戰爭 자료발굴: 全琫準會見記 및 取調記錄」, 『사회와 사상』, 창간호, 1988년 9월 호.

「동아일보」, 1949년 11월 16일 자, 1946년 8월 13일 자, 1946년 10월 8일 자, 1972년 4월 6일 자.

동용승, 「암시장 확산이 북한경제에 미치는 영향」, 『월간 삼성경제』, 1997년 5월 호, http://blog.daum.net/commat/3527702(검색일: 2008년 2월 25일).

「로동신문」, 1975년 10월 1일 자.

「서울신문」, 1947년 8월 2일 자.

재일 유학생(在日留學生) 민족운동 (Ⅰ) [명치 100년사 총서(明治百年史叢書) 중의 '조선 민족주의' 편], 「구한말 일본 유학생」, http://e-gonghun.mpva.go.kr/portal/web/book/book_xml_view_detail. sp?his_code=PV_DJ&book_code=A013&item_code=011.000.000.000&keyword(검색일: 2010년 9월 21일).

전종순, 육군대학 교수부 중령, 「북한군 서울 지체 3일의 미스테리」, http://cafe.naver.com/nuke928/77061(검색일: 2008년 4월 20일).

「조선일보」, 1994년 11월 5일 자, http://kr.msn.com/(검색일: 2007년 7월 2일).

「조선일보」, 1996년 9월 19일 자, http://kr.msn.com/(검색일: 2007년 7월 2일).

「중앙일보」, 1996년 8월 26일 자, http://news.media.daum.net/economic/others/200503/24/dkbnews/v8672826.html(검색일: 2007년 7월 2일).

「지부복궐척화의소(持斧伏闕斥和議疏)」, http://cafe.daum.net/realist100/DVRh/36?docid=1AyOc|DVRh|36|20081015184833&q=%F2%A5%DD%A8%DC%D1%CF%F4%F4%AE%FB%FA%EB%F9%E1%C2&srchid=CCB1AyOc|DVRh|36|20081015184833(검색일: 2010년 10월 10일).

「진실규명 처리 현황」, http://www.jinsil.go.kr/(검색일: 2011년 2월 5일).

'New York Times', 1951년 11월 17일.

Yale Law School, Lillian Goldman Law Library, The Avalon Project, *Nuremberg Trial Proceedings,* Vol. 1 Charter of the International Military Tribunal Article 6, http://avalon.law.yale.edu/imt/imtconst.asp# art6.(검색일: 2010년 11월 9일).

'Yonhap News', 2007년 10월 9일.

http://lcweb2.loc.gov/cgi-bin/query(검색일: 2002년 5월 14일).

http://blog.naver.com/psk7800?Redirect=Log&logNo=50006339300(검색일: 2006년 11월 15일).

http://100.naver.com/100.nhn?docid=130540(검색일: 2009년 8월 17일).

[기타 자료 및 인터뷰 자료]

6·25 피학살 양민 부산경남 유족회(회장 송철순), 「한국전쟁 당시 자행된 국민보도연맹원 학살진상 규명과 이에 따른 대책을 촉구 탄원서」, 2001년 5월 8일 접수.

국방군사연구소(저자 미상), 『경산 폐코발트 광산지역 조사연구 보고서』, 2005년 7월.

국회 행정자치위원회 수석전문위원, 「진실규명과 화해를 위한 기본법안(원혜영 의원 대표발의)·진실·미래를 향한 과거청산 통합특별법안(이영순 의원 대표발의) 검토보고서」, 2004.

「군합동신문조서」, 1994년 11월 5일.
대구문화방송 6·25 보도특집, 「돌아오지 못한 용사들」, 1997년 6월 26일 자 방영.
대한민국정부, 거창 사건 등 관련자의 명예회복에 관한 특별조치법 개정법률안 재의요구안, 2004.
부산고등법원 제5민사부 2004. 5. 7. 선고, 2001나15255 판결문.

강명도 씨(탈북자)와의 인터뷰(1997년 11월 21일).
김장술, 김재도 순경(참전 경찰관)의 진술.
문광건 박사(한국국방연구원 연구위원)와의 면담(1997년 6월 6일) 및 인터뷰(2002년 7월 9일).
이광수 씨(탈북자)와의 인터뷰(2006년 11월 10일).

색인